Carsten Brosda

Mehr Zuversicht wagen

Wie wir von einer sozialen und
demokratischen Zukunft erzählen können

HOFFMANN UND CAMPE

1. Auflage 2023

www.hoffmann-und-campe.de
Umschlaggestaltung: © Rothfos & Gabler, Hamburg
Satz: Pinkuin Satz und Datentechnik, Berlin
Gesetzt aus der Albertina MT Pro
Druck und Bindung: GGP Media GmbH, Pößneck
Printed in Germany
ISBN 978-3-455-01632-1

HOFFMANN UND CAMPE

Ein Unternehmen der
GANSKE VERLAGSGRUPPE

Für Mara, Alva, Finn und Frida

INHALT

*»We learned more from a three-minute record, baby
Than we ever learned in school.«*

Bruce Springsteen – *No Surrender*

EINLEITUNG
BESSER ERZÄHLEN

BEPPO UND GIGI

Seit ich Politik mache, hadere ich mit Beppo Straßenkehrer. Der alte Mann ist einer der beiden besten Freunde des Mädchens Momo aus dem gleichnamigen Jugendbuch von Michael Ende. Jeden Tag muss er eine scheinbar endlose Straße kehren. Er erklärt Momo, dass das nur mit stoischer Gelassenheit zu schaffen sei. Wenn die Straße so lang sei, dass man glaube, sie nicht bewältigen zu können, dann dürfe man nicht den Fehler machen, auf das Ende der Straße zu schauen. Denn dann fange man an zu zweifeln und versuche sich zu beeilen. Man gerate aus der Puste und werde nicht fertig. Deshalb sei es so wichtig, immer nur an den nächsten Schritt zu denken. Dann würde die eintönige Arbeit sogar anfangen, Spaß zu machen. »Auf einmal merkt man, dass man Schritt für Schritt die ganze Straße gemacht hat«, sagt Beppo. »Man hat gar nicht gemerkt wie, und man ist nicht aus der Puste.«[1]

Als sozialdemokratischer Politiker habe ich diese Geschichte oft erzählt, wenn es galt, schwierige und langwierige Aufgaben zu bewältigen. Ich erinnerte dann an die Strategie des Straßenkehrers: Nicht auf das Ende fokussieren! Sondern beharrlich dem Dreiklang von »Schritt – Atemzug – Besenstrich« folgen! Die kleine Geschichte von Beppo stimmt in jedem Fall zuversichtlicher als jene, die viele andere Politiker*innen zu bevorzugen scheinen, wenn sie in ähnlichen Situationen sind: die des armen griechischen Sagenhelden Sisyphos, den man sich laut Albert Camus »als einen glücklichen Menschen« vorzustellen habe.[2] Dass es glücklich machen und sinnstiftend sein soll, einen Stein bergan zu rollen, nur damit er wieder den Abhang hinunterkullert, habe ich noch nie verstanden. Mir erschien es immer wie der verzweifelte Versuch, die Vergeblichkeit des eigenen Handelns zu bagatellisieren. Ähnlich vielleicht wie in jener Anekdote, der zufolge Willy Brandt sich gewünscht haben soll, auf seinem Grabstein möge stehen: »Man hat sich bemüht.« Doch das ist nicht mehr als eine schöne Legende. Tatsächlich steht auf dem Grabstein in Berlin-Zehlendorf schlicht und ergreifend: »Willy Brandt«.

Das Beispiel von Beppo Straßenkehrer illustriert, was man etwas hochgestochen einen »inkrementellen Politikstil« nennt. Meine Vorgängerin als Kultursenatorin in Hamburg, Barbara Kisseler, hat dieses Konzept auf die Formel gebracht: »Wir lösen die Probleme in der Reihenfolge ihres Auftretens.« Und dieses schrittweise Abarbeiten hat seine Vorteile: Man erledigt das, was man sich vorgenommen hat, sieht unmittelbar Erfolg, verliert nicht den Mut, kann schnell reagieren. Und man kann am Ende des Tages etwas vorweisen – man hat sich nicht in fernen Visionen verloren.

Diese Politik wird meist als »pragmatisch« gelobt. Der sozialdemokratische Bundeskanzler Helmut Schmidt definierte seine Politik Mitte der siebziger Jahre als »pragmatisches Handeln zu sittlichen Zwecken«, um darauf hinzuweisen, dass es auch hier nicht ohne Wertebasis geht.[3] Aber der Pragmatismus war eindeutig das Zentrale, der nächste Besenstrich der jeweils wichtigste.

Dennoch frage ich mich immer wieder, wie redlich es eigentlich ist, die Geschichte von Beppo zu erzählen. Schließlich weiß Beppo, wo er hinmuss, was zu tun ist und welche Mittel er dafür zur Verfügung hat. So überschaubar sind die Situationen, in denen Politiker*innen agieren, in der Regel nicht. Gerade in der gegenwärtigen Zeit. Angesichts von globalen Pandemien, Kriegen, digitalen und technologischen Umbrüchen und der die Lebensbedingungen auf unserem Planeten bedrohenden Klimakrise gerät dieser scheinbar so bescheidene Politikansatz schnell an seine Grenzen. Da er es auch nicht gerade darauf anlegt, Leidenschaft zu entfachen, eignet er sich zudem kaum, Unterstützer*innen für die richtige Sache zu gewinnen.

Vielleicht hilft uns hier der zweite beste Freund von Momo weiter, der bislang deutlich seltener in meinen Reden aufgetaucht ist: Gigi Fremdenführer, der »in jeder Hinsicht das genaue Gegenteil von Beppo Straßenkehrer« ist, wie Michael Ende schreibt.[4] Der junge Mann schlägt sich mit allerlei Hilfsjobs durch. Am liebsten markiert er einen Fremdenführer, der den wenigen Touristen im Dorf »das Blaue vom Himmel heruntererzählt« und sich bei seinen Führungen so ziemlich alles einfach ausdenkt. Darauf angesprochen, verteidigt er sich: »Wer sagt euch denn, dass die Geschichten in den gelehrten Büchern nicht auch bloß erfunden sind, nur weiß es vielleicht keiner mehr … Ach, was heißt überhaupt wahr oder nicht wahr? Wer kann schon wissen, was hier vor tausend oder zweitausend Jahren passiert ist? Wisst ihr es vielleicht? … Wieso könnt ihr dann einfach behaupten, dass meine Geschichten nicht wahr sind? Es kann doch zufällig genau so passiert sein. Dann habe ich die pure Wahrheit gesagt!«[5]

Gigi ist der fröhliche und gut aussehende Hallodri, der sich charmant durchzuschlagen versteht und deshalb irgendwie davonkommt, bis ihn die Grauen Männer bei seiner Eitelkeit packen. Im politischen Raum geriete seine Masche schnell zu jenem postfaktischen Erzählen, das ein Populist wie Donald Trump zur perfiden Meisterschaft gebracht hat. Zu jenem Auflösen aller Wahrheitsbezüge in einem endlosen Strom der erfundenen Behauptungen und Erzählungen, in dem am Ende alle Maßstäbe abhandenkommen, mit denen sich vielleicht noch überprüfen ließe, ob an den Geschichten etwas dran sein könnte. Michael Ende hat das genau im Blick, schließlich legt er seinem

Gigi schon 1973 eine Rechtfertigung in den Mund, die so klingt, als wäre sie erst gestern in ein Mikrophon gesprochen worden: Es sei doch alles nicht so schlimm, schließlich hätten die Leute doch »genau das bekommen, was sie wollten«, sagt Gigi und hat vermutlich nicht einmal unrecht damit.[6]

Auf die Politik übertragen, verkörpern die beiden, Beppo und Gigi, zwei sehr konträre Herangehensweisen bezüglich Form und Stil. Während die einen Politiker*innen redlich und gewissenhaft Problem für Problem abarbeiten und ihnen dabei zuweilen Charme und Aura eines grauen Leitz-Ordners attestiert werden, erzählen die anderen bunte Geschichten, denen zwar jeder Bezug zur Wirklichkeit fehlt, die aber Spaß machen. Die allermeisten, die in Deutschland Politik machen, sind geborene Beppos: lieber knochentrocken seriös und nahe an den konkreten Problemen als locker und flockig, aber ohne die nötige Bodenhaftung. Denn wenn Politik nicht liefert, nützen am Ende auch die unterhaltsamsten Geschichten nichts.

Doch so konträr die beiden Typen sind – es bräuchte eine kluge Mischung ihrer Fähigkeiten. Dass man sich um handfeste Probleme kümmert und versucht, die Gesellschaft zum Besseren zu verändern, spricht nicht dagegen, das Ganze mit überzeugenden Geschichten zu verbinden, ja es vielleicht sogar in eine Erzählung einzubetten, die erleichtert zu verstehen, worum es eigentlich geht.

SAGEN, WAS SEIN KÖNNTE

Es spricht nicht nur nichts dagegen, sondern im Gegenteil: Ohne Geschichten geht es nicht! Und es ist die Essenz kulturellen und künstlerischen Wirkens, diese Geschichten in die Gesellschaft zu tragen. Dies wurde mir schlagartig bewusst bei einer Rede des britischen Dramatikers Simon Stephens. Am Sonntagvormittag des 11. November 2018 sprach er bei der 175-Jahr-Feier des Hamburger Thalia Theaters über die Kraft des Geschichtenerzählens. Er warnte eindringlich: »Vielleicht weil wir es vernachlässigt haben, uns ausreichend um sie zu kümmern, sind die Geschichten den Bastarden in die Hände gefallen.«[7] Er wählte als Beleg für diese Mutmaßung unter anderem eine Anekdote aus der Zeit der Brexit-Kampagne 2016, als einer der ärgsten Befürworter des britischen Austritts aus der Europäischen Union, Michael Gove, im Fernsehen mit den düsteren Vorhersagen von Experten zu den ökonomischen Konsequenzen dieses Schritts konfrontiert wurde. Der Satz, mit dem der konservative Tory-Politiker reagierte, habe ihn, so wie fast alle Liberalen auf der Welt, frösteln lassen, sagte Stephens. Gove wischte damals alle wissenschaftlichen Warnungen mit dem »Argument« vom Tisch: »Ich denke, wir hatten mehr als genug von diesen Experten, oder?«[8]

Zwei Jahre später in Hamburg, der Stadt, die sich rühmt, die britischste auf dem europäischen Kontinent zu sein, berichtete Simon Stephens davon, wie er später mit seinem Sohn über die Expertenfeindlichkeit der Brexit-Befürworter*innen diskutiert habe. Und sein Sohn habe ihm erklärt, dass Gove recht habe. Einer der Gründe dafür, dass die Brexit-Kampagne Erfolg hatte, sei doch gewesen, dass sie sich eben nicht auf Expertenwissen habe verlassen müssen. *Wie bitte?* Der Vater stutzte, aber der Sohn ließ sich nicht beirren. Er fragte seinen Vater: Würdest du plötzlich *für* den Brexit sein, nur weil jemand dir vorrechnet, dass sich das Verlassen der EU für das Vereinigte Königreich wirtschaftlich lohnen würde? Natürlich nicht, war die Antwort des Vaters. Siehst du, so der Sohn, denn es geht nicht darum, wer die besseren Berechnungen oder Statistiken hat, sondern um etwas ganz anderes. Es geht um eine Geschichte Europas, die die Bürger*innen überzeugen kann. Und die hätten die Europa-Befürworter*innen in Großbritannien ganz offensichtlich nicht erzählt. Mit den bekannten dramatischen Auswirkungen und dem folgenden Austritt aus dem gemeinsamen europäischen Projekt.

Simon Stephens zog aus dem kurzen Disput eine wichtige Lehre: Sein Sohn habe recht. »Mehr als je zuvor sollten wir den Drang verspüren, unsere Geschichten besser zu erzählen«, appellierte Stephens. Nur dann könne es gelingen, Menschen an etwas glauben zu lassen, was sie noch nicht sehen können. Dazu reiche es eben nicht aus, es bloß besser zu wissen und das auch wissenschaftlich begründen zu können. Dazu brauche es eine Geschichte, die Emotionen und Zugehörigkeit ermöglichen kann.

»We all need to tell our stories better.« Wir alle müssen unsere Geschichten besser erzählen. Als ich am Sonntagmittag aus dem Theater trat, wusste ich: Diese Aufforderung wird mir nicht mehr aus dem Kopf gehen. Doch wo sind die wahrhaftigen Geschichten, die zu erzählen sich lohnt? Warum konzentrieren wir uns so sehr auf die Beschreibung des Gegenwärtigen und vertrauen bloß den Statistiken und methodisch gesicherten Prognosen, mit denen die Politik Tag für Tag versorgt wird, während wir den utopischen Überschuss einer Erzählung des Fortschritts oder auch nur des künftigen guten Lebens vernachlässigen?

Storys sollen die Analyse nicht ersetzen. Dann wären sie bloße Propaganda, faule PR anstelle harter politischer Arbeit. Gigi anstelle von Beppo. Aber Geschichten können politische Veränderungen möglich machen. Schließlich werden in ihnen ein besseres Morgen und die Kraft zu seiner Gestaltung spürbar – emotional und praktisch. Es sind kulturelle Formate wie Songs und Bücher, Theaterstücke und Filme, Bilder und Bauten, in denen sich diese Vorstellungen einer anderen Gegenwart und Zukunft zeigen lassen. Politik hat früher häufig ihre Nähe gesucht. Das zeigte sich etwa in den großen Inszenierungen der ägyptischen Pharaonen oder den Heldenerzählungen mittelalterlicher Höfe. Es sind die großen Epen, die bis heute überdauert haben und die uns erinnern, welchen Werten, Zielen und Utopien frühere Zeitalter nacheiferten. Und es waren die feudalen Herrscher*innen früherer Jahrhunderte, die die Freiheit ihrer Hofkünstler*innen sicherten,[9] bevor die Künste zum Gegenstand und Instrument bürgerlicher Kritik wurden.

In der Moderne haben sich die großen Traditionslinien so sehr verworren, dass nichts mehr nur deshalb gilt, weil es gestern schon galt. Deshalb sind Geschichten heute erst recht ein wesentlicher Treibstoff gesellschaftlicher, kultureller und politischer Entwicklungen. Und es ist daher in der Tat entscheidend, dass wir uns für sie interessieren und dass wir sie gut erzählen, wenn wir Politik möglich machen wollen.

Zu Beginn moderner Politik und in den Zeiten der Gründung der Sozialdemokratie schien diesbezüglich manches einfacher zu sein. »Alle große politische Aktion besteht im Aussprechen dessen, was ist, und beginnt damit. Alle politische Kleingeisterei besteht in dem Verschweigen und Bemänteln dessen, was ist.«[10] Diese Worte stammen von Ferdinand Lassalle, der vor hundertsechzig Jahren, im Jahr 1863, mit einem Brief den Allgemeinen Deutschen Arbeiterverein gründete und damit nach gängiger Lesart die deutsche Sozialdemokratie ins Leben rief. Was für ein Anspruch: Auf die Fakten kommt es an, sie sind der Ausgangspunkt politischer Programme. Heute, in einer Zeit, in der jeder behaupten kann, was er will, ohne dass wir uns der Mühe unterziehen zu überprüfen, ob da auch etwas dran ist, klingen diese Sätze wirklich revolutionär. »Aussprechen, was ist.« Wie schön wäre es, wenn das gelänge.

Wir haben den Glauben an eine klar benennbare und erkennbare Wirklichkeit verloren. Wir wollen wissen, *warum* etwas so ist. Jede Behauptung braucht Gründe, um akzeptiert zu werden. Und genau hier beginnen die Schwierigkeiten. Gründe müssen nämlich akzeptiert werden. Wer sagt was warum? Das ist immer wieder aufs Neue Gegenstand erbitterter Debatten. Und je länger jemand dabei ist, desto gefährlicher wird es. Weil die Wahrscheinlichkeit steigt, dass andere ermüdet sind von dem Umstand, dass alles schon tausendmal gesagt wurde. Keine gute Aussichten, wenn man hundertsechzig Jahre alt ist.

In diesem Sinne war es früher wohl wirklich einfacher. Doch zugleich irritiert es, wenn sich auf einmal eine merkwürdige Melancholie breitmacht. Erst kürzlich ist eine Studie veröffentlicht worden, der zufolge 56 Prozent der Achtzehn- bis Vierunddreißigjährigen lieber in der Vergangenheit leben wollen, weil es da geordneter und sicherer gewesen sei und es weniger Krisen gegeben habe.[11] Aber was ist das für ein Befund, wenn schon die Jüngeren sich nach einer Vergangenheit sehnen, die sie vermutlich gar nicht selbst gelebt haben, sondern die sie nur aus Erzählungen kennen? Ich musste jedenfalls sofort an den Titel eines Buches von Joachim Meyerhoff denken: *Wann wird es endlich wieder so, wie es nie war.* Wenn schon die Jüngeren melancholisch zurückschauen, wenn sie von besseren Zeiten träumen, dann ist das allemal ein Anlass, unruhig zu werden.

Vielleicht lohnt es daher, bei diesem ominösen »Früher« noch einmal anzusetzen und zu schauen, was seitdem schiefgelaufen ist. Warum es eben nicht mehr reicht, einfach zu sagen, was ist. Und warum auch die Begründungen zunehmend hohler klingen. Warum uns die Gewissheit abhandengekommen ist. Vielleicht hat das ja auch etwas damit zu tun, dass das »Sagen, was ist« eigentlich noch nie ausgereicht hat, sondern immer schon eine Verkürzung war, wie Samira El Ouassil und Friedemann Karig in ihrer Studie *Erzählende Affen* argumentieren, in der sie der Kraft der Geschichten in unserem Alltag und ihrer Bedeutung für unser Weltverstehen nachspüren.

»Aus einem ›Sagen, was ist‹ wurde auf einmal ein ›Sagen, was war‹ und ein ›Sagen, was sein könnte‹. Und irgendwann berichtete man von Dingen, die nicht in oder vor der Höhle existierten und passierten, sondern weit entfernt«, heißt es in dem Buch über frühe steinzeitliche Stammesgesellschaften, die anfingen, in Geschichten ungekannte, vielleicht drohende Erlebnisse in Gedanken durchzuspielen, um so die Welt mit all ihren Gefahren besser zu verstehen.[12] Daraus wurden dann irgendwann die klassischen Erzählungen, die unsere Weltwahrnehmung prägen. Dabei mischen sich nicht erst heute mitunter Fakten und Fiktionen. Erzählfiguren aus Kunst und Literatur rutschen immer wieder in unsere Ordnungsversuche hinüber. Problematisch ist das nicht, solange allen klar ist, dass das Teil unseres Erzählens ist und Fakt und Fiktion unterscheidbar bleiben.

El Ouassil und Karig beschreiben in ihrem Buch ausführlich, was Simon Stephens im Thalia Theater nur skizzenhaft angedeutet hat: Wir versuchen mit den Geschichten, die wir uns erzählen, Ordnung in das Chaos unserer Welt zu bringen. Wir sind in unserer Evolution offensichtlich so geprägt worden, dass unser Gehirn förmlich nach Geschichten sucht, um die vielen und oft kaum zueinanderpassenden Informationen, die auf uns einprasseln, zu strukturieren, um sie verarbeiten zu können, um ihnen einen Sinn zu geben. Das ist weniger eine bewusste Entscheidung, sondern Ergebnis eines langen Entwicklungsprozesses. Ohne Geschichten kämen wir in der Welt nicht zurecht und würden das, was uns geschieht, nicht verstehen.[13]

Deswegen ist Politik, die nicht bloß auf den Erhalt des Status quo aus ist, gut beraten, Geschichten zu entwerfen, in denen sie ausprobieren kann, wie sich die Alternative zum Existierenden denken, beschreiben und erzählen lässt. Gerade weil diese Alternative (noch) nicht sichtbar ist, braucht es Geschichten, in denen sie zumindest spürbar wird, wie Simon Stephens ausführte. Es ist dieser utopische Überschuss unserer alltäglichen Storys, der es uns möglich macht, wie »eine Horde Affen« zu sein, »die innerlich Theater spielt«, wie El Ouassil und Karig schreiben.[14]

Wir sind heute längst nicht mehr darauf angewiesen, dass andere für uns Geschichten schreiben, von denen wir uns überwältigen lassen. Vielmehr sind wir alle durch die technischen Möglichkeiten digitaler Plattformen zu Autor*innen unserer eigenen Geschichten geworden, können Storys über uns und unsere Weltsicht ungefiltert produzieren und veröffentlichen. Die Vielstimmigkeit unserer Gesellschaft nimmt unaufhörlich zu. Orientierung ist nur zu haben, wenn es gelingt, durch die Vielfalt hindurch zu gemeinsamen neuen Erzählungen einer bunten Gesellschaft in einer bisweilen grauen, düsteren Welt zu gelangen. Die britische Rapperin Little Simz beschreibt die gleichermaßen individuelle wie gesellschaftliche Herausforderung: *»We walk in blind faith not knowing the outcome / But as long as we're unified, then we've already won«.**

Deshalb braucht jede Politik, die Veränderung zum Besseren will, Erzählungen davon, was sein könnte. Sie schaffen das Vertrauen, das es braucht, um gemeinsam einen Weg zu gehen. Erzählungen, die sich dafür eignen, sind gewöhnlich tief in der gesellschaftlichen Alltagskultur verwurzelt. Geschichten, Bilder und Melodien, die auf Resonanz stoßen, finden sich überall. Wenn wir sie politisch ernst nehmen und in einen Zusammenhang setzen, dann können wir aus einem riesigen Reservoir schöpfen. Schließlich ist vieles schon vor uns gedacht worden und liegen geblieben. Vor allem in der Kunst finden sich meist Geschichten und Bilder, die besser sind als alles, was wir in der Politik entwerfen können. Denn parteipolitische Geschichten sind oftmals vor allem strategische Werbung für das eigene Programm und keine freie, utopische Beschäftigung mit den Möglichkeiten von morgen.

Deshalb suche ich in diesem Buch in künstlerischen und populärkulturellen Werken, in Songs, Filmen, Romanen nach Ideen, die uns bisweilen besser als die klügste und längste Abhandlung vor Augen führen und verstehen lassen, wie eine gute Zukunft aussehen könnte. Ich suche nach den Geschichten, die soziale und demokratische Ideen erzählen.

Natürlich sind die Geschichten, die ich hier auswähle, von meiner Biographie und von dem Umfeld, in dem ich aufgewachsen bin, geprägt. Ich schöpfe (manchmal unausgesprochen) aus den Quellen,

---

* »Wir gehen vorwärts in blindem Vertrauen, ohne zu wissen, was daraus wird / Aber solange wir vereint bleiben, haben wir schon gewonnen« (Musik & Text: Dean Wynton / Josiah Cover / Simbiatu Abisola Abiola Ajikawo). [Soweit nicht anders vermerkt: Übersetzung der englischsprachigen Songtexte vom Autor.]

die mir zugänglich waren oder sind – den Songs von Joni Mitchell, Bob Dylan, Patti Smith, Leonard Cohen und Nils Koppruch, den Romanen von Don DeLillo und Toni Morrison, den Filmen von Joel und Ethan Coen oder den Texten von Kurt Tucholsky. Vieles stammt aus den USA oder führt dahin zurück, nicht nur weil ein Jahr in Texas mich geprägt hat, sondern auch weil wir viel lernen können von dem US-amerikanischen Vertrauen in eine gute und kraftvolle Geschichte.

Vor allem aber sind es die Lieder, die mich seit meiner frühesten Jugend durch mein ganzes bisheriges Leben begleitet haben, auf die ich immer wieder zurückkomme. Wenn Bruce Springsteen in dem Song *Factory* von 1978 beschreibt, wie sein Vater morgens zur Arbeit geht, dann führt mich das in eine Welt, die mir noch in jeder Pore steckt: in meine Heimatstadt Gelsenkirchen, in der ich groß geworden bin. In eine Welt, in der harte körperliche Arbeit nötig war, um klarzukommen. *»Through the mansions of fear, through the mansions of pain / I see my daddy walking through them factory gates in the rain / Factory takes his hearing, factory gives him life / The working, the working, just the working life«.**

Wenn ich das höre, dann spüre ich, was es ausmacht, sich für sich und seine Familie buchstäblich krummzumachen. Keine romantische Ode an die Arbeit, sondern eine düstere Erinnerung in wenigen Versen. Der Song lässt bereits erahnen, warum es wichtig ist sich zusammenzutun, um diese Situation vielleicht zu verändern. Besser als jeder soziologische Text oder jedes politische Programm das jemals könnte. Wenn dann im Konzert einige jener großen Hymnen folgen, in denen Menschen versuchen, aus diesen Verhältnissen auszubrechen, um ihr Leben selbst in die Hand zu nehmen und jenseits von Schmerz und Leid vielleicht gemeinsam mit anderen das Glück zu

* »Durch die Häuser der Furcht / Durch die Häuser des Schmerzes / Sehe ich meinen Daddy im Regen durch die Fabriktore gehen / Die Fabrik nimmt ihm das Gehör, die Fabrik gibt ihm Leben / Das Arbeiten, das Arbeiten, nur das Arbeitsleben« (Musik & Text: Bruce Springsteen).

suchen, dann hat das eine Kraft, die nicht nur mitreißend, sondern bisweilen gar sinnstiftend sein kann.

Deshalb lohnt es sich, aus solchen Quellen zu schöpfen, wenn wir frisches Wasser auf die Mühlen einer progressiven politischen Erzählung lenken wollen. Viele dieser Quellen, das bringt diese Betrachtungsweise nun einmal mit sich, entspringen einer vergangenen Zeit und sind in einer spezifischen Kultur verankert, sind damit aber noch lange nicht versiegt. Und erstaunlich viele dieser Quellen führen das gleiche Wasser, aus dem auch die sozialdemokratischen Ideen für eine freie, gerechte und solidarische Gesellschaft geschöpft werden können. Es geht um den Willen zur Menschlichkeit, um die Erfahrungen der Gemeinschaft und um den Wunsch, es besser zu machen als die Vorangegangenen.

Der Countrysänger Willie Nelson hat einmal trefflich auf den Punkt gebracht, warum gerade die Politik sich um solche Quellen kümmern sollte: »Anstatt sich darüber Sorgen zu machen, wie man Eminem oder irgendwelche anderen Rapper wie Lil Black oder Dr. Dre oder Snoop Dogg oder wen auch immer zum Schweigen bringen kann, sollten Politiker darüber nachdenken, warum die so etwas rappen … Wenn sie in einem gewalttätigen Getto aufwachsen, wie kann man da erwarten, dass sie über Blumen singen? Es ist einfacher zu versuchen, einem jungen Sänger das Fluchen über die Armut auf der Straße zu verbieten, als die Armut auf der Straße selbst zu beenden. Probleme lösen ist schwerer.«[15] Und das stimmt: Wir sollten uns lieber daranmachen, die Ursachen der Wut in den Songs anzugehen, statt uns bloß über die Wut zu echauffieren. Statt sich die Geschichten anzuhören und politische Schlüsse aus ihnen zu ziehen, verharren wir viel zu oft bei Äußerlichkeiten und verlieren uns im Nebensächlichen.

Ich möchte zeigen, wie sich gerade in solchen Geschichten die Kraft finden lässt, die nötig ist, um unsere Gesellschaft sicher durch die Moderne zu führen. Es gibt viele Beispiele dafür, dass hier nicht nur zutreffende Beschreibungen aktueller Probleme, sondern vor allem auch konkrete Utopien zu finden sind. Die Beispiele, die ich nenne, sind mit meiner Biographie verbunden. Auch mit völlig anderen Werken aus einer völlig anderen Zeit ließe sich zu ähnlichen Ergebnissen gelangen. Entscheidend ist, was uns wichtig ist und was Resonanz findet. Für die Kraft der Kunst, nicht nur zu sagen, was ist, sondern auch was sein könnte, sollte sich Politik dringend mehr interessieren. Die SPD könnte sich in ihr sogar wiederfinden.

KAPITEL 1
FRÜHER

DIE WIESE LACHT

Wenn ich heute darüber nachdenke, wann dieses »Früher«, von dem bereits die Rede war, für mich genau angefangen hat, landen meine Gedanken auf einer großen, etwas unförmigen Wiese. Ich stehe da in kurzen Hosen und habe keine Ahnung, was auf der Welt außerhalb der Grünfläche vor sich geht. Außer dass oben auf dem Balkon mein Vater und meine Mutter wahrscheinlich in der Sonne dösen und hoffen, dass wir Kinder sie noch eine Weile in Ruhe lassen. Was wir dann auch gemacht haben. Und zwar mit Freude. Über so komplizierte Dinge wie Lassalle, die Wahrheit und das, was ist, haben wir uns damals Anfang der achtziger Jahre keine Gedanken gemacht. Wir waren einfach froh, diesen riesigen grünen Spielplatz hinter dem Haus zu haben. Und natürlich war alles so, wie wir es aussprachen. Was denn sonst? Außer vielleicht, wenn jemand tollkühn »Abseits!« rief. Abgesehen von dieser seltsamsten aller Fußballregeln, war für uns Kinder alles klar. Und die Wiese war ein nicht unwesentlicher Grund dieser Klarheit.

Beim Nachdenken über die Wiese bin ich auf einen Satz gestoßen, den der römischen Rhetoriklehrer Quintilian vor 2000 Jahren als Beispiel für eine Metapher anführt: »Die Wiese lacht.« Mich lassen diese drei Worte stutzen, weil sie einerseits natürlich etwas ganz

Unmögliches beschreiben, andererseits so unmittelbar einleuchten. Jedenfalls mir. Denn auf so einer lachenden Wiese bin ich groß geworden. Und das obwohl diese Wiese in Gelsenkirchen eigentlich gar nicht so viel zum Lachen hatte. Sie lag eingequetscht zwischen dem Haus, in dem meine Eltern im zweiten Stock eine Wohnung gemietet hatten, und einem Bahndamm, auf dem ein Gütergleis verlief. Dahinter stand eine Fabrik, in der Küppersbusch Küchenherde hergestellt hat. Auf der anderen Straßenseite war die große Auffahrt zu einer Firma, die irgendwelche hydraulischen Spezialmaschinen für die Kohlezechen baute und die ankommenden Lkw mit einem herzlichen »Glückauf« auf einem Leuchtschild begrüßte. Nebenan noch ein Glaslager, wenn ich es richtig erinnere, und auf der anderen Seite die Backstube, die zur Bäckerei bei uns unten im Haus gehörte. Das Mietshaus, in dem wir wohnten, hatte der Bäcker gebaut. Es stand samt Wiese irgendwie zufällig zwischen den Fabriken, umtost vom Lärm der Industrie.

Aber die Wiese lachte. Vor allem im Sommer. Dieser kleine grüne Fleck unter einer mächtigen Schwarzpappel in all dem grauen Rauputz und fast schwarz gerußten Backstein unserer Straße bot alles, was das Kinderherz begehrte. Wir wussten, dass sie ein echtes Privileg war in unserem Viertel. Anfangs standen da Schaukel und Rutsche, später wurde sie zum Platz zum Bolzen und für Rollenspiele. Und das Beste war das Fenster zur Bäckerei, aus dem wir kurz vor 18 Uhr im Sommer übrig gebliebene Plunderteilchen zugesteckt bekamen. So, dass es unsere Eltern auf den Balkonen nicht sehen konnten.

Zwar waren die Fliederbäume schnell eingegangen, die wir irgendwann aus Opas Garten auf die Wiese retten wollten, aber immerhin hielt sich der kleine Kirschbaum in der Mitte, der wie der Schiedsrichter beim Fußballspielen immer im Weg stand. Und warum der Flieder einging, der näher am Bahndamm stand, ahnten wir damals wohl auch schon. Gleichzeitig freuten wir uns auf den Zug, der mehrmals täglich die neuen Autos aus dem Werk in Bochum an uns vorbei in die Welt fuhr, und malten uns aus, wohin wir mitfahren könnten. Oder wir lachten mit der Wiese um die Wette. Gemeinsam gegen das Grau der Umgebung.

Aber der Flieder war nicht das Einzige, was im Laufe der Zeit in unserer Gegend verkümmerte. Irgendwann wurde das Glaslager durch einen Getränkemarkt ersetzt. Dann machten sie das Küppersbusch-Werk dicht. Dort stehen heute Wohnungen für die Angestellten des örtlichen Gefängnisses, entstanden als Projekt der Internationalen Bauausstellung Emscher Park in den neunziger Jahren. Der Zug bringt seit einigen Jahren auch keine Autos mehr vorbei. Aber gebacken wird immer noch. Brot braucht der Mensch immer. Und Plunderteilchen.

Vieles ging den Bach runter. Aber nicht alles. Die Zechenkaue am Ende der Straße, die ich zeitlebens nur als Kulturzentrum kennengelernt habe, existiert noch. Wo sich früher die Bergleute umzogen, geben sich jetzt Bands und Kabarettist*innen die Klinke in die Hand. Auf industrielle Lohnarbeit folgte kreative Leidenschaft. Hier wurde nichts verdrängt, sondern schmerzlich aufgerissener Raum neu gefüllt. Der Wandel der Industriegesellschaft, hier war er spürbar.

Aber an uns Kindern ging das zunächst vorbei. Klar, plötzlich stank es im Sommer nicht mehr so beißend, weil hinter dem Bahndamm nicht mehr mit heißem Stahl gearbeitet wurde. Auch die Lkw auf der Straße wurden weniger und das Fahrradfahren damit sicherer. Aber die Schienen im Straßenbett blieben liegen und waren für uns auf unseren Fahrrädern ohnehin viel gefährlicher. Erst später wurde mir klar, welche tektonischen Verschiebungen sich rund um unsere Wiese abspielten.

Das Haus, in dem meine Eltern mit meiner Schwester und mir lebten, wurde Mitte der siebziger Jahre zwischen die damals noch florierenden Betriebe gesetzt. Wer auf die Stadtpläne des Ruhrgebiets guckt, der kann erkennen, dass die alten Fabrikgelände die Zentren der Stadtteile ausmachten. Heute gruppieren sich die Viertel deshalb oft um Brachen oder neu genutzte Kerne ehemals industrieller Architektur. Dort, wo wir wohnten, war es noch mal anders. Es wirkte ein bisschen so, als hätte jemand eine Tüte mit allen Bestandteilen eines vernünftigen Stadtteils ausgekippt und dann einfach so liegen gelassen. Alle Versuche, hier später Ordnung zu schaffen, haben an diesem Durcheinander wenig geändert. Hier gab es kein leeres Zentrum zu füllen, sondern immer wieder neue Zwischenräume zu bespielen.

In diesem städtebaulichen Durcheinander bin ich groß geworden. In einer Dreieinhalb-Zimmer-Wohnung mit einem denkbar unsinnigen Grundriss. Mehr Flur als Wohnräume. Die winzige Küche war das halbe Zimmer. Immerhin gab es einen großen Balkon, der nach Süden ging. Umziehen – und damit vielleicht sogar je ein eigenes Zimmer bekommen –, das wollten meine Schwester und ich aber auch nicht. Die Freund*innen in der Nachbarschaft waren wichtiger und nicht zuletzt die große Wiese, dieser unbestimmte, zweckfrei daliegende Raum, den wir Tag für Tag mit unseren wirren Ideen, kühnen Träumen füllen konnten. Die Wiese lachte für uns. Sie war unsere Welt!

AUFWACHSEN IN DER »BRENNSTOFFDEMOKRATIE«

Doch es gab nicht nur die Welt unten auf der Wiese. Es gab auch noch die Regale meiner Eltern mit vielen Büchern im Flur und ein paar Schallplatten im Wohnzimmer. Auch hier waren spektakuläre Entdeckungen möglich. Zum Beispiel in dem dreibändigen Lexikon von 1962 aus dem Dudenverlag, das meine Eltern sich Ende der sechziger Jahre zu ihrer Hochzeit gekauft hatten. Als ich in der Schule ein Referat über meine Heimatstadt halten musste, habe ich hier mit der Recherche begonnen. Der Eintrag, den ich fand, war damals gut zwanzig Jahre alt. Ich las, dass Gelsenkirchen 389000 Einwohner hatte, dass die Stadt eine der größten Kohlenstädte Europas war und eine vielseitige Industrie besaß. Erst später fand ich heraus, dass Ende der sechziger Jahre angeblich nirgends in Europa mehr Stahl gekocht wurde als in den Hochöfen meiner Heimatstadt. Und natürlich wusste ich um die sieben Meisterschaften des FC Schalke 04 in den dreißiger bis fünfziger Jahren. Doch als ich das Referat schrieb, war die Einwohnerzahl wenige Jahre vorher unter 300000 gefallen, die schwarzen Fahnen der Bergleute, die gegen Zechenschließungen demonstrierten, waren allgegenwärtig. Der letzte Hochofen in der Stadt war bereits gesprengt, und Schalke 04 pendelte zwischen der ersten und der zweiten Liga.

Da gab es offensichtlich viel beeindruckende Vergangenheit. Die Gegenwart hingegen erforderte einiges an Trotz und Phantasie. Dass es mit unserer Stadt nicht zum Besten stand, blieb uns Jugendlichen nicht verborgen. Jedes Jahr aufs Neue wurde über die Finanzierbarkeit des Theaters, des Schwimmbads oder auch nur der Straßenbeläge diskutiert. Es kursierte der Witz, man solle doch die Ortseingangsschilder abmontieren, da man am Zustand der Straßen schon merken würde, dass man in Gelsenkirchen sei. Und wenn wir im Urlaub an die Ostsee fuhren und durch unser »dat« und »wat« sofort zu erkennen gaben, woher wir kamen, ernteten wir mitleidige Blicke. Denn unsere Sprache galt nicht als Dialekt, sondern als Ausweis mangelnder Bildung.

Mein Vater sagte, in solchen Momenten musst du das Kreuz fest durchdrücken. Er war nicht nur in Gelsenkirchen aufgewachsen, sondern er hatte auch das Ruhrgebiet nie verlassen. Er erinnerte uns Kinder daran, dass hier in der Region die Industrie stand, die alle in Deutschland »am Kacken« gehalten hätte, wie er es rustikal formulierte. Von hier flossen die Mittel in den Länderfinanzausgleich, der den Abschied Bayerns und Baden-Württembergs von der Landwirtschaft ermöglichte. Und hierher kamen in den Trümmern der Nachkriegszeit sogar die Schauspieler*innen der Hamburger Theater, um ihre Kunst gegen Kohle und etwas Wärme zu tauschen. Wie er es wohl gefunden hätte, wenn er noch mitbekommen hätte, dass sein Sohn später einmal als Senator für eben diese Theater in Hamburg zuständig sein würde?

Doch damals ging es um etwas anderes. Um die Gewissheit, dass es keinen Grund gebe, sich bemitleiden zu lassen, nur weil man aus dem Ruhrgebiet kommt. Aus einer Gegend, in der schon der Kaiser keine Universitäten und keine Kasernen haben wollte, weil hier gearbeitet werden sollte. Aus einer Gegend, die schon ein Schmelztiegel der Kulturen war, als andere sich in Deutschland noch in homogene Kulturphantasien verstiegen. Aus einer Gegend, in der Özgür und Jakub selbstverständlich Teil meines Freundeskreises waren. Hier gab es vielleicht keine alten Kirchen, Schlösser oder Museen, dafür hatten wir Paläste der Arbeit, von denen viele bereits dichtgemacht wurden und langsam verfielen. Ihre Wiederentdeckung als romantische Tourismusattraktionen kam erst einige Jahre später. Aber noch erinnerten sich die meisten: Ohne das Ruhrgebiet wäre der Wohlstand Deutschlands nicht entstanden. Und das war nichts Abstraktes, sondern das Werk vieler Menschen, die dafür jeden Tag hart arbeiteten und daraus ihren Stolz zogen.

Hätte ich damals schon Georg Kreislers bitterböse Ode *Gelsenkirchen* gekannt, hätte ich das alles vielleicht besser verstanden. Den Stolz. Den Trotz. Und auch den latenten Minderwertigkeitskomplex. Der Wiener Liedermacher dichtete schon 1958, als Schalke zum vorerst letzten Mal deutscher Fußballmeister wurde: »*Das gibt es nur bei uns in Gelsenkirchen! / Herrliche Stadt der großdeutschen Kohlenbergwerkindustrie / Das gibt es nur bei uns in Gelsenkirchen! / In unserer einzigartigen Brennstoffdemokratie! / Lieblich schweben durch die Luft die schwarzen Dämpfe / Und mit heiterem Gesang / Nimmt man Kohlen in Empfang / Wer zu lang dort lebt, bekommt beim Atmen leichte Krämpfe / Aber wer lebt dort schon lang?*«* Der

* Musik & Text: Georg Kreisler.

schwarze Humor des österreichischen Kulturbürgers ließ kein gutes Haar an der schmucklosen proletarischen Gegenwart des montanindustriellen Ruhrgebiets. Als Kreisler das Lied 1961 im Fernsehen sang, beschwerte sich die Gelsenkirchener Stadtspitze. So despektierlich wollte man sich nicht porträtiert sehen. Der Sender entschuldigte sich. Denn das gehörte schon damals dazu. Ganz wie mein Vater es uns später in den Ferien lehrte: Wenn dich jemand anmacht und deine Heimat angeht, dann drückst du das Kreuz durch und wehrst dich.

Der spätere langjährige Kulturdezernent von Gelsenkirchen Peter Rose, mit dem mein Vater viele Jahre lang jeden Samstag in einer Schulturnhalle Tennis spielte, hat dieses Lied und seinen Dichter einige Jahre später in Schutz genommen. »Hier hat die Kunst als die Substanz der Kultur ein Gemeinwesen erschlossen und in eine die Sinne und den Verstand anregende Form gebracht. Das nenne ich ›Kunstwirken‹«, sagte der Sozialdemokrat lange nach seiner Amtszeit in einem Interview.[1]

Und so weit entfernt von der Wahrheit war die aus Wien herüberwehende Satire ja auch nicht. Denn davon redete man in meiner Kindheit in den siebziger und achtziger Jahren tatsächlich noch: von der Wäsche, die beim Trocknen auf den Balkonen grau wurde. Von den Verwandten, die früh an der Staublunge und noch früher am Krebs starben. Von den Tagen, in denen unsere Fußgängerzone zwar auch schon hässlich, aber immerhin noch umsatzstärker als alle anderen in der ganzen Republik war. Vom schönen alten Rathaus und vom Bahnhof, die einem verwirrten Verständnis von Moderne weichen mussten und an deren Stelle hässliche gelbe und grüne Klötze gestellt wurden. Vom nachbarschaftlichen Kampf um die ebenfalls vom Abriss bedrohten Bergarbeitersiedlungen, die die Bewohner*innen in kleine Idyllen verwandelt hatten. Überall war da diese trotzige Mischung aus Stolz und Melancholie.

Und dann war da jemand wie Peter Rose. Er hat von 1975 bis 2000 als Dezernent in Gelsenkirchen gewirkt, zuständig für Schulen und Kultur. Er hat gekämpft, als der Strukturwandel die Stadt so richtig hart traf, hinter dem sich ja kein Wandel zum Besseren, sondern vor allem der Verlust des Wohlstandes verbarg. Als er in der Stadt Mitte der siebziger Jahre ins Amt kam, hatte sie 60 000 Einwohner weniger als noch zu Zeiten der Kreisler'schen Satire. Für mich wird es immer mit Peter Rose verbunden bleiben, dass meine Heimatstadt ihr Musiktheater behalten hat, dass sogar neue Kulturzentren eröffnet wurden, getragen von dem Bewusstsein, dass die Kultur das Fundament einer Gesellschaft und ihrer Politik ist – und dass es unsere Aufgabe ist, sie nicht bloß als nettes Ornament zu begreifen, sondern als das Wesentliche. Das hat Rose nicht in Sonntagsreden gepredigt, sondern in sehr praktischer Politik konkret umgesetzt.

Das Musiktheater am Eingang zur Innenstadt war dafür das deutlichste Symbol. Dieses Haus war ganz anders als die meisten anderen in meiner Heimatstadt. Es war nicht bloß praktisch und funktional, sondern der Architekt Werner Ruhnau hatte hier in enger Zusammenarbeit mit Künstlern wie Yves Klein oder Jean Tinguely einen Raum entwickelt, der den Bewohner*innen meiner Heimat Luft zum Erleben, Denken und Träumen geben sollte. Schon als Kind war ich fasziniert von diesem großen gläsernen Bau aus den fünfziger Jahren. Die riesigen, unendlich blauen Schwammreliefs in den Foyers, die Yves Klein für das Theater entworfen hatte, haben mich beim ersten Besuch so sehr überwältigt, dass ich bis heute zwar dieses Gefühl aus den Foyers noch spüre, wenn ich mich zurückerinnere, aber keine Ahnung mehr habe, welches Stück wir danach auf dem Schulausflug gesehen haben. Die blauen Foyerflächen haben auch den Komponisten Bernd Alois Zimmermann so sehr beeindruckt, dass er sie in seiner Komposition *Photopsis* verarbeitet hat, die in Auszügen viele Jahre später zur Eröffnung der Elbphilharmonie in Hamburg erklang. So schloss sich für mich ein Kreis.

Die Kultur des Ruhrgebiets hat ihr ganz eigenes Gepräge. Sie hat nichts gemein mit dem Repräsentationsgestus der alten Bürger- oder Residenzstädte, sondern ist viel tiefer im Alltag verwurzelt. Entsprechend begeistert können die Menschen sein, wenn sie das Gefühl haben, dass jemand versucht, zu verstehen was den besonderen Reiz dieser Gegend ausmacht.

So war das immer im Ruhrgebiet. Lauwarm gibt es nicht. Entweder man ist empört oder begeistert, dafür oder dagegen. »Die Mentalität der Menschen im Ruhrgebiet, die über Generationen von harter Arbeit und weichen Gefühlen geprägt zu sein scheint, lässt ganz offensichtlich ihre Stimmungen immer wieder plötzlich wechseln zwischen ›himmelhoch jauchzend‹ und ›zu Tode betrübt‹«, sagt Peter Rose. »Dafür ist der FC Schalke 04 nach wie vor beispielhaft.«[2]

In der Tat ließe sich eine Mentalitätsgeschichte meiner Heimat wohl entlangschreiben an der verworrenen Geschichte des großen Fußballklubs aus Gelsenkirchen. In meiner Jugend dümpelte der Verein im Niemandsland der Bundesliga, stieg auch mal in die 2. Liga ab, kam zurück und kämpfte. Am Spieltag hingen die blau-weißen Fahnen von den Balkonen und Fensterbänken. Lange habe ich geglaubt, dass die blaue Kunst auf den weißen Wänden unseres Theaters auch ein Bekenntnis zum Verein war. Wohl und Wehe des Vereins bestimmten die Emotionen der ganzen Stadt: Kaum waren drei Spiele gewonnen, träumten alle von der Meisterschaft, gingen mal mehr als zwei verloren, flossen die Tränen. Lauwarm gab's auch hier nicht.

DIE SPD WAR ÜBERALL

Mit starken Emotionen ist auch die SPD als Partei in meinem Leben verbunden. Sie war in meiner Jugend im Ruhrgebiet quasi überall. In ihr fand der Stolz auf die Region eine Form. Und auch die Genoss*innen selbst waren omnipräsent: Sie waren Vorsitzende im Taubenzüchterverein, kassierten die Mitgliedsbeiträge der Gewerkschaft, organisierten Kurse im deutsch-türkischen Freundeskreis und waren Elternsprecher*innen an der Schule. Sie übernahmen Verantwortung, kümmerten sich, sorgten dafür, dass der Laden lief. Im Kleinen und im Großen. Sie wussten zu arbeiten – in der Fabrik und für die Gesellschaft.

In Bonn war damals der Hamburger Helmut Schmidt Kanzler und hielt das Staatsschiff in kabbeligem Wasser auf Kurs. Sein Vorgänger Willy Brandt war längst zum lebenden Mythos geworden, seine Ziele lagen jenseits der bekannten politischen Gestade. Und damit auch die der Partei, deren Vorsitzender er auch nach seinem Rücktritt als Kanzler blieb. Selbst später, während der bleiernen Zeit der Kohl-Jahre, war im Ruhrgebiet immer klar: Wer eine gerechtere Gesellschaft wollte, der musste zur SPD gehen. Die sozialdemokratische Landesregierung unter Johannes Rau in Düsseldorf war so etwas wie die gute Reserve, sollte es mit CDU/CSU und FDP dann (hoffentlich!) doch nicht weitergehen können. Nachdem Genscher und die FDP Anfang der achtziger Jahre zu Helmut Kohl und der CDU rübergemacht hatten, standen sich in meiner Wahrnehmung zwei klare Alternativen gegenüber: hier Schwarz-Gelb mit wirtschaftsliberalen, unsozialen Phantasien und einem miefigen Gesellschaftsbild. Und da Rot (gegebenenfalls mit ein bisschen Grün) mit einem klaren Plan zum sozial-ökologischen Umbau der Bundesrepublik und freiheitlichen Ideen von Vielfalt und Teilhabe. Dass die anderen regierten, lag in meiner jugendlichen Analyse daran, dass unsere Gesellschaft lieber zurück als nach vorn schauen wollte. Daran, dass sich viele nach einer biedermeierlichen Gemütlichkeit sehnten. Und daran, dass Helmut Kohl 1989 die Chance der deutschen Einheit schneller begriffen hatte als diejenigen, die sie mit jahrzehntelanger Entspannungspolitik überhaupt erst möglich gemacht hatten.

Auch wenn es unter der Oberfläche längst viel komplizierter war, die politische Aufstellung schien klar. Und natürlich ging es hier nicht bloß um das Schicksal einer Partei, sondern um eine Vorstellung von Gesellschaft, um eine kulturelle Alternative. Die SPD war eine Chiffre für den besseren Zustand der Gesellschaft, und entsprechend breit war das Bündnis derer, die für sie (und teilweise auch in sie) eintraten.

Das musste in meinem Alltag nicht groß hergeleitet werden, sondern wurde in Gelsenkirchen einfach gelebt. Theoriediskussionen – so was machten vielleicht »die jungen Leute«, wie hier jede*r unter dreißig genannt wurde. Aber von denen verschwanden die Ambitionierteren nach dem Abitur in Städte, die eine eigene Uni hatten. Hier in der Gelsenkirchener Politik ging es handfester zu. Ob das Versprochene auch gehalten wurde, konnte man im Alltag nachprüfen. Als in den achtziger und neunziger Jahren dann immer mehr Zechen und Hochöfen und Arbeitsplätze verschwanden, als die industriellen Dämme um meine Jugendwiese weggeschwemmt wurden, geriet auch die Sozialdemokratie in Schwierigkeiten. Denn ihre Geschichte war eng mit dieser Industrie verwoben. Und doch dauerte es noch bis 1999, bis die SPD in Gelsenkirchen erstmals eine Wahl verlor. Ein paar Monate danach bin ich weggezogen.

Die beiden Ereignisse hatten nichts miteinander zu tun. Berlin und ein Job-Angebot der Bundes-SPD waren einfach zu verlockend. Aber irgendwie merkte ich schon, dass meine Heimatstadt mir fremd wurde, noch während ich dort lebte. Mittlerweile kann ich mir das anhand der vielen klugen Studien, die über den Niedergang der Industriegesellschaft und ihrer Milieus geschrieben wurden, gut erklären. Damals war das noch eher diffus und intuitiv.

Und es besteht auch kein Grund, die Zeit davor zu verklären: Auch in meiner Jugend war nicht alles gut, ganz und gar nicht. Ausländerhass, Frauenfeindlichkeit und Schwulenverachtung begegneten mir viel zu regelmäßig. Etliche meiner Freund*innen waren eben keine Mitbürger*innen, weil ihnen der Zugang zur vollständigen Teilhabe verwehrt war. Eine Kampagne wie *Mach meinen Kumpel nicht an* war unbedingt notwendig. Noch Jahre später hat die CDU auch in der

Gelsenkirchener Fußgängerzone erfolgreich Unterschriften gegen die doppelte Staatsbürgerschaft gesammelt. Und die Idee der Gesamtschule, an der alle Kinder gemeinsam lernen sollten, löste wahre Glaubenskämpfe aus. Die gesellschaftlichen Herausforderungen waren groß – und sie umfassten sowohl Fragen der materiellen Verteilung als auch der kulturellen Anerkennung. Aber es gab damals bei vielen, auch bei mir, noch das Vertrauen, dass Politik daran etwas ändern, die Verhältnisse verbessern könne. Im Ruhrgebiet, in Gelsenkirchen, genoss die Sozialdemokratie bei vielen genau dieses Vertrauen.

Als ich 2019 versucht habe, die aktuellen Probleme in einem kleinen Buch zu ordnen,[3] um sie selber besser zu verstehen, meldete sich Peter Rose nach vielen Jahren bei mir, längst im Ruhestand, aber erkennbar bewegt von den Ereignissen und dem Schicksal seiner Partei. Seine Überlegungen gipfelten in einem Plädoyer für die praktische Politik vor Ort. Er schrieb mir neben einigen freundlichen Worten auch eine deutliche Mahnung ins Stammbuch: »So war etwa die Kommunalpolitik für die ›alte SPD‹ immer so etwas wie eine ›Schule der Demokratie‹ und der praktischen politischen Bildung, die unter dem Label ›Staatspartei‹ zunehmend dem Oktroi der Landes- und Bundespolitik unterworfen wurde und seitdem kaum noch eigene Spielräume hat, um anstehende Probleme ›vor Ort‹ anpacken und lösen zu können, weil die staatliche Gewalt, in Form einer immer perfekteren Bürokratie, nicht nur überall ›den Finger drin‹ hat, sondern auch ›den Daumen drauf‹ hält.« Lokale Politikvermittlung und Politikgestaltung – das war für Rose das Entscheidende. Und das sei zunehmend verloren gegangen.

Vielleicht ist da etwas dran. Vielleicht hat sich die SPD in den vergangenen Jahrzehnten zu sehr zur Staatspartei entwickelt und ihren Kern als kulturell verankerte Bewegungspartei vergessen. Vielleicht hat sie sich zu sehr auf das Funktionieren der staatlichen Systeme konzentriert und zu wenig auf die Begründung des lebensweltlichen Sinns. Vielleicht hat sie darüber auch den Kontakt zum Alltag der

Menschen verloren, wenn sie nicht mehr von einer Wiese und ihren Geschichten erzählen kann, sondern bloß noch von den rechtlichen Rahmenbedingungen der Genehmigung einer Grünfläche.

DER HEISSE SCHEISS VON GESTERN

Seit meinen Jugendjahren im Ruhrgebiet ist vieles passiert. So einiges ist kaputtgegangen. Dass die SPD im September 2021 bei der Bundestagswahl wieder zur stärksten Partei des Landes wurde, hat auch mit der Schwäche der übrigen Parteien zu tun. Und mit der Stärke ihres Kandidaten. Aber das Fundament der Partei, die ehedem für 40 Prozent der Stimmen bei einer Bundestagswahl und sogar für bis zu 60 Prozent in meiner Heimatstadt gut gewesen ist, ist schmaler und dünner geworden.

An die Stelle des damaligen Vertrauens sind lange Zeit offene Ablehnung und – noch schlimmer – Gleichgültigkeit getreten. SPD? Die war – so schien es – früher mal wichtig, aber das ist vorbei. Diese Kämpfe sind gefochten. Heute geht es um anderes. Der Blick auf die Sozialdemokratie ist oftmals nicht mal mehr nostalgisch, sondern manchmal nur noch ironisch. *»Mach mal wie früher, das war so schön«*, singt Jan Delay 2020 in seinem Song *Gestern* und fährt fort: *»Maggi-Würze, SPD, Halogen / Ey, sorry ne, nicht für mich / Ich guck nach vorn, Baby, und nicht zurück / Tut mir leid, liebe Brüder und Schwestern / Nichts ist so kalt, wie der heiße Scheiß von gestern.«** Eingezwängt zwischen wirtschaftswunderlichem Liebstöckel und dem kühlen Licht der Achtziger erscheint die Sozialdemokratie dem Sänger nicht mehr wie die Verheißung einer besseren Zukunft, sondern allenfalls wie eine

* Musik & Text: Ali Busse / Jan Philipp Eißfeldt / Johannes Arzberger / Jörg Sander / Jost Nickel.

zerkratzte Greatest-Hits-Platte, die man nur in sehr melancholischen Momenten noch mal auflegt. Und Jan Delay ist damit nicht allein. Der Abgesang auf die SPD ist zu einem eigenen Genre geworden.

In den Siebzigern hatte Rudi Carrell gefragt, wann es denn mal wieder richtig Sommer werde, und der Verantwortliche für den Dauerregen war schnell ausgemacht: *»Mein Milchmann sagt: Dies Klima hier, wen wundert's / Denn schuld daran ist nur die SPD«.** Das war immerhin noch Ausdruck von Stärke und durchaus so etwas wie eine Ehrenbezeugung. Denn selbst das Wetter, das damals noch umstandslos mit »Klima« gemeint war, bestimmte zu jener Zeit offensichtlich die SPD. Aber schon 1981 – Helmut Schmidt war noch Kanzler – klang Heinz Rudolf Kunzes *Bestandsaufnahme* eher resignativ als kämpferisch: *»Wir sind jetzt mündig und wir haben nichts zu sagen. / Wir wählen selbstverständlich weiter S.P.D. / Wir haben keinen Grund, uns wirklich zu beklagen. / Der Sozialismus täte uns ein bisschen weh. / Wir kommen langsam in das glatzenwunde Alter, / das zwecks Karriere ein Bekenntnis nötig macht.«*** Wer den Song hört, spürt schnell: Ein leidenschaftliches politisches Bekenntnis klingt anders. Live setzte Kunze schon damals oft ein »Na ja« hinter diese Zeilen. Und als er den Song achtundzwanzig Jahre später erneut aufnahm, wählten die von ihm Besungenen *»mittlerweile locker FDP«.*

Für Tom Liwa und seine Band Flowerpornoes wiederum war es mit der Partei *»schon in Godesberg vorbei«*, und 2016 singt er: *»Ein Interview auf Tele 4 mit Sigmar Satan Gabriel / Reicht, um mich neu zu radikalisieren«.**** Der Sänger will »mit Schatzi« zur KP, zur kommunistischen Partei. Ob es den beiden da besser ergeht, verrät uns der Sänger nicht. Glauben mag ich es nicht. Aber sollte sein Protagonist von der SPD mehr Klassenkampf erwarten, dann dürften Hopfen und Malz tatsächlich verloren sein.

---

* Musik: Steve Goodman & Text: Thomas Woitkewitsch.

** Musik: Heinz Rudolf Kunze & Text: Heinz Rudolf Kunze / Mick Franke.

*** Musik & Text: Tom Liwa.

Auch die Antilopen Gang greift eine uralte Denunziation wieder auf und fragt im Herbst 2021: *Wer hat uns verraten?* Darauf reimt sich natürlich »Sozialdemokraten«, und so schallte es in den zwanziger Jahren von den Kommunisten herüber zur SPD, als sich die junge Weimarer Republik zwischen den Extremen zerrieb. Hundert Jahre später schildern die rheinischen Rapper Schicksale, die in einem Engagement bei der SPD enden. So zum Beispiel die Geschichte von Wolfgang G. aus Marburg-Weidenhausen, der sich als RAF-Terrorist versucht, dann gefasst wird und im Knast zu Sinnen kommt: *»Als er wieder draußen war, lief es gar nicht schlecht / Er wurde Gastronom und verdiente so sein Geld / Blieb politisch interessiert und hat in seinem Stadtbezirk / Erfolgreich bei der Kommunalwahl kandidiert / Jetzt ist er bei der SPD, jetzt ist er bei der SPD / Jetzt ist er bei der SPD, das tut doch im Herzen weh«*,* heißt es in dem Spottgesang, der die Partei als Ort verlorener Träume und halbherziger Kompromisse brandmarkt. In einer weiteren Geschichte endet ein schlechter Drogentrip beim Fusion Festival ebenfalls in der SPD.

Spötteleien dieser Art gibt es nicht nur im Pop, man hört sie auch im täglichen Diskurs. Und es fällt vielen nicht schwer einzustimmen: Die Kritik kostet schließlich nichts. Eine abfällige Bemerkung über die Sozialdemokratie scheint in progressiven Kreisen als Ausweis besonders kritischer Haltung zu gelten. Mühelos lassen sich Dutzende Beispiele aus Leitartikeln, wissenschaftlichen Studien oder zeitgeistigen Kommentaren zitieren. Die Energie, die aufgewendet wird, um die Enttäuschung über die Partei greifbar zu machen, würde ausreichen, die ökologische Transformation unseres Energiesektors zu organisieren.

Doch wenn man genauer hinsieht, erscheint diese Kritik erstaunlich denkfaul. Sie konstruiert eine Radikalität gesellschaftlicher Veränderung, die niemals sozialdemokratischer Politik entsprach. Der

* Musik & Text: Daniel Pongratz / Kolja Podkowik / Tobias Pongratz.

SPD geht es um die behutsame und gemeinschaftliche Verbesserung der Verhältnisse, nicht um den von einer kleinen aufgeklärten Gruppe für alle organisierten Umbau. Daran, dass es nur die eine richtige Wahrheit gibt und den einen richtigen Weg, den zu begehen man die Menschen notfalls zwingen müsste – daran haben Sozialdemokrat*innen nie geglaubt. Sie haben versucht zu überzeugen, Mehrheiten zu gewinnen und beharrlich mehr Freiheit, mehr Gerechtigkeit und mehr Solidarität zu leben.

Es verwundert nicht, dass dieser bewusste Verzicht auf extreme und radikale Positionen und Strategien bei ungeduldigeren Zeitgenoss*innen für Kritik und Häme sorgt. Zugleich aber hat sich diese moderate Strategie immer wieder als erstaunlich erfolgreich erwiesen. Teilweise in den unwahrscheinlichsten Situationen. So auch im Herbst 2021, als die SPD aus der Bundestagswahl als stärkste Kraft und Olaf Scholz als Kanzler hervorging. Lange Zeit hatte kaum jemand in der Öffentlichkeit mit einer Koalition gemeinsam mit Bündnis 90/Die Grünen und der FDP gerechnet. Dabei lag dieses Wahlergebnis programmatisch durchaus in der Luft.

Denn die Fragen, derentwegen sich bereits im 19. Jahrhundert Arbeiter*innen und Handwerker*innen in einer Partei zusammenfanden, sind auch heute noch aktuell. Ganz zu schweigen von der bestechenden Idee, die Solidarität und die Vernunft gesellschaftlicher Vielfalt in den Debatten einer Partei zu organisieren. Auf der Grundlage zwischenmenschlichen Respekts, gemeinsamer Werte und einer Vorstellung von einer besseren Gesellschaft. Gerade jetzt, wo uns der Laden, den wir Gesellschaft nennen, auseinanderzufliegen droht, brauchen wir das.

GEGEN DIE NOSTALGIE

Meine Eltern, insbesondere mein Vater, hatten etwas von Beppo Straßenkehrer. Er besaß jenen stoischen Glauben, dass sich die Dinge schon irgendwie bewegen und bewältigen ließen, wenn man sich nur nicht beirren ließe. Wie schön das gewesen sein muss. Und wie schade, dass ich ihn nicht mehr fragen kann, wie er sich diesen Glauben bewahrt hatte. Wenn ich jetzt an die Wiese meiner Kindheit zurückdenke, dann fällt mir auf, wie sehr meine Zuversicht sich seit damals verändert hat. Ich merke, dass ich aktiv gegen die Nostalgie angehen muss, die sich breitzumachen droht. Dabei will ich ja gar nicht zurück, sondern nach vorne – hin zu einer Zeit, in der andere Kinder unbeschwert auf einer Wiese stehen können.

Als ich im Frühjahr 2020 mitten in einem Corona-Lockdown mit meiner Schwester zum letzten Mal auf dem Balkon der Wohnung stand, in der wenige Wochen zuvor meine Mutter einsam gestorben war, da sprang mich die Trostlosigkeit der Szenerie plötzlich mit aller Macht an. Hinter der Backstube brummte ein Generator, auf der Wiese standen viel zu viele Spielsachen herum, und wo einst die große Schwarzpappel am Bahndamm wuchs, klaffte ein Loch. Gar nicht leicht, in solch einer Umgebung zu entscheiden, welche Gegenstände der Vergangenheit man festhalten möchte. Private Trauer und gesellschaftlicher Verlust kamen sich in diesem Moment viel zu nahe. Und dabei wusste ich damals noch gar nicht, was Gelsenkirchen in diesem Jahr noch für mich in petto haben würde. Nur wenige Monate später würde ich wieder in die Stadt kommen müssen, um meine Schwester zu beerdigen, für die dieser Schock einfach zu viel gewesen war. Der viel zu frühe Krebs kam zurück und beendete ein Leben, an dessen Feuer noch so viele sich hätten wärmen können.

Das nicht ahnend, regte sich schon in diesem Moment großer Leere tief in mir ein bislang ungekannter, prinzipieller Widerstand. Dagegen müssen wir doch etwas tun, ging es mir durch den Kopf. So darf es doch nicht weitergehen! Wir müssen doch die Hoffnung auf eine bessere Gesellschaft nähren, auf ein vernünftigeres Miteinander, auf eine Zeit, in der niemand voller Angst allein zu Hause sterben muss. Wir müssen doch einen Rahmen setzen, in dem wir beieinanderbleiben, weil wir nur gemeinsam die großen Aufgaben der Zukunft bewältigen können. Und dafür brauchen wir ein politisches Gefäß.

Meine Eltern wären zum Zeitpunkt des Erscheinens dieses Buches gerade einmal achtzig Jahre alt, meine Schwester sogar nur fünfundvierzig. Doch sie sind nicht mehr da. Das ist ein Umstand, der mich immer wieder hart daran erinnert, dass die Dinge eben nicht so planbar sind, wie ich mir manchmal einrede, und dass ich immer damit rechnen sollte, dass etwas dazwischenkommt. *»Jeder Tag ist ein Geschenk, er ist nur scheiße verpackt«* – diese Songzeile von Kid Kopphausen aus dem Jahr 2013 hat heute einen tieferen Klang als zu dem Zeitpunkt, zu dem ich sie das erste Mal gehört hatte.* Ich habe mittlerweile lernen müssen, dass ich den nächsten Tag tatsächlich nicht als einen selbstverständlich guten Tag, ja nicht einmal überhaupt erwarten darf. Auch Nils Koppruch, einer der beiden Köpfe hinter Kid Kopphausen ist, kurz nachdem die Platte erschienen ist, plötzlich und viel zu früh gestorben.

Ich war damals 2020 nach dem Tod meiner Mutter, mitten in der Corona-Zeit, so angefasst, wie man es nur sein kann, wenn eine plötzliche Erkenntnis nicht aus abstrakter Erörterung, sondern aus unmittelbarer Emotion wächst. Und diese leise Wut auf die Verhältnisse hat auch der folgenden Analyse standgehalten. Sie brennt noch immer. Eine gute Freundin hat mich bestärkt, an diesem Schmerz entlang zu erzählen, um Zuversicht und Perspektive zu finden. Und ich sehe tatsächlich keinen anderen Weg – persönlich nicht, aber vor allem auch politisch nicht. Es hat keinen Sinn, das Vergangene zu

* Text & Musik: Gisbert zu Knyphausen / Nils Koppruch.

ignorieren, wenn man in die Zukunft möchte. Ganz egal, ob einen die Vergangenheit einschüchtert oder deprimiert. Diese Gefühle gehören ebenso dazu wie der Stolz auf das, was die Vorangegangenen erreicht haben. An diese Gefühle müssen politische Geschichten heran, wenn sie heute motivieren und begeistern sollen.

Und um das zu verdeutlichen, wühle ich »im heißen Scheiß von gestern« und versuche, die Bruchstücke jener Vision wieder zusammenzufügen, die Helmut Schmidt am liebsten im Mülleimer einer Augenarztpraxis zurückgelassen hätte. Aber nur weil es sich vielleicht kurzfristig besser ohne sie regiert, heißt das noch lange nicht, dass man ohne sie erfolgreich eine Gesellschaft in eine bessere Zukunft führen kann. Und ohne diesen Anspruch hat es die Sozialdemokratie bei allem Realismus und Pragmatismus noch nie gemacht. Treffend hat das mal ein alter Gewerkschafter zusammengefasst, dessen Weisheit mein späterer Chef Franz Müntefering oft zitierte: »Du musst das Leben nehmen, wie es ist, aber du darfst es nicht so lassen.«

DEN SCHUSS HÖREN

Wenn man meine Auslassungen zur SPD der siebziger und achtziger Jahre in Nordrhein-Westfalen liest, könnte man denken, dass ich seit der Schulzeit Mitglied der Partei bin. Dem ist aber ganz und gar nicht so. Eingetreten bin ich nämlich erst im Jahr 2004, kurz vor meinem 30. Geburtstag, als ich schon beinahe keiner von »den jungen Leuten« mehr war. Damals hatte ich allerdings schon vier Jahre im Willy-Brandt-Haus, in der Berliner Parteizentrale der SPD, gearbeitet, war während des Studiums Stipendiat der Friedrich-Ebert-Stiftung und hatte niemals etwas anderes gewählt, na ja, zumindest fast niemals.

Als ich Mitglied wurde, war ich Pressesprecher von Gesine Schwan, die sich damals um das Amt der Bundespräsidentin bewarb und mit solch einer Energie, solch einem intellektuellen Furor und solch einer menschlichen Leidenschaft durch die Berliner Politikszene fegte, dass sich alle fragten, was denn da gerade passierte. Mein Job war einfach: Ich musste die wohlwollende Verwunderung der Menschen nur befeuern. Und da ich selbst wie angezündet davon war, dass Intellekt und Politik doch zusammengehen können, fiel mir das nicht schwer.

Etwas anderes war es, Gesine Schwans Blick auszuhalten, als sie mich fragte, warum ich denn nicht in der Partei sei. Ich sagte ihr mein Sprüchlein auf, das ich mir in den zurückliegenden Jahren zurechtgelegt hatte und das in der Pointe endete, dass zumindest einer die professionelle Distanz zur Arbeit wahren sollte. Ihre Augenbraue hob sich. Und zum ersten Mal habe ich mir das selbst nicht mehr geglaubt. Gesagt hat sie meiner Erinnerung nach nichts. Aber das musste sie auch nicht. Diese Frau, die immer wieder mit der Parteilinie über Kreuz lag, wusste, dass Distanz in einer Volkspartei nicht nur möglich sein muss, sondern auch möglich ist. Und ich wusste es eigentlich auch. Meine Pose war schon lange hohl. Aber plötzlich fühlte ich es auch. Noch am selben Abend bin ich zum Leiter der Abteilung Organisation gegangen, habe mir einen Aufnahmeantrag abgeholt und ihn ausgefüllt.

Dass es aber so lange dauerte, bis ich dieses politische Bekenntnis abgelegt habe (und so feierlich, wie das Wort klingt, war es für mich tatsächlich), hat eine ganze Reihe von guten und weniger guten Gründen. In erster Linie hatte es etwas damit zu tun, dass es immer mein Traum war, Journalist zu werden. Ich fand, dass es nicht gut zusammenpasst, wenn man einerseits unabhängig berichten will, sich aber andererseits parteipolitisch festgelegt hat. Erst recht nicht in einer Stadt wie Gelsenkirchen, in der damals die Presse nach fast einem halben Jahrhundert absoluter SPD-Mehrheiten das einzige Korrektiv hätte sein können.

Entscheidender aber war etwas anderes: Sosehr die Sozialdemokratie für mich immer die einzige denkbare politische Heimat war und sosehr ich die Menschen bewunderte, die ich durch sie kennenlernen durfte, als ich noch nicht einmal Mitglied war, sosehr hatte ich Angst, ich würde mit der Mitgliedschaft jede Form der differenzierten Betrachtung politischer Fragen aufgeben. Meine ersten Demos habe ich Anfang der Neunziger nach den rechtsextremistischen Morden von Mölln, Rostock und Solingen organisiert. Und dann schaffte die Partei, der ich mich immer nahe fühlte, das Asylrecht zwar nicht ab, verunstaltete aber gemeinsam mit den Konservativen den Artikel 16 unseres Grundgesetzes so sehr, dass ich den humanistischen Kern kaum wiedererkennen konnte. Freunde von mir sind damals aus der Partei ausgetreten. Wie konnte ich da eintreten? Und ich habe meiner Partei diesen Fehler bis heute nicht verziehen.

Es hat lange gedauert, bis ich begriffen habe, dass es in einer Volkspartei dazugehört, nicht immer recht zu bekommen. Aber dass es immer möglich ist, seine eigene Vorstellung vom Richtigen in die Debatte einzubringen. Ich musste erst erkennen, dass es nicht darauf ankommt, jeden Absatz und jeden Gedanken eines Parteiprogramms zu teilen. Wer tut das schon? Man ist nicht identisch mit dem Verein, dessen Mitglied man ist. Und manches Mal ist man sogar fundamental anderer Meinung. Gerade dann ist es wichtig, dabei zu sein, um für Veränderung zu streiten. Mitglied einer Volkspartei zu sein heißt schließlich, die bunte Vielfalt an Interpretationen des Programms nicht als Schwäche zu sehen. Sie ist auch nicht bloß eine Stärke, sondern vielmehr der Sinn des Ganzen.

Mit achtzehn oder neunzehn habe ich das nicht begriffen. Da wollte ich recht haben. Entweder ganz oder gar nicht. Und ich wollte Mitstreiter*innen haben für das, was ich richtig fand. Wer anderer Meinung war, der hatte bloß nicht lange und nicht intensiv genug nachgedacht. Davon war ich fest überzeugt. Deshalb habe ich den Weg in die Partei nicht gefunden. Als ich dann über den Zufall eines

Praktikums doch noch in Berlin bei der SPD hängenblieb, brauchte es schließlich noch Gesine Schwans hochgezogene Augenbraue, bis ich die Hürde endlich genommen habe, weil mir schlicht die Argumente ausgegangen waren.

Ungewöhnlich an diesem Weg ist weniger, dass es so lange gedauert hat, sondern vielmehr, dass es überhaupt noch geklappt hat. Glaubt man den zahlreichen Studien, die schon damals zum politischen Engagement von jungen Menschen publiziert wurden, dann interessierte sich meine Generation nicht mehr für die großen abstrakten Fragen. Wir wollten es, so die Expert*innen, lieber konkret. Einen Bach sauber machen, im Asylbewerberheim helfen, irgendwo anpacken, spürbare Veränderung bewirken. Und wir wollten Spaß haben bei dem, was wir machten. Gemeinsam abhängen, was Sinnvolles machen und uns dabei gut fühlen.[4]

Irgendwie waren solche Überlegungen bei den Parteien in meiner Heimatstadt damals nicht angekommen. Oder alle hatten immer einen schlechten Tag, wenn ich mit ihnen zu tun hatte. Parteiarbeit, so wie ich sie erlebte, wirkte so ernst, so staatstragend, so weit weg von dem, für das ich brannte. Und wenn ich darauf aufmerksam machte, dann hatte ich das Gefühl zu stören. Vielleicht auch, weil ich es tatsächlich tat.

Jedenfalls weiß ich heute, dass es nicht nur mir allein so ging. Irgendwie passte ein Engagement bei einer Partei nicht in unser Leben. Selbst bei denen nicht, die schon früh an einer Karriere bastelten. Auch dafür schien die Partei keine große Hilfe mehr zu sein. Der SPD-Vordenker Peter Glotz stellte damals ernüchtert fest, dass wer ambitioniert, jung und links sei, nicht mehr zur SPD, sondern zu Greenpeace oder Amnesty International gehe, und wer ambitioniert, jung und rechts sei, nicht mehr zur Union, sondern zu BMW.[5]

Partei, das hieß, dass man sich erst einmal hinten anstellte, dass man die Altvorderen dabei unterstützte, die Verantwortung zu tragen. Es war eine Ochsentour. Irgendwann war man Schriftführer im

Ortsverein, dann Kassierer. Man stand im Wahlkampf bei Wind und Wetter am Stand in der Fußgängerzone, erklärte, was andere machten. Natürlich gab es die Jusos, aber die organisierten Fußballturniere und diskutierten theoretisches Zeugs über die sozialistische Gesellschaft. Und da gab es diejenigen, die immer recht haben wollten und unwirsch wurden, wenn sie es nicht bekamen.

Ich merkte, nachdem ich da mal reingeschnuppert hatte, dass das nichts für mich war. Und machte was anderes. Zivildienst, freie Mitarbeit in der Lokalredaktion der Zeitung, Integrationsarbeit im deutsch-türkischen Freundeskreis, internationale Jugendarbeit in einer gemeinnützigen Austauschorganisation, Journalistikstudium. Hier fand ich all die Leute, die ich eigentlich in einer Partei treffen wollte. Wir taten etwas Sinnvolles und hatten Spaß dabei.

Ich bin mir heute sicher, dass mein damaliges Bild arg verzerrt war. Ich habe mittlerweile viele Menschen kennengelernt, die damals bei den Jusos Freund*innen fürs Leben fanden, die Spaß hatten bei ihrem Engagement. Die zu diskutieren lernten, zu argumentieren und sich durchzusetzen. Natürlich ging es auch immer darum, zu gewinnen. Zwei Freunde haben mir die Kongresse und Versammlungen, auf denen sie damals regelmäßig waren, mal als rhetorisches Paintball-Spiel beschrieben. Sie schwelgten in Erinnerungen, und ich stand daneben und dachte mir, dass man wohl dabei gewesen sein musste. Und dann dachte ich, dass ich wohl schnell gegangen wäre, wenn ich dabei gewesen wäre. Immerhin muss die Ausbildung gut gewesen sein. Beide haben es bis ins Kanzleramt geschafft.

Auch in anderen Parteien hört man solche Schilderungen aus den Jugendorganisationen. Man übte für später. Manche so erfolgreich, dass sie Abgeordnete, Ministerinnen oder Kanzler wurden. Andere eher aus Spaß. Mich erinnert das an Tierdokus, in denen man sieht, wie die Bärenmutter mit dem Nachwuchs durch die verschneite Landschaft zieht und die Jungbären sich pausenlos balgen. So klären sie die Hackordnung und entdecken Regeln des Lebens. Aber ich wollte ja gar nicht lernen, wie die Organisation einer Partei funktioniert. Sie wäre für mich Mittel zum Zweck gewesen. Und wenn der aus dem Blick gerät, dann werden die Rituale hohl.

Deswegen greifen auch so viele Konzepte nicht, mit denen Parteien versuchen, junge Menschen an sich zu binden – oder überhaupt erst einmal für sich zu interessieren. Wer Mitglied werden will, kann das schließlich einfach online machen. Die Frage nach dem Warum ist die entscheidende. Wenn ich irgendwo mitmache, dann will ich auf der richtigen Seite stehen, sinnvolle Sachen machen und wirksam sein. Die Frage ist, wie Parteien Politik begreifen. Ist es das bloße technische Machthandeln, das Erreichen von Mandaten in den Parlamenten und Ämtern an der Spitze der Verwaltung, um mehrheitliche Positionen durchsetzen zu können? Oder geht es womöglich um unsere Vorstellungen vom gesellschaftlichen Miteinander und die gemeinsame Auseinandersetzung mit der Frage, was notwendig und was sinnvoll ist? Auch hier entsteht Macht – aber nicht dadurch, dass man ein Amt hat, sondern dadurch, dass man gute Argumente hat, eine überzeugende Geschichte erzählt, dass man sich verständigt. Die Philosophin Hannah Arendt hat das zwischen den Bürger*innen im Gespräch entstehende Beziehungsgeflecht mal *das Politische* genannt.[6] Es ist essenziell und wird doch allzu oft geringgeschätzt oder gar vergessen. Dabei schafft erst dieses Politische die Grundlage für konkrete Politik in Parlamenten und Regierungen. Und es ist dieses Politische, das junge Menschen suchen, wenn sie sich in Parteien umsehen.

So ging es mir damals, als ich nach Leuten Ausschau hielt, mit denen ich daran arbeiten wollte, dass unsere Gesellschaft mit ihrer Vielfalt besser zurechtkommt, dass Ausgrenzung und Abwertung nicht mehr den Alltag prägen, dass Respekt und Anerkennung selbstverständlich werden. Und so ist das erst recht heute, in Zeiten, in denen wir nicht bloß die Rückstände einer Pandemie zu bewältigen haben, sondern in denen die Lebensbedingungen auf unserem Planeten genauso auf dem Spiel stehen wie die sozialen Bezüge einer kapitalistisch und digital immer mehr überformten Gesellschaft. In allen diesen Fragen geht es um etwas. Und wer nur fünf Minuten mit jungen, engagierten Menschen redet, merkt, dass sie darauf brennen, sich um die Probleme zu kümmern. Diese Energie brauchen wir, wenn wir diskutieren und entscheiden, wie wir mit den großen (und auch den kleinen) Fragen unserer Zeit umgehen wollen.

Welche Kraft das entfalten kann, veranschaulicht das kluge Musical *Hamilton*, in dem der Lebensweg des ersten US-Finanzministers Alexander Hamilton, die Wirren der Amerikanischen Revolution, des Unabhängigkeitskrieges und der jungen Republik erzählt werden. Aber was heißt »erzählt«? Furios gerappt werden! Früh finden sich die Revolutionäre zusammen, und Hamilton beschwört die Magie des Augenblicks und die Möglichkeit, gemeinsam zu handeln: *»Hey yo, I'm just like my country / I'm young, scrappy and hungry / And I'm not throwin' away my shot«*.* Jung, schäbig und hungrig sei er, genauso wie sein Land. Er lasse diese Gelegenheit nicht vorüberziehen. Wir wissen, was daraus geworden ist … Er spricht aus, was ist. Und was sein wird.

Und dieser Furor, dieser Glaube an große Ideen, dieses Bewusstsein der Dringlichkeit sind auch heute noch greifbar. Aber eben leider viel zu selten in Parteien, sondern bei Fridays for Future oder Black Lives Matter. Hier treffen sich junge Menschen mit einem Anliegen, mit Leidenschaft und mit einer klaren Vorstellung, was sich ändern muss. Und sie müssen nicht warten, brauchen keine Ochsentour, sondern sie fangen an und machen. *They are not throwin' away their shot.*

Es wird Zeit, dass wir den Schuss in den Parteien auch hören. Wir sollten jungen Menschen mehr als bloß Paintball-Equipment in die Hand geben. Erst recht in einer Partei, deren programmatischer Kern

---

* »Hey yo, ich bin so wie mein Land / Ich bin jung, schäbig und hungrig / Ich habe nur diesen einen Schuss« (Musik & Text: Lin-Manuel Miranda).

bis heute die Teilhabe aller (!) am Haben und am Sagen in unserer Gesellschaft ist. Wer Visionen hat und noch einen Schuss frei, den sollten wir einladen, an dieser großen Idee einer freieren, gerechteren und solidarischeren, einer besseren Gesellschaft zu arbeiten.

KAPITEL 2

AUF DER SUCHE NACH DEM RICHTIGEN WEG

WIE ES ANGEFANGEN HAT UND WIE ES WEITERGEHT

Im Jahr 2020 häuften sich auf Twitter und anderen sozialen Medien Memes, die einer einfachen, aber umso wirksameren Logik folgten. Viele Nutzer*innen stellten in ihren Posts zwei Bilder einander gegenüber. Das erste betitelten sie mit den Worten »*How it started …*« (»Wie es begann«) und das zweite mit »*How it's going …*« (»Wie es läuft«) oder »*How it ended …*« (»Wie es endete«). Zwischen den beiden Bildern gab es immer einen Twist: Das erste Bild ließ eine bestimmte (negative) Entwicklung erwarten, das zweite Bild zeigte eine überraschende (positive) Wendung.

Auf der Suche nach dem Ursprung des plötzlichen Trends stießen Journalist*innen auf den Tweet zweier junger Frauen, die sich via Textnachrichten zunächst heftig gestritten hatten, nur um dann kurze Zeit später glücklich zusammenzufinden. Sie posteten ihre Beschimpfungen in einem Chatverlauf (»*How it started*«) und stellten ein gemeinsames Selfie im Spiegel eines Hotelzimmers (»*How it's going*«) daneben. Ihre Botschaft: Auch wenn es zunächst aussichtslos scheint, kann doch noch alles gut werden. Im Strudel all der destruktiven Meldungen und Mitteilungen war das ein beinahe beglückend naiver Versuch, etwas Zuversicht zu verbreiten. Und er stieß auf Resonanz. Schnell wurde das Schema zum Renner im Netz. Immer mehr User*innen posteten Anfang-und-Ende-Bilder. Oft handelte es sich um ungeahnt glücklich verlaufende Beziehungsgeschichten oder um unverhoffte Erfolgsstorys.

Doch es blieb nicht bei harmlos romantischen Posts. Die User*innen entdeckten, dass man das Vorher-nachher-Schema auch umkehren kann: Man zeigte ein positives Bild, das eine hoffnungsfrohe Zukunft anzukündigen schien, und dann die ernüchternde Gegenwart. Viele dieser Bilder bezogen sich, wie gehabt, auf private Ereignisse. Immer mehr nahmen aber auch Bezug zur Politik. So wurden optimistische Corona-Prognosen den tatsächlich eskalierenden Infektionszahlen gegenübergestellt oder großsprecherische Ankündigungen von Kandidat*innen im Wahlkampf der weiteren Entwicklung ihrer Kampagne. Mit der simplen Kontrastierung hatten Social-Media-Nutzer*innen eine Erzählweise geschaffen, die wie gemacht scheint, um auf die Kluft hinzuweisen, die so oft herrscht zwischen politischen Versprechen und realen Versäumnissen.

An Beispielen für diese Kluft mangelt es wahrlich nicht. Wenn die soziale Gerechtigkeit beschworen wird und dann der Satz der Grundsicherung bloß um wenige Euro steigt oder wenn die ökologische Transformation der gesamten fossilen Wirtschaft gefordert wird und dann zwanzig Jahre Restlaufzeit für Kohlekraftwerke vereinbart werden oder wenn der Frieden in der Welt beschworen wird und es nicht gelingt, den Ausbruch von Kriegen zu verhindern – dann wirkt es zu Recht so, als hätte die Politik ihre Ziele vielleicht nicht verraten, aber zumindest aus dem Blick verloren.

Dabei kennt jeder und jede, die irgendwo Politik macht oder sich für eine Sache engagiert, die Diskrepanz zwischen dem, was man sich vornimmt, und dem, was real erreichbar ist. Man muss Kompromisse eingehen, sie gehören dazu. Sie beginnen, wenn man mit mehreren zusammensitzt und versucht, gemeinsam festzulegen, was man erreichen will. Schon hier muss man sich verständigen, wenn man nicht auf eigene Faust losziehen will. Und die Zahl der Kompromisse nimmt weiter zu, wenn es dann an die Realisierung der Pläne geht. Oft zitiert wird in diesem Zusammenhang Bertolt Brechts *Lied von der Unzulänglichkeit*. Darin heißt es: *»Ja, mach nur einen Plan / Sei nur ein großes Licht! / Und mach dann noch 'nen zweiten Plan / Gehn tun sie beide nicht.«*[1]

Genau so ist es. Selbst die besten Pläne werden früher oder später von der Wirklichkeit eingeholt. Kein Plan wird hundertprozentig so umgesetzt, wie er einmal entwickelt wurde. Damit es weitergeht, müssen Kompromisse gemacht werden. Die Fähigkeit dazu ist nicht nur eine zentrale politische Tugend, sondern oft schlicht eine demokratische Notwendigkeit. Denn wer bloß danach strebt, die eigenen Vorstellungen eins zu eins umzusetzen, wird kaum die notwendigen Mehrheiten zusammenbekommen. Und das ist zunächst auch gar nicht schlimm: Kompromisse sind so lange kein Problem, wie sich noch erkennen lässt, aus welchen Gründen und mit welchen Zielen sie eingegangen wurden.

Doch genau dieses Bewusstsein dafür, dass es in der Politik Kompromisse braucht, um Mehrheiten zu finden und voranzukommen, geht zunehmend verloren. Schnell ist die Rede vom »faulen Kompromiss«, vom »Verrat an der Sache«. Wer wie die deutsche Sozialdemokratie mehr als 160 Jahre alt ist, kennt zahlreiche Momente, in denen das *»How it's going …«* in eine gewisse Spannung zum *»How it started …«* geraten ist. Das erhöht zweifelsohne den Gesprächsbedarf und den Begründungsaufwand. Politik hat damit zu tun, bestimmte Handlungen auf ein Ziel hin auszurichten. Je größer und anspruchsvoller das Ziel ist, desto schwieriger wird es aber, den Zusammenhang zwischen Handlung und zu erreichendem Ziel wirklich herstellen zu können. Politisches Handeln muss aushalten können, dass menschliches Zusammenwirken und gesellschaftliche Entwicklungen zu komplex sind, um sie in ein simples Wenn-dann-Schema zu pressen. Politik unterscheidet sich hier nicht von unserem privaten

Alltag. Wir streben nach Planbarkeit und nach Klarheit, wissen aber doch, dass nicht alles planbar ist. Leider vergessen wir häufig, dass gerade dieses Offene und Nichtplanbare den eigentlichen Reiz ausmachen kann. Entsprechend sollte sich die Politik davor hüten, so zu tun, als könnte sie vorhersagen, »wie die Sache weitergeht«, als müsste sie die Gesellschaft bloß wie eine technische Maschine kalibrieren. Der Umgang mit Unsicherheiten gehört in modernen Demokratien untrennbar zum politischen Handeln dazu. Die Bevölkerung in scheinbarer Sicherheit zu wiegen, heißt auch, sie nicht ernst zu nehmen. Wir müssen uns gesellschaftlich den Schritt ins Offene zutrauen.

Im Kindesalter ist uns das noch sehr präsent, im Rollenspiel etwa, wenn wir unterschiedliche Handlungen und Reaktionen austesten, um herauszufinden, wie es dann wohl weitergeht. Auf der Wiese meiner Kindheit sind wir in allerlei Rollen geschlüpft, wir haben die Abenteuerfilme nachgespielt, die wir gerade im Fernsehen gesehen hatten. Wir haben uns in Todesgefahr und sonstige Schwierigkeiten gebracht und meistens einen heilen Weg herausgefunden. Nicht weil wir schon wussten, wie der aussehen würde, sondern weil wir verschiedene Möglichkeiten ausprobiert, improvisiert, manchmal auch danebengelangt haben. Immer in dem Bewusstsein, dass es ja nur ein Spiel ist. Ernst wurde es erst später, als das Ausprobieren schwieriger wurde, weil es kein Netz mehr gab, das einen folgenlos aufgefangen hätte. Weil die Situationen nicht mehr fiktiv waren.

In meinem Leben setzte genau hier das Interesse am Politischen ein. Denn auch wenn das Spielen schwieriger wurde – das Wissen blieb, dass nichts vorherbestimmt ist. Auf der Suche nach einem vernünftigen Umgang damit, dass es anders weitergehen kann, als es begonnen hat, öffneten sich für mich Räume der Debatte und der Verständigung, in denen politische Gespräche zum Lebenselixier werden können.

Schon die Definition der Situation dessen, »was ist«, ist nicht nur ein einseitiges Aussprechen einer Annahme, sondern ein Aufeinanderprallen vieler verschiedener Ansichten, gefolgt von dem Versuch, sie in einem Gespräch in eine möglichst große Schnittmenge zu bringen. Wenn auf diese Weise das Problem definiert ist, geht es bei den Lösungsvorschlägen auf gleiche Weise wieder los. Und wird meist noch komplizierter, weil es plötzlich um das Wünschenswerte und um das Machbare geht. Und damit eben auch um das Spekulative und Kreative und seinen Abgleich mit den Realitäten und ihren Möglichkeiten. Je wilder die Ideen, desto tiefer droht der Fall auf den Boden der Tatsachen zu werden und desto größer wird die Gefahr offener und gefährlicher Frakturen.

Deshalb wird in der Politik oft erbittert darum gestritten, ob solche großen und wilden Ideen überhaupt sinnvoll sind oder ob man sich nicht von vornherein auf die pragmatische Abarbeitung des Möglichen konzentrieren und auch gar nichts anderes in Aussicht stellen sollte.

Derartige Debatten lassen sich gerade in der Geschichte der Sozialdemokratie zu allen Zeiten finden. Zum Beispiel als Eduard Bernstein und Karl Kautsky 1891 in Erfurt über »die doppelte Seelenlage der Arbeiterbewegung, die widersprüchliche Erfahrung der Arbeiterschaft, ihre reformistischen Alltagsmentalitäten *und* ihre revolutionären Zukunftshoffnungen«[2] stritten. Oder als Helmut Schmidt in den 1970er Jahren schimpfte, dass wer Visionen habe, zum Arzt gehen solle, während Willy Brandt den utopischen Überschuss der sozialdemokratischen Idee pries. Und auch die Auseinandersetzungen über den künftigen Kurs der Partei während der letzten großen Koalition unter Angela Merkel hatten genau diesen Hintergrund: Sollte das Führungspersonal die eigenen Erfolge in der Regierung bloß besser und energischer vertreten? Oder sollte es darum gehen, deutlicher aufzuzeigen, wo man hinter der eigenen Programmatik zurückbleiben musste, weil die Mehrheitsverhältnisse nun einmal nicht mehr zuließen? Es ist diese Frage, die die SPD quält, wann immer sie in der Regierungsverantwortung steht. Und es ist gut, dass die Partei sich damit schwertut, eben weil sie utopischen Überschuss produziert, der nicht sofort eingelöst werden kann.

Der dahinterstehende Konflikt ist denkbar einfach und gerade deshalb offensichtlich so schwierig zu bewältigen: Die programmatische Idee der Partei ist größer als ihre Möglichkeiten, sie zu realisieren. Das Versprechen einer freien, gerechten und solidarischen Gesellschaft kann immer nur in Form einer etwas freieren, etwas gerechteren und etwas solidarischeren Gesellschaft eingelöst werden. Und selbst das nur, wenn es gut läuft. Das bedeutet, dass die Sozialdemokratie dazu verdammt ist, Kompromisse mit sich selbst zu machen, wenn sie regiert.

Warum hadern die meisten anderen Parteien nicht in gleicher Weise mit dieser Kluft? Nun, eine mögliche Antwort könnte lauten: weil die politische Konkurrenz in weit geringerem Maße davon lebt, das Bild einer veränderten, besseren Gesellschaft der Zukunft zu zeichnen. Die Christdemokrat*innen etwa haben sich nach dem Zweiten Weltkrieg als konfessionelle Sammlungsbewegung gegründet, die das Versprechen abgab, dass die Veränderungen aushaltbar und überschaubar bleiben werden. Demokratisierung sollte sein, aber bitte nicht in dem Maße, dass jeder Aspekt gesellschaftlicher Vielfalt ausverhandelt werden müsse. Wer heute aus einer konservativen Position das Versprechen abgibt, dass es keine großen Veränderungen geben werde, der gerät nur dann in Schwierigkeiten, wenn sich doch zu viel verändert, er oder sie formuliert aber kein absolutes Ziel, an dem die Schritte dorthin gemessen werden.

Ähnlich sieht es für das liberale Freiheitsversprechen der FDP aus. Auch hier geht es weniger um die Realisierung eines Status jenseits des Ist-Zustands, sondern vielmehr um die Abwehr staatlicher Eingriffe und die Sicherung persönlicher Autonomie. Solange Freiheit individuell verstanden und definiert wird, lässt sich recht genau überprüfen, ob eine Regierung »Verbesserungen« liefert. Seit der wirtschaftsliberalen Verengung Anfang der achtziger Jahre ließ sich das vorwiegend entlang der simplen Formel »mehr Netto vom Brutto« bewerten. Es wird spannend zu beobachten sein, ob sich das in der neuen politischen Landschaft wieder verschiebt und die Maßstäbe komplexer werden.

Noch einmal anders verhält es sich mit den politischen Vorhaben von Bündnis 90/Die Grünen. Diese zielen auf eine gesellschaftliche Veränderung und formulieren damit eine absolute Messgröße, an der sich Erfolge bewerten lassen. Allerdings ist die gesellschaftliche Transformation Mittel zu einem anderen, noch größeren Zweck. Sie erklärt und rechtfertigt sich nicht aus sich selbst heraus, sondern soll die bedrohten natürlichen Lebensgrundlagen des Planeten sichern. Ein größeres und fundamentaleres Projekt ist kaum denkbar. Und doch wird die politische Aufgabe durch externe Wertungsmaßstäbe wie wissenschaftlich gesicherte Daten zum Klimawandel in internationalen Studien und Kommissionsberichten einfacher fassbar. Eingebettet in diese Struktur lassen sich auch graduelle Fortschritte als Schritte in die richtige Richtung bewerten. Die Gefahr der defizitären Bewertung durch eigene Anhänger*innen ist auch hier stets virulent, aber sie ist nicht so offensichtlich und naheliegend wie bei sozialdemokratischen Politikentwürfen, die bis heute die Transformation der Gesellschaft entlang klarer Wertegrundlagen zum Ziel haben – und zwar nicht um einen externen Zweck zu erreichen, sondern um die Gesellschaft aus sich heraus besser zu machen: frei, gerecht und solidarisch – ohne ungerechtfertigte Benachteiligung, mit voller Teilhabe am Haben und am Sagen für alle.

Hier geht es nicht um die Verhinderung von Wandel, um die Verringerung von Unfreiheit oder um die Sicherung des Lebens als solches. Hier geht es darum, Gesellschaft zu verändern, gemeinsam und zum Positiven. Grundlage sind die Grundwerte Freiheit, Gerechtigkeit und Solidarität, deren Potenziale zwar beschreibbar, aber eben niemals vollständig realisierbar sind. Diese Werte markieren einerseits einen gesellschaftlich zu erstrebenden Zustand, und sie fordern andererseits auch eine bestimmte Qualität politischen Handelns. Beide Dimensionen lassen viel Raum und Gelegenheit, neue absolute Maßstäbe zu definieren, anhand derer sich das praktische Handeln relativ bewerten und kritisieren lässt.

Vor allem aber reicht es angesichts dieser wertegebundenen Politik letztlich nicht aus, bloß zu sagen, »was ist«, um eine »politische Aktion« in Gang zu setzen. Sondern es braucht präzisere Vorstellungen davon, was sein soll, sein kann und sein wird. Und offensichtlich sind auch die Begründungen der Antworten auf diese Fragen von Bedeutung. Eine genaue Beschreibung und Analyse der Lage ist eine notwendige, aber längst keine hinreichende Grundlage gelingender Politik. Die Vision des Besseren ist entscheidend. Und natürlich wird es für eine alte Partei, die nicht nur gefühlt bei jeder politischen Weichenstellung der letzten hundertsechzig Jahre dabei gewesen ist, zunehmend schwieriger zu erklären, warum die Vision immer noch nicht eingelöst ist, warum sie sogar zwangsläufig unerreichbar bleiben muss – weil sie zwar unser Handeln prägt, aber auch immer wieder neue zu erreichende Ziele begründet.

Lange Zeit bestimmte ein gnadenloser geschichtsphilosophischer Determinismus den Blick. Die frühe Arbeiterbewegung glaubte an Karl Marx' historischen Materialismus und an seine Annahme, dass die Geschichte eine Geschichte von Klassenkämpfen sei und dass man sich von Revolution zu Revolution bis zur klassenlosen Gesellschaft vorarbeiten werde, in der der Kapitalismus überwunden und die Verfügung über die Produktionsmittel gesellschaftlich gleichberechtigt organisiert sei. Alle Politik sei darauf auszurichten, dass dieser große und als zwangsläufig angesehene Umsturz kommen werde. Im Zweifel sei vorher sogar noch eine bürgerliche Revolution zu ermöglichen, mit der sich der zu überwindende Kapitalismus erst vollständig etablieren könne. Der Pfad war vorherbestimmt, man musste ihn nur konsequent gehen und würde so ans Ziel kommen.

Diese theoretische Grundlage machte die Ziele der Arbeiterschaft zu einer großen und allumfassenden Bewegung. Zumal es damals ja nicht darum ging, in einer Demokratie eigene Interessen effektiv zu vertreten. Vielmehr wurde noch darum gerungen, wie die richtige Staats- und Gesellschaftsform überhaupt auszusehen hatte.

Bereits im *Kommunistischen Manifest* schrieben Karl Marx und Friedrich Engels 1848: »Alles Ständische und Stehende verdampft, alles Heilige wird entweiht, und die Menschen sind endlich gezwungen, ihre Lebensstellung, ihre gegenseitigen Beziehungen mit nüchternen Augen anzusehen.«[3] Es war notwendig, jenseits der »verdampfenden« Traditionen zu neuen Übereinkünften zu kommen, wie eine Gesellschaft zusammenleben soll und kann. Der Konsens darüber, wie friedlich mit Konflikten umzugehen sei, war noch nicht gefunden. Auch das spätere deutsche Kaiserreich war noch geprägt von Versuchen, gesellschaftliche Vielfalt und Interessenkonflikte durch rigide politische Verbote aus dem Bereich des Öffentlichen wegzudefinieren. Die Sozialdemokratie fand sich selbst durch die Sozialistengesetze Bismarcks verfolgt und an den Rand gedrängt. Folglich waren ihre Debatten immer auch darauf gerichtet, wie sich das Große und Ganze verändern musste, wie ein Rahmen auszusehen hatte, der eine freie, gerechte und solidarische Gesellschaft ermöglichen konnte. Der Kampf um die eigene Freiheit war untrennbar damit verbunden.

Die theoretischen Annahmen blieben aber schon damals keineswegs unwidersprochen. Angesichts der Unterdrückung der Arbeiterklasse wuchs der Druck, nicht auf eine abstrakte Logik der Geschichte zu setzen, sondern auch für schnelle konkrete Verbesserungen zu kämpfen. Ende des 19. Jahrhunderts stritten die Vertreter*innen der Arbeiterbewegung offen darüber, ob sie nun konkrete Reformen anstreben sollten oder ob genau das kontraproduktiv sei, weil die Verhältnisse auf die Spitze getrieben werden müssten, damit die Ungerechtigkeit so groß werde, dass nur noch eine Revolution den Ausgang weisen könne. Auch in der SPD wurden beide Positionen vertreten. Während die Gewerkschaften und Pragmatiker*innen um Eduard Bernstein dem Weg der schrittweisen Reform das Wort redeten, waren die Parteispitze und ihre Cheftheoretiker*innen um Karl Kautsky der Überzeugung, dass man strikt der Marx'schen Geschichtstheorie folgen müsse. Wer hingegen für Reformen kämpfe, erschwere das Erreichen des großen Ziels der klassenlosen Gesellschaft mit jedem kleinen Etappensieg. Eben weil die Zuspitzung der Gesellschaft verhindert werde – und damit auch die doch so ersehnte Revolution.

Diese theoretische Auseinandersetzung hat Nachwehen bis in die Gegenwart. Doch so richtig verstanden habe ich diese prägenden Momente der sozialdemokratischen Geschichte erst, als ich in den Jahren 2004 und 2005 als Redenschreiber für den damaligen Parteivorsitzenden Franz Müntefering ganz am Rande dabei helfen durfte, einen Programmprozess mitzugestalten.

Wahrscheinlich gab es bisher keine Phase in meinem Berufsleben, in der ich mehr gelernt habe als in diesen Jahren – durchaus auf die harte Tour: Denn Franz Müntefering hat praktisch keinen Satz, den ich ihm aufgeschrieben habe, zum jeweiligen Anlass auch verwendet. Einige kamen manchmal immerhin in späteren Reden doch noch vor. Franz Müntefering war sich bewusst, dass das nicht leicht auszuhalten war. Er tröstete mich auf seine Weise: »Carsten, weißt du was? Vom leeren Blatt kannst du nicht abweichen.« Das war ehrlich herzlich gemeint, und so habe ich es auch verstanden.

In einer Rede ging es um den Revisionismusstreit. Franz Müntefering fasste diese komplizierten, mehr als hundert Jahre alten Auseinandersetzungen mit den Worten zusammen, dass es damals um die Frage gegangen sei, ob man das Paradies später oder Kaffeepausen jetzt haben wollte. Das war eine dieser vielen brillanten Formulierungen, die sofort auf den Punkt brachten, worum es ging. Und die zugleich den Redenschreiber beschämten, der drei Sätze gebraucht hatte, um das Gleiche weit weniger prägnant zu formulieren.

In dem erwähnten Streit hatte sich die SPD 1891 auf ihrem Programmparteitag in Erfurt übrigens nur sehr halbherzig entschieden. Das damals verabschiedete Programm teilte sich einfach in zwei Teile: Der theoretische Teil, verfasst von Karl Kautsky, fuhr das ganz große wissenschaftliche Besteck auf, beschrieb die geschichtliche Entwicklung und konstatierte die historische Aufgabe der Sozialdemokratie, die »nicht für neue Klassenprivilegien und Vorrechte, sondern für die Abschaffung der Klassenherrschaft und der Klassen selbst und für gleiche Rechte und Pflichten aller ohne Unterschiede des Geschlechts und der Abstammung« kämpfe. Der praktische Teil, den Eduard Bernstein geschrieben hatte, kam dagegen als radikaldemokratisches Reformprogramm daher, mit Forderungen nach einem gleichen Wahlrecht und einem progressiven Steuersystem, nach kostenlosen Schulen und der Gleichberechtigung der Frau. Wichtige Forderungen, aber eben nicht die klassenlose Gesellschaft, die programmatisch postuliert wurde. *How it started – how it's going …*

Dieses »Nebeneinander einer Theorie, die den Zusammenbruch der kapitalistischen Gesellschaft sowohl prognostizierte als auch tatkräftig herbeiführen wollte auf der einen Seite und Forderungen nach einer radikaldemokratischen Reformpolitik auf der anderen Seite« sei, so der Parteihistoriker Bernd Faulenbach, »charakteristisch« für die Sozialdemokratie der damaligen Zeit.[4] Und der Parteienforscher Franz Walter schreibt: »So wohnten denn auch zwei Seelen in der Brust der deutschen Arbeiterbewegung: Die eine war ein bisschen radikal, die andere ein bisschen reformistisch«, diese »doppelte Seelenlage …, die widersprüchliche Erfahrung der Arbeiterschaft, ihre reformistischen Alltagsmentalitäten und ihre revolutionären Zukunftshoffnungen wurden zu einem Paket verschnürt«.[5] Genauer: Sie wurden gleichberechtigt und in aller konzeptionellen Widersprüchlichkeit nebeneinandergestellt, in der Hoffnung, dass daraus produktive Spannung und kein unüberwindbarer Konflikt erwächst.

Viele Mitglieder sahen zwischen diesen beiden Aspekten damals in der Tat nicht zwangsläufig einen Gegensatz, beschrieb doch der praktische Teil die Schritte hin zum gewünschten gesellschaftlichen Zustand. Sie hatten nichts gegen eine Kaffeepause auf dem Weg zum Paradies. Auf der Ebene der Theorie aber sah das anders aus. Schließlich macht es durchaus einen Unterschied, ob man Politik für die klassenlose Gesellschaft entwirft oder sich zunächst mit dem Kapitalismus arrangiert und seine Auswüchse mit einer klugen Progressionstabelle im Steuerrecht zu bekämpfen versucht. Die Geschichten, die sich ausgehend von dieser Entscheidung erzählen lassen, unterscheiden sich erheblich in Anspruch und Tonfall, obwohl sie doch beide die Potenziale sozialdemokratischer Politik benennen.

Und genau diese Nahtstelle reißt seitdem immer wieder auf. Das Ganze hat vielleicht etwas an Dramatik verloren, seit sich die Partei 1959 in Godesberg davon verabschiedet hat, an einen materialistisch-deterministischen Lauf der Dinge zu glauben. Seitdem versucht sie den Reformismus auch theoretisch zu fassen. Aber verschwunden ist der Konflikt zwischen Wunsch und Wirklichkeit damit natürlich nicht. Auch programmatisch formulierte pragmatische Reformziele können so ambitioniert sein, dass sie zwar die Richtung vorgeben, aber außerhalb der unmittelbaren Reichweite verbleiben.

Zusätzlich an Brisanz gewinnt diese Spannung immer dann, wenn die SPD an der Regierung ist. Für die Partei ist das trotz ihres hohen Alters eine vergleichsweise junge Erfahrung, da sie im Kaiserreich aufgrund des Wahlrechts und der Verfolgung nicht in Regierungsverantwortung kam, in der Weimarer Republik trotz ihrer stützenden Rolle ebenfalls viel Zeit in der Opposition verbrachte und auch nach dem Zweiten Weltkrieg in der Bundesrepublik zunächst nicht in der Regierung vertreten war. In all diesen Jahren bildete sich eine Parteikultur heraus, die die eigenen Werte vor allem praktisch im eigenen Milieu umzusetzen versuchte – und die deshalb in den historischen Berichten manches Mal erstaunlich unpolitisch anmutet. Die Refugien der Arbeiterkultur boten jene Rückzugsräume, in denen man gemeinsam so leben konnte, wie es gesellschaftlich nicht durchzusetzen war. Und selbst wenn man an die Macht kam, war es nie möglich, die Gesellschaft im Großen so umzubauen, wie man es sich im Kleinen selber eingerichtet hatte. Diese politische Urerfahrung quält die Sozialdemokratie ganz besonders, weil ihre Mitglieder eben mehr wollen als bloß die eigene Macht erhalten. Sie wollen die Welt verändern – im Kleinen und im Großen. Mein akademischer Lehrer, der damalige Dortmunder Politikprofessor Thomas Meyer, attestiert der SPD mit Blick auf das Godesberger Programm, dass es manchmal so aussehe, als »hätte die Partei ihr Erstgeburtsrecht der sozialistischen Verheißung für das Linsengericht kleinlicher Wahlerfolge hingegeben«.[6] Doch wenn überhaupt, dann sieht es eben nur so aus.

»LET BARTLET BE BARTLET«

Als ich nach Berlin kam, gehörte es nicht nur in sozialdemokratischen Kreisen quasi zum guten Ton, sich mit dem einen oder anderen der Protagonisten der US-amerikanischen Fernsehserie *The West Wing* zu identifizieren. In der von Aaron Sorkin geschriebenen Serie spielt Martin Sheen den US-Präsidenten Jed Bartlet, einen liberalen Ökonomie-Nobelpreisträger, der vor seiner Präsidentschaft bereits ein paar Jahre in seinem Heimatstaat New Hampshire regiert hat, sehr bodenständig und in engem Kontakt mit den Menschen. Angekommen im Weißen Haus, ringt dieser volksnahe Ostküsten-Intellektuelle mit seinen Mitarbeiter*innen darum, das Land mit klugen und mutigen Initiativen voranzubringen. Es bleibt seinem Stabschef, einem alten Parteistrategen, überlassen, den idealistischen Überschwang mit Verweisen auf die Realität im Parlament, in den Medien oder der Welt zu erden. Die meisten hochtrabenden Pläne und Vorhaben scheitern, werden in endloser Kompromisssuche zermahlen, von neuen Krisen beiseitegedrängt oder lediglich mit kleiner Münze ausgezahlt.

Vielleicht ist *The West Wing* unter Sozialdemokrat*innen so beliebt, weil sie in den Figuren eine idealisierte – und besser aussehende – Version ihrer selbst entdecken können. Und weil sie sehen, dass auch andere bisweilen ihr unwilliges Führungspersonal zu mehr programmatischer Klarheit zu bewegen versuchen. In einer Folge sehen wir Jed Bartlet, der einen alt gewordenen linksliberalen Supreme-Court-Richter zum Amtsverzicht auffordert, um die Lebenszeitposition rechtzeitig nachzubesetzen, woraufhin dieser ihm verbittert vorwirft: »Ich habe auf einen Demokraten gewartet. Stattdessen habe ich Sie bekommen.« In diesem Satz steckt all die Kritik an den Kompromissen, die Menschen in Regierungsverantwortung eingehen müssen, um überhaupt etwas von ihrer Agenda umgesetzt zu bekommen. In Szenen wie diesen ist die Serie ein eindringliches Plädoyer, hochgesteckte Ziele nicht im politischen Alltag aufzugeben: »Kaum einmal trennt *West Wing* die Grundsatzdiskussion von der erzählerischen Evaluierung ihrer Durchsetzbarkeit ab. Als Serie über den politischen Prozess ist sie nicht nur reformistisch eingestellt, sondern auch stark an der Umsetzung des Entscheidungshandelns interessiert. Wer hier arbeiten will, muss beides können: Konzeptpapiere schreiben und Deals eintüten.«[7] Mit Blick auf die Nachfolge des Supreme-Court-Richters entscheidet sich Bartlet übrigens am Ende gegen den einfachen Weg und boxt einen hispanischen Reformer durch.

Die Serie verarbeitet erkennbar die Erfahrungen mit der Clinton-Regierung, aber man kann auch Parallelen zu anderen Mitte-links-Regierungen der neunziger Jahre ziehen – unter Tony Blair oder Gerhard Schröder etwa. Ob man virtuos das Machbare managen oder visionär die Grenzen des Möglichen verschieben soll – das ist der Kernkonflikt progressiver Regierungen, in der Serie genauso wie in der politischen Realität.

In einer anderen Folge geraten Präsident Bartlet und sein Stabschef Leo McGarry in einen Streit darüber, wer denn hier nun auf Sicherheit spiele. Die Auseinandersetzung endet damit, dass sie sich vornehmen, mehr zu wagen und auch Niederlagen zu riskieren, um Dinge in Bewegung zu setzen. »Let Bartlet Be Bartlet«, schreibt Leo McGarry auf eine Serviette und formuliert damit den Kern einer Strategie, in der es weniger um taktisches Kalkül und mehr um persönliche Authentizität und politische Leidenschaft gehen soll. Unmittelbar nach dieser Klärung versucht der Stabschef im Weißen Haus seinen Mitarbeiter*innen die Richtung vorzugeben. Seine Rede gerät zur Beschwörung einer mehr als attraktiven Vorstellung politischer Auseinandersetzung:

»Hört zu. Unser Stellungsspiel funktioniert nicht. Wir werden künftig den Ball in die Luft bringen. Und wenn wir vor die Wand laufen, dann will ich, dass wir das mit voller Geschwindigkeit machen. Wir werden einige dieser Auseinandersetzungen verlieren. Wir werden vielleicht sogar das Weiße Haus verlieren. Aber wir lassen uns von den Sachthemen nicht verängstigen. Wir werden sie ganz nach vorne stellen. Wir werden das Niveau der öffentlichen Debatte dieses Landes heben. Lasst das unser Vermächtnis sein.«*

Leo McGarry zitiert hier die in den USA sehr verbissen geführte Debatte darüber, ob im American Football nun das unansehnlichere »Running Game« oder das spektakulärere »Passing Game« Erfolg versprechender sei. Also ob man lieber ein paar Meter am Boden gutmachen oder aber mit einem spektakulären Wurf direkt in die Endzone vordringen solle. Hier plädiert er eindeutig für das riskantere Spektakel. Das klingt nicht nur wie ein Appell an politische Stäbe, sondern richtet sich an alle, die Verantwortung für das öffentliche Gespräch tragen. In diesen Sätzen steckt der Glaube an die kaum je realisierte Utopie einer politischen Debatte, in der die Teilnehmer*innen um die besseren Argumente ringen, andere überzeugen und nicht bloß überwältigen oder zermürben wollen.

* Aaron Sorkin: The West Wing, Season 1, Episode 19, »Let Bartlet Be Bartlet« [Übersetzung vom Autor].

The West Wing lief von 1999 bis 2006 und wurde mit zahlreichen Preisen ausgezeichnet. Eine Nummer kleiner kommt einige Jahre später eine andere Serie daher: die Sitcom *Parks & Recreation*. Sie spielt nicht in den schwindelnden Höhen nationaler Regierungszentralen, sondern im Grünflächenamt einer fiktiven Kleinstadt im amerikanischen Mittleren Westen, dessen stellvertretende Leiterin Leslie Knope (gespielt von Amy Poehler) sich – neben allerlei privaten Querelen – vor allem hingebungsvoll um den Zusammenhalt ihrer kleinen Gemeinde kümmert. Hier geht es nicht um die Geschicke der großen Welt, sondern konkret um die Sorgen vor Ort. Dabei muss sich Knope einerseits gegen die Allüren ihres libertären Chefs durchsetzen und sich andererseits mit den oft wenig konstruktiven Beiträgen der recht einfach gestrickten Kolleg*innen auseinandersetzen.

Gleich in der ersten Folge begegnen die Zuschauer*innen dem charmant naiven Aktionismus der Beamtin. Ein ziemlich verpeilter Mitbürger ist in eine Baugrube gefallen und liegt mit gebrochenem Bein zu Hause. Bei einer Besichtigung der eingezäunten und überschaubaren Unfallstelle gerät Knope ins Phantasieren: »Lassen Sie uns einen Moment träumen. Verdient diese Wohngegend nicht einen wunderschönen Park? Selbstverständlich wird es einen Spielplatz geben mit einer Kletterspinne und Schaukeln, Planschbecken, Tennisplätzen, Volleyballfeldern, Federballplätzen, Basketballfeld, ein Footballfeld mit Originalmaßen, ein Amphitheater mit – *»Shakespeare im Park …«* Sie inspiziert die Grube, vergleicht sich mit Richard Nixon, der nach China flog, »weil er sehen wollte, was die Chinesen im Schilde führten«. Der imaginäre kleine Park wird zur großen Verheißung, während sie selbst ungelenk in die Grube stürzt. Aber sie nervt ihren Chef auch danach so penetrant, dass sie am Ende den Vorsitz eines Unterausschusses bekommt, der prüfen soll, ob auf dem Baufeld ein Park errichtet werden kann. Und das obwohl ihr Chef eigentlich davon träumt, alle kommunalen Parks zu privatisieren, und seine Behörde am liebsten abschaffen möchte.

In Leslie Knopes Engagement schimmert ein pragmatischer Kommunitarismus durch, ein Glaube an die Möglichkeiten konkreten Fortschritts im Kleinen, der sich auch bei uns in vielen kommunalpolitischen Kontexten wiederfinden lässt. Aber er wird ergänzt durch das Bewusstsein, dass sich im Kleinen die Geschicke des ganzen Landes entscheiden. Was sind schon die Kampfzonen der Weltpolitik, wenn man sich auch um eine Baugrube kümmern kann, um künftige Unfälle zu verhindern und Lebensqualität zu erhöhen. Das ist mindestens so groß wie Richard Nixons Versuche, in den siebziger Jahren eine neue Chinapolitik zu formulieren.

Solche fiktionalen Beispiele nehmen die Kraft des politischen Erzählens ernst und zeigen daran anknüpfend, wie zentral der Konflikt zwischen Wünschbarem und Machbarem in der Politik auch nach der Verabschiedung von den großen Erzählungen und den ideologischen Gewissheiten ist. Er treibt die Geschichte voran, weil Politik ja immer irgendetwas will, im besten Fall die Gesellschaft zum Besseren verändern oder mindestens ein konkretes Problem lösen. Es ist die konstante Herausforderung für die politischen Protagonist*innen, sich damit abzufinden, dass sie ihr Ziel niemals erreichen werden, sondern allenfalls einen Schritt, mal kleiner, mal größer, in seine Richtung gehen können. Dass sie aber eben trotzdem davon erzählen sollten.

Was wäre auch die Alternative, wenn man die Gesellschaft wirklich zum Besseren verändern will? Wie motiviert man zur Veränderung? Zum Wagnis? Das sind Aufgaben von beinahe biblischen Ausmaßen. Man stelle sich vor, Moses wäre vom Pharao zurückgekommen und hätte verkündet, dass nun etwas weniger gearbeitet werden müsse, dass die Essensrationen vergrößert und die Stockhiebe künftig zahlenmäßig beschränkt würden. Zweifelsohne wäre das eine Verbesserung gewesen, aber sicherlich keine, die das israelitische Volk so mitgerissen hätte, dass es durchs Rote Meer marschiert, einen Staat gründet und alttestamentarische Bücher schreibt, auf die Weltreligionen gegründet werden. Dazu brauchte es die Perspektive auf den Auszug aus Ägypten, ein großes Projekt, das Extrakräfte freisetzen kann.

In der Zivilgesellschaft ist mittlerweile eine Veränderung spürbar. Auch hier ist lange Zeit viel Energie in kleine, örtlich und zeitlich begrenzte Projekte geflossen. Aber jüngere Bewegungen wie die Proteste für mehr Klimaschutz oder gegen Rassismus zeigen, dass auch große und abstrakte Fragen wieder zum Engagement motivieren, eben *weil* die Herausforderungen so groß geworden sind. Die Politik muss darauf reagieren, gerade weil die Moderne ein (um den Sozialphilosophen Jürgen Habermas zu paraphrasieren) nicht abzuschließendes Projekt ist. Wie diese Offenheit nicht als Makel, sondern als Qualität begriffen werden kann – diese Frage treibt sozialdemokratische Politiker*innen seit den Anfängen der Arbeiterbewegung im 19. Jahrhundert um. Es wird weitere Anlässe für »*How it's going*«-Memes geben. Hoffentlich auch solche, die zeigen, dass sich die Dinge zum Besseren entwickeln können.

GESCHICHTE IM GEPÄCK

Wer sich in seiner Jugend so viel mit dem FC Schalke 04 beschäftigt hat wie ich, ist gut auf die Arbeit in der SPD vorbereitet. Gerade in den achtziger Jahren überwog das Gefühl von viel Vergangenheit, ein wenig grauer Gegenwart und eher trüber Zukunft. Schon als ich noch klein war, lag die letzte Meisterschaft des FC Schalke 04 im Jahr 1958 ewig weit zurück. Meine Eltern waren damals beide fünfzehn Jahre alt, und meine Mutter erzählte davon, wie sie bei der Meisterschaftsfeier, bei der 100 000 Menschen die Schalker Spieler am Bahnhof in Empfang nahmen, ihren Schuh verloren habe und später von einem netten Polizisten nach Hause gefahren worden sei. All das war ferne

Vergangenheit. Auch das Zwischenhoch Anfang der siebziger Jahre war schnell beendet, nachdem publik wurde, dass einzelne Spiele »verschoben« worden waren. Nach diesem »Bundesligaskandal« hatte sich der Verein zumeist als graue Fahrstuhlmannschaft in der Pendelei zwischen 1. und 2. Liga eingerichtet. Als Schalke im Juni 1981 das Relegationsspiel gegen Bayer Uerdingen verlor und zum ersten Mal abstieg, da weinte nicht nur das Vereinsfaktotum Charly Neumann bittere Tränen. Auch ich hatte als noch nicht einmal siebenjähriger Junge, der auf dem Balkon am Radio vergeblich mitgefiebert hatte, die Sorge, dass da eine Welt zu Ende ging.

Als etwas Vergleichbares dann nur ein gutes Jahr später im Bundestag passierte und die FDP beim konstruktiven Misstrauensvotum gegen den sozialdemokratischen Kanzler Helmut Schmidt mit der Union stimmte, um den Pfälzer Helmut Kohl ins Amt zu heben, da gingen meine Emotionen zwar noch nicht ganz so hoch. Aber die Angst, dass auch hier etwas ein für alle Mal zerbrochen sein könnte, die spürte ich sehr wohl.

In der Bundesliga suchte ich mir in den Achtzigern einen Ersatzverein – und fand ihn in Werder Bremen, der zu der Zeit sogar den Bayern Paroli bieten konnte. In der Politik war ein derartiger fliegender Wechsel nicht möglich. Es blieb nur, auf bessere Zeiten zu hoffen und sich bis dahin mit der großen Vergangenheit der Partei zu trösten, von der ich dank meines Umfelds bereits vage ahnte, dass sie irgendwann mal meine werden sollte.

Tatsächlich war es sozialdemokratische Politik gewesen, die dafür gesorgt hatte, dass mein Vater, obwohl er nur die Volksschule besucht hatte, es am Ende noch zum Berufsschullehrer brachte. Aufstieg durch Bildung, Universitäten im Ruhrgebiet, Perspektiven im Strukturwandel – das waren die Themen, die bei uns zu Hause in der kleinen Küche mit einem Tisch für drei Personen, an dem vier sitzen mussten, diskutiert wurden. Auch diese Errungenschaften lagen in der Vergangenheit. Ebenso wie die Erzählungen vom Widerstand gegen die Nazis, von Kurt Schumachers »Nie wieder« oder von Willy Brandts »Mehr Demokratie wagen«. Sie waren einerseits präsent, gleichzeitig aber genauso weit weg wie die Erzählungen vom Schalker Kreisel, von Ernst Kuzorras Sprüchen oder von Stan Libudas Dribbelkünsten.

Und in beiden Fällen passten die Erzählungen nicht so recht zur grauen Gegenwart. Natürlich boten sie Möglichkeiten, sich in Legenden und Mythen zu flüchten. Aber zugleich gärte da im Hinterkopf die Frage, ob das nicht auch das Problem sein könnte. Bedeutete zu viel Vergangenheit vielleicht, dass man Probleme mit der Gegenwart hat? Könnte es sein, dass der Blick zurück daran hindert, auch mal nach vorn zu gucken?

Einige Jahre später habe ich durch einen Klassenkameraden die bombastischen Songs von Meat Loaf entdeckt, der zu meinen Schulzeiten ein ebenso fulminantes wie überraschendes Comeback feierte. Auf der Platte *Bat out of Hell II: Back to Hell* von 1993 gab es einen Song mit dem Titel *Objects In The Rear View Mirror Appear Closer Than They Are.** Eine interessante Umkehrung, denn in den USA, wo ja selbst auf Kaffeebechern gewarnt werden muss, dass der Inhalt heiß ist, klebte damals an jedem Außenspiegel eines Autos die Warnung: »*Objects in the mirror are closer than they appear*«.

Auf diese Warnung bezog sich der Song. Mit anderen Worten: Das Gesehene ist nicht näher, als es erscheint, sondern erscheint näher, als es ist. Zumindest sang das Meat Loaf – und hatte damit bezogen auf die Geschichte des FC Schalke 04 und der SPD ganz sicher recht: Manches, was ich in der Rückschau auf meinen Verein oder die Partei damals sehen konnte, war so überlebensgroß, dass alles Aktuelle dagegen verschwindend klein wirken musste. Und manchmal waren die Eindrücke des Vergangenen auch so groß, dass man es kaum wagte zu glauben, dass es Vergleichbares noch einmal geben könne.

* »Die Dinge im Rückspiegel wirken näher, als sie sind« (Musik & Text: Jim Steinman).

Die Geschichte konnte dann zum Mühlstein werden, sie regte nicht mehr dazu an weiterzumachen, sondern drohte jeden Gedanken an positive Veränderungen im Keim zu ersticken.

Deshalb muss man sich immer wieder daran erinnern, dass manches größer erscheint, als es tatsächlich gewesen ist. Und dass das der realen Geschichte keinen Abbruch tut. Es ist wichtig, einen Umgang mit der Vergangenheit zu finden, sich so zu ihr zu verhalten, dass sie zu einer Quelle der Kraft für Künftiges wird und nicht bloß eine verwehte Erinnerung an einstige Erfolge.

Manches aus der ruhmreichen langen Geschichte der SPD wirkte schon in meiner Jugend aus der Zeit gefallen. So zum Beispiel die Bergarbeiterchöre, die sich zum Ende der Parteitage auf der Bühne versammelten, um die alten Lieder von der neuen Zeit und dem Glückauf des Steigers zu singen, während gleichzeitig Zettel mit den Texten verteilt werden mussten, weil längst nicht mehr alle textsicher waren. Die Form war noch wichtig, der Inhalt weniger. Es war ein Dilemma: Die alten Lieder durch neue Songs zu ersetzen hatte nicht ein einziges Mal funktioniert. Eben weil die alten Lieder auch von der alten Größe der Partei und ihren Errungenschaften kündeten, die ja bis in die Gegenwart hinein so wichtig waren. Denn es war ja nicht so, dass diese Größe sich auflöste, wenn man sie von Nahem betrachtete. Ich muss gestehen, dass ich manches Mal darauf gehofft hatte, es möge so sein wie bei Herrn Tur-Tur aus Michael Endes *Jim Knopf und Lukas, der Lokomotivführer*. Solch einen Scheinriesen wie Herrn Tur-Tur wünschte ich mir manchmal, eine Erscheinung, die nur aus der Entfernung groß wirkt, aber auf Normalmaß schrumpft, wenn man ihr näher kommt. Dann hätte man mit den Legenden der Geschichte vielleicht etwas entspannter umgehen können und müsste nicht jedes Mal wieder aufs Neue das rhetorische Messingschild polieren, das auf die Bedeutung des jeweiligen Ereignisses verweist.

Viele Momente der Parteigeschichte wirken bis heute übergroß. Jeder Einzelne taugt als Gründungsmythos einer politischen Bewegung. Zusammen genommen zeichnen sie das Bild einer Partei, deren Mitglieder stets darum gerungen haben, auf der »richtigen Seite« zu stehen. Selbst Momente des Scheiterns haben angesichts dieses Bemühens ihre Aura. Dazu tragen wir selber bei, wie Franz Walter schreibt: »Wenn Sozialdemokraten an der Gegenwart leiden, zitieren sie mit Vorliebe die Geschichte – ihre Geschichte.«[8] Und da viel gelitten wurde, ist auch viel zitiert worden. Die nachklingenden Momente der Parteigeschichte sind aber auch zu beeindruckend, um sie nicht immer wieder anzuführen. Selbst wenn dadurch die Gegenwart, an der man leidet, umso kleiner aussieht. Dabei lassen sich die großen Ereignisse durchaus mit den heutigen Herausforderungen verbinden.

Da ist zum Beispiel der 23. März 1933, an dem die Nazis die Reichstagsabgeordneten in der Berliner Krolloper zusammenkommen ließen, um das »Gesetz zur Behebung der Not von Volk und Reich« zu beschließen. Vor dem Gebäude und im Saal waren Massen von SA-Leute aufmarschiert, um die Abgeordneten einzuschüchtern und ihnen zu verdeutlichen, mit welchen Konsequenzen sie bei Widerspruch zu dem sogenannten Ermächtigungsgesetz zu rechnen hätten. Im Saal prangte die Hakenkreuzfahne, nach der Abstimmung wurde das *Horst-Wessel-Lied* gesungen. Trotzdem ließ es sich der Fraktionsvorsitzende der SPD im Reichstag Otto Wels nicht nehmen, in einer leidenschaftlichen Rede die Werte der Freiheit und der Demokratie gegen die totalitären Bestrebungen der Nationalsozialisten zu verteidigen: »Kein Ermächtigungsgesetz gibt Ihnen die Macht, Ideen, die ewig und unzerstörbar sind, zu vernichten«, rief er damals Adolf Hitler und seinen Schergen zu. Sein Plädoyer gipfelte in einem Satz, der sich wie wenige andere in die Demokratiegeschichte unseres Landes eingeschrieben hat: »Freiheit und Leben kann man uns nehmen, die Ehre nicht.« Am 23. März 1933 stimmten nur die 94 Abgeordneten der SPD-Fraktion gegen das Ermächtigungsgesetz, das den Nazis den Staat und seine Machtinstrumente auslieferte. Die Kommunisten waren bereits verhaftet oder abgetaucht. Mit dem Gesetz wurden

Demokratie und Gewaltenteilung abgeschafft. Künftig sollte es der Regierung möglich sein, direkt Gesetze zu erlassen und Verträge mit ausländischen Mächten zu schließen – auch solche, die gegen die Verfassung verstießen. Damit wurde der totalitäre Anspruch der Nazis formalrechtlich legitimiert.

Das Nein der SPD zum Terror- und Vernichtungsstaat der NSDAP sollte für viele Abgeordnete und ihre Familien bittere Konsequenzen haben. Weil sie sich die Ehre nicht nehmen ließen, waren ihre Freiheit und ihr Leben in Gefahr. Sich angesichts der schon in der Krolloper greifbaren Bedrohung nicht einschüchtern zu lassen ist trotz der düsteren Konsequenzen des Tages eine bis heute große und identifikationsstiftende Leistung. »Unglück und Stolz – das gehört für die deutschen Sozialdemokraten historisch eng zusammen«, schreibt Franz Walter. »Der 23. März war ein zutiefst unglücklicher, trauriger, bedrückender Tag, und doch gibt es wohl keinen zweiten in der Geschichte, auf den sie so stolz, so selbstbewusst, fast triumphierend zurückblicken konnten.«[9]

Wenige Monate später war die Partei verboten. In Prag bildete sich mit der SoPaDe eine Exilführung, aber im gleichgeschalteten NS-Deutschland wurde die politische Arbeit schlechterdings unmöglich. Der 23. März 1933 war eine dramatische Niederlage, weil nicht verhindert werden konnte, dass die NSDAP nach der absoluten Macht griff. Die Art und Weise des Scheiterns aber, der aufrechte Gang in die Niederlage, die Betonung humanistischer, demokratischer und sozialer Werte, der Klang der Worte von Otto Wels sorgten dafür, dass in dieser Niederlage das Bewusstsein für die demokratiepolitische Verantwortung der Partei fest verankert ist. Noch heute kann vermutlich jedes Mitglied den Satz von Otto Wels zitieren – und spürt neben dem Stolz auf den Mut des Vorvaters auch die Last der Verantwortung, diese Werte heute unter weit gewogeneren Bedingungen nicht zu vernachlässigen.

Eine ähnliche Wirkung entfaltet das Bild des knienden Willy

Brandt aus dem Jahr 1970. Ein Jahr zuvor hatte die SPD gemeinsam mit der FDP die Regierung gebildet. Der erste sozialdemokratische Bundeskanzler formulierte gleich in seiner ersten Regierungserklärung ein großes Versprechen: »Wir wollen mehr Demokratie wagen.« Nach den restaurativen Nachkriegsjahren, die im Westen von Wiederaufbau und Wirtschaftswunder, aber eben auch von Vergessen und Verdrängen geprägt waren, kam das einer Revolution gleich. Die Studentenproteste hatten eine politische Bewegung hervorgebracht, die heute unter dem Schlagwort »68er« zusammengefasst wird. Sie hat »Unter den Talaren den Muff von 1000 Jahren« gewittert, wie es auf einem Protestbanner hieß, das die Studenten Gert-Hinnerk Behlmer und Detlev Albers in das Audimax der Uni Hamburg trugen. Der eine wurde später sozialdemokratischer Staatsrat in der Hamburger Kulturbehörde, der andere Landesvorsitzender der bremischen SPD. Ich war sehr überrascht, als mir Hinnerk Behlmer das Banner viel später in einer Ausstellung im Hamburger Museum für Kunst und Gewerbe zeigte. Wie sich herausstellte, waren die Buchstaben auf dem schwarzen Stoff schlicht aus Klebeband. Das improvisierte Material unterstrich auch ein halbes Jahrhundert danach nochmals die Dringlichkeit des Protests.

Denn es ging den Studierenden von Anfang an um mehr als bloß um die ständischen Reste im akademischen Betrieb. Sie wollten zugleich auch den Mehltau über der immer noch in den vierziger Jahren steckenden bundesrepublikanischen Gesellschaft wegblasen. Der Ruf nach mehr Demokratie passte in die Zeit. Und Willy Brandt an der Spitze der neuen Regierung wurde kurz danach zur politischen Projektionsfläche all dieser Modernisierungswünsche.

Außenpolitisch kümmerte er sich vor allem um die Entspannungspolitik im Osten. Nach der Westbindung der Bundesrepublik, dem Aufbau der Bundeswehr und den ersten Schritten der europäischen Montanunion ging es ihm darum, diplomatische Beziehungen zu den Staaten des damaligen Warschauer Paktes aufzunehmen – auch um die Lage an der deutsch-deutschen Grenze zu verbessern und die Tür zu einer Wiedervereinigung mit der DDR nicht verfrüht zuzuschlagen.

Heute wird angesichts des russischen Angriffs auf die Ukraine sehr kritisch über diese Entspannungspolitik diskutiert. Viele melden sich zu Wort, die schon damals gegen die Idee einer friedlichen und diplomatischen Auflösung ideologischer Konflikte und militärischer Bedrohungslagen waren. Doch solche Kritik erscheint eigentümlich ahistorisch. Schließlich können in einem kalten Krieg die Grenzen nur durchlässig werden, wenn man beginnt, miteinander zu reden und Wege zu suchen, auf denen Nachbarn einander kennen und vertrauen lernen. Ohne die beharrliche Arbeit, die Willy Brandt begonnen hat, wäre der Fall der Mauer 1989 nicht so friedlich verlaufen, wenn es denn überhaupt zu einer solchen Entwicklung gekommen wäre. Dass die Sowjetunion von innen erodiert ist und wir heute mit einer freien und unabhängigen Ukraine gegenüber einem russischen Aggressor solidarisch sein können, ist auch ein Verdienst dieser klugen Entspannungspolitik.

Damals gehörte zur Ostpolitik selbstverständlich auch der Versuch, mit der sowjetischen Führung in Russland zu sprechen und die Bedingungen des Austausches zwischen den Gesellschaften, die noch ein Vierteljahrhundert zuvor in einen durch Deutschland angezettelten Krieg verstrickt waren, zu verbessern. Das war zu der Zeit keine Naivität und erst recht kein Andienen an eine russische Autokratie. Das war Politik mit dem festen Ziel, den Frieden nicht bloß zu sichern, sondern den Austausch zwischen den Gesellschaften zu befördern und damit auch eine friedliche Zukunft zu ermöglichen. Wer das heute in ein falsches Licht rücken und mit blindem »Russlandverstehen« gleichsetzen will, der spielt ein durchschaubares parteipolitisches Spiel und aktualisiert die damaligen konservativen Vorbehalte gegen Brandts Politik, die auf eine Restauration der Vorkriegsordnung schielten.

Im Zuge seiner Ostpolitik reiste Brandt im Dezember 1970 auch nach Warschau, um einen Vertrag mit der polnischen Regierung zu unterzeichnen. Es war der Beginn erster diplomatischer Annäherungen. Im Begleitprogramm waren zwei Kranzniederlegungen vorgesehen: eine am Grabmal des unbekannten Soldaten und eine – auf expliziten Wunsch des Bundeskanzlers – am Mahnmal zu Ehren der Helden des Aufstands im Warschauer Getto, den die Nazis im Frühjahr 1943 brutal niedergeschlagen hatten. Hier entstand am 7. Dezember 1970 ein Bild, das um die Welt gehen sollte: Nachdem der sozialdemokratische Bundeskanzler wie vorgesehen die Schärpen des Kranzes gerichtet hatte, ging er vor dem Mahnmal auf die Knie.

Willy Brandt schreibt in seinen Erinnerungen: »Ich hatte nichts geplant, aber Schloss Wilanow, wo ich untergebracht war, in dem Gefühl verlassen, die Besonderheit des Gedenkens am Getto-Monument zum Ausdruck bringen zu müssen. Am Abgrund der deutschen Geschichte und unter der Last der Millionen Ermordeten tat ich, was Menschen tun, wenn die Sprache versagt.«[10] Der *Spiegel*-Reporter Hermann Schreiber fand dafür die treffenden Worte: »Wenn dieser nicht religiöse, für das Verbrechen nicht mitverantwortliche, damals nicht dabei gewesene Mann nun dennoch auf eigenes Betreiben seinen Weg durch das ehemalige Warschauer Getto nimmt und dort niederkniet – dann kniet er da also nicht um seinetwillen. Dann kniet er, der das nicht nötig hat, da für alle, die es nötig haben, aber nicht da knien – weil sie es nicht wagen oder nicht können oder nicht wagen können. Dann bekennt er sich zu einer Schuld, an der er selber nicht zu tragen hat, und bittet um eine Vergebung, derer er selber nicht bedarf. Dann kniet er da für Deutschland.«[11]

Nicht mitgemacht zu haben und dennoch Verantwortung zu übernehmen – das prägt Sozialdemokrat*innen bis heute. Otto Wels und Willy Brandt sind gemeinsam mit dem ersten Nachkriegsvorsitzenden Kurt Schumacher Säulenheilige der antifaschistischen Tradition der SPD. Schon während der Weimarer Republik attackierte Schumacher die Nazis scharf, er wurde fast ein Jahrzehnt lang in Konzentrationslagern misshandelt und war nach dem Krieg schwer gezeichnet. Schumacher arbeitete mit an der Rede, mit der Otto Wels 1933 in die Annalen einging. Und Willy Brandt verbrachte die Kriegs- und Terrorjahre als junger Mann im norwegischen Exil. Das Bild des knienden Bundeskanzlers, der sich wegen seines im Exil zugelegten Pseudonyms noch im zurückliegenden Wahlkampf von der konservativen Presse beschimpfen lassen musste, ist auch vor diesem Hintergrund eines der stärksten politischen Bilder des 20. Jahrhunderts. Hier ist das Bestreben nach Aussöhnung, nach Verständnis und Verständigung idealtypisch verkörpert worden. Es ist eine Mahnung – auch heute.

Natürlich war Brandts Geste symbolische Politik, aber sie machte anfassbar und begreiflich, was bis dahin vor allem Absicht und Behauptung war. Sie verwies auf einen Zusammenhang außerhalb ihrer selbst. Aber sie verschleierte nicht und zeigte auch nicht ins Leere. Sondern ihr gelang, was jede gute politische Inszenierung ausmacht: Sie nahm bestehende Politiken auf und gab ihnen eine nachvollziehbare und emotionale Form. Willy Brandt setzte seinen Körper ein, um ein Symbol zu schaffen, in dem die Verantwortung für das von Kurt Schumacher skandierte »Nie wieder« eine unmissverständliche Form erlangen sollte. Bis heute wird dieser Moment – ebenso wie die einander gereichten Hände von Helmut Kohl und François Mitterand 1984 auf den Soldatenfriedhöfen von Verdun – als Referenz herangezogen, wenn es um die Wirksamkeit symbolischer Inszenierungen in der Politik geht.

Und auch für die Sozialdemokratie ist dieses Bild eine Ikone von kaum zu ermessender Kraft. Die Geste war kein strategischer PR-Coup, sondern bündelte die Gefühle einer ganzen Generation. Auch wenn diese Wirkung natürlich an Kraft verloren hat, müssen sich Spitzenpolitiker*innen der SPD bis heute an diesem Kniefall messen und fragen lassen, ob sie in einer vergleichbaren Situation ebenfalls in der Lage wären, ein wirksames Symbol zu erschaffen. Nicht taktisch, nicht strategisch, sondern aus einem tiefgreifenden Verständnis des Augenblicks heraus.

So gesehen wird die große Geschichte der Partei zum Ballast, weil sie jedes Bemühen um große Gesten läppisch wirken zu lassen droht. Wenn die Vorväter und -mütter ihren Ruf und ihr Leben riskiert haben, um das Richtige zu tun, dann muss selbst die ambitionierteste Regierungspolitik im 21. Jahrhundert dagegen verblassen, wenn es nicht mehr nur ums Große und Ganze, sondern ums Konkrete und Pragmatische geht.

Die Zeiten sind schließlich vorbei, in denen sozialdemokratische Politiker*innen überwiegend aus Familien kamen, die an den Rand gedrängt waren, die um ihre soziale Anerkennung noch kämpfen mussten. Mein Vater wurde noch über den zweiten Bildungsweg zum Akademiker, bevor er als Berufsschullehrer Industriekaufleute ausbilden konnte. »Na, da wirste dich doch für deine alte Mutter schämen, die ›mir‹ und ›mich‹ nicht auseinanderhalten kann«, hatte meine Oma ihm vorgehalten. Die überwiegende Mehrheit meiner Generation musste diese Kämpfe nicht mehr führen. Wir gingen selbstverständlich aufs Gymnasium oder die Gesamtschule, machten in der elften Klasse ein Austauschjahr und suchten in der Oberstufe neben der Zivi-Stelle einen Studienplatz. Wenn wir uns engagierten, dann war das entweder abstrakter – dann ging es um Werte wie Freiheit, Gerechtigkeit und Solidarität, um gesellschaftliche Veränderungen – oder aber konkreter, wenn es um Verbesserungen im Kleinen ging. Aber die politischen Kämpfe sind nicht mehr zwingend mehrheitlich auch Kämpfe um persönliche Rechte. Es ist diese Beobachtung, die heute immer wieder zu der mokanten Feststellung führt, die SPD habe sich zu Tode gesiegt, weil sie alle ihre Ziele verwirklicht habe.

Aber so ist es natürlich nicht. Zum einen kann man auch Erreichtes wieder verlieren, wenn man sich nicht kümmert. Und zum anderen gibt es noch immer Menschen in unserer Gesellschaft, die um Anerkennung kämpfen müssen.

Die damalige Hamburger Sozialsenatorin Melanie Leonhard konnte 2018 in ihrer Bewerbungsrede für den Landesvorsitz der Hamburger SPD im Bürgerhaus Wilhelmsburg (einem der ärmsten Stadtteile Hamburgs) aus eigener Erfahrung davon berichten. Sie stammt aus diesem Stadtteil und konnte daher nicht nur leidenschaftlich begründen, sondern auch verkörpern, warum eine sozialdemokratische Politik notwendig ist, in der Herkunft keine Rolle spielt, wenn es um die Lebenschancen der Einzelnen geht. Sie sagte: »Ich habe viele Male gehört, was jemand nicht werden kann, der in Wilhelmsburg geboren ist. Und das Ergebnis steht hier.« Frenetischer Beifall. Melanie Leonhards Weg zeigte in diesem Moment, dass die Geschichten vom Aufstieg und der Gerechtigkeit auch heute nicht bloß strategische Beschwörungen, sondern praktische Erfahrungen sind. Geschichten, die sie als Sozialdemokratin erzählen kann und denen sie eine ganz andere Tiefe und Authentizität zu geben vermochte. Das spürten die Delegierten im Saal sofort.

Doch genau das wird eben auch immer schwieriger, weil immer weniger Sozialdemokrat*innen noch selber aus den historischen Milieus der Arbeiterklasse kommen. In vielen Momenten erzählt die Sozialdemokratie daher nicht mehr die eigene Geschichte von Unterdrückten, die nichts mehr zu verlieren haben als ihre Ketten. Aber sie kann die Geschichte derjenigen erzählen, die dabei helfen wollen, eine komplexe Gesellschaft gerechter zu gestalten, in der Milieugrenzen durchlässig und neue Allianzen möglich werden.

Als politische Ressource sind solche Geschichten schwieriger zu nutzen. Sie mobilisieren bei weitem nicht so effektiv wie die Polarisierung »Wir gegen die«. Deshalb ist in Wahlkämpfen so oft zu beobachten, dass die Spitzenkandidat*innen plötzlich wieder klingen wie Arbeiterführer aus dem vorletzten Jahrhundert. Das vereinfacht politische Fronten und organisiert für ein paar Wochen erhöhte Zustimmung. Gleichzeitig wird aber eine Erwartung geweckt, der im Regierungshandeln kaum entsprochen werden kann. Wenn Gerhard Schröder im Wahlkampf 2002 als Bundeskanzler erzählt, wie er als Kind in großer Armut den »Kitt aus den Fenstern gefressen hat«, dann ist das eine starke und empathische Geschichte, aber eben keine, die am Ende stabile Zustimmung zu komplizierten Reformen sozialer Sicherungssysteme mobilisiert.

Dass die SPD im Laufe der Jahrzehnte von der Bewegungs- zur Staatspartei geworden ist, hat Konsequenzen für ihre Verankerung in der Gesellschaft: »So geriet der ursprünglich demokratische Dreiklang zwischen den drei staatlichen Ebenen Kommune – Land – Bund nicht zuletzt durch die von den Medien unterstützte Personalisierung von Regierungspositionen zu systemisch hierarchischen Machtstrukturen, die dazu geführt haben, dass eine Partei wie die SPD, die ursprünglich als Politik-Vermittler an der gesellschaftlichen Basis aktiv war, diese Basis aufgegeben und den Medien sowie den sozialen Netzwerken überlassen hat«, schrieb mir Peter Rose in seiner E-Mail. In dieser Lage wird der Zugang zu den Unterstützer*innenmilieus brüchig. Die SPD ist Teil von »denen da oben« geworden, gegen die es ja traditioneller Weise in den Zeiten der großen Geschichten immer ging. Deshalb ist die Partei auch nicht gut beraten, wenn sie auf die Reflexe der alten Polarisierung setzt. Ihre Botschaft wird hohl, die Widersprüche sichtbar. »Ihr seid doch an der Macht, warum ändert ihr die Missstände nicht?«, bekommt man dann an den Wahlkampfständen zu hören. Das Vertrauen aus alter Zeit erodiert.

Willy Brandt hat darauf hingewiesen, dass jede Zeit ihre eigenen Antworten braucht, wenn man auf der Höhe der Zeit sein will. Er wollte damit sagen, dass es keine endgültig errungenen Gewissheiten geben kann. Es geht darum, neue Geschichten zu erzählen, die die alten, großen und identifikationsstiftenden Geschichten ernst nehmen und versuchen, ihre Kraft in die Gegenwart zu übersetzen. Wir sollten diese Geschichten bei uns tragen, wir sollten sie auch stolz erzählen – aber wir dürfen nicht glauben, dass sie uns die Arbeit abnehmen, Antworten auf die aktuellen Probleme unserer Zeit zu formulieren. »Vorwärts und nicht vergessen« heißt es in dem berühmten Arbeiterlied. Beides ist wichtig. Und vermutlich geht das eine auch nicht ohne das andere. Vor jedem Überholmanöver sollte man schließlich in den Rückspiegel und über die eigene Schulter schauen.

DAS WICHTIGE TUN

Auch die zweite jüngere Parallele zwischen S04 und SPD endete schnell in einer schwierigen Lage. Dabei sah es zunächst wirklich gut aus. 1997 spielte Schalke 04 zwar im Niemandsland der Bundesligatabelle, gewann aber gleichzeitig nach einem Siegeszug durch halb Europa den UEFA-Cup. Ein berauschendes Turnier, dessen Folklore bis heute den Verein prägt. »Wir schlugen Roda, wir schlugen Trabzon, wir schlugen Brügge sowieso. Valencia, Teneriffa, Inter Mailand, das war 'ne Show.« Sofort habe ich wieder den Fangesang in den Ohren, genauso wie das frenetisch wippende »Steht auf, wenn ihr Schalker seid«, mit dem das öde Allzweck-Betonrund des Gelsenkirchener Parkstadions zum Hexenkessel wurde, erfüllt von der Melodie von *Go West*, das die Pet Shop Boys ein paar Jahre zuvor gecovert hatten. Ich selber war nur am 1. September 1996 in der ersten Runde beim Spiel gegen Roda Kerkrade dabei, als Huub Stevens, der die Mannschaft später zum Cup-Sieg führen sollte, noch beim Gegner als Trainer auf der Bank saß. Schalke gewann 3:0. Der Rest ist Geschichte, die ich vor dem Fernseher verfolgte – neidisch auf die Freunde, die in Mailand feierten.

»Der Pott kocht«, schrieb der Kommunalverband Ruhrgebiet 1998 in Anzeigen und auf Plakaten. Doch den Siedepunkt hatte der Pott schon ein Jahr zuvor erreicht. Am 21. Mai 1997 bezwang Schalke im

Mailänder Giuseppe-Meazza-Stadion im Rückspiel die Inter-Truppe mit 4:1 im Elfmeterschießen. Und die Stimmung wurde weiter angeheizt, als eine gute Woche später dann die Borussia aus Dortmund die Champions League gewann. Plötzlich gab es blau-weiß-schwarzgelbe Schals mit der Aufschrift »Ruhrpott« zu kaufen. Bis dahin undenkbar.

Ein Jahr nach dem doppelten Fußball-Triumph schickte sich die Sozialdemokratie 1998 an, dem FC Schalke nachzueifern. Auch hier stand ein Triumphzug ins Haus. Die Partei war 1995 in Mannheim durch einen chaotischen Parteitag gegangen, bei dem Oskar Lafontaine den Parteivorsitzenden Rudolf Scharping mit einer vor allem durch Leidenschaft bestechenden Rede aus dem Amt gekippt hatte. Die SPD hatte sich stabilisiert und jetzt alle Chancen, die Regierung zu übernehmen. Die Arbeit der Wahlkampfzentrale »Kampa«, die Franz Müntefering als Bundesgeschäftsführer eingesetzt hatte, sollte in ihrer Modernität den Beleg dafür liefern, dass auch die programmatischen Angebote auf der Höhe der Zeit waren. Der Wahlkampf wurde demonstrativ zum Thema gemacht, um die Zukunftsfähigkeit der Partei nicht bloß zu behaupten, sondern zu zeigen.

»Innovation und Gerechtigkeit« lautete der Slogan, mit dem die SPD in den Wahlkampf zog. Dafür standen zwei Personen ein, die unterschiedlicher nicht hätten sein können und bei denen man sich heute unweigerlich fragt, ob man sich in einem Buch über die Sozialdemokratie eigentlich noch länger mit ihnen befassen sollte: Oskar Lafontaine und Gerhard Schröder. Beide Angehörige der Enkelgeneration Willy Brandts, beide mit viel Vorschusslorbeeren bedachte Aspiranten auf höhere Ämter. Doch Lafontaine war 1990 bereits als Kanzlerkandidat gescheitert und gab sich 1998 mit der Rolle des Parteivorsitzenden zufrieden. Er beruhigte all jene, die Sorge hatten, dass Gerhard Schröder allzu pragmatisch und unideologisch die letzten Reste der großen sozialdemokratischen Geschichte verscherbeln würde.

Wie viele meiner Freunde auch, teilte ich diese Sorgen und setzte meine Hoffnungen darin, dass Oskar Lafontaine mit kluger Wirtschafts- und Finanzpolitik tatsächlich sozialdemokratische Reformideen ins Werk setzen würde. Wie sehr man sich als einfacher Wähler in einem medialen Image täuschen kann, musste ich dann wenige Zeit später erleben, als Oskar Lafontaine dem Kanzler das Finanzministerium, den Wähler*innen das Bundestagsmandat und der Partei kurzerhand ihren Vorsitz vor die Füße warf. Sein Herz schlage links, reichte er als Begründung ein Jahr später über den Springer-Verlag nach. In den Folgejahren machte er es zu seiner Mission, die SPD bei jeder sich bietenden Gelegenheit zu attackieren und zu schwächen.

Gerhard Schröder hingegen nötigte mir damals zunehmend Respekt ab, wie er mit ruhiger Hand durch all die Krisen steuerte, die Helmut Kohl ausgesessen und damit wohl auch erst hatte anwachsen lassen. Hier setzte die Enttäuschung erst einige Jahre später ein, als Oskar Lafontaine schon zwei Parteien weiter war, während Schröder zum nicht mehr erreichbaren russischen Gaslobbyisten wurde.

Doch am Wahlabend 1998 war die Welt in Ordnung, und die SPD fuhr 40,9 Prozent der Stimmen ein. Gemeinsam mit Gerhard Schröder und Oskar Lafontaine feierte die Partei das Ende von sechzehn Jahren Opposition. Mehr noch: Erstmals fand ein kompletter Regierungswechsel durch eine Bundestagswahl statt, weil Helmut Kohls Union abgewählt wurde und der Weg für eine als Projekt empfundene Koalition von SPD und Bündnis 90/Die Grünen frei war. Ein Jahr nach der Rückkehr des FC Schalke 04 in den Kreis der europäischen Spitzenmannschaften stand ein SPD-Bundeskanzler gemeinsam mit Tony Blair in London und Bill Clinton in Washington für einen neuen »dritten Weg« (Anthony Giddens) sozialdemokratischen Regierens im 21. Jahrhundert.[12]

Ich selbst habe den Abend der Bundestagswahl im Krankenhaus verbracht. Mein einjähriges Volontariat bei der *Westdeutschen Allgemei-*

nen Zeitung war beendet, und das Wintersemester hatte noch nicht begonnen. Ich hatte eigentlich fest vorgehabt, mit einem guten Freund, der in der Kampa mitgearbeitet hatte, den Wahlsieg in Bonn zu feiern. Doch es sollte nicht sein. Wenige Tage vor der Wahl wurde bei mir ein Diabetes mellitus Typ 1 diagnostiziert. Seither lag ich auf der Station für Inneres des Gelsenkirchener Marienhospitals und lernte, meinen Blutzucker zu messen, Broteinheiten zu berechnen und Insulin zu spritzen. Ein sanfter Hinweis darauf, dass man manche Dinge eben doch quantifizieren muss, um sie im Griff zu behalten.

Am 27. September wollte ich um 18 Uhr immerhin die Hochrechnungen und dann die Nachberichterstattung sehen. Das war gar nicht so leicht, denn es gab nur einen Fernseher auf dem Zimmer, und mein Mitbewohner, ein älterer Herr, wollte irgendeine Serie gucken. Normalerweise hätte ich ihm den Vortritt gelassen. Doch das ging an diesem Abend nicht. Ich bestand auf der Wahlsendung. Und so machte sich bei mir zum ersten Mal seit Wochen wohlige Euphorie breit, als die ersten Prognosen bekannt wurden. Mein Zimmernachbar stöhnte auf, jetzt würden wohl die Kommunisten wieder regieren und das Land zugrunde richten. Ich versuchte, nicht hinzuhören. Denn hier passierte Großes – emotional irgendwie so wie sechzehn Monate zuvor in Mailand. Aber doch ganz anders.

Hier entstand die Chance, die ich in den achtziger Jahren genauso wenig für möglich gehalten hatte wie eine Meisterschaft des FC Schalke 04 – auf die ich immer noch warte. Die SPD war am Drücker und dann auch noch in einer echten Wunschkoalition mit den Grünen und nicht bloß in irgendeinem Kompromissbündnis mit der Union. Die Karten waren neu gemischt. Erneuerung möglich. Eine sozialere, ökologischere und einfach bessere Politik in Reichweite.

»Regieren macht Spaß« lautete der Slogan in den Anfangswochen in Bonn und Berlin, nach den zum Schluss doch arg bleiernen Geschäften der Regierung Kohl lagen Moderne, Gestaltungslust und Reformbegeisterung in der Luft. Gerhard Schröder, Oskar Lafontaine und Joschka Fischer trugen neue Anzüge und bogen sich vor Lachen mit Sektschalen in der Hand, als der Koalitionsvertrag unterzeichnet wurde. *Aufbruch und Erneuerung. Deutschlands Weg ins 21. Jahrhundert* hieß das Werk. Das war mal ein Anspruch!

Bald zeigte sich, dass die Zeiten schwieriger und die Probleme ernster sein würden als gedacht. Die weltpolitische Lage veränderte sich rasant. Noch bevor die neue Regierung im Amt war, musste sie entscheiden, ob sie erstmals seit dem Zweiten Weltkrieg deutsche Soldaten in einen Kriegseinsatz schicken würde. Die Grünen zerriss es fast und Joschka Fischers Trommelfell komplett, als ihn beim Parteitag in Bielefeld ein Farbbeutel mit voller Wucht am Kopf traf. Im Jahr 2000 platzte die Dotcom-Blase, 2001 krachten Flugzeuge in die Türme des World Trade Center.

Und auf die weltpolitischen Krisen folgten die innenpolitischen. Die rot-grüne Bundesregierung musste zu einem dramatischen Umbau des Sozial- und Wirtschaftsgefüges ansetzen, um die sozialen Sicherungssysteme leistungsfähig zu halten. Nach einer ersten Legislaturperiode, die von gesellschaftlichen Modernisierungsprojekten geprägt war, kristallisierte sich immer deutlicher heraus, dass der Sozialstaat gut zehn Jahre nach der Wiedervereinigung nicht mehr stabil genug war. Schuld daran waren auch die wirtschaftliche Krise nach dem 11. September und die Verkrustungen des sogenannten Modells Deutschland, auf dessen korporatistische Verflechtungen der Wohlstand der Nachkriegsjahrzehnte gebaut war.

Noch im Wahlkampf 2002 versprach die SPD, soziale Politik zu machen, und mit dem entschiedenen Nein zum Irak-Krieg und einer intuitiv klaren Krisenpolitik in einer Flutkatastrophe konnte sie das Ruder noch einmal herumreißen. Die Ergebnisse der Hartz-Kommission zur Reform des Arbeitsmarktes wurden zwar aufwendig in Berlin inszeniert, blieben in der Wahlkampagne aber weitgehend außen vor. Stattdessen wurden das Soziale und der Zusammenhalt beschworen, um die SPD-Klientel bei der Stange zu halten.

Viele – womöglich alle, wenn man Schröders Erinnerungen folgen mag – ahnten damals bereits, dass diese Versprechen nicht zu halten sein würden. Die neuerlichen Koalitionsverhandlungen mit den Grünen wurden geprägt von Streichlisten des Finanzministeriums unter Hans Eichel, die den Aussagen des Wahlkampfes offen widersprachen. Plötzlich stand die Regierung mit dem Rücken zur Wand und vor der Aufgabe, jene Sozialsysteme zu retten, auf deren Funktionieren der Konsens der Bundesrepublik unter anderem gegründet war. Es sind diese Momente, in denen Vertrauen binnen weniger Momente verspielt werden kann. Und genau das passierte.

Es war in den Diskussionen schnell klar, dass soziale Leistungen verändert und zum Teil auch zurückgefahren werden mussten, um nicht an anderer Stelle Arbeitnehmer*innen und Unternehmen mit stark steigenden Beiträgen für Renten-, Arbeitslosen und Krankenversicherung zu überlasten. Vorbereitet waren darauf aber die wenigsten. Und ein Konzept, wie das gelingen könnte, ohne die Erwartungen an eine gerechte, verlässliche Politik zu enttäuschen, gab es auch nicht. Was im Wahlkampf noch kurz vorher kategorisch abgelehnt wurde, musste nun ohne große und ausführliche Diskussion getan werden. Mit beherzten Schnitten sollte dafür gesorgt werden, dass der Staat nicht unter den Kosten der sozialen Sicherung zusammenbrach – so die damalige Sicht. Unter dem Namen »Agenda 2010« brachte Gerhard Schröder dieses Vorhaben ein, das bis heute Parteimitglieder, und nicht nur sie, emotional in Wallung bringen kann. »Wir werden Leistungen des Staates kürzen, Eigenverantwortung fördern und mehr Eigenleistung von jedem Einzelnen abfordern müssen«, sagte Schröder in der Rede, mit der er am 14. März 2003 in einer Regierungserklärung die Kehrtwende rot-grüner Politik erklärte – weg von einer expansiven Sozialstaatlichkeit, die zunehmend mehr Lebenslagen abzusichern versuchte, hin zu mehr Verantwortung der Einzelnen für sich selbst. Das war die einzige wertebasierte Begründung, der Rest bezog sich empirisch auf die eingetrübte wirtschaftliche Lage und die Notwendigkeit, innenpolitisch handlungsfähig zu bleiben, um sich außenpolitisch der Teilnahme am Krieg der USA gegen den Irak entziehen zu können.

Über Monate hinweg war dieses Reformpaket im Kanzleramt vorbereitet worden, doch irgendwie schienen alle, die daran beteiligt waren, die Kommunikation vergessen zu haben. Ausgerechnet der Medienkanzler Schröder hatte keine Strategie der medialen Vermittlung seiner Reformagenda parat. Dabei war klar, dass die Vorschläge Kritik ernten würden, dass sie von Arbeitgeberseite als zu zaghaft und von den Gewerkschaften als Anschlag auf die soziale Ordnung des Landes verurteilt werden würden.

Es hätte absehbar sein müssen, dass der von Schröder verlesene Katalog von Einschränkungen und Strukturveränderungen kaum in der Lage sein konnte, große Zustimmung zu erzeugen. Schröder verweist in seinem Buch *Entscheidungen* zwar darauf, dass er schon vorher die Hintergründe der Reformen erläutert habe, dass nur niemand habe zuhören wollen.[13] Wie dem auch sei: Die Agenda 2010 fiel alles andere als auf fruchtbaren Boden. Zu viele Glaubenssätze wurden kassiert, zu viele heilige Kühe geschlachtet, zu wenig Perspektive gezeigt. Kurz: Es wurde zu viel Vertrauen zerstört.

Hinzu kam, dass die inhaltliche und rhetorische Zumutung durch die notwendigen Kompromisse mit CDU/CSU, die im Bundesrat die Mehrheit besaßen, weiter an Schärfe gewann. Der Regelsatz der Grundsicherung musste auf Sozialhilfeniveau sinken, die Möglichkeiten der Bundesagentur für Arbeit bei der Vermittlung von Langzeitarbeitslosen wurden weiter geschwächt und die Sanktionsmöglichkeiten verstärkt. Die Balance zwischen Fördern und Fordern verschob sich deutlich in Richtung Fordern – mit der Folge, dass sich nicht wenige von einem markig auftretenden Staat zunehmend in die Ecke gedrängt fühlten. Vieles davon hatten zwar CDU und CSU im Vermittlungsausschuss erzwungen, aber natürlich blieb die Verantwortung für die Reformen bei der SPD hängen.

Insbesondere die Veränderungen auf dem Arbeitsmarkt beschleunigten zunächst eine ohnehin problematische Entwicklung, bevor die gewünschten Beschäftigungseffekte einsetzen konnten: »Es war eine Rallye damals, Ende der 1990er-Jahre, Anfang der 2000er. Eine Lohndrück-Rallye«, schreibt die Journalistin Julia Friedrichs in ihrem Buch *Working Class.*[14] Bereits Mitte der neunziger Jahre begannen die unteren Löhne zu sinken. Der Trend verstärkte sich. 2012 lagen die Löhne real zum Teil fast ein Viertel niedriger als zwei Jahrzehnte zuvor. Mittlerweile arbeitete jeder Vierte im Niedriglohnsektor.[15] Die Reformen der»Agenda 2010 sahen in den niedrigen Löhnen eine Chance, Arbeitslosen den Wiedereinstieg in den Arbeitsmarkt zu ermöglichen, indem sie die Unternehmen entlasteten. Faktisch führten sie aber zunächst zu einem realen Verlust an Respekt vor Arbeit, mit der man sein Leben bestreiten und sogar noch etwas zurücklegen konnte.

Hier rächte sich, dass niemand die Kraft besaß, die Einführung eines angemessenen Mindestlohns zum Bestandteil der Reformagenda zu machen. Der Vorschlag lag damals auf dem Tisch, scheiterte jedoch am Widerstand derjenigen, die darin einen unangemessenen Eingriff in die Tarifautonomie sahen. Auch viele Gewerkschafter*innen fürchteten um ihre Organisationsfähigkeit, wenn der Staat in die Lohnpolitik eingriffe. Heute wissen wir, dass es unbedingt notwendig ist, eine gesetzliche Untergrenze zu definieren, um der Lohndrückerei ein Ende zu bereiten und diejenigen zu schützen, die in Jobs arbeiten, zu denen die gewerkschaftliche Kraft nicht mehr reicht.

Hinzu kam, dass die Agenda-Politik zunächst ein reines Regierungsprojekt war. Erst 2004, ein Jahr nach der Einbringung, hielt Schröder im Bundestag eine Rede, in der er versuchte, die Reformen in die große Tradition der Partei und der Bundesrepublik zu stellen. Er erinnerte an die Entbehrungen beim Aufbau der sozialen Marktwirtschaft nach dem Zweiten Weltkrieg. Ihm gehe es darum, den Sozialstaat zu erhalten und leistungsfähiger zu machen, um ein verändertes Verständnis von Gerechtigkeit, das auch das Verhältnis zwischen den Generationen mit in den Blick nimmt. Schröder zeigte sich beeindruckt vom Treffen mit einer Rentnerin im nordrhein-westfälischen Bocholt, die ihm einerseits ihre Unterstützung zugesagt, andererseits aber mangelnde Anerkennung beklagt hatte. Der Bundeskanzler nahm dies in seiner Rede auf und sagte: »Eine Politik des bloßen Umverteilens von unten nach oben wird es mit uns nicht geben. Umverteilen aber müssen wir, und zwar vom Gestern und Heute ins Morgen, in die Zukunft unserer Kinder und unserer Enkel. Was ich dieser Generation, zumal dieser Rentnergeneration, gerne sagen würde, ist: Was wir zusammen begonnen haben, wird sich auszahlen in Zukunftschancen, in Freiheit und Wohlstand für unsere Kinder und für deren Kinder.«

Diese Erzählung kam spät, die öffentliche Arena war bereits voller technischer Details der Reformdarstellungen. Jetzt – nach heftigen Diskussionen in der Partei und zähen Verhandlungen mit CDU/CSU – stellte Schröder die Idee der Gerechtigkeit zwischen den Generationen in den Mittelpunkt. Er nahm damit ein zentrales Motiv sozialdemokratischer Programmatik auf, appellierte an den Gemeinsinn der Gesellschaft und proklamierte die Souveränität und Entscheidungsfreiheit der Kinder zum Ziel seiner Politik.

Wer weiß, wie die politische Debatte verlaufen wäre, wenn Schröder den Mut besessen hätte, seine Reformagenda von vornherein inhaltlich so aufzuladen. Wenn er zunächst Ansprüche und Zielvorstellungen formuliert und um Zustimmung geworben hätte, bevor die konkreten Maßnahmen entwickelt und präsentiert worden wären, wenn er auch Perspektiven wie die der Rentnerin berücksichtigt hätte, wenn er die Agenda in eine klar erkennbare Gerechtigkeitsdimension gestellt hätte. Wenn er eine Geschichte erzählt hätte. Vielleicht wäre es gelungen, den Spielraum der Union zu verringern und taktische Anpassungen durchzusetzen. Vielleicht wäre es gelungen, *inhaltlich* zu überzeugen, wenn man nicht nur mit der vermeintlichen

Alternativlosigkeit argumentiert hätte. Aber genau dieser normative und utopische Überschuss fehlte.

Die Zusammenlegung von Arbeitslosen- und Sozialhilfe führte zur angestrebten statistischen Bereinigung und in Zahlen gefassten Klarheit über das Ausmaß der sozialen Misere im Land. Das war der nächste Schock. Da die Sozialhilfeempfänger*innen erstmals als arbeitslos mitgezählt wurden, stieg die Zahl der Arbeitssuchenden im Januar 2005 über die Fünf-Millionen-Marke. In der Öffentlichkeit wurde kaum beachtet, dass hier nur anders gezählt wurde, für die Menschen war klar, dass die sogenannten Hartz-Reformen schuld an diesem Anstieg waren. Und das, wo doch der Namensgeber, VW-Manager Peter Hartz, erst 2002 bei der Vorstellung seiner Vorschläge eine Halbierung binnen zwei Jahren in Aussicht gestellt hatte. Wie ich 1998 gelernt hatte: Richtig messen ist kompliziert.

Die fünf Millionen argumentativ einzuordnen erwies sich angesichts dieser Prognosen und angesichts des Fehlens einer eigenen Geschichte zu den Reformen als unmöglich. Schließlich war die Agenda 2010 nicht in erster Linie entworfen worden, um dem Land Verbesserungen zu bescheren, sondern sie beinhaltete drastische Einschnitte, mit denen Verschlechterungen verhindert werden sollten. Sie war eine Notoperation, und wie bei jeder Notoperation blieb vorher nicht viel Zeit zum Erklären oder zum Ausprobieren, wenn eine solche grundsätzliche Dimension nicht schon angelegt ist.

Und nachträglich kommt man immer zu spät. Trotzdem versuchte die SPD, ihre Reformen nach der Verkündung in einen größeren Kontext zu stellen. Mit einem angesichts der dramatischen Lage fast schon provozierend grundsätzlichen und verträumten Ansatz. Unter der Überschrift »Das Wichtige tun« beschwor die Parteizentrale die inhaltliche Kraft der Ideen hinter der Agenda in einer Kampagne. Doch wenn es in der Alltagskommunikation der Regierung nicht um wertegebundene inhaltliche Begründungen geht, müssen solche Versuche vergeblich bleiben. Gute Kommunikation kann nur verdichten, was in der Politik schon angelegt ist, und die Politik der Schröder'schen Sozialreformen wirkte damals nicht wie ein selbstbewusster Versuch der politischen Gestaltung.

»Da sich die Struktur unserer Sozialsysteme seit fünfzig Jahren praktisch nicht verändert hatte«, schreibt Schröder in seinen Erinnerungen, »waren der Umbau des Sozialstaates und seine Erneuerung unabweisbar geworden – mit dem Ziel, seine Substanz zu erhalten. Deshalb brauchten wir durchgreifende Neuerungen.«[16] Doch auch diese nachgeschobene Erklärung bleibt erstaunlich blutleer und treibt der Reformpolitik jedes politische Wollen aus – stattdessen geht es um große Entwicklungslinien wie die Globalisierung, die Digitalisierung oder den demographischen Wandel, für die man nichts könne und die doch prägend für die Rahmenbedingungen unseres Wirtschaftens werden. Deshalb wirkte die Agenda lediglich wie eine defensive Anpassung an äußere, schicksalhafte Umstände.

Das Beispiel zeigt, wie wichtig es ist, Politik auch aus der Kraft einer eigenen Erzählung heraus zu entwickeln. Eine Geschichte kann eine wertvolle Ressource der Begründung aktueller Politik sein. Julia Friedrichs gelingt es in ihrem Buch *Working Class* auf diese Weise, die abstrakten Zahlen des Niedriglohnsektors mit Leben zu füllen. Sie porträtiert unter anderem Said, der bei einem Subunternehmen der Berliner Verkehrsbetriebe arbeitet und U-Bahnhöfe reinigt. Die letzten Jahre hat er als Abstieg empfunden – und einen Schuldigen hat er auch ausgemacht: die SPD, die mit ihrer Reformpolitik unter Gerhard Schröder und einigen Entscheidungen im Roten Rathaus dafür gesorgt habe, dass seine Arbeitswelt sich verschlechtert hat. Das Vertrauen in die Partei, die ihm als Arbeitnehmer am nächsten stehen müsste, hat er verloren. Said sagt: »Das Problem ist doch, … man sollte nicht vom Essen kotzen müssen. Wenn man einmal etwas gegessen hat und einem passiert das, möchte man es nicht wieder essen. Und so ist es bei mir und der SPD: Ich habe einmal gekotzt und möchte das nicht wieder erleben.«[17]

Es sind diese Emotionen, mit denen wir seit fast zwei Jahrzehnten zunehmend umgehen müssen. Ausgerechnet die Partei, die wie keine zweite für Gerechtigkeit stehen will und steht, hat bei vielen Menschen ein Gefühl der Ungerechtigkeit hinterlassen. Sie hat Vertrauen verspielt. So etwas geht schnell, während es sehr lange braucht, neues Vertrauen aufzubauen. Dafür reicht auch kluge taktische Kommunikation nicht, sondern es bedarf nachvollziehbar verlässlichen Handelns. Und Respekt vor Arbeit.

Noch viele Jahre hatte die SPD mit diesen Reformen zu kämpfen. Obwohl sie zur wirtschaftlichen Belebung und Steigerung der Beschäftigung beigetragen haben, wurde die individuelle Haltung zur Agenda zur innerparteilichen Gretchenfrage. Erst 2019 hat die Partei in einem von Andrea Nahles angestoßenen Programmprozess ihren Frieden mit der Agenda gemacht und Reformschritte beschlossen, die sie beinahe ein Jahrzehnt nach ihrem politischen Zieldatum entscheidend korrigierten.

Arbeitnehmer*innen wie Said müssen vorher wissen, dass ihnen das politische Menü der Sozialdemokratie bekommen wird, bevor sie sich wieder darauf einlassen. Es ist ungewiss, ob dies gelingt. Aber es sollte für die SPD selbstverständlich sein, dass sie den Anspruch erhebt, ein Angebot zu machen, das Vertrauen verdient.

ALS ICH IM STERBEN LAG

Als ich mit siebzehn Jahren ein Jahr im Ausland verbrachte – als Stipendiat des Parlamentarischen Patenschaftsprogramms von Bundestag und US-Kongress –, hat es mich in einen Vorort von Houston in Texas verschlagen. Natürlich hatte ich eine bestimmte Vorstellung davon, was mich erwarten würde. Und manches Klischee sollte sich auf erstaunliche Weise bewahrheiten. An meiner Highschool liefen tatsächlich Jungs im Cowboy-Outfit durch die Gegend, und dass ich ein *»damn socialist«* bin, war bei manchen auch schnell geklärt. In der Vorbereitung auf den Austausch hatten wir gelernt, dass wir die fremde Umgebung nicht als besser oder schlechter betrachten sollten, sondern schlicht als anders. Das war die Bedingung dafür, das Andere auch zu verstehen.

Dieser Einstellung verdanke ich Erlebnisse, die mich ungemein bereichert haben. Dazu gehörte auch der Unterricht einiger Lehrer*innen an der Highschool, die mit viel Herzblut unterwegs waren. Besonders angetan hatte es mir Mrs. Raley, die mit uns eine aufregende Reise durch die amerikanische Literaturgeschichte unternahm. Beinahe wöchentlich wurde uns ein neues Werk präsentiert. Die Lektüre-Hausaufgaben waren oft schwere, dafür aber um so reichhaltigere Kost, durch die ich viel über das Land gelernt habe, in dem ich damals zu Gast sein durfte.

Unter den Büchern, die wir lasen, war William Faulkners *Als ich im Sterben lag (As I Lay Dying)*. Die Geschichte spielt in den Südstaaten, genauer im fiktiven Yoknapatawpha County in Mississippi, in das Faulkner in seinen Erzählungen immer wieder zurückkehrt. Am Rande der dortigen Gesellschaft lebt eine Familie, die man 1930, als das Buch erschien, noch nicht *»white trash«* genannt hat, für die dieser abwertende Terminus aber hätte erfunden werden können. Sozial ausgegrenzt, ökonomisch am unteren Limit und kulturell auffällig. Die Mutter der Familie, Addie Bundren, stirbt, und die Familie beschließt, ihren letzten Wunsch zu erfüllen und sie in der Stadt zu begraben. Der Witwer und seine Kinder laden daraufhin den Sarg mit dem Leichnam auf einen Planwagen, um ihn in die vierzig Meilen entfernte Kreisstadt Jefferson zu bringen.

Was sich anläst wie ein großer selbstloser Akt familiärer Solidarität in schwierigen Verhältnissen, entpuppt sich im weiteren Verlauf der Geschichte als Verkettung grotesker Ereignisse und waghalsiger Missverständnisse. Zunehmend schält sich aus dem vielfach gebrochenen Bewusstseinsstrom heraus, dass jeder noch einen ganz anderen Grund hat, den Leichnam in die Stadt zu bringen. Der Wunsch der verstorbenen Mutter liefert bisweilen nur den Vorwand, selber voranzukommen. Der Vater hofft auf neue Zähne und eine neue Frau, die Tochter will eine Abtreibung vornehmen lassen, die eher einfältigen, gewalttätigen Söhne werden vom Schicksal sowieso nur hin und her geworfen. Während der Leichnam auf der Ladefläche zu verwesen beginnt, kämpft hier jeder ums eigene Überleben und sucht einen Ausweg aus der rohen Gefühlskälte dieser zerfallenen Schicksalsgemeinschaft.

Die Familie geht stoisch ihren Weg. Doch der unbändige Wille aller Beteiligten allein reicht natürlich nicht aus. Der Planwagen fällt in den Fluss, eine Scheune geht in Flammen auf, ein gebrochenes Bein beginnt unter einer Zementschiene zu verfaulen. Alles scheitert am fehlenden Wissen und Können der Beteiligten, sodass jede Katastrophe fast zwangsläufig zu einem noch größeren Unheil führt.

»Das Schicksal scheint immer weiter zuzuschlagen, wenn's einmal angefangen hat«, sagt der Vater.[18] Wobei das Schicksal natürlich auch in dieser Familie keine ungesteuerte äußerliche Kraft ist, sondern das Ergebnis vieler kleiner Entscheidungen und Handlungen. Jedes Kapitel wird aus der Perspektive eines anderen Familienmitglieds erzählt, dadurch entsteht ein Stimmenwirrwarr, in dem die einzelnen Charaktere langsam an Kontur gewinnen, aber niemals in eine Gesamtperspektive eingebettet werden. Als siebzehnjähriger Leser ließ ich mich damals fasziniert von diesem bisweilen aberwitzig komischen, bisweilen deprimierenden Strom von Katastrophen mitreißen, um mir aus den Bruchstücken der Erzählung das fehlende Gesamtbild selbst zurechtzulegen. An einer Stelle erkennt auch der älteste Sohn, Cash, dass vieles aus den Fugen geraten ist. Aber auch er weiß nicht, welchen Maßstab er anlegen sollte, um zu beurteilen, was an seiner Familie eigentlich nicht »normal« sei. Er flüchtet sich in die Indifferenz:

»Ich bin nicht so sicher, ob jemals einer das Recht hat zu sagen, was verrückt ist und was nicht. Es ist, als wär in jedem Menschen noch ein anderer, der jenseits von Normalität und Verrücktheit steht und der die normalen und verrückten Handlungen dieses Menschen mit dem gleichen Entsetzen und dem gleichen Staunen ansieht.«[19] Das Buch wirkte auf mich damals so, als wäre ich als Leser dieser andere und als würden mir alle Beteiligten ihre Gedanken zum Geschehen offenlegen wollen, weil sie allein mit dem Erlebten nicht klarkommen und sich einander zugleich nicht ausreichend vertrauen, um sich zu öffnen. Oder als würden sie schlicht nicht über die Fähigkeiten verfügen, sich verständlich zu machen.

Gelesen haben wir das Buch vor allem als Parabel auf den Niedergang der US-amerikanischen Südstaaten, als Abrechnung mit ihren historischen Verbrechen und ihrer tristen Gegenwart. Der faule, verschlagene Vater steht für die von den Folgen der Sklavenausbeutung immer noch gezeichneten Südstaaten. Der eine Sohn, Jewel, ist unfähig, Emotionen anders als durch Gewalt auszudrücken, während sein Bruder Darl der einzig rationale Mensch in der Familie zu sein scheint, aber am Ende der Story genau deshalb in der Irrenanstalt landet, weil alle anderen seine Vernunft befremdlich finden. »Er gibt sich am Ende auf und wirkt fast froh, dass er nicht mehr mit seiner arg dysfunktionalen Familie zusammenleben muss«, schrieb ich im März 1992 in meiner Hausarbeit zu diesem Buch. Auf den vier handgeschriebenen Seiten habe ich versucht, vor allem die Beziehung dieser drei Charaktere zu durchdringen. Interessanterweise habe ich der Symbolik des Leichenzugs dabei nur sehr wenig Beachtung geschenkt.

Ich habe das Buch seitdem mehrmals wieder gelesen, und jedes Mal habe ich neue Facetten und Interpretationsmöglichkeiten entdeckt. Zuletzt muss das etwa im Jahr 2018 gewesen sein. Damals wollte ich sehen, ob sich das Buch auch als Parabel auf Institutionen lesen ließe, denen der sinnstiftende Kern abhandenzukommen droht – und die sich zwar weiter vorwärtsschleppen, aber immer weniger wissen, warum sie das noch tun. Und tatsächlich: Das Buch kam mir vor wie eine literarische Übersetzung der Thesen von Colin Crouch zur »Postdemokratie«, in der die Systeme weiter funktionieren, aber ihren Sinn und ihre inhaltliche Kraft verlieren.[20] So ist es mit dieser Familie doch auch. Alle bleiben zusammen, alle erfüllen den letzten Wunsch der Mutter – doch es formt sich daraus kein Ganzes mehr. Es fehlt der Zusammenhalt, die Solidarität. Vor allem entsteht nicht jene Geborgenheit, die man gemeinhin mit Familie assoziiert.

Es blieb nicht aus, dass ich den Roman auch auf den damaligen Zustand meiner Partei bezog. Auch sie wirkte bisweilen so, als ließe sie den Kern ihres Zusammenhalts auf dem Planwagen verrotten, während die Protagonisten, laut die Solidarität beschwörend, doch nur aufs eigene Fortkommen aus waren und deshalb mit allen anderen aneinandergerieten. Wenn man dieses Muster über die letzten zwei sozialdemokratischen Jahrzehnte legt, dann schärft sich der Blick für das, was schiefgelaufen ist und zum Verlust von Vertrauen geführt hat.

Manchmal frage ich mich, ob Faulkner aus den Eitelkeiten der damals streitenden Genoss*innen vielleicht eine ähnlich archetypische Geschichte hätte formen können. Die vielen Erinnerungsbücher ehemaliger Parteigrößen, die in den letzten Jahren erschienen sind, lesen sich jedenfalls wie einzelne Kapitel von *Als ich im Sterben lag*. Sie bieten Einblicke ins Bewusstsein einzelner Akteur*innen, behaupten, sie drehten sich ums Ganze, und bleiben doch letztlich nur Fragment. Es ergibt sich kein sinnstiftendes Gesamtbild.

In den 42 Jahren zwischen 1945 und 1987 standen mit Kurt Schumacher, Erich Ollenhauer und Willy Brandt gerade einmal drei Männer an der Spitze der Partei. Allein Willy Brandt ganze 23 Jahre davon. In den nunmehr 36 Jahren seit seinem Rücktritt hingegen gab es, wenn man alle kommissarischen Lösungen mitzählt, insgesamt 20 weitere Personen im Vorsitz der Partei. Es ist mit Parteivorsitzenden ein bisschen wie mit Fußballtrainern: Wenn sich die Wechsel häufen, dann ist das ein sicherer Indikator dafür, dass etwas mit Mannschaft und Vereinskultur nicht stimmt.

Die schon länger prekäre Lage spitzte sich zu, als die Partei 2018 gegen ihre innere Überzeugung aus staatspolitischer Räson beschlossen hatte, doch noch einmal in eine Große Koalition mit CDU/CSU einzutreten. Die damalige Partei- und Fraktionsvorsitzende Andrea Nahles geriet trotz intensiver und rückblickend erfolgreicher Bemühungen um eine programmatische Weiterentwicklung ins Fadenkreuz der parteiinternen Kritik. Sie trat zurück, und im darauffolgenden Wahlkampf um die Nachfolge entwickelten sich inhaltliche Differenzen zu persönlichen Fehden. Ich erwähne das nicht, um die jeweiligen Konfliktlinien zu rekonstruieren. Das »Wer gegen wen?« ist eigentlich immer langweilig, auch wenn es in den Medien gerne ausgebreitet wird, weil sich so Geschichten einfacher dramatisieren lassen. Spannender ist das »Warum?« – und da liefert der literarische Vergleich einige aufschlussreiche Anregungen.

Faulkner verdeutlicht in seiner Erzählung, dass Konflikte in einer Gruppe dann eskalieren können, wenn der gemeinsame Identitätskern an Kraft verliert. In *Als ich im Sterben lag* implodiert die Familie förmlich nach dem Tod der Mutter, deren verwesende Überreste sie in einer Form merkwürdiger Melancholie noch hinter sich herziehen. In allen traditionellen Institutionen gibt es solche Momente, in denen die Gründungsidee auf einmal hohl klingt oder schal wirkt – und das oft ganz zu Unrecht. Doch gewöhnlich beginnen jetzt die Probleme. Der Ton in der Partei war 2018 entsprechend nicht nur rau, sondern oft persönlich verletzend. Wenn das Ringen um die angemessene Programmatik überlagert wird von persönlichen Animositäten und auch Intrigen, wenn es nur noch um die bloße Macht geht und nicht mehr um die Ziele, für die Macht gebraucht wird, dann droht eine Abwärtsspirale. Dann wenden sich die Wähler*innen zu Recht ab.

Umso erstaunlicher ist es rückblickend, dass es der Partei gelungen ist, sich von dieser gefährlichen Dynamik zu befreien. Dass die

SPD heute den Kanzler stellt und die Bundesregierung anführt, hat noch wenige Monate vor der Bundestagswahl 2021 kaum jemand für möglich gehalten. Doch der Zusammenhalt in der Partei ist enorm gewachsen, es geht wieder um die Sache. Und wenn es persönlich wird, dann ist in der Regel zu erkennen, dass dahinter eine inhaltliche Meinungsverschiedenheit steht.

Es scheint geholfen zu haben, dass 2019 alle gemeinsam tief in jenen Abgrund geschaut haben, in den die französischen oder italienischen Genoss*innen bereits hinabgestiegen waren. Doch das Erschrecken über die möglichen Konsequenzen alleine hätte kaum ausgereicht. Dieses Mal mussten sich die zerstrittenen Lager zusammenraufen, weil sie durch den Willen der Basis in eine gemeinsame Verantwortung gezwungen wurden. 2018 stimmten die Mitglieder für die erneute Große Koalition, und 2019 wählte eine Mehrheit zwei Kritiker*innen dieser Entscheidung an die Parteispitze, während die sozialdemokratischen Minister*innen mit Vizekanzler Olaf Scholz in der Regierung weiter ihre Arbeit machten. Im Moment der Wahl war ich geschockt, aber heute verstehe ich dieses Votum als den wütenden Ruf der Basis in Richtung Parteispitze, endlich mit den Querelen aufzuhören – damit es wieder um die Sache gehen konnte. Das ist in den Monaten danach gelungen.

Die Partei hatte nämlich unter Andrea Nahles angefangen, intensiv an einem neuen Sozialstaatskonzept zu arbeiten und viele inhaltliche Konflikte aufzulösen. Doch das hat hinter dem öffentlich ausgetragenen Theater kaum jemand mitbekommen. Dazu war das Geräusch des Streits zu laut. Die programmatische Arbeit war nach innen gerichtet und hatte fast therapeutische Züge, um vor allem das erneute Kratzen an verschorften Wunden zu verhindern. Bis der neue Konsens wirken und ein neuer Kraftkern der Parteiprogrammatik entstehen konnte, brauchte es damals einfach noch Zeit.

Eine nicht nur intern befriedende, sondern auch öffentlich wirksame Chiffre für den neuen Konsens in der Arbeitsmarkt- und Sozialpolitik fand sich dann im Wahlkampf 2021. Die Kampagne rückte den Begriff »Respekt« in den Mittelpunkt – jene zwischenmenschliche Dimension der Anerkennung also, die so viele Kritiker*innen durch die Agenda 2010 beschädigt sahen. Dabei war das keineswegs der erste Versuch, das Versprechen »Respekt« politisch nutzbar zu machen. Mit dem Begriff haben Parteien links der Mitte schon seit einiger Zeit geflirtet oder gefremdelt. Spätestens seit Richard Sennetts Buch *Respekt im Zeitalter der Ungleichheit* erschien (in Deutschland 2002), war das Thema gesetzt.[21] Sennett begründet seine Suche nach den Quellen des Respekts mit vielen persönlichen Beispielen. Und er definiert ihn anhand des Zusammenspiels zwischen dem Sänger Dietrich Fischer-Dieskau und dem Pianisten Gerald Moore, die gemeinsam Schuberts *Erlkönig* aufführen. Wie Fischer-Dieskau als Sänger des komplexen Liedes kunstvoll darauf achtet, die Freiräume für pianistische Preziosen zu öffnen, beschreibt Sennett als paradigmatisch für ein Handeln, das die Bedürfnisse anderer ernst nimmt. Genau das ist Respekt – und es führt dazu, dass die beiden gemeinsam zu einer begeisternden Interpretation des Liedes gelangen.

Als politischer Begriff leuchtet »Respekt« unmittelbar ein. Das ist kein Terminus aus der Retorte der Kommunikationsstrateg*innen. Respekt ist auf dem Schulhof und in der Popkultur gleichermaßen zu Hause. Beinahe jeder kennt den Song *Respect* von Otis Redding, vermutlich in der Version von Aretha Franklin aus den späten sechziger Jahren.* Die Soul-Diva presst jeden Buchstaben des Wortes einzeln heraus – ein fulminanter Schrei nach einem menschlichen Umgang und würdigem Miteinander. Jeder fühlt, was hier gemeint ist. Daraus wird in *Blues Brothers* sogar noch ein großer Kinomoment, wenn Aretha Franklin in der Rolle der Imbissbesitzerin Mrs. Murphy versucht, ihren Mann davon abzuhalten, zu seiner Band zurückzukehren.

---

* Musik & Text: Otis Redding.

Die Soziologie hat sich spätestens in den 1990er Jahren mit der Anerkennung und der »Einbeziehung des Anderen« beschäftigt, als sie Antworten auf die Frage suchte, wie es in einer multikulturellen Gesellschaft gelingen kann, Zusammenhang und Zusammenhalt zu gewährleisten.[22] Dafür ist es unabdingbar, die verschiedenen Anderen als gleichberechtigt anzuerkennen und zu respektieren.

Im Bundestagswahlkampf 2021 hat Olaf Scholz seine Politik des Respekts in einem Essay in der *Frankfurter Allgemeinen Zeitung* begründet. Seiner Ansicht nach erfährt gerade das Arbeitnehmer*innen-Milieu diesen Respekt nicht mehr. Er schreibt: »Eine sichtbare und respektvolle Darstellung der ›Arbeiterklasse‹ muss man in Deutschland in Literatur, Film und Wissenschaft eher mit der Lupe suchen.«[23] Er bezieht sich auf Michael Sandels Kritik des Konzepts der Meritokratie[24] und stellt fest, dass die sozialdemokratischen Kernmilieus in der Mitte der Industriegesellschaft einen Verlust an Respekt erfahren, während jene am oberen Rand der Gesellschaft sozial und materiell ungefährdet sind und marginalisierte Gruppen am unteren Rand immer noch überhaupt um Respekt kämpfen müssen.

Der Vorschlag, den Olaf Scholz unterbreitet, knüpft an den Willen zur Solidarität an – und erweitert ihn von der klassischen Idee einer weitgehend homogenen Arbeiterklasse auf die bunte Vielfalt einer modernen Gesellschaft und ihrer unterschiedlichen Lebenslagen. Denn der Kampf um gleiche Rechte und gleiche Anerkennung eint jene Gruppen, die den dringend notwendigen gesellschaftlichen Wandel vorantreiben können. Diese Gruppen verteidigen keine Pfründe, sondern kämpfen darum, wahrgenommen und wertgeschätzt zu werden. In diesem Sinne ist Respekt eine Antwort auf die Fragmentierung unserer Gesellschaft in immer kleinere Gruppen, die dann nicht mehr in der Lage sind, die Kraft zur sozialen und kulturellen Veränderung zu entwickeln.

»Eine Gesellschaft des Respekts ist eine Gesellschaft, in der fragmentierte ›Identitäten‹ nicht an die Stelle eines Wir der Vielfältigkeit treten«, schreibt Olaf Scholz. »Das lässt sich zwar nicht verordnen durch eine Politik des Respekts. Sie schafft aber die notwendigen Voraussetzungen für mehr Zusammenhalt und gegenseitige Anerkennung. Und darauf kommt es an.«[25] Es ist genau dieser Respekt zwischen den Verschiedenen, der Politiken der Freiheit, der Gerechtigkeit und der Solidarität begründet. Zugleich weist die Betonung des Respekts auch darauf hin, dass die vor allem gesellschaftspolitische Kategorie auch im innerparteilichen Umgang miteinander gelten muss.

Dieses politische Angebot – und eben nicht bloß die verbalen Stolpereien von Armin Laschet und das missglückte Buch von Annalena Baerbock – ist ein zentraler Grund für den sozialdemokratischen Erfolg bei der Bundestagswahl 2021. Hier hat die SPD eine programmatische Perspektive eröffnet, die ebenso wie 1969 das Versprechen, dass man »mehr Demokratie wagen« werde, Wirkung entfalten kann, weil es unmittelbar verstanden wird – und zugleich auch ein Appell an alle ist, die unter diesem Dach arbeiten.

Dazu passte dann auch, dass die SPD versprach, »Soziale Politik für Dich« zu machen, und in der Kampagne großen Wert darauf legte, klassische und zunehmend verunsicherte Milieus anzusprechen. Nicht um ihnen erzieherisch zu erklären, wie sie sich verändern müssen, um respektierter Teil der Gesellschaft zu sein, sondern indem sie Respekt für ihre Leistung bekundete, um überhaupt erst einmal ins Gespräch miteinander zu kommen. Worum es hier geht, ist im Grunde eine alte soziologische Weisheit: In einem Gespräch ist es notwendig, die Position des anderen einnehmen zu können, um die Situation aus veränderter Perspektive bewerten zu können. *»Walk a mile in my shoes / Yeah, before you abuse, criticize and accuse«*, heißt es dazu in einem alten Song, den Elvis Presley oft gesungen hat.* Diese Hal-

* »Lauf eine Meile in meinen Schuhen, bevor du mich beschimpfst, kritisierst und anklagst« (Musik & Text: Joe South).

tung ist das Gegenteil der moralischen Vorverurteilungen, die aktuell oft das öffentliche Gespräch prägen.

Die Konzentration auf Respekt veränderte die gesamte Partei. Sie gewann an Selbstbewusstsein – und an Klarheit in der Frage, warum sie und ihre Mitglieder überhaupt in die Politik gegangen sind und warum sie sich dort engagieren. Der Sinn des Engagements lag plötzlich wieder offen zutage. Wer eine Politik des Respekts verspricht, der musste auch selbst Respekt im Umgang leben. Das gelang.

Nachrichten vom Tod der Sozialdemokratie erwiesen sich als übertrieben, denn plötzlich begann der programmatische Kern wieder zu glühen. Noch nicht so heiß wie in früheren Zeiten und stets in Gefahr, auch wieder zu erkalten. Aber ein Anfang war gemacht. Und die Chance, eine Regierung anzuführen, ist immer auch die Chance, einen Erneuerungsprozess voranzutreiben. In der Opposition hat man viel Zeit, Wunschlisten zu erstellen. Regieren hingegen zwingt zur Auseinandersetzung mit den Realitäten und Zwängen des Alltags. Hier müssen sich politische Programme in der Praxis beweisen. Heute würde mir *Als ich im Sterben lag* jedenfalls nicht mehr in den Sinn kommen, wenn ich auf meine Partei blicke. Die Bundestagswahl 2021 war eine Art Wiederauferstehung der Sozialdemokratie in Deutschland. Und doch: Die Lage ist noch längst nicht stabil. Es wird noch viel Arbeit brauchen, um wieder zusammenzufügen, was in den letzten Jahren zerbrochen ist. Aber die meisten haben begriffen, dass das nur gelingen wird, wenn es über die Inhalte versucht wird.

DER WIDERSPRUCH UNSERER ZEIT

Viele in der SPD sind stolz darauf, dass sie ihre Politik an der Wirklichkeit und deren Problemen ausrichten. Dann heißt es, dass das Sein das Bewusstsein bestimmt oder dass erst das Fressen kommt und dann die Moral. Was man halt so von den großen Vordenkern zitieren kann.

Mich haben diese Glaubenssätze schon immer genervt. Zu oft habe ich erlebt, dass es eben doch einen Unterschied macht, ob man eine Idee hat und an sie glaubt. Verantwortlich für dieses Zutrauen war vor allem ein Mann, dem ich nur wenige Male in meinem Leben begegnet bin, der aber bleibenden Eindruck bei mir hinterlassen hat. Ich meine den Gründer des *Deutschen Youth for Understanding Komitees*, den Hamburger Richter Ulrich Zahlten. Seine Austauschorganisation war es, mit der ich mein Jahr in Texas verbrachte und der ich bis heute einen Teil meines ehrenamtlichen Engagements widme.

Meine erste Begegnung mit Ulrich Zahlten war eine echte Zumutung. Es war während der Vorbereitungstagung für meinen Austausch im Frühjahr 1991 in dem Dörfchen Nienwohld, nördlich von Hamburg. Ein Ort, den manche vielleicht kennen, weil der Regisseur Detlev Buck dort herkommt und seine ersten Filme dort gedreht hat. Ulrich Zahlten kam, ich glaube, es war ein Ostersonntag, zu uns, um einen Vortrag über »Demokratie als Wertvorstellung« zu halten. Zu dem Zeitpunkt hatten wir alle schon verstanden, dass es in dieser Woche nicht um Tipps für ein Jahr in Amerika gehen würde, sondern um unsere eigene kulturelle Prägung, um Methoden der interkulturellen Verständigung und um unsere oft impliziten und kaum bewussten, aber zugleich wirksamen Wertvorstellungen.

Wer erwartet hatte, dass der Referent das Thema kurz und bündig abhandeln würde, sah sich getäuscht. Sein Vortrag begann frühmorgens und dauerte bis in den Abend. Erst einmal stellte er sich vor. Aber was heißt vorstellen? Er nahm uns mit zurück in die fünfziger Jahre, die Zeit der demokratischen Re-Education, als die Alliierten es auf sich nahmen, den Kindern der ehemaligen Nazis den demokratischen Alltag einer offenen und pluralistischen Gesellschaft nahezubringen. Zahlten war eines dieser Kinder, und er beschrieb nun seinen Lebensweg, der ihn von seinem Austauschjahr in Michigan hierhergeführt hatte, nach Nienwohld, um uns jetzt die Demokratie zu erklären. In der Folge leitete er die demokratischen Ideen erst historisch und dann systematisch her, erläuterte, warum Freiheit nicht bloß Abwehr von staatlichem Einfluss, sondern auch Befähigung zum Mitmachen bedeutete – und kam immer wieder auf einen zentralen Gedanken zurück: die Eigenverantwortung. Nur wenn wir in uns den Drang verspürten, selbst bestimmen zu wollen, wie wir leben wollen, und zwar in Gesellschaft mit anderen, könne Demokratie gelingen. Sie sei Möglichkeit und Ausdruck dieses Wunsches.

Als er nach geschlagenen zehn Stunden fertig war mit seinem Vortrag – und wir alle auch mit unseren Kräften –, war uns klar, dass wir hier etwas sehr Besonderes erlebt hatten. Wir wussten damals nicht, dass er das einmal pro Woche so machte.

Das folgende Austauscherlebnis war dann tatsächlich so profund, dass ich bald selbst ehrenamtlich für YfU tätig wurde. Als Ulrich Zahlten einige Jahre später nicht mehr auf jeder Tagung referieren konnte, habe ich ein paarmal den Vortrag übernommen. Drastisch gekürzt auf immerhin noch dreieinhalb Stunden. Ich habe meine Sache bestimmt nicht ganz schlecht gemacht, aber es war doch nicht das Gleiche. Es war nicht nur Zahltens beeindruckende Biographie, die fehlte: Er konnte von vielen internationalen Begegnungen berichten; als Richter hatte er die späten NS-Prozesse in Hamburg geleitetet. Nein, was fehlte, war nicht zuletzt der Optimismus, den er ausstrahlte, die Überzeugung, dass jeder und jede Einzelne von uns tatsächlich etwas bewirken kann in der Welt. Ich habe das tapfer behauptet und wollte es auch glauben, aber meine Zweifel waren groß.

Die Vorträge fanden statt in jenem Jahrzehnt, in dem es so aussah, als wären die großen ideologischen Kämpfe vorüber, als ginge es nur noch um die Optimierung des Status quo in einem mehr oder minder demokratischen und sozialen Kapitalismus. All die grundsätzlichen Fragen, von denen Ulrich Zahlten berichtete, hatten sich in sorgsam getrennte Einzellogiken verflüchtigt. Wie sollte ich den angehenden Austauschüler*innen da erklären, dass sie in der Lage wären, die Welt aus den Angeln zu heben? Zumal in Zeiten, die so komplex geworden sind, dass im Grunde niemand wirklich vorhersagen kann, was passiert, wenn wir diesen oder jenen Hebel in Bewegung setzen. Aber wir ahnen, dass es dafür eben nicht ausreicht, bloß auf die unübersichtlich gewordene Welt da draußen zu gucken, sondern dass wir Werte und Überzeugungen brauchen, eine Vorstellung davon, wie der bessere Zustand der Gesellschaft aussehen könnte, für die wir uns engagieren wollen.

Dass auch ich dafür verantwortlich sein könnte, diese Vorstellung mitzuprägen – dieses Zutrauen verdanke ich jenen zehn Stunden im Frühjahr 1991 in einer umgebauten Scheune. Ulrich Zahlten führte uns deutlich vor Augen, welche Überzeugungen unsere Demokratie geprägt hatten. Er machte uns klar, dass Demokratie nicht nur ein Prinzip der Staatsorganisation ist, sondern ein Bündel von Wertvorstellungen, ein normativ aufgeladener gedanklicher Zusammenhang, den jede Generation aufs Neue wieder herstellen müsse.

Werte im Alltag zu vermitteln, ist meistens wahnsinnig anstrengend und kompliziert. Erst recht gilt das für die Werte der Sozialdemokratie. Welche Bedeutung diesen Werten bis heute zugeschrieben wird, zeigte sich in den letzten Jahrzehnten vor allem dann, wenn eine Wahl verloren ging. Meist hieß es dann, es habe daran gelegen, dass die SPD sich nicht auf ihren Markenkern der sozialen Gerechtigkeit konzentriert habe. Neben diesem Hauptanklagepunkt wurden der Partei dann gewöhnlich noch allerlei kleinere Vergehen zur Last gelegt. »Der lange Abschied der SPD hat ein kleines Genre an Rettungs- und Beraterliteratur entstehen lassen, dessen Rezepte nicht recht anschlagen wollten, wenn sie denn von irgendwem zur Kenntnis genommen wurden«, schreibt der Rechtswissenschaftler Christoph Möllers und ergänzt: »Das Bemerkenswerte an dieser Literatur ist ihre Gleichförmigkeit.«[26] Die Partei habe sich nicht ausreichend um die Interessen der »kleinen Leute« gekümmert. Sie habe vergessen, für wen sie eigentlich Politik mache, und sie nutze neue technische Möglichkeiten nicht ausreichend. Dazu noch ein bisschen Wahlforschungsempirie zu schwindenden Kernmilieus und erodierenden Parteiloyalitäten, und fertig ist das beinahe unvermeidliche Untergangsszenario, in das die gerade zurückliegende Wahlniederlage eingefügt werden kann. Der daraus folgende politstrategische Ratschlag ist denkbar einfach: Die Partei solle sich mehr um die Gerechtigkeit kümmern, ihre Mitglieder besser beteiligen und das Internet intensiver nutzen. Für alle ist etwas dabei: Die Traditionsbataillone der Partei können mehr programmatische Reinheit verlangen, die Regierungspragmatiker eine modernisierte Partei fordern und die Fortschrittlichen von den Segnungen digitaler Techniken schwärmen.

Dass es so einfach nicht geht, zeigt geradezu idealtypisch der Bundestagswahlkampf 2013, in dem der Kandidat, der ehemalige Bundesfinanzminister und NRW-Ministerpräsident Peer Steinbrück, mit einem ausgeprägten Gerechtigkeitskonzept in die Wahlauseinandersetzung geschickt wurde. Das Ergebnis war – wieder einmal – eine in sich zusammenfallende Kampagne, in der Lösungen für Probleme angeboten wurden, deren Dringlichkeit noch gar nicht spürbar war. Der Plan war, mit einer Ökonomie der Gerechtigkeit zu punkten. Aber die Wirtschaftslage war gut, die parteiintern umstrittenen Reformen der Ära Schröder wurden in ihrer Wirkung mittlerweile gesellschaftlich mehrheitlich als positiv wahrgenommen, die Arbeitslosigkeit war gesunken, die Wirtschaft florierte. Die Kampagne brauchte daher einen erheblichen Anlauf, um ihre Kernbotschaften zu begründen. Ein paar Jahre nach dem Wahlkampf brachte Peer Steinbrück das Dilemma auf den Punkt: »Wie führt man einen Gerechtigkeitswahlkampf in einem prosperierenden, wohlfahrtsstaatlich gut organisierten Land, in dem die Zufriedenheit der Bürger sowohl mit dem Zustand insgesamt als auch mit ihrer eigenen wirtschaftlichen Lage bemerkenswert hoch ist?«[27]

Dass es eine detaillierte »Ökonomie der Gerechtigkeit« brauchte, mochte analytisch korrekt sein, war aber kaum unmittelbar ersichtlich und entsprach auch nicht dem Mehrheitsempfinden. Eine paradoxe Situation: Die Mehrheit war irgendwie diffus zufrieden, sowohl mit der allgemeinen als auch mit der persönlichen wirtschaftlichen Lage. Um ihr trotzdem das Programm zu verkaufen, hätte man sie erst einmal darüber aufklären müssen, dass diese Zufriedenheit eine Selbsttäuschung war und auf einer falschen Weltwahrnehmung beruhte. Die Wähler*innen hätten sich eingestehen müssen, dass ihre Stimmung zu Unrecht gut war. Erst dann hätten sie den politisch angebotenen Weg der Besserung annehmen können, der zu mehr Gerechtigkeit und damit zu mehr Zufriedenheit hätte führen sollen. Und in dem ganzen Prozess musste die Kampagne alle wieder daran erinnern, dass viele der SPD wegen der letzten Reformen immer noch gram waren. Polemisch zugespitzt lautete die Botschaft 2013: »Sorry für die letzte Regierungszeit. Wählt uns, damit wir das wiedergutmachen können. Ach übrigens, um das zu machen, müssen wir leider, leider die Steuern erhöhen.«[28]

Dass das schiefgehen musste, konnte kaum überraschen. Eher schon, dass vier Jahre später Martin Schulz mit dem Slogan »Zeit für mehr Gerechtigkeit« in die Auseinandersetzung zog. Natürlich verlor auch er. Die SPD hat in den letzten zwei Jahrzehnten vom Mindestlohn bis zur gesellschaftlichen Liberalisierung erhebliche Fortschritte in der Gerechtigkeitspolitik gemacht. Doch ganz offensichtlich ist das allein bei Wahlen kein ausreichendes Argument.

Von Albert Einstein ist der Ausspruch überliefert, dass Wahnsinn dadurch definiert werden könne, immer wieder das Gleiche zu tun und andere Ergebnisse zu erwarten. Die SPD des 21. Jahrhunderts konnte er nicht meinen, aber es ist zu vermuten, dass er zeitweilig seine helle Freude an ihr gehabt hätte. Denn bis vor kurzem setzte die Partei auf der Bundesebene beständig auf das gleiche Muster: Der Wahlkampf konzentriert sich auf das Thema Gerechtigkeit, die Partei verliert und beschließt, sich beim nächsten Mal noch intensiver auf das Thema zu konzentrieren.

Das Problem ist nicht das Thema. Das Problem ist die Reduktion auf das eine Thema. Wertereduktionismus kann in unserer heutigen Welt nicht der richtige Weg sein. Natürlich ist es wichtig, dass eine Partei einen klaren Standpunkt formuliert – und dass sie versucht, sich von den politischen Wettbewerbern zu unterscheiden. Allerdings habe ich nie verstanden, warum das ausgerechnet dann am besten gelingen soll, wenn nur einer von drei gleichrangigen Grundwerten ins Schaufenster gestellt wird. Schließlich formt Gerechtigkeit erst gemeinsam mit Freiheit und Solidarität jenen Dreiklang, der die moderne Entsprechung des Schlachtrufs der Französischen Revolution von Freiheit, Gleichheit und Brüderlichkeit wäre. Auch die Verwerfungen unserer Gesellschaft lassen sich nicht auf Gerechtigkeitsfragen beschränken, sondern berühren ebenso die individuelle Autonomie und den gesellschaftlichen Zusammenhalt.

Die SPD war immer dann stark, wenn sie die inneren Bezüge ihrer Werte zur Grundlage politischer Programme gemacht hat. Die immer noch klarsten und zugleich anspruchsvollsten Überlegungen zu genau dieser Verwobenheit der Grundwerte finden sich im Godesberger Programm von 1959. In dem Programm reduzierte sich der programmatische Anspruch zwar auf eine bloß noch »bescheidene Zuversicht«, die wie eine »kleinmütige Kapitulation« anmute, wie der Parteitheoretiker Thomas Meyer 1991 schreibt. Zugleich aber ist es für ihn genau diese freiwillige Fokussierung des programmatischen Anspruchs auf die Rolle eines »Kompass auf den mühsamen Wegen zu besseren Verhältnissen«, die den Grundstein für den politischen Erfolg ein gutes Jahrzehnt später legte, als die SPD erst 1966 als Juniorpartner in eine große Koalition mit der Union eintrat und drei Jahre später mit Willy Brandt an der Spitze einer sozialliberalen Koalition erstmals den Kanzler stellte.[29]

Zeitbedingt ist im Godesberger Programm Ende der fünfziger

Jahre noch von »Sozialisten« die Rede, wo wir heute von »Sozialdemokrat*innen« sprechen, aber ansonsten haben die wertegebundenen Aussagen des Programms nichts von ihrer Kraft und ihrem Anspruch verloren: »Die Sozialisten erstreben eine Gesellschaft, in der jeder Mensch seine Persönlichkeit in Freiheit entfalten und als dienendes Glied der Gemeinschaft verantwortlich am politischen, wirtschaftlichen und kulturellen Leben der Menschheit mitwirken kann. Freiheit und Gerechtigkeit bedingen einander. Denn die Würde des Menschen liegt im Anspruch auf Selbstverantwortung ebenso wie in der Anerkennung des Rechtes seiner Mitmenschen, ihre Persönlichkeit zu entwickeln und an der Gestaltung der Gesellschaft gleichberechtigt mitzuwirken. Freiheit, Gerechtigkeit und Solidarität, die aus der gemeinsamen Verbundenheit folgende gegenseitige Verpflichtung, sind die Grundwerte des sozialistischen Wollens.«

Schon aus dieser Passage wird klar, dass die Grundwerte nicht abschließend definiert und noch weniger abschließend verwirklicht werden können. Sie stehen in einem Spannungsverhältnis, bedingen einander, sind aber nicht konfliktfrei. Vor allem müssen sie sich in den vorher im Programm benannten »Widersprüchen unserer Zeit« bewähren, in denen Fortschritt und Zerstörung oft dicht beieinanderliegen: »In unsere Hand ist die Verantwortung gelegt für eine glückliche Zukunft oder für die Selbstzerstörung der Menschheit«, heißt es in der Einleitung. Ein Satz, der nicht dringlicher sein könnte in der Betonung, dass die Moderne uns politisch jeden Tag aufs Neue Entscheidungen abverlangt – ohne dass wir wirklich alle Umstände und Konsequenzen überblicken könnten. Die Grundwerte schaffen hier Orientierungsmaßstäbe – zwingen aber zugleich auch dazu, politische Vorstellungen an ihnen zu messen.

In diesen Überlegungen des sicherlich bedeutsamsten und auch wirksamsten Grundsatzprogramms, das eine Partei seit Gründung der Bundesrepublik in Deutschland verfasst hat, steckt die feste Überzeugung, dass die moderne Welt *vieldeutig* ist und durch strategische politische Botschaften auch nicht *vereindeutigt* werden kann. Die gesellschaftlichen Umstände können unterschiedlich gedeutet werden. Politische Überzeugungen stehen im Streit miteinander. Die Vorstellungen von einer besseren Gesellschaft ziehen in unterschiedliche Richtungen. Und der Fortschritt birgt immer die Gefahr seiner Vernichtung in sich.

Die SPD hat sich in Godesberg 1959 für den Weg der Komplexität und der inneren Spannung entschieden. Sozialdemokratische Programme benennen die Widersprüche unserer Zeit und formulieren Vorschläge, wie mit ihnen umzugehen ist – nicht um sie aufzulösen, sondern um ihre Spannung als Kraftquelle des Fortschritts zu verwenden. »Das ist der Widerspruch unserer Zeit …« So lauten tatsächlich die ersten Worte des Programms. Und im weiteren Verlauf ist von einer »dauernden Aufgabe« die Rede. Das Streben nach der besseren Gesellschaft ist kein linearer Prozess und erst recht kein abzuschließendes Projekt. Deshalb sind Unschärfen, Spannungen und Kompromisse keine Unzulänglichkeiten, sondern letztlich liegt das »Erfolgsgeheimnis der SPD … in ihrer Ambivalenz gegenüber Kapitalismus und Krieg«.[30]

Diese ausgleichende Leistung wird oftmals unterschätzt, weil die alte Forderung des Systemtheoretikers Niklas Luhmann, dass man die Komplexität der Verhältnisse reduzieren müsse, um sie bearbeiten zu können, zum Motto der Gegenwartsanalyse geworden ist. Gerade weil die Verhältnisse *nicht* einfach und *nicht* eindeutig sind, ist der Wunsch nach Klarheit allgegenwärtig. Widersprüche und Ambivalenzen sind für viele Menschen – verständlicherweise – kaum auszuhalten. Aber Widersprüche verschwinden nicht durch Mehrheitsentscheid. Und auch ein klarer moralischer Kompass allein erleichtert nicht unbedingt die Navigation durch unklare Verhältnisse.

Sozialdemokratische Politik ist herausgefordert, Komplexität zum Thema zu machen, Widersprüche in gesellschaftlich mehrheitsfähige politische Programme zu gießen und sie eben nicht bis zur Unkenntlichkeit zu reduzieren. Das aber gelingt nur, wenn die verantwortlichen Politiker*innen keine Angst haben vor inhaltlichen Auseinandersetzungen über immer nur unzureichende Antworten auf immer zu große Probleme. Genauso wie man keine Angst davor haben durfte, zehn Stunden vor Sechzehnjährigen über die Demokratie zu referieren. Komplexität kann auch dadurch aushaltbar werden, dass man die Unüberschaubarkeit der Herausforderungen und die Ambition der eigenen politischen Ziele immer mit ins Gedächtnis ruft. Die konkreten Projekte sind dann Schritte auf dem langen Weg in die richtige Richtung.

Natürlich ist das eine riskante Strategie. Aber das Risiko lohnt sich. Es geht schließlich um Großes: um Freiheit und Respekt, um Gerechtigkeit und Nachhaltigkeit, um Solidarität und Öffentlichkeit. Dieses Große nicht bloß akademisch zu deuten oder strategisch zu nutzen, sondern es grundsätzlich und emotional zu erzählen ist die erste Aufgabe für alle, die wertebasiert Politik machen wollen. Und wir müssen es immer wieder versuchen, auch wenn unser Publikum dabei nicht zehn Stunden gebannt auf seinen Stühlen sitzen bleibt.

KAPITEL 3
RESPEKTVOLLE FREIHEIT

WICHTIGER ALS ALLES ANDERE

Fangen wir also an mit dem vielleicht größten aller Begriffe: der Freiheit. Willy Brandt hat den Wert der Freiheit 1987 in seiner Abschiedsrede als Parteivorsitzender sehr bewusst an die erste Stelle seiner Überlegungen gerückt: »Wenn ich sagen soll, was mir neben dem Frieden wichtiger sei als alles andere, dann lautet meine Antwort ohne Wenn und Aber: Freiheit«, sagte er damals. »Die Freiheit für viele, nicht nur für die wenigen. Freiheit des Gewissens und der Meinung. Auch Freiheit von Not und von Furcht.«[1]

Brandt betont die Autonomie der Einzelnen, aber er bettet sie ein in soziale Bezüge und mahnt ihre Durchsetzung für jede*n in der Gesellschaft an. Sein Freiheitsbegriff hat nichts gemein mit jenem vulgären Liberalismus, der heutzutage Einschränkungen des eigenen Egoismus als Angriffe auf die individuellen Freiheitsrechte deutet. Vielmehr beschreibt er eine Vorstellung von Freiheit, die weitaus umfassender und nur in sozialen Bezügen denkbar ist. Freiheit wird bei ihm zu einer gesellschaftlichen Kategorie, zu einer politischen Aufgabe. Ihre notwendigen Regeln müssen gemeinsam erarbeitet und vereinbart werden. Denn wenn alle sich bloß am eigenen Willen ausrichteten, ist noch nicht geklärt, was passiert, wenn dieser Wille mit den Vorstellungen anderer kollidiert. Wenn also zum Beispiel die Weigerung, im Fall einer Pandemie eine medizinische Maske zu tragen, Dritte gesundheitlich gefährdet. Wie lassen sich solche Konflikte um die Freiheit lösen? Greift dann das Faustrecht? Gewinnt der Schnellere, wie beim Kinderspiel ums Vornesitzen im Auto? Wird gewürfelt oder Schnick-Schnack-Schnuck gespielt? Es ist leicht erkennbar, dass das alles nicht reicht. Aber was dann?

Freiheit braucht eine gesellschaftliche Ethik beziehungsweise einen politischen Rahmen, der sie gewährleistet und zu anderen Werten in Beziehung setzt. Wie dieser Rahmen aussehen soll, kann nicht ein für alle Mal entschieden werden. Alle Festlegungen bleiben vorläufig und sind somit in hohem Maße politisch. Im weiten Spannungsfeld zwischen individueller und gesellschaftlicher Freiheit, zwischen eigener Autonomie und wechselseitigem Respekt verorten sich politische Parteien und Gruppierungen bis heute höchst unterschiedlich. Zwar sprechen alle von Freiheit, aber sie meinen damit wahrlich nicht dasselbe.

Die Unterschiede begegnen uns nicht bloß in theoretischen Diskussionen, sondern auch im Alltag. Und zwar permanent. Sie prägen damit unsere Vorstellung von der Gesellschaft, in der wir leben. Sie begründen Generationenerfahrungen. Der nationalsozialistische Terror und der Kampf ums Überleben und für gesellschaftliche Freiheit, der Kampf um Freiheit von Not in den Hungerjahren nach dem Krieg, der Kampf um gesellschaftliche Freiheit in den sechziger und siebziger Jahren in Westdeutschland, der Kampf gegen die Unfreiheit des real existierenden Sozialismus in Ostdeutschland – das sind nur einige Beispiele für Freiheitserzählungen, die bestimmte Alterskohorten geprägt haben und prägen.

FREIHEITSERZÄHLUNGEN VOM FALL DER MAUER

Auch meine Generation ist von einer – wenngleich oftmals mittelbaren – Freiheitserfahrung durchdrungen: dem Fall der Mauer und der Wiedervereinigung Deutschlands. Das sei *das* generationenbildende Ereignis dieser Alterskohorte gewesen, schreiben unabhängig voneinander die Schriftstellerin Nora Bossong und die Hauptstadtjournalistin Anne Sauerbrey, die sich beide jüngst an politischen Generationenporträts der Altersgruppe versucht haben, der auch ich angehöre.[2]

Ich muss gestehen, dass ich mit der Idee, bestimmte Generationen zu vergleichsweise homogenen Gruppen zusammenzufassen und ihnen spezifische Charakteristika zuzuschreiben, immer etwas gefremdelt habe. Ich weiß noch, wie ich damals *Generation X* von Douglas Coupland gelesen habe und zunächst nicht so recht wusste, was ich damit anfangen sollte.[3] Von meinem Leben in Gelsenkirchen waren diese Beobachtungen denkbar weit entfernt. Und als ich 1991 nach Texas kam, wurde es nicht viel besser. Das Land der unbegrenzten Möglichkeiten erlebte ich als ein Land der einengenden Notwendigkeiten. Meine Gastfamilie schlug sich noch ganz ordentlich durch, aber die Menschen schienen immer einem Traum hinterherzuhetzen, der doch mit jedem Schritt nach vorne unerreichbarer schien als vorher. Mit dem trägen Sich-treiben-Lassen der sogenannten Slacker meiner vermeintlichen Generation hatten diese Lebensumstände nicht viel zu tun. Da nahmen andere Themen – der wirtschaftliche Abschwung in einer schrumpfenden Stadt in Gelsenkirchen oder die Angst in den Suburbs vor der Gewalt der Großstadt – mehr Raum ein. An einem Tag machte der *Houston Chronicle* tatsächlich damit auf, dass in der letzten Nacht niemand ermordet worden sei.

Doch natürlich gibt es Ereignisse, die eine Generation prägen können, Erfahrungen, die etwas mit historischen Zäsuren zu tun haben, die man zufälligerweise eben nicht alleine durchlebt, sondern gemeinsam – und in einem bestimmten Alter zwangsläufig auf eine ganz bestimmte Weise. Nora Bossong beschreibt die Wiedervereinigung Deutschlands in den Jahren 1989/90 als solch einen Moment. Damals hörten wir alle ein klar formuliertes Versprechen der Geschichte: »Ein Mehr an Demokratie, Wohlstand, Frieden und Selbstverwirklichungschancen schien der Horizont unserer Gegenwart zu sein. Die Entwicklung, glaubten wir im Westen, vollzöge sich wie von selbst, von einer unsichtbaren Hand der Geschichte geschoben. Und im Osten blieb trotz der Ernüchterung doch die Erfahrung, dass man die Geschichte in die Hand nehmen und Diktaturen am Ende stürzen kann.«[4] Geprägt von den achtziger und neunziger Jahren, haben wir damals den vermeintlich endgültigen Sieg der Freiheit und das sich anschließende »Ende der Geschichte« erlebt, nur um dann feststellen zu müssen, dass die Angelegenheit so einfach doch nicht ist.

So wie ich mich erinnere, lag damals viel Pathos in der Luft, selbst im sonst so bodenständigen Ruhrgebiet. Klaus Meine von den Scorpions pfiff die neue Hymne *Wind of Change*, der Kanzler glaubte ein Stück vom Mantel der Geschichte zu fassen zu bekommen, und ich versuchte zu entscheiden, ob ich die Trabis, die irgendwann auch bei uns weit im Westen ankamen, wirklich für Autos halten sollte oder nicht doch lieber für überdachte Rasenmäher. Aber dass da etwas Besonderes passierte, war auch mir spätestens in dem Moment klar, als Außenminister Hans-Dietrich Genscher von der FDP auf den Balkon der Deutschen Botschaft in Prag stieg und den geflüchteten DDR-Bürger*innen im Garten sagte, dass ihre Ausreise genehmigt worden sei. Der in meiner Jugend so eiserne Vorhang, den wir als Familie in jedem Urlaub an der Ostsee auf dem Priwall in Travemünde begutachteten, war durchlässig geworden. Und am 9. November 1989 war er endgültig Geschichte. Wir saßen gebannt vor dem Fernseher. Da hatten Menschen ihre Freiheit erkämpft gegen ein Land und ein System, das meinte, es besser zu wissen als seine Bürger*innen.

Ich war damals fünfzehn Jahre alt und hatte bislang nicht erleben müssen, dass man für die Freiheit kämpfen musste. Natürlich habe ich mich mit meinen Eltern gekabbelt, wie lange ich am Wochenende abends wegbleiben durfte, aber das waren noch nicht mal Wohlstandsprobleme im Vergleich zum Kampf um die Freiheit, sagen zu dürfen, was man denkt, und dahin reisen zu können, wohin man möchte. So richtig begriffen habe ich das erst, als ich die ersten Freunde hatte, die im Osten aufgewachsen waren.

In meinem Alltag war Freiheit irgendwie selbstverständlich, zumindest die kleine Freiheit der persönlichen Entscheidungen. Vielleicht blieb das Geschehen in der DDR für mich auch deshalb merkwürdig abstrakt. Es berührte mich viel weniger, als es eigentlich sollte. Das änderte sich, als ich ein paar Jahre später in der Nikolaikirche in Leipzig saß und Pfarrer Christian Führer zuhörte, der von jenen turbulenten Wochen im Jahr 1989 berichtete, als aus Friedensgebeten eine friedliche Revolution wurde, die ein Regierungssystem beseitigte, weil die Menschen endlich frei denken, sprechen und reisen wollten.

Bis dahin hatte ich die Wiedervereinigung vor allem mit Marius Müller-Westernhagen assoziiert. Der hatte schon 1987 einen Song aufgenommen, auf dem er, nur von einem Klavier begleitet, den Verlust der Freiheit betrauert. Im Dezember 1989, kurz nach dem Fall der Mauer, nahm er in der Dortmunder Westfalenhalle ein Konzert auf, das 1990 als Live-Doppelalbum erschien. Auch hier war dieser Song mit dem Titel *Freiheit* enthalten. Es ist diese Version, die mich jahrelang begleitet hat. *

Nach der Anmoderation »Okay, singen wir noch einen« setzt das Klavier ein, und die Zigtausend in der Halle singen von der ersten Zeile an lautstark mit. Der Song beginnt mit einer klagenden Feststellung: »Freiheit ist das Einzige, was fehlt«. Der Song war damals

* Musik & Text: Marius Müller-Westernhagen.

überall. Als ich im Sommer 1990 bei einem Open Air dieser Tour im Gelsenkirchener Parkstadion stand, konnte ich diese Zeilen kaum erwarten. Den ganzen Nachmittag hatte es geregnet. Doch als Westernhagen spät am Abend die Bühne betrat, riss wie aufs Stichwort der Himmel auf. Wir standen im Matsch des Stadionrasens und spürten jedes Wort: »*Alle, die von Freiheit träumen / Sollten's Feiern nicht versäumen / Sollen tanzen auch auf Gräbern / Freiheit, Freiheit / Ist das Einzige, was zählt.*«

Für mich war das der Soundtrack der Freiheit jener Tage. Da konnte David Hasselhoff später noch so oft behaupten, dass er mit seinem 89er-Schlager *Looking for Freedom* die Mauer im Alleingang zum Einsturz gebracht habe. Für mich hatte Westernhagen schon vorher die Worte gefunden, nach denen ich selbst gesucht hatte. Feierlich und doch lakonisch – so wünsche ich mir die Freiheit in einer Demokratie.

Aber natürlich sind die Zeilen dieses kurzen Liedes skizzenhaft. Und sie führen sogar an entscheidender Stelle auf die falsche Fährte. Damals fiel mir das nicht auf. Aber ist Freiheit wirklich »das Einzige, was zählt«? Kann man das so apodiktisch behaupten? Von heute aus betrachtet, glaube ich das nicht. Natürlich: Ohne Freiheit ist alles nichts, aber das heißt nicht, dass der Umkehrschluss auch richtig wäre. Es ist vielmehr so, dass es Bedingungen braucht, damit Freiheit gelebt werden kann. Westernhagen singt: »*Der Mensch ist leider nicht naiv / Der Mensch ist leider primitiv / Freiheit, Freiheit / Wurde wieder abbestellt*«. Freiheit ist Voraussetzung und Folge ihrer eigenen Bedingungen. Sie kann ihre eigenen Grundlagen aber nicht garantieren, sondern muss sie anderweitig suchen. Sie braucht Verantwortung für das eigene Handeln und Respekt vor den anderen. Das macht die Angelegenheit notgedrungen kompliziert. Deshalb ist die Beschäftigung mit der Freiheit aber auch ein so spannendes Projekt.

Freiheit, sich einzubringen

SPANNUNGSFELDER DER FREIHEIT

Vielleicht hat am Ende die Hamburger Band Blumfeld auf den Punkt gebracht, was Freiheit genau ist. In ihrem Song *Wir sind frei* heißt es: *»Komm, sag es allen, wir sind frei / Es gibt kein Müssen und kein Sollen / Wenn wir nicht wollen.«** Freiheit erschöpft sich eben nicht im Materiellen, sondern ist eine Idee, die sich im Spannungsfeld von Müssen und Wollen realisiert.

Aber das ist nicht der einzige Widerspruch. In sozialdemokratischen Programmdebatten ist regelmäßig von der »Freiheit von« und der »Freiheit zu« die Rede: von der »negativen« Freiheit von staatlicher oder gesellschaftlicher Unterdrückung und von der »positiven« Freiheit zur eigenen Gestaltung der Verhältnisse. Schon der Philosoph Isaiah Berlin hat auf die Spannung zwischen diesen beiden Freiheitsbegriffen hingewiesen.[5] Je nachdem, wie Freiheit gefasst wird, kann es ausreichen, staatliche Einflussnahme zu reduzieren, oder es ist erheblicher staatlicher Einsatz gefordert, um die Voraussetzungen von Freiheit zu schaffen.

Ein weiteres Spannungsfeld ist das zwischen privater und öffentlicher Freiheit. Auf der einen Seite gibt es die Vorstellung, dass sich die Freiheit der Bürger*innen vorwiegend daraus speist, über Eigentum autonom verfügen zu können. Auf der anderen Seite wird die Freiheit gefordert, sich im öffentlichen Leben politisch in die Gestaltung des Gemeinwesens einbringen zu können. Daraus folgt der Konflikt zwischen marktliberalen und sozialliberalen Vorstellungen von Freiheit. Während die Marktliberalen Freiheit vor allem im Sinne der individuellen Nutzenmaximierung auf dem Markt verstehen, formulieren die Sozialliberalen einen weiteren Begriff von Handlungsautonomie im Gesellschaftlichen.

---

* Musik & Text: Jochen Distelmeyer / Michael Mühlhaus / Andre Rattay.

Ein drittes Spannungsfeld macht Hannah Arendt zwischen der Freiheit von Not und der Freiheit von Furcht aus. Nur wer befreit sei von Hunger und Armut habe überhaupt etwas davon, dass der Staat Teilhabe nicht durch Repression zu verhindern versuche. »Nur diejenigen, die die Freiheit von Not kennen, wissen die Freiheit von Furcht in ihrer vollen Bedeutung zu schätzen, und nur diejenigen, die von beidem frei sind, von Not wie von Furcht, sind in der Lage, eine Leidenschaft für die öffentliche Freiheit zu empfinden«, schreibt sie in einem postum erschienenen Essay mit dem vielsagenden Titel *Die Freiheit, frei zu sein.*[6] Diese Differenzierung bezieht sich auf die negativen Freiheiten und verweist noch einmal darauf, dass die Voraussetzungen für Freiheit in mehreren Dimensionen gewährleistet sein müssen, damit engagierte Teilhabe möglich wird.

All diesen und vielen weiteren Freiheitskonzepten, die auf ähnliche Differenzierungen aufmerksam machen, ist gemein, dass sie Menschen generell als frei ansehen und danach verlangen, dass soziale Umstände so gestaltet werden, dass diese natürliche Freiheit auch gelebt werden kann. Hier setzen die politischen Programme der Parteien in der Regel mit ihren unterschiedlichen Konzepten an.

Eines aber taucht in dieser Aufzählung von Freiheitsbegriffen nicht auf, und wenn in Deutschland in den politischen Debatten die Freiheit beschworen wird, kommt dieser Aspekt meistens auch zu kurz: Wo sind die Emotionen? Wo liegt die Kraft des singenden Saals bei Westernhagens *Freiheit*? Ja, wo selbst die gefühlsschwangere Schunkelei bei Hasselhoffs *Looking for Freedom*? Wieso geht diese unmittelbare, emotionale und alltagspraktische Dimension der Freiheit verloren, wenn der Begriff in politische Programmsprache übersetzt wird? Warum klingt private Freiheit so spannend, während die öffentliche so blutleer daherkommt?

Wer darauf eine Antwort will, muss zunächst klären, wie sich die Vorstellung einer öffentlichen Freiheit der vielen zur Teilhabe verbinden lässt mit den vielen unmittelbaren Freiheitsvorstellungen im

Privaten. Kurz: wie sich die Unmittelbarkeit individueller Freiheitswünsche mit einem politischen Programm kurzschließen lässt.

Schwierigkeiten damit, die Freiheit gleichermaßen konzeptionell wie emotional zu erfassen, hat nicht nur die Politik. Zu der Frage, was Freiheit denn nun genau ist, hat die albanische Philosophin Lea Ypi jüngst ein berührendes Buch vorgelegt. Was nach ihrer Aussage eigentlich ein systematischer Vergleich liberaler und sozialistischer Freiheitsvorstellungen hätte werden sollen, geriet zu einer sehr persönlichen Spurensuche in einer Kindheit zwischen Revolution und Bürgerkrieg im Albanien der 1990er Jahre. Freiheit begegnet der Autorin dort zunächst in den vielen kleinen alltäglichen Entscheidungen, die den Lauf der Dinge eben doch entscheidend prägen können.

»Alle waren längst schon frei, so wie ich«, schreibt Ypi, »sie übten diese Freiheit einfach aus oder verteidigten sie oder trafen Entscheidungen, zu denen sie stehen mussten, beispielsweise über den Nachhauseweg oder ob man nach rechts, nach links oder geradeaus geht.«[7] Das zehnjährige Mädchen, das sich hier vorstellt, begreift erstmals jenen Spielraum autonomer Gestaltung, über den jeder Mensch verfügt und anhand dessen Verfügbarkeit Freiheit spürbar wird. Selbst wenn sie sich dann darin ausdrückt, dass ein Kind eine Stalinstatue umarmt. In den kleinen Alltagshandlungen sind wir meist kaum eingeschränkt, solange wir nicht andere einschränken.

Im weiteren Verlauf tritt eine zweite Vorstellung von Freiheit dazu, die einen eher utopischen, nicht eingelösten, aber zugleich umso vielversprechenderen Charakter hat: die Freiheit, gemeinsam eine bessere Gesellschaft zu gestalten. Eingeführt wird sie in den Erzählungen der Großmutter von den Idealen der Französischen Revolution, von Freiheit, Gleichheit und Brüderlichkeit. Die Idee einer solchen öffentlichen, ja politischen Freiheit, die erst aus der Gemeinschaft heraus erwächst und deshalb umso stabiler und bedeutender ist, weil sie eben nicht nur in einem wohnt, sondern gemeinsam gelebt wird, fasziniert die Autorin erkennbar bis heute.

Doch diese Idee gerät schnell in Konflikt mit noch einer weiteren Freiheitsvorstellung: der Freiheit der Einzelnen, die auf den Märkten der Gegenwart ihr Glück suchen. Die Mutter Ypis fasst das in wenigen Worten zusammen, wenn sie versucht, Europa zu definieren: »Kampf gegen die Korruption, Förderung des freien Unternehmertums, Schutz des Privateigentums, Unterstützung der Eigeninitiative. Kurz gesagt: Freiheit.«[8] Aus der alltäglichen Selbstverständlichkeit im Kleinen und dem großen philosophischen Versprechen der gemeinsamen Einlösung wird ein kaltes, mechanisches Handeln, das bloß den maximalen individuellen Nutzen im Blick hat. Am Ende entscheidet sich Ypi, Philosophie zu studieren. Im Nachwort ihres Buches weist sie darauf hin, dass jenes Verständnis von Freiheit wichtig sei, das sich nicht im trügerischen Glück des Einzelnen erschöpfe, sondern die Möglichkeiten aller im Blick habe, ihr Leben selbst in die Hand zu nehmen und zu gestalten.

In dem Erinnerungsbuch eines Kindes, das über alle gesellschaftlichen Umbrüche hinweg erwachsen wird, in dieser so ungewöhnlichen Coming-of-Age-Geschichte, steckt passagenweise ebenso viel philosophische Erkenntnis wie in vielen theoretischen Werken. Freiheit ist eben niemals bloß theoretisch, sie realisiert sich im Alltag und im Politischen, sie kann ohne Kontext nicht gedacht werden. Das macht dieses Buch so ertragreich für die politische Beschäftigung mit der Freiheit.

In heroischeren Zeiten war diese Form der biographischen Erzählung und Begründung auch eine Option innerhalb der Politik: Wer heute Willy Brandts Autobiographie *Links und frei* zur Hand nimmt, kann nur staunen über die persönliche und emotionale Nähe, die Brandt als Autor zulässt. Die ersten zaghaften Gehversuche unter Julius Leber in Lübeck, die Zeit in der Sozialistischen Arbeiterpartei, das Exil in Norwegen, der Wiederaufbau der Demokratie in Deutschland. Die zwanzig Jahre zwischen 1930 und 1950, die Brandt in seinem Buch beschreibt, enden mit der hoffnungsvollen Aussicht, dass seine Vorstellung linker Politik, »links im Sinne von freiheitlich und progressiv«, endlich einlösbar scheint.[9]

Solche Begriffe werden in seiner Erzählung aber kaum systematisch ausgedeutet. Vielmehr scheinen sie facettenreich auf in den Erlebnissen und Taten eines jungen Mannes in wahrlich widrigen Umständen. Sie markieren das Abwesende, das zu Suchende und zu Erkämpfende. Das, wofür es sich lohnt, all die Risiken einzugehen, wie es der junge Willy Brandt getan hat. Persönliches und öffentliches Freiheitsstreben sind angesichts der äußeren Umstände nicht zu trennen. An einer Stelle heißt es: »Der Sozialismus, mit dem ein junger Deutscher meiner Zeit aufwuchs, war … weniger ›wissenschaftlich‹ begründet als moralisch motiviert. Für uns war Sozialismus gleichbedeutend mit Kampf gegen Unrecht und Ausbeutung, Unterdrückung und Krieg: links, wo das Herz schlägt …«[10] Entscheidend war die politische Praxis.

Willy Brandt verstand es wie kaum sonst jemand, konkretes Handeln und offenes, visionäres Sprechen in Einklang zu bringen. Sein außergewöhnlicher Lebenslauf steht für die sozialdemokratische Idee und war eine Grundlage seiner Politik, weil er sie nicht nur präzise begründen, sondern zugleich durch praktische Erfahrung belegen konnte. Diese Authentizität in der Verkörperung ist selten geworden, denn natürlich sind die Zeiten andere: Politiker*innen, die in einer gefestigt demokratischen und vom Wohlstand geprägten Gesellschaft aufwachsen, haben keine Heldengeschichten vom »Kampf gegen Unrecht und Ausbeutung« mehr zu erzählen. Unsere Erfahrungswelten klingen moderater, abgeschliffener, weniger dramatisch.

Das lässt sich in den Büchern von Nora Bossong und Anne Sauerbrey nachlesen, die versuchen, dem Regierungswechsel von 2021 auch den Charakter eines Generationenwechsels zu geben. Sie beschreiben politische Freiheitserfahrungen, die in kleinerer Münze ausgezahlt werden als in früheren Zeiten. Freiheit ist für meine Generation kein abstrakter Traum, kein privates Prinzip, das wir in die

Gesellschaft tragen wollen. Freiheit ist breit akzeptiert, sie steht in der Verfassung, sie muss nun ausgedeutet und gelebt werden.

Dass diese Herausforderung gar nicht so neu ist, erlebe ich tagtäglich, wenn ich durch den Haupteingang ins Hamburger Rathaus gehe. Unter dem Wappenschild der Stadt steht dort in goldenen Lettern ein lateinischer Spruch: *»Libertatem quam peperere maiores digne studeat servare posteritas«*. Auf Deutsch: »Die Freiheit, die errungen die Alten, möge die Nachwelt würdig erhalten.« Offensichtlich hatte man Ende des 19. Jahrhunderts, als das imposante Gebäude errichtet wurde, die gleichen Probleme wie heute. Dabei hatte man damals die Freiheit noch gar nicht vollständig errungen und konnte sie auch jederzeit wieder vollständig verlieren. Aber es ist tröstlich, dass sich auch schon frühere Generationen bemühten, dem Bewahren den gleichen Reiz abzugewinnen wie dem Erringen.

Mit lateinischen Spruchweisheiten kann man heute allerdings nicht mehr punkten. Und Erzählungen vergangener Heldentaten stehen kaum zur Verfügung. »Es entsteht das nicht eben schmeichelhafte Bild einer Politikergeneration, die aufgrund des Mangels an Dramen in der eigenen Biografie auch politisch irgendwie flach bleibt, der ideengeschichtlicher Tiefgang fehlt, die Emotionalität, die politische Leidenschaft, die sich aus eigenem Leid ergeben kann«, schreibt Anne Sauerbrey.[11]

Wenn ich mich etwas widerwillig auf das Denken in Generationen einlasse, dann ergibt sich grob folgendes Bild: Während die Generation vor uns, die sogenannten Boomer, noch in heftige ideologische Auseinandersetzungen verstrickt war und die uns nachfolgende »Generation Z« die Heftigkeit planetaren Überlebens in den Mittelpunkt rückt, wirkt meine »Generation X« eher unideologisch und konturlos.[12] Sauerbrey schaut staunend auf den Furor der Jüngeren und belegt damit, was der »Entdecker« der Generation X, Douglas Coupland, bereits 1991 feststellte. Unserer Generation fehle das, was er »Clique Maintenance« nennt, das heißt: das »Bedürfnis einer Generation, die nachfolgende als minderwertig zu betrachten und so ihr kollektives Ego zu stärken«.[13]

Meine Generation steckt in einer merkwürdigen Sandwich-Position: Unsere Eltern haben uns noch vorgehalten, dass sie für ihre und die gesellschaftliche Freiheit hätten kämpfen müssen. Und die jüngere Generation wirft uns vor, nicht ausreichend für die Sicherung der Grundlagen von Freiheit in der Zukunft gesorgt zu haben. Die daraus erwachsende melancholische Ratlosigkeit ist ebenso wenig ein Ausweg aus diesem Generationengefühl wie die kalte, technokratische Steuerung der gesellschaftlichen Systeme. Auch meine Generation muss an eine ambitionierte Vorstellung von Freiheit wieder näher heran. Erst recht, wenn sie jetzt zunehmend in die politische und gesellschaftliche Verantwortung tritt.

Hier liegt eine Chance für die Sozialdemokratie, wenn sie sich wieder als die »soziale Freiheitsbewegung« begreifen will, als die sie Willy Brandt beschrieben hat.[14] Wer diese Idee heute lebendig halten will, braucht etwas von der Gemeinschaft, der Vision und dem Aufbruch, die in diesem Anspruch stecken. Es geht um einen Zugang zu jener emotionalen Unmittelbarkeit, die der Kampf gegen Unterdrückung und Unrecht früher entfaltete und die aktuell nur noch so selten spürbar ist. Die Bedrohungen der Freiheit sind real, aber sie sind abstrakter, weniger unmittelbar und vielleicht auch individueller als in früheren Zeiten. Weniger dramatisch macht sie das nicht.

Wenn die Sozialdemokratie ihren freiheitlichen Kern wieder stärken will, dann braucht sie ein Bewusstsein für die sozialen und kulturellen Dimensionen der Freiheit. Und sie ist gut beraten, dies nicht akademisch herzuleiten, sondern aus dem Kern individueller Freiheit heraus zu erzählen. Es ist nur zu offensichtlich, dass auch heutzutage jede*r ein sehr feines Sensorium dafür hat, was als Freiheit empfunden wird und wann Freiheit (zu sehr) eingeschränkt wird. Jede*r fühlt Freiheit anders. Und doch eint all diese Vorstellungen eine starke Emotionalität.

Der Musiker Bernd Begemann twitterte im Juli 2022, als es wieder einmal hoch herging in Sachen Meinungs- und Kunstfreiheit, lakonisch: »Es gibt nur eine Art der Freiheit, nämlich nichts zu brauchen.« Indirekt knüpft er damit an die große Erzählung von der Freiheit auf der Straße an: alleine unterwegs, ohne Hab und Gut, ohne Verpflichtung, ohne Ziel. Einfach unterwegs sein. Heute hier, morgen dort. Tatsächlich geht von dieser radikal privaten Vorstellung von Freiheit eine große Kraft aus. Hier geht es noch nicht darum, die Freiheit im öffentlichen Raum zu leben, sondern zunächst um die Möglichkeit, autonom entscheiden zu können, wie man selbst leben will. Der Rest kommt später.

THE GOSPEL ACCORDING TO BRUCE SPRINGSTEEN (I)

Ich habe die Kraft solch großer Freiheitserzählungen im Kleinen erstmals so richtig verstanden, als ich angefangen habe, bei den im Haushalt meiner Eltern allgegenwärtigen Songs von Bruce Springsteen auf die Texte zu achten.[15] In diesen Liedern reichen die Ödnis der kleinen Stadt, ein Auto, ein Mädchen namens Wendy oder Mary und ein irgendwo beginnender Highway aus, um ein Gefühl von Freiheit zu wecken, das häufig tiefer geht, als die klügsten und abgewogensten philosophischen Traktate. Insbesondere die großen Songs aus den siebziger Jahren leben von der sozialen Enge und dem Traum, all dem entfliehen zu können, indem man ins Auto steigt, den Motor anlässt und aufs Gaspedal tritt.

Ein paar Takte auf dem Klavier, darüber das Sehnen der Mundharmonika – so beginnt Springsteens wahrscheinlich bedeutendster Song: *Thunder Road* von 1975. Eigentlich passiert danach nicht viel. Er steht mit seinem Auto vor dem Haus seiner Freundin und versucht sie zu überzeugen, einzusteigen und wegzufahren. Schon an dieser

Geste ist nichts Heldenhaftes, nichts Großartiges, bloß die Chance, es anderswo besser zu haben und besser zu machen. Das Leben in die eigene Hand nehmen und verändern zu können. *»Well now, I'm no hero, that's understood / All the redemption I can offer, girl, is beneath this dirty hood / With a chance to make it good somehow / Hey what else can we do now?«,** singt er Mary zu.

Ihr Kleid flattert im Wind. Das fühlt sich an wie eine Szene, die ich aus Gelsenkirchen nur allzu gut kenne. Bei uns gab es zwar keine Häuser mit einer Veranda und auch keine Gartentür, vor die man fahren konnte. Aber dass wir keine Helden waren mit den gebrauchten Polos und Corsas, auf die wir zum 18. Geburtstag hingespart hatten, das war klar. Entsprechend bescheiden waren die Angebote, die wir machen konnten.

Wie ein großes Versprechen klingt auch Springsteens Aufforderung nicht, und das obwohl der Sänger später noch beteuert, dass sie nur diese eine Chance hätten, dass der Himmel am Ende der Schienen liege und dass sie die Geister der Vergangenheit, die alten Freunde, die Erinnerung an die Schule und all die Trostlosigkeit nur hinter sich lassen könne, wenn sie bei ihm einsteige. *»Tonight, we'll be free, all the promises will be broken«.*** Aber konsequenzenlos werde das nicht sein. Wer sich entscheidet, muss damit rechnen, dass das Ganze etwas kostet, dass die Freiheit eben nicht zu haben ist, ohne auch Verantwortung zu übernehmen. *»The door's open, but the ride ain't free«,**** lockt und warnt Springsteen zugleich. Doch was wäre die Alternative? Das Betrauern verlorener Träume, eitle Gebete oder die Einsamkeit, die Roy Orbison besingt? Aus dieser gefährlich wohligen Melancholie auszubrechen, ins Ungewisse, ins Gestaltbare – das bietet er an. Er

* »Ich bin kein Held, das versteht sich / Alle Erlösung, die ich anbieten kann, befindet sich unter dieser dreckigen Motorhaube / Wir haben die Chance, es irgendwie gut zu machen / Was sollten wir auch sonst machen?« (Musik & Text: Bruce Springsteen).

** »Heute Nacht werden wir frei sein, alle Versprechen werden gebrochen sein«.

*** »Die Tür ist offen, aber die Fahrt ist nicht umsonst«.

wird gehen, die Gitarre im Gepäck, den Wagen als Sicherheit. *»This is a town full of losers and I'm pulling out of here to win«.**

Ob er sie überzeugen kann, erfährt man nicht, und ich bin mir da auch nicht sicher. Für den Moment vielleicht. Aber sie weiß doch bestimmt, was er später in *Born To Run* zugeben wird: *»The highway's jammed with broken heroes«.*** Wieder und wieder hat Springsteen solche Situationen besungen. Doch oft müssen sich seine Helden dann wieder im Alltag einfädeln. Weil die Verhältnisse sie dazu zwingen, und weil eben geheiratet und gearbeitet werden muss, wenn die Freundin schwanger wird wie in *The River* von 1980 oder weil die Heimatstadt am Ende emotional stärker war als das Versprechen der Freiheit da draußen.

Vor ein paar Jahren hat Bruce Springsteen einen Gesprächsband mit dem ehemaligen US-Präsidenten Barack Obama veröffentlicht, in dem sich die beiden auch über die Fluchtphantasien seiner frühen Songs unterhalten. Darin erfährt man, dass Springsteen selbst erst mit vierundzwanzig den Führerschein gemacht hat und vorher getrampt ist, um die Freiheit der Straße zu spüren. Als Leser bin ich vor allem an einem Gedanken hängen geblieben, den Springsteen eher beiläufig formuliert: »Du findest Freiheit in einem Leben mit Grenzen. Das konnte ich auch erst glauben, nachdem ich es selbst erlebt hatte. Ich würde sagen, ich bin jetzt freier als damals, als ich mich für frei hielt. Denn wenn du an den Punkt kommst, wo du wirklich deine Freiheit finden willst, dann musst du erst einen Ort finden und die Dinge sich entwickeln lassen.«[16] Freiheit erreicht man nicht, indem man dauerhaft davonläuft. Irgendwann muss man sich entscheiden, stehen bleiben und den Träumen eine Chance geben. Das ist die Essenz dieser Beobachtung: Die Grenzen des Lebens ermöglichen die Freiheit. Deshalb ist es so wichtig, dass wir sie richtig setzen. Durch

---

* »Diese Stadt ist voller Verlierer, ich haue hier ab, um zu gewinnen«.

** »Die Straße ist verstopft von gebrochenen Helden« (Musik & Text: Bruce Springsteen).

individuelle Entscheidungen, aber eben auch durch gesellschaftliche Vereinbarungen.

Ein paar Jahre nach der Beschwörung der *Thunder Road* jedenfalls fährt sein Held bloß noch *Racing in the Street*, trifft sich mit Freunden zu Autorennen auf den Straßen des Nordostens der USA. Seine Liebe gilt einem *»'69 Chevy with a 396, Fuelie heads and a Hurst on the floor«*, wobei Chevrolet-Fans moniert haben, dass die speziellen Zylinderköpfe (die »Fuelie heads«) nicht zum genannten Motorblock (einem 396er »Big Block«) passen würden – womit nur klar wird, dass Springsteen am Ende eben doch kein nerdiger Autofetischist ist. Ihm geht es nicht um die technischen Details, sondern um das kulturelle Symbol. In dem Song nun liegt die Freiheit nicht mehr im gelobten Land der endlosen Highways, sondern im kleinen Glück des Wochenend-Abenteuers mit den Freunden. *»Now some guys they just give up livin' / And start dyin' little by little piece by piece / Some guys come home from work and wash up / And go racing in the street«.** Das ist das bisschen Freiheit, das ihm geblieben ist und ihn davon abhält, ebenfalls Stück für Stück zu sterben.

Eine Freundin gibt es auch. Er hat sie bei den Rennen kennengelernt, als er ihren Freund im Wettstreit besiegt hat. Doch jetzt sitzt sie zu Hause und weint sich in den Schlaf, während er seine Rennen fährt. Für ihn mag der Highway *»bright«* sein, sie fühlt das nicht mehr, hat es vielleicht nie gefühlt: *»She sits on the porch of her daddy's house / But all her pretty dreams are torn / She stares off alone into the night / With the eyes of one who hates for just bein' born / For all the shut-down strangers and hot-rod angels / Rumblin' through this promised land«.***

---

* »Einige Jungs geben das Leben einfach auf / Und fangen an, Stück für Stück zu sterben / Einige Jungs kommen von der Arbeit nach Hause, machen sich frisch / Und gehen zum Straßenrennen« (Musik & Text: Bruce Springsteen).

** »Sie sitzt auf der Veranda des Hauses ihres Vaters / Aber alle ihre schönen Träume sind zerplatzt / Sie starrt einsam in die Nacht / Mit den Augen von jemanden, der hasst, bloß weil er geboren wurde / Weil alle diese runtergekommenen Fremden und Hot-Rod-Engel / Durch dieses gelobte Land rumpeln.«

Ihm fällt nichts anderes mehr ein, als mit ihr ans Meer zu fahren und sich die Sünden von den Händen zu waschen. Das hat nichts mehr von dem Versprechen, rauszufahren und das Leben zu gewinnen, aber es bleibt der Versuch, es gemeinsam besser zu machen. Wenn sich in der langen Coda der Liveversion des Songs Roy Bittans Piano und Danny Federicis Orgel immer enger umspielen, sich verknäulen, bis sie nicht mehr zu entwirren sind, dann spürt man beinahe körperlich, dass es mit dem Versprechen der Freiheit nicht so einfach ist, dass das Pathos des großen Aufbruchs und der völlig unbelasteten Entscheidung darüber, wie man leben möchte, eben doch allzu oft an der Realität zerschellt und man sich mit den Scherben des Traums zufriedengeben muss.

Es sind diese Erfahrungen, die den Umgang mit der Freiheit so kompliziert machen. Erst recht, wenn man nicht mehr bloß auf einzelne Songs und Situationen guckt, sondern auf das größere Ganze. In Springsteens Werk ist das Auto das wahrscheinlich stärkste Symbol der Freiheit. Eine menschengemachte technische Apparatur, die seine Helden überallhin zu bringen verspricht, wohin sie sich sonst nur hätten träumen können. Auch in Büchern und Filmen der sechziger und siebziger Jahre findet sich diese Metapher immer wieder. Meine ganze Kindheit über spielte sie eine Rolle. Als wir achtzehn wurden, Anfang der neunziger Jahre, wollten wir alle ein Auto haben, um den großen Traum im Kleinen zu leben.

Doch wie ist das heute? Die Emotion hinter der Idee, in ein Auto einzusteigen und wegzufahren, ist im Pop nach wie vor mehr als präsent. Der Deutsch-Rapper Cro textet in seinem Song *Freiheit* noch 2022: »*Ja, ich fahr los, und sie fragt: ›Carlo, bist du glücklich?‹ / Zweihundert km/h im alten 'Rari ohne Rücklicht / Hab verstanden, ich geb Gas, ich drück den Wagen ohne Rücksicht / Habe paar Vinos in mei'm Tank und fahr mit Schlangen aufm Rücksitz / Doch egal, ich bin frei / Frei von Emissionen, ich weiß*«.*

* Musik & Text: Marvin Leroy Youssouf Schmidt / Tino Borja / Carlo Waibel.

Aber das schlechte Gewissen fährt mit, das Bewusstsein für die Emissionen schleicht sich in den Text. Denn wir wissen doch, welche Konsequenzen diese Fiktion persönlicher Freiheit in der Mobilität für unser Leben hat. Wie voll die Städte dadurch sind. Wie lebensfeindlich und unwirtlich. Und wie belastet die Natur und die Luft, die wir atmen. Das Vehikel der Freiheit ist zur Last geworden. Und schränkt unsere Freiheit ein. Deswegen kann es niemanden überzeugen, wenn manche heutzutage so tun, als würden sie die Freiheit verteidigen, wenn sie ein Tempolimit auf den Autobahnen verhindern oder Betontrassen in die Landschaft gießen. Der alte ADAC-Slogan »Freie Fahrt für freie Bürger« aus meinem Geburtsjahr 1974 taugt nicht mal mehr als Parodie eines Freiheitsversprechens.

Und doch fehlen die neuen Erzählungen, die vordringen zu den kollektiven, vielleicht auch irrationalen Vorstellungen von Freiheit, die meine Generation früher auf den Rücksitzen verrauchter Autos gelernt hat. Über die Freiheit der Fahrräder hat noch niemand mit gleicher Hingabe und Emphase gesungen wie Bruce Springsteen über das Freiheitsversprechen seines Autos. Vielleicht müssen wir bei Bernd Begemann doch noch einmal genauer hinhören, wie das ist mit dem gar nichts Brauchen …

Kris Kristofferson hat einen ähnlichen Gedanken bereits 1969 in seinem Jahrhundertsong *Me And Bobby McGee* formuliert: *»Freedom's just another word for nothing left to lose / Nothin' ain't worth nothin', but it's free«*,* singt er da, als der Landstreicher von seiner Freundin verlassen wird und alleine weiterzieht. Auch hier geht es wieder um das Motiv der Freiheit der Straße. Die gallige Betrachtung weist zart darauf hin, dass Freiheit alleine nur eine Möglichkeit eröffnet, aber für sich genommen keineswegs ausreicht, um diese Möglichkeit dann auch zu ergreifen. Vor dem Bewusstsein, dass die Freiheit Ressourcen braucht,

---

* »Freiheit ist bloß ein anderes Wort dafür, nichts mehr zu verlieren zu haben / Nichts ist nichts wert, aber es ist frei« (Musik & Text: Kris Kristofferson).

um genutzt zu werden, kann man sich nur ins Lakonische flüchten. Besser ist es, man macht sich daran, die Voraussetzungen der Freiheit für alle zu stärken.

Den uralten Wunsch einfach wegzurennen, hat Danger Dan in *Lauf davon* jüngst auf meisterliche Weise neu in Musik gefasst. Er beschreibt in der Klavierballade, wie er sich bei einer hippen Agentur auf einen guten Job bewirbt, als ihm Lou Reed erscheint und ihm rät, rechtzeitig abzuhauen und sich eben nicht innerhalb der Konventionen zufriedenzugeben: »*Schwerer als reinzukomm'n, ist es, wieder rauszukomm'n*«. Der Refrain wiederholt den imaginierten Rat des weisen Velvet-Underground-Sängers: »*Lauf davon, so schnell du kannst, bevor sie dich bekomm'n / Lauf davon, lauf davon, so schnell du kannst / Und fang irgendwo noch mal von vorne an*«.* Danger Dans Protagonist springt zurück ins Leben, fährt nach Frankreich, versteckt sich in einem schmuddeligen Hotel in Bordeaux, findet neue Freunde und tanzt bei einem Lou-Reed-Konzert. Besoffen und beseelt. Und frei.

AKTUELLE FREIHEITSFRAGEN

Der Drang, selbst entscheiden zu können, das eigene Leben in die Hand nehmen und verändern zu können, ist eines der stärksten Gefühle, zu denen Menschen fähig sind. Politik machen wir in modernen Gesellschaften nicht zuletzt auch, um diesem Drang eine Grundlage zu geben, um die Wünsche und Träume erreichbar zu machen und um sicherzustellen, dass die Autonomie der eigenen Entscheidungen zu der Autonomie aller anderen passt. Denn nur dann können wir auch in Gemeinschaft frei sein. Dazu braucht es Regeln, die das Leben in Freiheit ermöglichen. Deshalb ist Freiheit ohne Re-

* Musik & Text: Daniel Pongratz.

spekt vor den anderen nicht zu haben. Wer selber frei sein will, muss anderen den gleichen Freiheitsdrang zugestehen. Respekt, also die Anerkennung der anderen als gleichberechtigt in ihrem Wollen und Streben, ist dafür entscheidend.

Der englische Singer-Songwriter Billy Bragg hat ein kleines, aber sehr eindringliches Buch über die Freiheit geschrieben, in dem er genau auf diese Notwendigkeit hinweist. Freiheit, so argumentiert er, habe gesellschaftliche Voraussetzungen. Sie brauche individuelle Freiheiten, die Zusicherung, dass auch alle anderen diese Freiheiten haben, und vernünftige Regeln, kurz: Liberalität, Gleichheit und Verantwortlichkeit. »Liberalität gibt der Freiheit einen Fokus, Gleichheit gibt ihr den Rahmen, aber erst Verantwortlichkeit gibt ihr den Biss«, schreibt Bragg. »Moral ist, nachdem sie sich als mangelhaftes Mittel zur Zügelung gieriger Banker erwiesen hat, nicht länger in der Lage, die Schwachen vor den Starken zu schützen. Der Stachel der Scham sticht die Mächtigen nicht mehr. Verantwortlichkeit bietet uns einen Drehpunkt, um das Kräfteverhältnis neu zu kalibrieren.«[17]

Wenn wir nicht gemeinsam dafür sorgen, dass neben Liberalität auch Gleichheit und Verantwortlichkeit gegeben sind, dann ist Freiheit kein Versprechen mehr, sondern wird zur Ressource der Mächtigen, alles durchzusetzen, was sie wollen. Als Warnung hat Billy Bragg seinem Buch ein Zitat von Donald Trump vorangestellt, in dem dieser sich brüstet, machen zu können, was er will: »Wenn du ein Star bist, lassen sie es dich machen. Du kannst alles machen.«[18] Das ist nicht Freiheit, das ist eine gefährliche Mischung aus Privileg und Willkür, die die Freiheit anderer beschränkt und angreift. Um diese Art der Willkür zu unterbinden, braucht es Regeln, die die Freiheit dadurch stärken, dass sie die Freiheit aller in den Blick nehmen. Mit anderen Worten: Freiheit braucht Politik.

Und die Freiheit aller anzustreben, bleibt ein anspruchsvolles Projekt, weil die Konflikte faktisch schon programmiert sind. Schließlich sind die Zeiten vorbei, in denen die Arbeiterbewegung davon geprägt war, dass der Wunsch nach individueller Freiheit mit dem Freiheitsstreben aller zusammenhängt. Wer aus der sozialen, wirtschaftlichen und politischen Unfreiheit der Arbeiterklasse heraus für die eigene Freiheit kämpfte, stärkte zugleich auch die gesellschaftliche Freiheit. Die Arbeiterbewegung hat nicht damit angefangen, bessere soziale Absicherung zu fordern, das kam erst später. Zunächst strebte sie nach der Freiheit des Einzelnen. Sie nimmt die liberale Idee der Freiheit des Einzelnen beim Wort und kämpft gegen die Beschränkung dieser Freiheit auf besitzende weiße Männer.

Die Schriftstellerin Karen Köhler hat im August 2022 im *Zeit-Magazin* angemerkt, dass es sich merkwürdig anfühle, von der Stadt Hamburg zum Matthiae-Mahl, einem der renommiertesten und feinsten gesellschaftlichen Ereignisse in Deutschland, eingeladen zu werden und zugleich seit Jahren keine für eine Autorin bezahlbare Wohnung in der Stadt zu finden.[19] Das ist ein Beispiel dafür, dass Respekt auch konkret werden muss in seinen Konsequenzen, dass es nicht bloß um Anerkennung der Verdienste geht, sondern auch um Anerkennung der Bedürfnisse. Und darum, ihre Erfüllung wahrscheinlicher zu machen. Eine Auszeichnung allein ermöglicht noch kein gutes Leben. Es braucht auch den Willen, Wohnungen zu bauen.

Der Wunsch nach Freiheit ist trotz der Erfolge der Vergangenheit keineswegs allumfassend erfüllt. Rechte haben nämlich nur dann einen Wert, wenn sie in Anspruch genommen werden können. Freiheiten brauchen Voraussetzungen und Ressourcen, um gelebt zu werden. Viele dringend nötige rechtliche Gleichstellungen sind in den letzten Jahren erreicht worden: Die 2017 beschlossene »Ehe für alle« gehört ebenso dazu wie Verbesserungen im Zuwanderungs- und Staatsbürgerschaftsrecht. Auch arbeitsmarkt- und sozialpolitische Initiativen zielen darauf, die Möglichkeiten der Teilhabe zu verbessern. Aber es gibt weiterhin Menschen, die spüren, dass sie über die Freiheit nicht verfügen und nicht so teilhaben können, wie es ihnen rechtlich eigentlich zusteht.

Brandi Carlile besingt diese Kämpfe um Anerkennung in ihrem Song *The Joke*. Die Demütigungen, die man erfahren muss, wenn man anders ist als die anderen, wenn man akzeptieren muss, dass die eigene Zeit noch nicht gekommen ist. Sie tröstet mit einer Gelassenheit, die aus zuversichtlicher Gewissheit wächst, während der Song auf einen überwältigen Höhepunkt zusteuert, der an klassische »Wall of Sound«-Arrangements erinnert: *»Let 'em laugh while they can / Let 'em spin, let 'em scatter in the wind / I have been to the movies, I've seen how it ends / And the joke's on them«*.* Am Ende wird man über die anderen lachen – es ist nicht leicht, sich das immer wieder in Erinnerung zu rufen, wenn man selbst ausgeschlossen und gedemütigt wird.

Die Erfahrung der Ausgrenzung und der Angst, daran am Ende doch nichts ändern zu können, ist der Ausgangspunkt vieler sogenannter identitätspolitischer Konflikte. Sie haben ihren Kern darin, dass Menschen merken, dass ihre Freiheit trotz aller formalen Gleichberechtigung am Ende doch weniger wert ist als die derjenigen, die die materiellen Ressourcen und sozialen und kulturellen Kompetenzen besitzen, ihre Freiheit auch auszuüben. Die Erfahrung von Alltagsrassismus beschränkt Freiheit ebenso wie Ausgrenzung aufgrund sexueller Orientierung oder geschlechtlicher Identität. Auch Barrieren, vor denen Menschen regelmäßig aufgrund von Bildungsstand oder Armut stehen, verhindern es, dass bestehende Rechte wirklich wahrgenommen werden können. Die Ausschlüsse, die marginalisierte Gruppen heutzutage immer noch erleben müssen, ähneln denen, gegen die früher die Arbeiterklasse gekämpft hat.

Ausgrenzung funktioniert in der Regel nicht mehr durch Verbote. Heute greifen subtile Differenzen, die »feinen Unterschiede«, von denen Pierre Bourdieu sprach, anhand derer sich selbst in offenen Ge-

* »Lass sie lachen, solange sie es noch können / Lass sie sich drehen und sich in alle Winde verstreuen / Ich war im Kino, ich habe gesehen, wie es endet / Am Ende wird über sie gelacht« (Text & Musik: Phillip John Hanseroth / Timothy Jay Hanseroth / Brandi M. Carlile / David W. Jr. Cobb).

sellschaften Menschen sozial ausgeschlossen fühlen.[20] Es ist Aufgabe der Politik, sich darum zu kümmern, dass faktische Diskriminierungen und Barrieren verschwinden. Es macht keinen Unterschied, ob sie sozial oder aufgrund spezifischer Zuschreibungen von Identität errichtet werden. Staatliches Handeln darf nicht diskriminieren, und mit Gesetzen und Verwaltungsvorschriften lässt sich dieser Anspruch so klar benennen, dass man Verstöße dagegen dann auch ahnden kann. Schwieriger wird es, wenn es darum geht, die gesellschaftlichen und wirtschaftlichen Beziehungen ebenfalls diskriminierungsfrei zu gestalten. Aber genau hier entscheidet sich oftmals, wie viel Freiheit gelebt werden kann, ob jemand die gewünschte Wohnung oder den Job tatsächlich bekommt, ob besondere Anstrengungen den Aufstieg erleichtern. Deshalb kann sich Politik nicht auf den Staat beschränken, sondern muss auch diese gesellschaftlichen Debatten und Regeln aktiv mitgestalten.

Aus dem Streben nach einer gesetzlich normierten Freiheit für alle erwächst die Notwendigkeit des sozialen Respekts untereinander. Wenn alle unterschiedlichen Positionen und Perspektiven in unserer Gesellschaft gleichberechtigt und frei geäußert werden können, dann wird es unübersichtlich, dann müssen Einzelne aushalten, dass andere anderes wollen als sie selbst. Gemeinsam stehen wir vor der Aufgabe, das zu respektieren und Mechanismen zu entwickeln, wie wir diese Vielfalt als eine Stärke begreifen und wie wir die »Einheit der Vernunft«, von der Jürgen Habermas sprach, »in der Vielheit ihrer Stimmen« entdecken und nutzen können.[21] Denn es fängt damit an, dass überhaupt alle Positionen und Erfahrungen einer Gesellschaft öffentlich Gehör finden können, damit die Vielfalt der Freiheitserwartungen erkennbar wird.

Gern wird in diesem Zusammenhang Rosa Luxemburg zitiert. Sie war Mitglied der polnischen und dann der deutschen Sozialdemokratie, bevor sie wegen der Unterstützung der Kriegskredite zu Beginn des Ersten Weltkriegs die Partei verließ und erst im Spartakusbund und dann in der KPD revolutionäre Positionen vertrat. Stets wandte sie sich gegen diejenigen, die meinten, dass es die *eine* Wahrheit gebe, die bloß noch durchgesetzt werden müsse, notfalls mit Gewalt. Luxemburg kritisierte folglich auch ihre zunehmend totalitären russischen Genoss*innen scharf, als sie schrieb: »Freiheit nur für die Anhänger der Regierung, nur für die Mitglieder einer Partei – mögen sie noch so zahlreich sein – ist keine Freiheit. Freiheit ist immer die Freiheit des anders Denkenden. Nicht wegen des Fanatismus der ›Gerechtigkeit‹, sondern weil all das Belehrende, Heilsame und Reinigende der politischen Freiheit an diesem Wesen hängt und seine Freiheit versagt, wenn die ›Freiheit‹ zum Privilegium wird.«[22]

Das, was Rosa Luxemburg vor über hundert Jahren festgestellt hat, gilt selbstverständlich auch in modernen, offenen, demokratischen Gesellschaften. Die Freiheit zur Teilhabe kann nicht auf Einzelne beschränkt bleiben. Sie muss im Besitz aller sein. Das bedeutet andersherum, dass meine Freiheit jeweils dort endet, wo sie mit der Freiheit der anderen kollidiert. Es geht also um Abwägung.

Wie die aussehen könnte, haben die Harvard-Politologen Steven Levitsky und David Ziblatt untersucht. Sie sehen in der Fähigkeit, eine bestehende rechtliche Möglichkeit nicht komplett auszuschöpfen, sondern Luft für Kompromisse zu lassen, eine jener »Leitplanken der Demokratie«, die eben nicht in einem Gesetzbuch festgeschrieben werden können, sondern sich aus der politischen Kultur eines Landes ergeben müssen.[23] Freiheit gelingt folglich nur dann, wenn Einzelne nicht bloß auf individuellen Ansprüchen beharren, sondern auch allen anderen die gleiche Freiheit zugestehen. Erst wenn das gelingt, findet die Freiheit aller Einzelnen ihren Raum.

Ein Recht zu besitzen und es ausüben zu können, sind zwei gravierend unterschiedliche Dinge. Das zeigt sich aktuell besonders in den Debatten über die Meinungsfreiheit. In meiner Kindheit hat mich auf dem Plattenteller meiner Eltern eine Schallplatte der italienischen

Sängerin Milva begleitet, auf der sie das alte Volkslied *Die Gedanken sind frei* sang. Für mich ist das noch immer eine Hymne auf die Freiheit des Menschen, das Undenkbare auch in der alltäglichen Unfreiheit denken zu können. Mit solchen Volksliedern wurde die Saat der Veränderung, der Aufklärung, des Fortschritts gelegt.

So dachte ich damals und konnte nicht ahnen, dass der Titel drei Jahrzehnte später zum viel zitierten Topos rechter Bands werden würde, die sich gegen den freiheitlichen Konsens unserer Gesellschaft wenden und beklagen, dass ihre dumpfen reaktionären Gedanken auf Widerspruch stoßen. Die Kritik aus dieser Ecke redet einem vulgären Verständnis von Freiheit das Wort und nimmt in Kauf, dass Respekt- und Rücksichtslosigkeit die Grundlagen gesellschaftlicher Freiheit zerstören und doch wieder nur die individuelle Freiheit der Stärkeren übrig bleibt.

Das wurde auf einer anderen Platte thematisiert, die vor allem mein Vater gerne zu erzieherischen Zwecken einsetzte, wenn wir seiner Meinung nach zu verständnisvoll wurden: *Tolerant* des niederländischen Liedermachers Robert Long. Der sang Anfang der achtziger Jahre: »*Morgen sind wir tolerant, tolerant, tolerant / Und finden selbst die größten Idioten interessant / Wir reichen jedem Arsch die Hand, und was uns stört in diesem Land / Das wird ab morgen nicht mehr eine Schweinerei genannt*«.*

Klar und bissig satirisch markierte der Sänger hier, dass es Grenzen der Freiheit und der Toleranz geben müsse, wenn wir gemeinsam gut zusammenleben wollen. Weil wir das in den vergangenen Jahrzehnten gelernt haben und folglich nicht mehr jede idiotische Einlassung gegen die Toleranz interessant finden, ist der gesellschaftliche Diskurs ruppiger geworden.

Oft sind es heute gar nicht Teilhabewünsche der noch immer Benachteiligten, die die Debatte über die Freiheit dominieren, sondern Stimmen von rechts, die sich gegen vermeintliche Bevormundungen

---

* Text & Musik: Jan Gerrit, Bob Arend Leverman [Übersetzung von Michael Kunze].

oder Verbote zur Wehr setzen. Von dort werden alle Versuche, den bisher Marginalisierten dabei zu helfen, ihre Rechte auch wahrnehmen zu können, kritisch beäugt. Mit Begriffen wie »Wokeness« oder »Gender-Gaga« wird verächtlich gemacht, dass andere ihr Recht darauf einfordern, ebenfalls frei, selbstbestimmt und respektiert zu leben. Auf einmal soll es Freiheit sein, sich nicht an die Regeln zu halten, mit denen das Coronavirus bekämpft wird. Auf einmal wird der Inlandsflug zur Demonstration für die Freiheit. Und die sprachliche Ignoranz gegenüber Frauen und Diversen sowieso. Zuweilen entsteht in der öffentlichen Debatte der Eindruck, als wäre der Kampf für die Freiheit ein rechtes Projekt, als wäre Meinungsfreiheit das Recht, auch noch den größten Unsinn verbreiten zu dürfen, ohne mit Konsequenzen rechnen zu müssen. »Cancel Culture« heißt es dann, wenn man sich verächtlich machendes und diskriminierendes Gerede verbittet. Was für eine Verirrung!

Die Freiheit hat nichts Beliebiges. »Freiheit bedeutet die Freiheit, zu sagen, dass zwei und zwei vier ist. Gilt dies, ergibt sich alles Übrige von selbst«, heißt es bei George Orwell in *1984*.[24] Aber das Lied von der Gedankenfreiheit zeigt, dass Freiheit doch mehr sein kann als das Aussprechen des Realen und die Gewährleistung des Möglichen. Es erinnert daran, dass es auch darum geht, Träume zu verwirklichen und das Unmögliche in den Blick zu nehmen.

Spiel und Phantasie sind elementar, wenn es um die Freiheit geht – vor allem um die Freiheit der Kunst. Die Kunst sichert nicht nur die Möglichkeit zu sagen, was ist, sondern sie ermöglicht auch, das noch nicht Realisierte, das Mögliche, das Alternative zu denken und in die Öffentlichkeit zu bringen.

Der Schriftsteller Max Frisch hat diese Kraft bereits in den sechziger Jahren anhand des Theaters beschrieben: »Wir erstellen auf der Bühne nicht eine bessere Welt, aber eine spielbare, eine durchschaubare Welt, die Varianten zulässt, insofern eine veränderbare, veränderbar wenigstens im Kunst-Raum.« Daher gehe es um »Spiel, verstanden als Antwort auf die Unabbildbarkeit der Welt«, sagte er auf einer Dramaturgentagung in Frankfurt.[25]

In dieser gemeinsamen Erfahrung liegen Möglichkeiten, die eigenen individuellen Freiheitserzählungen gesellschaftlich aufzuladen. Kunst öffnet Räume, die nicht überformt sind durch funktionale und zweckbestimmte Vorgaben und Regeln unserer Gesellschaft, sondern die Alternativen zulassen und soziale Unterschiede einebnen können. Sie verändert das, was möglich ist. Und zwar nicht um zu behaupten, dass es so ist, sondern um zu zeigen, dass es so oder auch ganz anders sein *könnte*. Genau dieses spielerische Als-ob braucht Freiheit, und es verliert seinen Sinn, wenn es eingesetzt wird, um einen Zweck zu erreichen. Deshalb lässt sich der Zustand der Freiheit einer Gesellschaft immer auch daran bemessen, wie sie mit ihrer Kunst umgeht.

Der Publizist Nils Minkmar sieht die SPD folglich in der Verantwortung, sich als fortschrittliche Kraft nicht nur »um konservative Brauchtumspflege oder die üblichen grünen Nachbarschaftsmitmachabende«, sondern auch »um elitäre, radikale, schwere, große Zumutungskunst« zu kümmern.[26] Er erinnert daran, dass der damalige Geschäftsführer, der Visionär und Stratege Peter Glotz, in den achtziger Jahren den Schweizer Graffitikünstler Harald Naegeli einlud, eine Wand der Bonner Parteizentrale zu gestalten – und das zu einer Zeit, in der Naegeli zu Hause jede Menge Ärger mit Polizei und Justiz hatte wegen seiner Kunst. Das war ein kraftvolles Symbol, vor allem aber war es auch ein Bekenntnis dazu, dass Politik und Kunst etwas miteinander zu tun haben und sich gegenseitig antreiben können. Glotz versuchte damit seine Partei auch daran zu erinnern, dass der gesellschaftliche Fortschritt so etwas wie kulturelle Hegemonie brauche, also nicht nur das bessere Problembewusstsein, sondern eben auch die besseren und attraktiveren Erzählungen von der Zukunft.

Dieses Eintreten für die Freiheit der Kunst hat immer zu sozialdemokratischer Politik dazugehört. Mit praktischen Aktionen wie der von Peter Glotz ebenso wie mit sozialpolitischen Einrichtungen wie der Künstlersozialversicherung von Helmut Schmidt und natürlich erst recht mit dem Versuch, die Bundesrepublik kulturell durchzulüften, den Willy Brandt unternommen hat. Letzter hatte mit dem »Wahlkontor« deutschsprachiger Schriftsteller sogar eine Zeit lang einen regelrecht systematischen Austausch gepflegt, in dem die Künstler*innen bis in die Formulierung politischer Initiativen hinein beteiligt waren. Diese Nähe dürfte heutzutage schwierig sein, aber die Sozialdemokratie als Freiheitsbewegung ist gut beraten, gemeinsam mit denen, die in völliger Freiheit spekulieren, schreiben und spielen, über den besseren Zustand der Welt nachzudenken.

Denn die Dinge können sich verändern. Das ist das größte Versprechen der Freiheit. Dass sie sich verändern werden, ist zugleich die größte Bedrohung für eine Gesellschaft, die Freiheit errungen hat. Deshalb ist das Bewusstsein dafür so wichtig, dass wir unsere Gesellschaft zu jeder Zeit verändern können, wenn wir den Respekt voreinander und den Willen zum Miteinander haben.

Egal ob es um Kunst, um das öffentliche Sprechen, um die Gestaltung des eigenen Lebens oder um politische Teilhabe geht: Freiheit wirkt auf allen Ebenen. Auch der Rapper Cro stellt trotz Ferrari und Co. letztlich fest: *»Ich schwör, der ganze Kack verdirbt uns noch die Seelen / Wofür lebst du? Für Geld? / Und für Fame? / Ich leb für Freiheit / Was ist los? Was dachtest du? Dass ich nur red von Insta-Models und Highlife? / Guck, ich bin frei von all diesem Scheiß«.** Ich lebe für die Freiheit! Diese Emphase braucht es.

Die US-amerikanische Unabhängigkeitserklärung sprach bereits 1776 von *»life, liberty and the pursuit of happiness«* als den unveräußerlichen Rechten der Menschen. Die demokratische Gesellschaft soll allen Bürger*innen die Freiheit ermöglichen, nach ihrem individuellen Glück zu streben. Darum geht es: um die Freiheit, zu träu-

* Musik & Text: Marvin Leroy Youssouf Schmidt / Tino Borja / Carlo Waibel.

men und diese Träume Wirklichkeit werden zu lassen. Und um die Rahmenbedingungen, die das Streben nach Glück ermöglichen und die Zuversicht vermitteln, dass die Dinge zum Besseren veränderbar sind. Das meinte Willy Brandt, als er sozialdemokratische Politik mit den Worten »links und frei« zusammenfasste. Der Glutkern dieser Vorstellung brennt.

KAPITEL 4
NACHHALTIGE GERECHTIGKEIT

RISSE IN DER IDYLLE

Progressive Politikansätze sind oft von einem gehörigen Maß an Gerechtigkeitsglauben geprägt. Der demokratische US-Präsident Barack Obama ließ in einen Teppich, den er ins Oval Office legte, eines seiner Lieblingszitate weben: »Der Bogen des moralischen Universums ist weit, aber er neigt sich zur Gerechtigkeit.«[1] In diesem von Martin Luther King übernommenen Gedanken steckt ein Rest jener linken Gewissheit, der zufolge die Menschheitsgeschichte sich unweigerlich auf einen guten geschichtlichen Endzustand hinbewegen würde. Schon Obama wusste, dass das kein Automatismus mehr ist. Aber gerade weil der Kampf für eine gerechte Gesellschaft eine täglich neu anzugehende Aufgabe ist, ist eine solche Perspektive wichtig. Denn wenn alles stets neu errungen und weiterentwickelt werden muss, dann braucht es die Aussicht, dass es gelingen kann. Es ist dieser Kampf, der mich, schon lange bevor ich in die Partei eingetreten bin, zu einem Sozialdemokraten gemacht hat.

In meiner Kindheit war das alles noch kein großes Thema. Es ging recht harmonisch zu. Bei unseren Spielen auf der Wiese hinterm Haus wurde niemand generell benachteiligt oder gar diskriminiert. Natürlich gab es immer mal wieder Streitereien, aber prinzipiell durften alle bei den Spielen mitmachen, und jeder und jede wurde so genommen, wie er oder sie war. Es war ein Zustand fast paradiesischer Unschuld, den es vielleicht nur in der Kindheit gibt. Dass alle sich mit allen verstanden, lag natürlich auch daran, dass unsere kleine Gruppe recht homogen war. Wir lebten in den gleichen Wohnungen, gingen in dieselbe Schule, waren alle bei den Pfadfindern oder im selben Sportverein, und unsere Eltern glichen sich immerhin insofern, dass sie immer mal wieder auf dem Balkon erschienen, um nach dem Rechten zu sehen. Wenn wir damals Fußball oder Fangen spielten oder die Karl-May-Verfilmungen nachstellten, kam uns nicht mal in den Sinn, dass jemand, der nicht so aufgewachsen war wie wir, damit irgendein Problem haben könnte. Kurz: Wir ahnten nicht, wie gut es uns eigentlich ging. Und wie viel Rücksicht wir nehmen müssen, wenn die Erfahrungen vielfältig werden.

Doch kompliziert war die Sache mit der Gerechtigkeit damals zunächst bloß in Comics: Es konnte über Freundschaften entscheiden, ob man nun eher Superman oder aber Batman zuneigte. Und ich war da recht schnell recht entschieden. Bis heute finde ich Superman eher langweilig. Dass ein Außerirdischer mit übermenschlichen Kräften immer wieder gleich die ganze Welt rettet, ist irgendwie witzlos. Batman war da anders, widersprüchlicher.

Ich bin als Jugendlicher in einer Essener Buchhandlung eher zufällig auf die Graphic Novels mit Frank Millers Neuinterpretation von Batman als gealtertem *Dark Knight* gestoßen.[2] Das schlug sofort ein. Einmal all das sein, was man nicht war: stark, mutig, geheimnisvoll, gerecht. Aber eben auch fehlerhaft, zweifelnd, gebrochen. Das wirkte damals schon ganz groß und ziemlich grundsätzlich. Da versuchte einer was und konnte am Ende alleine in seiner Höhle doch immer nur hoffen, dass es ein bisschen besser geworden war. Voll dunkler Ahnung, dass beim Versuch, das zu erreichen, vieles, vielleicht zu vieles, kaputtgegangen war. Die Welt blieb jedenfalls düster und aggressiv. Der vermeintlich gerechte Superheld war ein zutiefst schizophrener Gewalttäter geworden, der das vermeintlich Gute auch mit den schlimmsten Mitteln erreichen wollte. Gerechtigkeit war in dieser Welt nicht einfach zu haben. Und Begründungen gab es gleich gar nicht. Die Geschichten füllten diese Leerstelle mit einer kaputten Kindheit, finsteren Gegenspielern und einer dystopischen Realität, in der jede Form von Ordnung erzwungen werden musste. Was für eine Gegenwelt zu meinem Alltag.

Die echten Risse in meiner kindlichen Idylle kamen erst später. Zum Beispiel als ich erfuhr, dass mein Vater, obwohl er seinerzeit Klassenbester gewesen war, zunächst nicht aufs Gymnasium durfte, sondern eine Lehre als Industriekaufmann machen musste, um was Ordentliches zu lernen, wie mein Opa immer noch sagte. Das Abitur hat er dann erst auf dem Abendgymnasium gemacht, sodass er schließlich Ende der sechziger Jahre an der frisch eröffneten Ruhr-Uni studieren konnte und Berufsschullehrer wurde, der Industriekaufleute ausbildete. Wenn er davon erzählte, wie er und ein paar Freunde die streikenden Hippies, die Seminare besetzen wollten, aus dem Hörsaal getragen hatten, damit sie weiter für die Klausuren lernen konnten, weil sie es sich nicht leisten konnten, ewig zu studieren – dann wurde klar, dass es mit der Gerechtigkeit auch im eigenen Umfeld nicht immer weit her war und man auch im echten Leben um seinen Platz kämpfen musste. Das belegte auch der Lebenslauf meiner Mutter, die keinen Deut weniger intelligent war als mein Vater, aber als Mädchen eben nur auf die Realschule gehen durfte, um dann eine Lehre als Sekretärin zu machen. Sie hat mit ihrer Arbeit das Studium meines Vaters finanziert, aber als dann ich, ihr erstes Kind, auf die Welt kam, hat sie sofort ihre Stelle aufgegeben und auch später nie wieder angefangen zu arbeiten. »Ach, jetzt die ganzen Computer! Damit komme ich doch nicht mehr klar«, so lautete ihr Standardsatz, wenn man sie darauf ansprach. Aber es waren gewiss nicht nur die Computer. Meine Mutter war gefangen in Rollenbildern, aus denen sie nicht mehr herausgefunden hatte. Und auch diese Kämpfe habe ich erst als Jugendlicher angefangen zu begreifen.

Dass Mädchen plötzlich nach der zehnten Klasse von der Schule abgingen, weil sie arbeiten sollten, dass meine Freunde, deren Eltern aus der Türkei stammten, es so viel schwerer im Alltag hatten – all das wurde von uns erst mal einfach so hingenommen, bis wir anfingen darüber nachzudenken und feststellten, dass so etwas doch ungerecht war. Und dass es an uns lag, das zu ändern.

Wie hartnäckig sich Rollenbilder halten, erlebte ich Jahre später, als ich in Berlin für die SPD arbeitete und die Partei gerade vorgeschlagen hatte, vier Milliarden Euro für den Ausbau der Ganztagsbetreuung an Schulen auszugeben. Wir bekamen waschkörbeweise Briefe in die Wahlkampfzentrale geliefert, aber das war keine Fanpost! Nein, insbesondere manche Frauen wandten sich dagegen, dass die Kinder ihren Familien weggenommen würden, wenn sie auch nachmittags in der Schule sein müssten. Sie beklagten, dass dieser Vorschlag ihre Lebensleistung in der häuslichen Kindererziehung entwerten würde.

Zwei Jahrzehnte später ist eine solche Reaktion kaum mehr vorstellbar. Aber überwunden ist die Ungleichheit der Geschlechter natürlich noch lange nicht. Während der Corona-Pandemie ging es mit der Gleichberechtigung sogar auf einmal mehrere Schritte zurück, weil die Kinderbetreuung plötzlich wie selbstverständlich wieder bei den Frauen landete. Die alten Rollenbilder waren im Hintergrund noch viel stärker wirksam als gedacht. Und so müssen Kämpfe um Gerechtigkeit – auch in Deutschland – immer wieder aufs Neue geführt werden: Fahrer*innen eines Lieferdienstes schließen sich zusammen, um für bessere Arbeitsbedingungen zu kämpfen. Schauspieler*innen veröffentlichen den Aufruf *#ActOut*, um mehr Akzeptanz für LGBTQI-Personen in der Film-, Fernseh- und Theaterbranche einzufordern. Zugewanderte beschreiben die vielen rechtlichen und faktischen Hürden, die ihnen in den Weg gelegt werden, wenn sie Teil unserer Gesellschaft werden wollen. Menschen, die auf welche Weise auch immer anders sind als die vermeintliche Norm der Mehrheitsgesellschaft, weisen auf ihre Diskriminierungserfahrungen im Alltag hin. Es gärt in vielen Bereichen.

Doch derzeit entsteht daraus keine starke und solidarische Bewegung für mehr Gerechtigkeit. Die verschiedenen Gruppen lassen sich immer wieder auseinanderdividieren oder erledigen das gleich selbst. Da werden kulturelle und sonstige Identitäten diskutiert, Habitus wird zur Glaubensfrage und soziale Distinktion zur letzten Möglichkeit, das eigene Leben wertvoller erscheinen zu lassen. So verständlich das im Einzelfall sein mag, so fatal sind die Folgen, wenn auf diese Weise nur das kulturell Trennende betont, nicht aber das gemeinsame soziale Anliegen erkannt wird.

Auf der Frankfurter Buchmesse durfte ich 2022 die Publizistin Marlen Hobrack kennenlernen, die 1986 in Bautzen geboren wurde und in ihrem Buch *Klassenbeste* entlang des Lebenslaufs ihrer sozial und kulturell oft ausgegrenzten Mutter beschreibt, wie sich unterschiedliche Ungerechtigkeiten so zusammendenken lassen, dass daraus Politik entstehen kann. Doch zunächst erläutert auch sie die Schwierigkeiten, mit diesen Gerechtigkeitsfragen umzugehen. Dabei fokussiert sie sich auf einen »Richtungsstreit zwischen traditionell marxistischer Linker und der ›neuen Linken‹«, in dem die Ersten vermeintlich die Anliegen ›normaler‹ Bürger*innen vertreten, während sich Letztere um die vermeintlichen »Luxusanliegen der westlichen Mittelschichten« kümmerten, die sich aus der Vielfalt unterschiedlicher Identitäten ergeben.[3]

Hobrack beschreibt diesen Konflikt als eine der Hauptursachen dafür, dass gesellschaftlicher Wandel zu mehr Gerechtigkeit so oft misslingt. Gerade weil wir heute darauf angewiesen sind, gemeinsam festzulegen, welche Ungerechtigkeiten als nicht tragbar empfunden werden und darum gemeinschaftlich angegangen werden müssen, engt uns die Trennung zwischen aktivistischer Identitätspolitik und klassischer Sozialpolitik unnötig ein. Wenn nur die Ungerechtigkeiten als politisch relevant erachtet werden, die sich mit einer vermeintlichen Normalität der Mehrheit verbinden lassen, dann bekommen wir ein Problem. Wenn die vermeintlich »normale« Position als privilegiert gekennzeichnet und deshalb aus den Debatten um mehr Teilhabe und Gerechtigkeit herausdefiniert wird, ebenso.

Während ich mich mit Marlen Hobrack unterhielt, wurde mir klar, welche Sensibilität es braucht, sich nicht in Differenzierungen hineintreiben zu lassen, die zwar akademisch gerechtfertigt sein mögen, politisch aber kontraproduktiv sind. Was wissenschaftlich auseinanderdividiert wird, muss am Ende wieder politisch zusammengeführt werden, um Mehrheiten zu schaffen. Hobrack plädiert dafür, Analysewerkzeug und Analysegegenstand nicht zu verwechseln. Sie zeigt anhand der Biographie ihrer Mutter, einer Frau aus armen Verhältnissen in der DDR, die ihr Leben lang kämpfen musste, »dass wir gerade nicht zwischen den Perspektiven Identität oder Klasse wählen sollten, sondern dass wir sie wie Werkzeuge bei der Analyse der ungeheuer komplexen Gegenwart benutzen müssen … Wir sollten sie wie Brillen begreifen, die uns je nach Situation helfen, eine Konstellation genauer zu betrachten.«[4]

Es geht also weniger darum, die eigene Identität nach Maßgabe der neuesten akademischen Erkenntnisse zu ermitteln, als vielmehr zu begreifen, dass soziale Ungerechtigkeiten vielfältige Ursprünge haben, die sich nur dann erfassen lassen, wenn man bereit ist, dieser Vielfalt auch zu begegnen. Marlen Hobrack kann anhand des Lebenslaufes ihrer Mutter zeigen, wie Herkunft, Geschlecht und sozialer Status ein Leben prägen. »Die Dimensionen Klasse und Identität lassen sich nicht im Sinne einer gesonderten Betrachtung von Klassenlage, Geschlecht oder Herkunft trennen; sie übercodieren einander«, schreibt die Autorin. »Übercodierung meint, dass kein Element vom anderen unberührt bleibt, dass es Überlagerungen gibt.«[5]

Wenn man das einmal verstanden und akzeptiert hat, dann öffnen sich viele neue Möglichkeiten, sich zu verbünden und gemeinsam für mehr Gerechtigkeit zu streiten. Denn genau darum geht es doch: um

Allianzen in der Sache. Es gibt viele Aspekte der Diskriminierung, die aus unterschiedlichen Gründen erwachsen und sich doch vergleichbar auswirken. Deshalb braucht es Gerechtigkeitspolitiken, die sich nicht in den Debatten um Klasse und Identität verlieren, sondern Menschen in vergleichbaren Lebenslagen zueinander bringen.

Gleichzeitig gilt, dass die unterschiedlichen Ungerechtigkeitserfahrungen auch unterschiedliche Anforderungen an uns stellen. Wo es um Ungerechtigkeiten bezüglich der kulturellen oder geschlechtsspezifischen Identität geht – die in der Regel unveränderbar ist –, sind vor allem neue Formen des Umgangs gefordert. Soziale und ökonomische Ungerechtigkeiten hingegen sind nicht unveränderbar oder sollten es nicht sein. Hier ist eine neue Politik gefordert. Wer arm ist oder nicht über die gleichen Chancen verfügt, seine Träume zu leben, wünscht sich eine Veränderung der Rahmenbedingungen und Ressourcen – und nicht bloß mehr Achtsamkeit.

ERZÄHLUNGEN VON DER UNGERECHTIGKEIT

Politik wird da relevant, wo sich die Verhältnisse verändern lassen. Gleichheit ist als absoluter Maßstab so apodiktisch, dass er in der politischen Praxis Schwierigkeiten machen muss, wenn er mehr meinen soll, als dass alle über die gleichen Rechte verfügen und ohne Ansehen von Person und sozialem Umfeld betrachtet werden sollen. Gerechtigkeit hingegen ist ein relativer Begriff, der nach Maßstäben verlangt, auf die man sich einigen kann. Und natürlich gibt es Ungleichheiten, die nicht sofort als ungerecht angesehen werden müssen, während es auch Ungerechtigkeiten gibt, die entstehen, weil Verschiedenes gleichgemacht wird.[6] Die Idee, dass jede*r durch Anstrengung und harte Arbeit das eigene Schicksal in die Hand nehmen kann, führt sogar dazu, dass die Empathie für diejenigen, die in Armut leben und Hilfe brauchen, leiden kann. Weil es dann so aussehen könnte, als hätten sie sich eben nicht ausreichend angestrengt – und als wäre ihre Armut somit gerecht.[7]

Einen bis heute zentralen Antwortentwurf hat der US-amerikanische Philosoph John Rawls in seiner *Theorie der Gerechtigkeit* in einem Gedankenexperiment formuliert. Rawls' Versuchsanordnung sieht vor, dass alle Menschen aufgefordert sind, eine ideale Gesellschaft zu entwerfen, wobei – und das ist der Trick – niemand weiß, welchen Platz er oder sie in der so konstituierten Gesellschaft einnehmen wird – und als wer: ob als Mann oder Frau, arm oder reich, Weißer oder Person of Color, als Wissenschaftler*in oder als Straßenkehrer*in … Rawls spricht vom »Schleier des Nichtwissens«, hinter dem die Menschen ihre Entscheidungen treffen müssten. Nur so sei gewährleistet, dass die Menschen zwar nicht alle gleich seien, diese Ungleichheit der Stellung und des Rangs aber doch als gerecht empfinden müssten. Die Ungewissheit über die eigene Rolle in der neuen Gesellschaft gewährleiste, dass auch weniger privilegierte Stellungen so ausgestattet würden, dass es sich gut in ihnen leben ließe.[8]

Dieses Gedankenexperiment ist natürlich nur im Sessel des nachdenkenden Philosophen möglich. In der Praxis unserer Gesellschaft sind die Ressourcen bereits verteilt – und John Rawls war nicht beratend dabei, als das passiert ist. Das heißt, dass wir nicht von einem idealen Zustand ausgehen können, der sich durch kluges Nachdenken und durch rationale Vereinbarungen herstellen ließe. Wir müssen vielmehr in die bestehenden Ungerechtigkeiten des Alltags eingreifen, um sie zu verringern. Und beim Versuch, das zu tun, begegnen wir uns in all unserer Unterschiedlichkeit und müssen klären, was wir nach welchen Maßstäben gemeinsam als ungerecht empfinden.

Ich muss in diesem Zusammenhang an die berühmte Karikatur von Hans Traxler denken. An einem Tisch sitzt ein Prüfer und sagt: »Zum Ziele einer gerechten Auslese lautet die Prüfungsaufgabe für

Sie alle gleich: Klettern Sie auf den Baum!« Ihm gegenüber stehen nebeneinander ein Rabe, ein Affe, ein Marabu, ein Elefant, ein Goldfisch im Glas, eine Robbe und ein Hund. Im Hintergrund sieht man eine mächtige Eiche. So viel zum Thema Chancengleichheit. Wie schafft man aber Bedingungen, die alle als gerecht empfinden können?

In seinem Buch *Die Idee der Gerechtigkeit* erzählt der Wirtschaftswissenschaftler Amartya Sen die Geschichte von Anna, Bob und Carla, die sich um eine Flöte streiten. Der Leser soll entscheiden, wer sie bekommt. Anne, die als Einzige Flöte spielen kann? Bob, der so arm ist, dass er kein anderes Spielzeug besitzt? Oder Carla, die die Flöte monatelang selbst hergestellt hat? Es ist klar, dass die Antwort abhängt von der Gerechtigkeitsvorstellung, die der Entscheidung zugrunde gelegt wird. Wer den größten Nutzen aus dem Instrument ziehen will, wird sich für Anne entscheiden. Wer für ökonomische Umverteilung sorgen will, für Bob. Und wer die Arbeitsleistung honorieren will, wird Carla die Flöte überlassen. Ohne Entscheidung für eines der unterschiedlichen und sich zum Teil widersprechenden Gerechtigkeitskonzepte lässt sich dieser Konflikt nicht auflösen.[9]

Amartya Sen betont, dass man über Gerechtigkeit am besten in der Negation sprechen kann, indem man ungerechte Zustände beschreibt, deren Mangel an Gerechtigkeit alle sofort spüren – und die deshalb verändert werden müssen. Für Sen ist das der Ursprung jedes Nachdenkens über Gerechtigkeit. Es gehe darum, »Unrecht zu erkennen, dem man abhelfen kann«.[10] Das spiegelt sich auch in Musik, Literatur und Film. Die emotionale Motivation vieler Erzählungen ist das Unrecht. Die Geschichte lebt von den Umständen, die Menschen daran hindern, in Freiheit und Würde zu leben.

Der Film *Nomadland*, für den Autorin und Regisseurin Chloé Zhao 2021 gleich mehrere Oscars erhielt, ist ein Beispiel für diese Erzählperspektive. Die berührende Geschichte von Fern, einer sechzigjährigen

Witwe, die nach dem Tod ihres Mannes mit dem Leben nicht mehr klarkommt und beschließt, mit ihrem Van durch die USA zu reisen, von Arbeitsgelegenheit zu Arbeitsgelegenheit, ist ein ebenso düsteres wie warmherziges Porträt von Menschen, die am Rande der Gesellschaft leben, die durch das ohnehin nicht sehr engmaschige soziale Netz fallen, auf sich alleine gestellt sind und sich doch aneinander festzuhalten versuchen. Frances McDormand spielt die nur langsam wieder zu sich kommende Fern karg, reduziert und doch mit glühender Intensität. In *Nomadland* agieren viele Laien, die tatsächlich das Leben leben, das sie im Film spielen. Daraus entsteht ein Realismus, der nur von den berückend schönen Klaviermeditationen des Soundtracks von Ludovico Einaudi gebrochen wird.

Als ich *Nomadland* zum ersten Mal gesehen habe, war ich hin- und hergerissen. Der Film war ohne Zweifel großartig, aber zugleich beschäftigte mich, dass die verschiedenen emotionalen Dimensionen der Erzählung so drastisch auseinanderfallen: Ferns durch den Ausbruch gewonnene Freiheit, für die sie erst ein Gefühl entwickeln muss, wird mit überwältigenden Naturpanoramen illustriert. Und auch für die in der losen Gemeinschaft der Wanderarbeiter entstehende Solidarität findet der Film berührende Darstellungen der Hilfsbereitschaft und Nähe. Zugleich lässt einen die Ungerechtigkeit der wirtschaftlichen und gesellschaftlichen Situation ratlos und geradezu wütend zurück. Hier findet sich nichts Heilendes, nichts Mut Machendes oder gar Versöhnendes. Fern und ihre Schicksalsgenossinnen müssen sich mit öden Jobs durchschlagen, werden selten gut und oft sehr schlecht behandelt, bewegen sich am unteren Ende des Arbeitsmarktes, nahezu ohne Rechte und ausgeschlossen von der Würde, die gute Arbeit vermitteln könnte.

Sie erleben das, was die Publizistin Barbara Ehrenreich für die USA schon vor mehr als zwei Jahrzehnten in ihrem Buch *Arbeit poor* beschrieben hat: Jobs, die zum Leben zu wenig und zum Sterben meistens knapp zu viel sind. Jobs, die keinen Aufstieg, ja nicht einmal ein

Leben in Sicherheit ermöglichen. Jobs, die kein Selbstbewusstsein verleihen, keine Würde besitzen und die unter Umständen verrichtet werden, die von den Betroffenen zwangsläufig als ungerecht empfunden werden müssen. Jobs am Rande der Gesellschaft, auf die sich die Arbeiter*innen nur deshalb einlassen, weil es ihnen noch unwürdiger erscheint, von Sozialleistungen abhängig zu sein.[11]

Auch in *Nomadland* wird die Gerechtigkeit so nur als Leerstelle gezeigt. Während Freiheit und Solidarität selbst in unfreien und unsolidarischen Zuständen positiv gefasst und erfahren werden können, ist Gerechtigkeit offensichtlich nur durch ihre Abwesenheit spürbar.

Nomadland steht in einer Tradition künstlerischer Gesellschaftskritik, die man in Deutschland mit Gerhart Hauptmanns *Die Weber* oder Alfred Döblins *Berlin Alexanderplatz* und in den USA mit Namen wie John Steinbeck oder Woody Guthrie verbindet. Der Schriftsteller Steinbeck wie der Folksänger Guthrie erzählen Geschichten vom Schicksal der Arbeiter*innen, die, als in den 1920er Jahren zur Rezession in den USA noch eine schwere Dürre im Mittleren Westen kam, ihr Glück zum Beispiel auf den Orangenplantagen Kaliforniens suchten. Die Umstände sind schrecklich, doch zwischen den Betroffenen entstehen Kampfesmut und manchmal sogar Zuversicht. Der Wille zur Freiheit und die Kraft zur Solidarität sollen dabei helfen, die Ungerechtigkeit der Welt zu bekämpfen. Wer von der Gerechtigkeit erzählen will, muss den Umweg nehmen und beschreiben, was los ist, wenn sie fehlt.

Was in Filmen, Büchern und Songs einen guten dramatischen Bogen ermöglicht, wird in der Politik schnell zum Problem, weil erst das Negative angesprochen werden muss, um die Notwendigkeit der Veränderung zu begründen. Für die im Entstehen begriffene Arbeiterbewegung im 19. Jahrhundert war das ganz selbstverständlich, weil alle in den Fabriken das Unrecht am eigenen Leib spürten, weil die Kolleg*innen einander täglich begegneten und auch außerhalb der Werke zusammenlebten, die Not der anderen sahen und teilten.

Heute ist die Situation eine andere. Als der »Traum immerwährender Prosperität« (Burkart Lutz) nach dem Zweiten Weltkrieg real zu werden schien, ging es vielen über Jahre hinweg tatsächlich immer besser. Erst in den siebziger Jahren bremsten Schocks wie die Ölpreiskrise und weltweite wirtschaftliche Turbulenzen diese Aufwärtsentwicklung. Und seit den achtziger Jahren geht die Schere zwischen Kapital und Arbeit, also zwischen denen, die viel besitzen, und denen, die von dem leben müssen, was sie täglich erarbeiten, immer weiter auseinander.[12]

Ein eindringliches Bild der ökonomischen Ungerechtigkeit unserer Gesellschaft hat der Künstler KP Brehmer bereits 1970 mit seinem Werk *Korrektur der Nationalfarben (gemessen an der Vermögensverteilung)* geschaffen. Das Bild zeigt eine bundesdeutsche Nationalflagge, bei der die Farbanteile nicht jeweils ein Drittel der Fläche ausmachen, sondern mit den Vermögensanteilen der repräsentierten Gruppe korrespondieren: Schwarz steht für den »Mittelstand«, Rot für die »restlichen Haushalte« und Gold für das »Großkapital«. Entsprechend ist ein kaum sichtbarer roter Strich zwischen einem handbreiten schwarzen Streifen und einer alles dominierenden goldenen Fläche eingeklemmt.[13]

Das Werk war 1972 bei der *Documenta 5* in Kassel zu sehen, fand weite Verbreitung über die Medien und verfehlte auch fünfzig Jahre später seine Wirkung nicht, als anlässlich der Hängung bei der Retrospektive in der Hamburger Kunsthalle tatsächlich Fragen nach der Verunglimpfung von Verfassungssymbolen gestellt wurden. Als wenn der Skandal die Veränderung des Symbols und nicht die Ungerechtigkeit der dadurch symbolisierten sozialen Umstände wäre. Zumal das Werk schließlich zum Ausdruck bringen soll, dass etwas aus der Balance geraten ist, das das Grundgesetz eigentlich in der Balance sehen will.

KP Brehmers Werke spielen oft damit, statistische Zusammenhänge graphisch und durchaus plakativ zu visualisieren. Damit steht er mindestens inhaltlich der politischen Kunst von Klaus Staeck nahe. Dessen vielleicht bekanntestes Werk zeigt ein futuristisches Haus an einem Hang, gelb koloriert vor blauem Hintergrund. Und dazu der Slogan: »Deutsche Arbeiter! Die SPD will euch eure Villen im Tessin wegnehmen.« Die Frakturschrift, in der die ersten beiden Worte gehalten sind, führen in andere Zeiten zurück. Das Bild erinnert an jene Diffamierungen, die in der Weimarer Republik allerorten zu finden waren, als angeblich noch alle sozialdemokratischen Wege nach Moskau führten, während die Kommunisten in der SPD nur rot lackierte Sozialfaschisten zu sehen vermochten.

1972 sollte Klaus Staecks Plakat den Wahlkampf von Willy Brandt unterstützen. Bis heute findet es großen Zuspruch und wird weiterhin regelmäßig verwendet. Die Absurdität trifft, auch weil sich hinter dem vordergründigen Witz die nagende Frage stellt, wer denn solche Villen überhaupt verdient hat. Ob nicht vielleicht Arbeiter*innen darauf sogar mehr Anspruch hätten als diejenigen, die von ihrer Arbeit so überproportional profitieren. Wer also Leistung erbringt und was diese wert ist.

Der US-amerikanische Philosoph Michael Sandel hat in seinem Buch *Vom Ende des Gemeinwohls* der modernen Leistungsgesellschaft und ihren Maßstäben den Spiegel vorgehalten. Der Kern der aktuellen Probleme, so Sandel, bestehe darin, dass die moderne Gesellschaft jedem ein Aufstiegsversprechen mache, dass sich Leistung und Anstrengungen lohnen würden – und dass deshalb alle, die es am Ende nicht zu Wohlstand und einem guten Leben gebracht haben, sich selber für diesen Umstand verantwortlich machen müssen. Für die Anhänger der Leistungsgesellschaft, so Sandels Kritik, sind es nicht gesellschaftliche Ungerechtigkeiten, falsch verteilte Ressourcen oder Chancenungleichheit, die das Schicksal bestimmen, sondern eigene Fähigkeiten und Begabungen und die individuelle Anstrengung, aus ihnen das Beste zu machen. Auch der alte Slogan »Aufstieg durch Bildung« spielt da mit hinein. Sandel spricht gar vom »Gerede vom

Aufstieg« und beschreibt, inwiefern diese politische Formel ihre »inspirierende Kraft« verloren habe, weil sich dieser Aufstieg im Alltag kaum mehr als realistisch erfahren ließe.[14] Das einstige Versprechen ist damit zu einer potenziellen Bedrohung des eigenen Selbstwertgefühls geworden. Wer es nicht schafft, ist dann schuld, weil ja alle echten Hindernisse bereits aus dem Weg geräumt worden seien. »Es ist die selbstgefällige Überzeugung derer, die an der Spitze landen, dass sie ihr Schicksal verdient haben«, fährt Sandel fort, »und dass diejenigen, die unten sind, ihres ebenfalls verdienen. Die Einstellung ist der moralische Begleiter technokratischer Politik.«[15]

Sandel beschreibt, wie diese Leistungsorientierung in den USA unter Bill Clinton und Barack Obama ebenso wie unter Tony Blairs New Labour in Großbritannien und unter Gerhard Schröders rot-grüner Bundesregierung in Deutschland zur Richtschnur vermeintlich progressiver Reformen werden konnte. In den USA macht er vor allem das meritokratische Bildungssystem und die damit verbundene Abwertung traditioneller Arbeit verantwortlich für den Verlust an Zusammenhalt und das Gefühl breiter Bevölkerungsschichten, ungerecht behandelt zu werden.

Auch bei uns droht der Erfolg sozialdemokratischer Bildungspolitik seit den sechziger Jahren seine Kinder zu fressen. Ich erinnere mich noch gut daran, wie mein Vater mir erklärte, welche Ängste seine Eltern gehabt hätten, als er beschloss, das Abi nachzumachen, und dann sogar zur Uni ging. Sie waren besorgt, dass er sich von ihnen entfremden würde, dass er sich schämen würde, weil seine Mutter »mir« und »mich« nicht auseinanderhalten konnte. »Es geht nix über dem Dativ«, hieß es im Ruhrgebiet damals. Und wer es besser konnte, wollte ja vielleicht die Erinnerungen an das Alte ein für alle Mal hinter sich lassen. Wenn wir meine Großeltern in ihrer kleinen Zwei-Zimmer-Wohnung besuchten, in der sie schon mit den Kindern seit dem Zweiten Weltkrieg gewohnt hatten, rief mein Opa uns schon aus der Küche zu: »Na, lebt ihr auch noch!« Das waren anstrengende innerfamiliäre Konflikte – die aber doch immer auch mit der positiven Vorstellung verknüpft waren, dass ein Aufstieg möglich war, dass man sich anstrengen und es dann besser haben könne. Mein Vater lebte mit dieser Gewissheit. Und er war der Sozialdemokratie zeit seines Lebens dankbar dafür, dass sie Arbeiterkindern wie ihm diesen Aufstieg ermöglicht hatte.

Diese Zuversicht ist in den folgenden Generationen zunehmend verloren gegangen – und niemand scheint es aktuell zu schaffen, sie neu zu stiften. Der Politik fehle eine Sprache, die Hoffnung vermitteln würde, so Sandel: »Was heutzutage als politisches Argument gilt, besteht entweder aus verengtem, verwaltungstechnischem oder technokratischem Gerede, das keinen mitreißt. Oder aus Schreiduellen, in denen aneinander vorbeigeredet wird, anstatt wirklich zuzuhören. Über das gesamte politische Spektrum finden Bürger diese entleerte politische Debatte frustrierend und entmachtend. Sie wissen, dass die Abwesenheit dieser kraftvollen öffentlichen Debatte nicht bedeutet, dass keine politischen Entscheidungen beschlossen werden.«[16]

Die Wirkungen dieser Entscheidungen sind im Alltag spürbar. Aber es fehlen die einordnenden Diskurse, die eine Interpretationsfolie für die Veränderungen liefern. Im Ergebnis wird der Wandel so als eine kaum steuerbare Naturgewalt wahrgenommen und nicht als Ergebnis eines Ringens um eine gerechtere oder bessere Gestaltung des Miteinanders. Bürger*innen vermissen in der Folge etwas, das im Englischen *»ownership«* genannt wird – wörtlich »Eigentum«, gemeint ist aber die »Teilhabe«. Sie fühlen sich weder beteiligt noch mitverantwortlich für die gesellschaftlichen Veränderungen. Sie fuhlen sich nicht als Subjekt, sondern als Objekt des Wandels.

Um ein Beispiel aus Deutschland zu nehmen: Jahrzehntelang wurden Erzieher*innen in Kindergärten und Kitas selbstverständlich durch eine klassische duale Berufsausbildung auf ihre Arbeit vorbereitet. Seit aber frühkindliche Bildung zunehmend in den Fokus geraten ist und immer mehr Eltern in urbanen, bildungsnahen Milieus ihre Kinder schon im Kita-Alter optimal auf spätere Leistungsanforderungen vorbereiten wollen, wächst der Druck, den Beruf zu akademisieren. Mindestens eine Fachhochschulausbildung, am besten gleich ein Master an der Uni müsse her, um optimal qualifiziertes Personal auf den Nachwuchs loszulassen. Forderungen dieser Art mögen angesichts gestiegener Anforderungen sinnvoll sein und auch der Aufwertung des Berufs dienen. Zugleich aber senden sie ein verheerendes Signal an all diejenigen aus, die sich seit Jahrzehnten mit viel Herzblut und Engagement um die Kinder kümmern. Ihnen wird damit nämlich auch gesagt: »Ihr seid nicht mehr gut genug, um meine Kinder zu betreuen. Ihr bringt nicht die Leistung, die es heute braucht.« So wird das soziale Fundament erschüttert, indem ganze Berufsgruppen disqualifiziert und herabgewürdigt werden.

Verschärft werden diese Erfahrungen dadurch, dass Kita-Erzieher*innen keine besonders gute Bezahlung erhalten, während viele der sogenannten Bullshit-Jobs, deren Inhaber*innen selbst nicht so genau sagen können, welchen gesellschaftlichen Beitrag sie mit ihrer Arbeit eigentlich leisten, ein Vielfaches an Verdienst ermöglichen und damit vermeintlich wertvoller wirken.[17] Wenn neben der materiellen auch die soziale Anerkennung versagt bleibt, nagt das zwangsläufig am Selbstbewusstsein derjenigen, die hart arbeiten und sich an die Regeln halten, wie Bill Clinton einst sagte.

Auf dem Arbeitsmarkt ist eine Gruppe entstanden, die die Arbeitsmarktforscher*innen Nicole Mayer-Ahuja und Oliver Nachtwey als »verkannte Leistungsträger:innen« bezeichnen. Sie verrichten Tätigkeiten, die oft im Verborgenen stattfinden, aber dabei helfen, dass Arbeitskraft im kapitalistischen Produktionsprozess zur Verfügung steht, erhalten oder wieder hergestellt wird. Seit Anfang der achtziger Jahre, so die Autor*innen, sinke das Sozialprestige dieser Arbeit. »Es handelt sich in der Regel um Dienstleistungen, die den reibungslosen Ablauf des gesellschaftlichen Alltags gewährleisten. Um im Supermarkt einkaufen zu können, muss nicht nur jemand an der Kasse sitzen, sondern der Supermarkt muss auch regelmäßig gereinigt werden und die Konservendosen finden trotz Digitalisierung noch immer nicht von allein den Weg ins Regal.«[18]

Während der Corona-Pandemie waren diese Arbeitnehmer*innen kurz mal die »Held*innen des Alltags«, doch eine dauerhafte Verbesserung ihrer Lage ergab sich daraus nicht. Die Löhne bleiben niedrig, die Arbeitsbedingungen schlecht, und die soziale Anerkennung ist beinahe nicht vorhanden. Die Porträts, die Mayer-Ahuja und Nachtwey in ihrem Band versammelt haben – von Erzieher*innen bis zum Wachpersonal –, erzählen von mangelndem Respekt und Missachtung. Und von dem Gefühl, nicht gerecht behandelt zu werden. Schließlich erbringen Menschen in diesen Jobs oftmals unverzichtbare Leistungen. Doch der Wert ihrer Arbeit bleibt gesellschaftlich viel zu häufig unerkannt.

Natürlich korreliert in einer kapitalistischen Gesellschaft der gezahlte Lohn nur sehr bedingt mit dem gesellschaftlichen Wert einer Arbeit. Er drückt lediglich aus, zu welchem Preis sich genügend Arbeitskräfte finden lassen, und doch wird diese Beziehung als eine gerechte »Belohnung« gedeutet. Wer viel verdient, der muss auch mehr wert sein. Diese moralische Bewertung einer kühl kalkulierten Marktbeziehung ist die Grundlage vieler Gerechtigkeitsdiskussionen. Ist es gerecht, dass Erzieher*innen so viel weniger verdienen als Aktienmakler*innen? Wie kann es sein, dass man mit freier künstlerischer Arbeit auch nach einem anspruchsvollen Studium und vielen Auszeichnungen kaum über die Runden kommt, während Ingenieur*innen und Anwält*innen ihr Fachwissen manchmal mit sechsstelligen Einstiegsgehältern versilbern können? Wieso gibt es immer noch einen Gender-Pay-Gap von schwindelerregenden Ausmaßen, obwohl alle wissen, dass Frauen und Männer die gleichen Leistungen erbringen?

Wir können uns nicht der Versuchung entziehen, solche Fragen unter Rückgriff auf eine moralische Bewertung der jeweiligen Arbeit zu beantworten. Auf dem Arbeitsmarkt, der als Tauschplatz von Arbeitskraft gegen Geld organisiert ist, ist diese Dimension nicht vorgesehen, aber in der breiteren gesellschaftlichen Wahrnehmung spielt sie eine entscheidende Rolle. Das führt zu einer drängenden Frage: Wie erzählt man so von diesen Problemen, dass sich jene Wucht entfaltet, die das politische Versprechen der Sozialdemokratie über Jahrzehnte geprägt und sogar Otto von Bismarck Ende des 19. Jahrhunderts dazu gebracht hat, soziale Sicherungssysteme einzuführen, um dem Aufstieg der Sozialdemokratie etwas entgegenzusetzen?

DIMENSIONEN DER GERECHTIGKEIT

Ein Beispiel für eine solche Erzählung liefert Barack Obama in seiner Netflix-Serie *Arbeit*, in der er 2023 verschiedene Schicksale in der aktuellen Arbeitswelt von der Krankenpflegerin bis zur Besitzerin des Pflegedienstes oder vom Datenanalysten bis zum Start-up-Gründer zeigt. Die Pflegerin erzählt ihm, wie zufrieden sie wäre, wenn sie im Schaukelstuhl auf der Veranda sitzen, ihre Rechnungen bezahlen und ihren Kindern eine gute Zukunft gewährleisten könnte, während der Teamleiter im Start-up beim Grillen mit der Familie auf der Dachterrasse darüber klagt, dass ihm der Sinn in seiner Arbeit fehlen würde. Solche kontrastierenden Eindrücke lassen uns spüren, wie unterschiedlich die Erwartungen an ein gutes und damit als gerecht empfundenes Leben sein können. Doch wie bringen wir diese Brüche der Perspektiven näher zusammen?

Um die Herausforderung zu verdeutlichen, vergleicht Michael Sandel zwei Gesellschaften mit jeweils unterschiedlicher Vermögensverteilung – eine gleichsam ständische mit klar getrennten Schichten und eine, die auf Leistung pocht und jedem einzelnen Menschen die Last aufbürdet, seines Glückes Schmied zu sein.[19] Er fragt: In welcher

Gesellschaft ist man eher bereit, die Differenzen unter den Menschen zu ertragen? Welche Gesellschaft empfindet man als gerechter? Wo möchte man selber leben? Die Antwort scheint auf den ersten Blick klar zu sein: natürlich in der Leistungsgesellschaft, weil diese ja immerhin die Option auf Aufstieg und Verbesserung offenhält. Beim genaueren Blick aber zeigt sich, dass diese Option eine theoretische sein könnte, je nachdem, wie sie ausgestaltet ist, welche faktischen Chancen sie eröffnet, welche konkreten Mittel sie bereithält. Dann kann es sein, dass die theoretische Option auf soziale Mobilität am Ende vielleicht genauso illusionär ist wie in der gedachten Ständeordnung. Und wenn das so ist, möchte man sich erst recht nicht vorhalten lassen, dass man sich ja bloß noch mehr hätte anstrengen müssen. Und entscheidet sich vielleicht doch für die Gesellschaft, in der die Umstände wenigstens offensichtlich schuld sind.

Michael Sandels Überlegungen erinnern mich an die US-Teenager-Romanzen, mit denen wir in den Achtzigern und Neunzigern aufgewachsen sind. Da kam es regelmäßig zu der Szene, in der der etwas nerdige Außenseiter von der Angebeteten verlangte, dass sie ihm endlich klar sagen solle, woran er sei. Lieber wollte er sich den erwarteten Korb abholen, als sich noch länger vergebliche Hoffnungen zu machen. Die Lektion fürs Leben war: Hoffnungen müssen eine reale Chance haben, verwirklicht zu werden, sonst werden sie zur Tortur. Und dann verzichtet man lieber gleich ganz auf sie, weil man so auch der Enttäuschung entgeht.

Nehmen wir einmal an, es gäbe wirklich Chancengleichheit in einer Gesellschaft und Leistung würde wirklich belohnt werden, dann stellt sich immer noch die Frage, was denn als Leistung zu definieren ist. Geht es um die individuelle Leistungsfähigkeit? Geht es um den gesellschaftlichen Beitrag einer Leistung? Geht es um die ökonomischen Folgewirkungen des Handelns? Um kulturelle Sinnproduktion? Um die konkrete Lösung eines konkreten Problems? Und gibt es vielleicht auch »unsichtbare« Leistungen?

Da auf diese Fragen bislang keine allgemein gültigen Antworten gefunden werden konnten (und das wohl auch so bleiben wird), konzentrieren sich die Diskussionen in der Regel auf die Frage der Umverteilung, also der nachträglichen Korrektur, wenn man festgestellt hat, dass offenbar etwas falschgelaufen ist.

Und das ist es in der Tat: Die Schere zwischen Arm und Reich öffnet sich nicht nur in Deutschland immer weiter. Das hat neben den bereits beschriebenen politischen Entscheidungen zur Deregulierung der Arbeitsmärkte auch etwas damit zu tun, dass sich die Gewichte in den großen Volkswirtschaften verschoben haben und in der Folge die Bedeutung des Kapitals gegenüber der der Arbeit erheblich zugenommen hat. Die Zahlen, die die Journalistin Julia Friedrichs zusammengetragen hat, sprechen eine deutliche Sprache: »Im Jahr 1970 waren Finanz- und Realwirtschaft noch gleichauf, damals stand es Unentschieden. 1990 führte die Finanzwelt schon 2:1. Im Jahr 2000 bereits 3:1. Heute liegt das Finanzvermögen der Welt bei 300 Billionen Dollar. Das ist viermal so viel wie alle realen Wirtschaftswerte zusammengenommen.«[20] Das bedeutet im Kern, dass Arbeit, der Motor der Realwirtschaft, an Gewicht verliert, während die global entfesselten Finanzmärkte den Takt vorgeben.

Die kapitalistische Marktwirtschaft mit ihren komplexen Mechanismen und Wirkweisen ist nur schwer zu durchschauen, weshalb sie vielen Menschen denn auch als geheimnisvolle, bedrohliche Macht erscheint. Doch auch wer sich nicht mit der Theorie der globalen Ökonomie befassen will, kann einen guten Eindruck von den Akteur*innen und ihrer Gedankenwelt erhalten. Längst ist die Wirtschaftswelt zu einem Sujet in der Filmbranche geworden wie vorher der »Wilde Westen« oder die Welt der Gangster. In den einschlägigen Thrillern zeigen uns die Filmemacher*innen vor allem die absurde Distanz, die zwischen der Hochfinanz und unserem Alltag besteht. Während Michael Douglas als Gordon Gecko in dem Film *Wall Street* von 1987 immerhin noch mit den Belegschaften konfrontiert wird, die er bei seinen Spekulationen und Restrukturierungen wegrationalisiert, tauchen solche realwirtschaftlichen Kollateralschäden in jüngeren Serien wie *Bad Banks* oder *King of Stonks* kaum mehr auf. Hier werden Phantasieprodukte und -werte hoch beschleunigt hin und her geschoben, während die Konsequenzen nur noch erahnt werden können. In *King of Stonks* fletscht Matthias Brandt die blendend weißen Zähne und spielt den Manager eines – an den realen Wirecard-Skandal angelehnten – FinTech-Start-ups, das zwar kein Geschäftsmodell hat, aber eine so gute Story, dass die Aktienkurse und damit auch seine privaten Vermögenswerte durch die Decke gehen. In seiner Firma sieht man über die ganze Serie hinweg niemals jemanden arbeiten, die Kundschaft ist weitgehend erfunden, aber die Aktienmärkte lieben es. Hier wird die moderne Suche nach der richtigen Story so sehr auf die Spitze getrieben, dass es völlig egal wird, ob die Erzählung noch irgendetwas mit der Realität zu tun hat. Entscheidend ist, dass es gut klingt und es irgendwie Spaß macht, daran zu glauben. Hatte *Wall Street* noch einen galligen Unterton und verhandelte kritisch die Effekte der Aktienmärkte auf die Arbeitnehmer*innen, wird in *King of Stonks* lustvoll und laut zelebriert, wie der digitale Finanzkapitalismus noch auf der kahlsten Glatze eine veritable Locke zu drehen vermag.

Die Umwertung, die in solchen Geschichten vorgenommen wird, lässt die Plausibilität des Versprechens, dass man es mit Anstrengung und Fleiß schaffen könne, sein Glück zu schmieden, wie Hohn erscheinen. Da Arbeit an einen Ort gebunden ist, während das Kapital ohne Mühe überallhin wandern kann, bekommt die Globalisierung immer mehr Schlagseite. Der Singer-Songwriter Danny Dziuk hat die Folgen bereits 2001 in seinem Song *Hauptsache Wind* auf den Punkt gebracht: *»›Tut mir leid, Arbeiter / Dein Lebenswerk hat leider / Ein Teenie auf sei'm Laptop grad storniert‹ / 9000 Meilen westwärts / Wo man Rechte als Aprilscherz / Und die Welt als Lotterie neu definiert«.**

* Musik & Text: Danny Dziuk.

Die vielleicht bemerkenswerteste Umkehrung ist, dass die Auseinandersetzungen um die Frage der Gerechtigkeit immer weniger zwischen den eigentlichen Kontrahenten stattfinden, zwischen Arm und Reich, zwischen den Unterprivilegierten und den Privilegierten, zwischen Kapital und Arbeit. Stattdessen richten sich Gerechtigkeitsansprüche immer häufiger direkt an den Staat, der dafür sorgen soll, dass mehr Gerechtigkeit möglich ist. Wenn das nicht gelingt, dann liegt es folglich nicht an einem nicht mehr angemessenen Wirtschaftssystem oder an zu gierigen und zu mächtigen Kapitalist*innen, sondern am Versagen staatlicher Politik.

Gerechtigkeit wird dann zu einer vornehmlich mathematischen Aufgabe. Und dann noch zu einer, bei der der Staat ausrechnen soll, wie viel weniger manche haben sollen. Natürlich ist es richtig, dass starke Schultern mehr tragen müssen. Und natürlich braucht es einen starken Sozialstaat, der die Rahmenbedingungen dafür sicherstellt, dass Lebens- und Teilhabechancen gerechter verteilt sind. Aber Euphorie und Begeisterung löst man mit einer solchen Näherungsweise nicht aus. Das droht zu technokratisch zu werden. Und aus der politökonomischen Debatte über ein gerechteres Wirtschaftssystem wird so eine politische Krise. Nicht der Kapitalismus gerät dann nämlich künftig unter Druck, wenn die Gerechtigkeit ins Rutschen gerät, sondern die freiheitliche Demokratie des Sozialstaats.

Wichtig wäre es daher, ein milieu- und klassenübergreifendes Bündnis für mehr Gerechtigkeit zu schmieden – nicht nur im Hinblick auf die Chancengleichheit, sondern auch hinsichtlich der Verteilung des Wohlstands und der Lasten, die mit einer solchen Transformation einhergehen. Dieses Bündnis müsste jene progressiven akademischen Milieus, die von der Sozial- und Bildungspolitik seit den siebziger Jahren profitiert haben, zusammenbringen mit den Modernisierungsverlierer*innen, die in prekären Verhältnissen leben und deren harte Arbeit nicht mehr die Anerkennung findet wie bei ihren Eltern und Großeltern.

THE GOSPEL ACCORDING TO BRUCE SPRINGSTEEN (II)

Um das moralisch aufgeladene Feld der Gerechtigkeit besser zu verstehen, lohnt erneut der Rückgriff auf den großen Barden der Arbeiterklasse Bruce Springsteen. Auf seinem Folkalbum *The Ghost of Tom Joad*, das er angeregt von der John-Ford-Verfilmung von *Früchte des Zorns* aufgenommen und den Schicksalen von Menschen an der US-amerikanischen Grenze zu Mexiko gewidmet hat, versteckt sich auch ein Song, der hoch in den Norden der USA, in den sogenannten Rust Belt, führt. Eine Gegend, die als amerikanisches Pendant zum Ruhrgebiet beschrieben werden kann. In *Youngstown* erzählt Springsteen aus der Perspektive eines Hochofenarbeiters ein Schicksal im Zeitalter des Niedergangs der Montanindustrie. Seit 1803 das erste Erz in der Gegend gefunden und der erste Hochofen gebaut wurde, so berichtet er, wurden hier die Waffen hergestellt, mit denen Kriege gewonnen wurden. Erst die Kanonenkugeln für den Bürgerkrieg, dann die Panzer der Weltkriege und schließlich auch die Waffen für den Korea- und den Vietnamkrieg. Arbeit und Krieg – das prägt den Alltag. Hart, aber offensichtlich erfüllend. Und über Generationen hinweg.

»*Well, my daddy worked the furnaces / Kept them hotter than hell / I come home from 'Nam, worked my way to scarfer / A job that would suit the devil as well / Taconite, coke and limestone / Fed my children and made my pay / The smokestacks reaching like the arms of God / Into a beautiful sky of soot and clay*«, singt Springsteen mit verhaltener Melancholie.* Da ist sie wieder, die Brennstoffdemokratie, die Georg Kreisler in seinem Lied über Gelsenkirchen besungen hat. Die Umstände sind widrig, die Arbeit

* »Mein Vater arbeitete in den Hochöfen / Hielt sie heißer als die Hölle / Ich komme zurück aus Vietnam und arbeite mich bis zum Gussputzer hoch / Ein Job, der auch gut zum Teufel passen würde / Takonit, Koks und Kalk / Ernähren meine Kinder und sorgen für meinen Lohn / Die Schornsteine reichen wie die Arme Gottes / In einen wunderschönen Himmel aus Ruß und Lehm« (Musik & Text: Bruce Springsteen).

hart – und dennoch würdig, weil man sie bewältigen und seine Familie ernähren kann. Der Verdienst ist nicht üppig, aber zum Leben reicht es. Anstrengung findet Anerkennung.

Und Sinn hat das Ganze anfangs auch, wenn der Vater sagt: *»Them big boys did what Hitler couldn't do«*. Und der Sohn beipflichtet: *»These mills they built the tanks and bombs / That won this country's wars«**, nur um dann darauf zu verweisen, dass sich die Zeiten ändern und der Wert der früheren Opfer zweifelhaft wird: *»We sent our sons to Korea and Vietnam / Now we're wondering what they were dying for«***. Es ist unschwer zu erkennen, dass sich hinter diesen Zeilen die Sorge um die Veränderungen verbirgt, die die Globalisierung mit sich bringt. Korea und Vietnam liegen plötzlich um die Ecke und sind keine zu befreienden Länder mehr, sondern Konkurrenten um Arbeit und Wohlstand.

Es sei immer die gleiche Geschichte. Auf die Schufterei folgen Enttäuschung und Niedergang: *»The story's always the same / Seven hundred tons of metal a day / Now sir, you tell me the world's changed / Once I made you rich enough / Rich enough to forget my name«.**** Verbitterung klingt aus diesen Zeilen, das Wissen, auf der Verliererseite zu stehen, Anerkennung und Wohlstand zu verlieren. Die Veränderungen der Welt bringen vielleicht global Verbesserung, aber eben nicht vor Ort. Hier stirbt die Stahlindustrie und mit ihr die Aussicht auf ein Leben in Würde und Respekt.

Es ist, wie die US-Rechtswissenschaftlerin Joan C. Williams in ihrem Buch über die *White Working Class* schreibt, eine Frage der Perspektive und des gesellschaftlichen Klassenstandpunkts: »Für die

---

* »Die großen Jungs taten, was Hitler nicht geschafft hat«; »In diesen Fabriken bauten sie die Panzer und Bomben, mit denen die Kriege dieses Landes gewonnen wurden«.

** »Wir schickten unsere Söhne nach Korea und Vietnam / Jetzt fragen wir uns, wofür sie gestorben sind«.

*** »Es ist immer die gleiche Geschichte / 700 Tonnen Metall pro Tag / Jetzt sagen Sie mir, dass sich die Welt geändert habe / Sobald ich Sie reich genug gemacht habe / Reich genug, um meinen Namen zu vergessen«.

Eliten ist harte Arbeit mit Selbstverwirklichung verbunden. ›Disruption‹ heißt, ein erfolgreiches Start-up zu gründen. In der Arbeiterklasse heißt ›Disruption‹, dass du gefeuert wirst.«[21] Was den einen die Geschäftsgelegenheit ist, ist den anderen das Ende der würdevollen Integration in ein Gemeinwesen. Kein Wunder, dass »Sicherheit im Wandel« früh zur Formel der Reformpolitik der Sozialdemokratie geworden ist – immer mit dem nagenden Zweifel, wie deutlich man denn sagen müsste, dass manche Sicherheit auch nur durch Wandel erhalten bleiben könne.[22]

Den Song *Youngstown* hat Bruce Springsteen 1995 veröffentlicht. Damals regierte Bill Clinton in den USA, und der »Rust Belt« war in demokratischer Hand, weil die Arbeiter*innen darauf hofften, dass sie in den Demokraten Verbündete im Strukturwandel finden würden – ebenso wie in den Jahrzehnten zuvor im gewerkschaftlichen Kampf um bessere Rechte und Absicherung am Arbeitsplatz. Doch Clintons Partei suchte nach Wegen, mit dem damals vorherrschenden Neoliberalismus klarzukommen und den Fokus auf die Verantwortung der Einzelnen zu verschieben. Teilweise geschah das, weil die politischen Mehrheitsverhältnisse mit einem republikanisch kontrollierten Kongress nichts anderes hergaben. Teilweise aber auch, weil die Demokraten nach einer Aktualisierung ihrer Erzählung suchten, die Anschluss finden sollte an die Goldgräberstimmung des global entfesselten Finanzkapitalismus. Sie hatten, ebenso wie ihre Schwesterparteien in Großbritannien und Deutschland, einige Gewissheiten über Bord geworfen, nur um festzustellen, dass die Wähler*innen sich dem konservativen Original zuwenden, wenn ihnen nach mehr Kapitalismus zumute ist.

Das zeigte der Wahlsieg Donald Trumps zwei Jahrzehnte später nur allzu deutlich. Er verdankte ihn schließlich nicht zuletzt dem Umstand, dass er und seine Republikaner in Ohio und den meisten anderen Staaten des »Rust Belt« die Mehrheit holten. Die Demokraten hatten ihm den Weg bereitet. Sie haben nicht mehr verstanden, wie die weißen Arbeiter*innen anzusprechen waren, schreibt Joan C. Williams. Ihnen sei es aufgrund ihrer *»class cluelessness«*, ihrer »Klassenahnungslosigkeit«, nicht gelungen, die großen Verlierer der Umbrüche, die Industriearbeiter*innen, in ihrem verwundeten Selbstbewusstsein zu stärken.

Das Beispiel ähnelt der Beschreibung von Mayer-Ahuja und Nachtwey für die unerkannten Leistungsträger*innen in den hiesigen Dienstleistungsjobs, bezieht sich aber vordringlich auf das produzierende Gewerbe und thematisiert darüber hinaus deutlich einen spürbaren kulturellen Bruch: Nachdem sich die urbanen Eliten von der weißen Arbeiterklasse entfernt hätten, habe das übliche Spiel begonnen: »Sie haben diejenigen ignoriert, die ihre *New York Times* drucken, die ihre Küchenmaschinen herstellen oder ihnen beim Arzt sagen, dass sie sich von der Hüfte abwärts frei machen sollen.«[23] Erst hörten sie auf, die anderen zu bemerken, dann wurden sie herablassend. Aus der Ahnungslosigkeit gegenüber den Klassenunterschieden wurde Gefühllosigkeit. Bernd Begemann hat die gleiche Beobachtung in dem Song *Die Slums von Eppendorf* in eine bitterböse Zeile verpackt: »Es ist unmöglich, nicht herablassend mit Verkäufern zu sprechen.«*

Hier sind neben den sozialen und ökonomischen Gründen vor allem kulturelle Faktoren ausschlaggebend. Die weniger gebildeten Arbeitnehmer*innen passten nicht in die Koalition, die die US-Demokraten geschmiedet hatten und nach der viele Progressive derzeit überall auf der Welt streben. Sie schienen vor allem in den identitätspolitischen Fragestellungen nicht ohne weiteres an der Seite der anderen Gruppen innerhalb des Bündnisses zu stehen. Manche ihrer alltagskulturellen Positionen wurden als latent rassistisch oder genderdiskriminierend wahrgenommen und folglich mit Ablehnung und Abgrenzung beantwortet.

---

* Musik & Text: Bernd Begemann.

Statt also gemeinsam nach sozialen Anliegen – zum Beispiel hinsichtlich der Bildungschancen, der Lohngestaltung, der Arbeitsbedingungen, der gesundheitlichen Versorgung für die arbeitende Bevölkerung – zu suchen, vertiefte sich die Kluft vorwiegend entlang kultureller Themen von Anerkennung und Respekt. Teile der weißen Arbeiterklasse wechselten daraufhin zu den Republikanern, die die alte Geschichte vom sozialen Aufstieg noch erzählten und die weißen Arbeiter*innen in der Dimension ihres sozialen Status ansprachen, in der sie noch privilegiert waren und aus der sie Selbstbewusstsein zogen. Der »Make America Great Again«-Populismus eines Immobilienspekulanten stieß auch deshalb auf Resonanz, weil er ihnen versprach, dass ihre Arbeit und ihre Herkunft noch etwas wert seien.

In der Popkultur finden sich in den letzten Jahrzehnten fast nur negative Darstellungen dieser kulturellen Klasse, schreibt Joan C. Williams und führt die TV-Serien-Charaktere Archie Bunker, Al Bundy und Homer Simpson an, die als dumme, faule, dickliche Männer paradigmatisch für den beleidigenden öffentlichen Umgang mit der weißen Arbeiterklasse stünden. Auf sie lasse sich gut herabschauen – und sei es nur, um sich selber besser abgrenzen zu können. Bruce Springsteens Texte seien eine der wenigen Ausnahmen von diesen Darstellungen, die so sehr dem Anspruch der USA auf Gleichheit ihrer Bürger*innen widersprächen.[24]

Kurz nach der Präsidentschaftswahl stellte im Dezember 2016 Maak Flatten in der *Frankfurter Allgemeinen Zeitung* eine provokante Frage: »Hätte Hillary Clinton die Wahl gewonnen, wenn sie vorher Bruce Springsteens Lied *Youngstown* gehört hätte?«[25] Hätte ihr der Song etwas vermitteln können von den Verwundungen des Gerechtigkeitsempfindens jenes Teils der Arbeiterklasse, der sich in der Gesellschaft weder ökonomisch gebraucht noch kulturell wertgeschätzt fühlt und den Hillary Clinton selbst in einer Rede als »bedauernswert« bezeichnet hatte? In der Tat klingen die Daten der Stadt Youngstown in Ohio paradigmatisch: Nur noch ein Drittel der Einwohner von 1950 lebten in der Stadt, 40 Prozent unterhalb der Armutsgrenze. Zwar sinkt die Arbeitslosenquote, aber die neuen Jobs vermitteln nicht mehr die Würde der klassischen Arbeit. Als ich das las, fühlte ich mich sofort an meine Heimatstadt erinnert.

Da ist es auch kein Wunder, dass der Erzähler im Song keine Erlösung sucht, sondern Anerkennung für das, was er sein ganzes Leben gemacht hat und was mal einen Wert hatte. Selbst nach dem Tod, so verlangt er, möge sich bitte nichts ändern: *»When I die I don't want no part of heaven / I would not do heaven's work well / I pray the devil comes and takes me / To stand in the fiery furnaces of hell«*,* lauten die letzten Zeilen, die Springsteen singt und nach denen der Song recht zügig ausgeblendet wird.

Auch hier findet eine Umdeutung statt, und was für eine! Die transzendentale Erlösung von der Arbeit durch die Wonnen des Himmels wird abgelehnt und die Hölle samt ihren vermeintlichen Qualen erhält den Vorzug. Weil es eben das Aushalten dieser Erschwernisse der Arbeit war und ist, das das Selbstwertgefühl ausgemacht hat. Eine Emotion, die in den aktuellen Gerechtigkeitsdebatten um Anerkennung und Respekt, um Chancen und Verteilung eher nicht thematisiert wird. Dabei streben viele Menschen ja tatsächlich nicht nach der Erlösung von der Arbeit, sondern nach Erlösung *in* Arbeit, also nach der gerechteren Gestaltung ihres Lebens und nach der Möglichkeit, es mit eigenen Händen und eigener Anstrengung verbessern zu können.

Maak Flatten schreibt: »Was hätte Hillary Clinton erfahren können, wenn sie sich *Youngstown* angehört hätte? Bruce Springsteens Lieder enthalten kein politisches Programm. Sie versuchen, das Erleben und

---

* »Wenn ich sterbe, dann möchte ich nicht in den Himmel kommen / Ich würde die Arbeit im Himmel nicht gut machen / Ich bete, dass der Teufel kommt und mich holt / Damit ich in den feurigen Hochöfen der Hölle stehen kann«.

die Sicht der sogenannten kleinen Leute einzunehmen. Das ist nicht dasselbe wie ›dem Volk aufs Maul zu schauen‹ oder gar ihm nach dem Munde zu reden; das war eher Trumps Ansatz. Willy Brandt hat einmal gesagt, die Politik solle sich ›zum Teufel scheren, wenn sie nicht dabei hilft, das Leben der Menschen etwas einfacher zu machen‹. Im Rostgürtel haben sie die Politik zum Teufel gejagt, zu den Hochöfen der Hölle.«[26]

Springsteen ist keineswegs der Einzige, der sich mit diesen Umbrüchen auseinandersetzt und versucht, sie in Worte zu fassen. Die populäre Musik hat immer wieder die Schicksale der vermeintlich »einfachen Leute« aufgegriffen und ihnen ein emotionales Ventil geöffnet. Man denke in Deutschland etwa an Gunter Gabriels *Hey Boss, ich brauch mehr Geld*. Für deutsche Verhältnisse war das erstaunlich griffig und nah am Alltag. Der Protagonist Bruno Wolf geht zu seinem Boss und verlangt eine Gehaltserhöhung: *»Ich will ja keine Schlösser bauen, nur eben, dass es reicht / Denn gerade so ein Mann wie ich, der hat's nicht immer leicht / Der will auch mal in Urlaub fahren, mit Kindern, Frau und Hund / Denn viel zu lange leben wir schon von der Hand in Mund«*.* Da sind sie wieder, die kleinen Verbesserungen, die Anerkennung durch mehr Geld, der Wunsch klarzukommen. Es soll eben reichen. Das Lied stammt von 1974 und zeigt: Nicht erst heute reicht es eben oft nicht mehr.

Der Kontrast zweier amerikanischer Songs verdeutlicht unmittelbar, wie tiefgreifend das Selbstbewusstsein der Arbeiterklasse erschüttert ist. Ich habe diesen Vergleich gemeinsam mit Olaf Scholz erarbeitet, als er noch Arbeitsminister in der ersten Großen Koalition unter Angela Merkel war und ich als sein Redenschreiber arbeitete. Als er in die USA reiste, um in der Finanzkrise für die Kurzarbeit als Instrument gegen die drohende Massenarbeitslosigkeit zu werben, da stand auch eine Rede vor Kongressabgeordneten und Senator*innen

* Musik & Text: Gunter Gabriel.

auf dem Programm. Auch hier sollte es um Arbeit gehen – und darum, dass progressive Politik die arbeitende Bevölkerung besser verstehen müsse, wenn sie mehrheitsfähig bleiben wolle. Wir wählten für die Rede zwei Arbeiterschicksale, die in den sechziger und zweitausender Jahren jeweils in Songs besungen werden, die den Blues der Arbeiter zum Thema haben. Aus den Differenzen zwischen den Songs lässt sich viel lernen:

1969 hat der Countrysänger Merle Haggard seinen *Working Man Blues* geschrieben. Die Klage eines hart arbeitenden Mannes mit neun Kindern, der versucht klarzukommen. *»I've been workin' man, dang near all my life but I'll keep workin' / As long as my two hands are fit to use / I'll drink my beer in a tavern / And sing a little bit of these working man blues«.** Natürlich ist es anstrengend, natürlich ist er am Wochenende müde, natürlich träumt er davon, einfach mal nur rumzuhängen, aber am Montag geht es wieder zur Arbeit. Die Kinder brauchen neue Schuhe. Und Alternativen gibt es nicht: *»Never been on welfare, and that's one place I will not be«.*** Sozialhilfe sei keine Option, singt er. Aber interessanterweise scheint es auch undenkbar zu sein, dass der Wille zur Arbeit alleine mal nicht ausreichen könnte, dass die zwei Hände mal nicht so bezahlt werden, dass es reicht für die Familie. Die Arbeit ist hart und anstrengend, aber eben auch jederzeit möglich – und mit Arbeit lässt es sich leben.

Das hat sich fundamental verändert, als Bob Dylan 2006 seinen *Workingman's Blues #2* veröffentlicht, der sich erkennbar auf Merle Haggards Song bezieht. Gleich zu Beginn singt Dylan, ebenfalls in Rollenprosa – und in der Abenddämmerung: *»The buyin' power of the proletariat's gone down / Money's getting shallow and weak / Where the*

---

* »Ich bin schon fast mein ganzes Leben lang ein Arbeiter, aber ich werde weiter arbeiten / So lange diese beiden Hände zu gebrauchen sind / Ich trinke mein Bier in einer Kneipe / Und ich singe ein bisschen von diesem Arbeiter-Blues« (Musik & Text: Merle Haggard).

** »Ich habe noch nie Sozialhilfe bezogen / Und werde das auch niemals tun«.

*place I love best is a sweet memory / It's a new path that we trod / They say low wages are reality / If we want to compete abroad«.** Da ist nichts mehr übrig von der fröhlich erfüllten Freitagabend-Erschöpfung eines Merle Haggard. Melancholie und Verzweiflung liegen in der Luft. Der Bakersfield-Twang ist einem schleppenden Country Blues gewichen. Es werde weiter bergab gehen, singt Dylans Arbeiter. Er sei getäuscht, bestohlen, mit Worten verwundet worden. Die Welt um ihn herum ist kaum mehr verständlich und voller Feinde, die alltägliche Armut spürbar. Er habe Angst vor einem Abstieg in die Kriminalität.

Und doch, er weiß noch, was Arbeit war und was ihre Würde bedeutet. Anders als die, auf die er herabschaut, um sich selber aufzubauen. *»Some people never worked a day in their life / Don't know what work even means / Well, meet me at the bottom, don't lag behind / Bring me my boots and shoes / You can hang back or fight your best on the front line / Sing a little bit of these workingman's blues«.*** Hier hat sich die Welt verändert. Die Bereitschaft zu harter Arbeit reicht nicht mehr aus, um ein Leben in Respekt und Würde zu führen. Ganz offensichtlich gelten die alten Maßstäbe der Gerechtigkeit nicht mehr, und neue sind noch nicht gefunden worden. Zumindest nicht solche, die dieser Arbeiter akzeptieren würde. Aber es findet sich auch kein Zusammenhang, in dem sie entwickelt werden könnten. Es bleibt die Einsamkeit in einer Wohnung, in der man mit dem Kopf im Bett und den Füßen in der Küche schlafen kann. Verwundet und müde. Und mit dem Wunsch nach Rache und einem ehrlichen Kampf.

Und das sind nur die männlichen Befindlichkeiten. Gleiches ließe

---

* »Die Kaufkraft des Proletariats sinkt / Das Geld wird schal und schwach / Mein liebster Platz ist eine süße Erinnerung / Aber wir trotten auf einem neuen Weg / Sie sagen, dass es niedrige Löhne brauche / Wenn wir auch im Ausland konkurrenzfähig sein wollen« (Musik & Text: Bob Dylan).

** »Einige Leute haben noch keinen Tag in ihrem Leben gearbeitet / Die wissen gar nicht, was Arbeit überhaupt bedeutet / Nun, triff mich am Boden, bleib nicht zurück / Bring mir meine Stiefel und Schuhe / Du kannst dich zurückhalten oder in vorderster Linie kämpfen / Sing ein bisschen von diesem Arbeiter-Blues«.

sich auch mit den Songs *9 to 5* von Dolly Parton und *Pay Gap* von Margo Price belegen. 1980 besingt Dolly Parton, desillusioniert, den anstrengenden Alltag eines zwischen 9 und 17 Uhr eingezwängten Acht-Stunden-Tages. Es geht zwar auch ums Materielle und die Verdienste, die knapp sind, aber irgendwie ausreichen, um durchzukommen. »*Working 9 to 5, what a way to make a living / Barely getting by, it's all taking and no giving*«, stellt ihre Protagonistin fest. Entscheidender aber ist etwas anderes: die Erfahrung, für Arbeit keine Anerkennung zu finden. »*They just use your mind, and they never give you credit / It's enough to drive you crazy if you let it / Working 5 to 9, you've got passion and a vision / 'Cause it's hustlin' time, a whole new way to make a livin' / Gonna change your life, do somethin' that gives it meanin'*«.* Leidenschaft und Vision, so der energische Rat des Songs, müssen sich Bahn brechen. Die Selbstständigkeit, der Ausbruch aus der Festanstellung, das sei die Lösung. Ob es am Ende klappt, erfahren wir nicht.

Fast vierzig Jahre später ist es jedenfalls Margo Price, die daran erinnert, dass auch im Jahr 2017 die materielle Anerkennung weiblicher Arbeit deutlich zurückhängt. Sie arbeitet hart, aber fühlt sich verloren und missbraucht: »*Honey, I work so hard for my money / And I leave my babies at home / Breaking my back, trying to bring home a check / Working my fingers to the bone / That the end of the day, feels like a game / One I was born to lose / In this institution and dead revolution / It's given young women abuse*«.** Der Pay Gap, die Gehaltslücke, würde ihre Dollars zur Hälf-

---

* »Arbeiten von 9 bis 5 / Was für ein Art, seinen Lebensunterhalt zu bestreiten / Kaum genug zum Durchkommen, es geht nur ums Nehmen und nicht auch ums Geben«; »Sie benutzen deinen Geist, aber geben dir dafür keine Anerkennung / Es reicht, um dich verrückt zu machen, wenn du das zulässt / Arbeiten von 9 bis 5, du hast Leidenschaft und eine Vision / Aber es ist alles ein Gehetze, eine ganz neue Art, das Leben zu bestreiten / Ändere dein Leben, mach was, das ihm Sinn gibt« (Musik & Text: Dolly Parton).

** »Ich arbeite so hart für mein Geld / Ich lasse meine Kinder zu Hause / Mache den Rücken krumm, versuche den Gehaltsscheck nach Hause zu bringen / Arbeite mir die Finger bis zu den Knochen runter / Sodass das Tagesende sich wie ein Spiel anfühlt /

te zerreißen. Ein Hinweis darauf, dass trotz gesetzlicher Vorgaben Frauen immer noch weniger für gleiche Arbeit bekommen und sich zudem oft in strukturell schlechter bezahlten Branchen wiederfinden. Die Sängerin fühlt sich betrogen: »*They say that we live in the land of the free / But sometimes that bell don't ring true*«,* und macht zum Schluss berechtigterweise das ganz große Fass auf: »*No matter your religion / No matter your race / No matter your orientation / No matter your creed / And no matter your taste / No matter your denomination / We're all the same in the eyes of God / But in the eyes of rich white men / You're more than a maid / To be owned like a dog / Second class citizen*«.** Wer weniger bekommt, der fühlt sich auch nur noch zweitklassig.

Da ist sie wieder, die moralische Aufladung der materiellen Fragen in unserer Gesellschaft, die Michael Sandel beschrieben hat. Da ist zugleich aber vielleicht auch ein Hinweis darauf, wie sich die Anliegen der »*white working class*« mit denen der vielfältigen Koalition der Progressiven verbinden ließen. Sie alle wollen ordentlich und gerecht bezahlt werden. Und wahrscheinlich wollen sie auch alle eine ordentliche Absicherung bei Arbeitslosigkeit, Krankheit, Pflege und Alter und gute Schulen für ihre Kinder und eine sichere Umgebung für alle sowieso. Das wäre ein Gerechtigkeitsprojekt, das so manchen kulturellen Spalt der Gesellschaft ein bisschen schmaler machen könnte.

Das ich von Geburt an verlieren musste / In dieser Institution und toten Revolution / Die junge Frauen missbraucht« (Musik & Text: Margo Price).

* »Sie sagen, dass wir im Land der Freien leben / Aber oft klingt das nicht wahr«.

** »Ganz egal welche Religion / Ganz egal welche Rasse / Ganz egal welche Orientierung / Ganz egal welcher Glaube / Ganz egal welcher Geschmack / Ganz egal welche Bestimmung / Wir sind alle gleich in den Augen Gottes / Aber in den Augen reicher weißer Männer / Bist du eher wie eine Magd / Zu besitzen wie ein Hund / Ein Bürger zweiter Klasse«.

GLOBALE UND ÖKOLOGISCHE ERWEITERUNGEN

Die bislang diskutierten Gerechtigkeitsfragen beziehen sich auf die sozialen und wirtschaftlichen Verhältnisse auch bei uns im Land. Sie sind geprägt davon, dass es auch in einer der reichsten und produktivsten Volkswirtschaften schwierig bleibt, den erarbeiteten materiellen Wohlstand angemessen gerecht zu verteilen. Wie in fast allen westlichen Industrienationen gilt: Ein immer kleinerer Teil profitiert überproportional, während viele immer weiter zurückfallen und es auch mit harter Arbeit nicht mehr schaffen.

Der Ökonom Branko Milanović hat die globale Entwicklung des sozialen Abstiegs bestimmter Milieus in den reicheren Ländern analysiert und in ein griffiges Bild gepackt: das des Elefanten. Ganz oben an der aufgerichteten Rüsselspitze befinden sich die größten Profiteure der Globalisierung, die Eliten der Industrienationen (das sogenannte »Eine Prozent«), den Buckel bilden die ebenfalls gewinnenden Mittelschichten in den Entwicklungs- und Schwellenländern, während der durchhängende Teil des Rüssels die unter Jobverlagerung und libertärer Staatsskepsis leidenden Arbeitnehmer*innen in den hoch entwickelten Volkswirtschaften, also die Kolleg*innen von Bob Dylans *Workingman*, darstellt.[27] Sie haben an ökonomischem, sozialem und kulturellem Status verloren. Einst waren sie in ihren Gesellschaften – und für einen kurzen Moment auch in der globalen Populärkultur – das Leitmilieu des Traums von Wachstum und Wohlstand. Doch die Welt hat sich verändert, und ihren neuen Platz haben die Mitglieder dieser alten Arbeiterklasse noch nicht gefunden. Natürlich geht es ihnen absolut betrachtet immer noch besser als den meisten Menschen auf der Welt, aber ihre Situation verbessert sich nicht. »Daraus folgt, dass die Einkommenskluft zwischen Reich und Arm in der reichen Welt größer geworden und dass die Globalisierung in den reichen Ländern jenen zugutegekommen ist, die bereits wohlhabend waren.«[28]

Das sei auch deshalb bemerkenswert, so Milanović, weil die Forschung mehrheitlich davon ausgegangen sei, dass die Ungleichheit in entwickelten Volkwirtschaften abnehme. Er hingegen zeichnet ein wellenförmiges Bild, in dem sowohl äußere Schocks wie Kriege als auch interne politische Institutionen wie der Sozialstaat oder das Steuerrecht dafür sorgen, dass Ungleichheit phasenweise ab- und dann wieder zunimmt.[29] Diese Entwicklungen sind politisch gestaltbar: So ging vielerorts in den sechziger und siebziger Jahren die Ungleichheit zurück, weil Bildungsangebote ausgeweitet, landwirtschaftliche Produktionsverhältnisse erneuert oder soziale Absicherungen verbessert wurden.[30]

Wenn diese Entwicklung in Teilen der Welt zu einem vorläufigen Ende gekommen ist, stellt sich angesichts dessen die Frage, ob auch dafür politische Entscheidungen den Weg geebnet haben. Milanović nennt die zunehmende Zahl von Dienstleistungsjobs, die intensivere Globalisierung der Produktion und die geringeren Steuern auf Kapital als die wesentlichen Faktoren, die zu wachsender Ungleichheit geführt haben. Der Umstand, dass Dienstleistungsjobs kleinteiliger und gewerkschaftlich schlechter zu organisieren sind, die Konkurrenz zu niedrigeren Löhnen in den Entwicklungs- und Schwellenländern und die höhere Belastung von Arbeitseinkommen drücken dreifach auf die Möglichkeiten von Arbeitnehmer*innen, mit den eingeübten Mechanismen der Umverteilung ihre Lage zu verbessern.[31]

Für sie, die herbe Wohlstandsverluste erfahren mussten, wirkt es zusätzlich bedrohlich, wenn Gerechtigkeit nicht mehr nur im Maßstab der eigenen Gesellschaft, sondern in planetaren Größenordnungen betrachtet wird – zwischen Nord und Süd oder zwischen Mensch und Natur. Wenn der Rahmen so weit aufgezogen wird, relativiert das die Ungleichheit der eigenen Stellung im eigenen Land. Anderswo gibt es immer Menschen, denen es viel schlechter geht. Und dann ist da noch der Planet …

Milanović zeigt, dass der Geburtsort im globalen Maßstab entscheidender ist als formale Bildung oder Milieuzugehörigkeit. Aber im binnengesellschaftlichen Maßstab müssen in einem Land wie Deutschland fast alle, die nicht zu dem »Einen Prozent« der Reichsten gehören, feststellen, dass ihre Aussichten auf Wohlstand sich eintrüben, dass sie global durch die neue Konkurrenz unter Druck geraten und dass die relativen Wohlstandsgewinne nicht gerecht verteilt werden, sondern auf die Konten nur sehr weniger Menschen fließen. Hier für mehr innergesellschaftlichen Ausgleich zu sorgen ist die Voraussetzung dafür, im globalen Maßstab Gerechtigkeitspolitik zu entwickeln.

Längst geht es nämlich nicht mehr nur um die Verteilung des Wohlstands in unserer reichen Gesellschaft. Und damit auch nicht mehr nur um die Ansprüche derjenigen, die hier bei uns nicht mehr wissen, wie sie klarkommen sollen. Es geht auch um die Frage, wie sich der Reichtum weltweit verteilt. Im *Nord-Süd-Report* für die Vereinten Nationen hat Willy Brandt bereits 1980 Gerechtigkeit global konzipiert: »Internationale soziale Gerechtigkeit sollte im Zusammenhang gesehen werden mit einem wachsenden Bewusstsein von der grundlegenden Gleichheit und Würde aller Menschen. Wissenschaftliche, technologische und wirtschaftliche Möglichkeiten sollten mit dem Ziel entwickelt werden, eine menschlichere Sozial- und Wirtschaftsordnung für alle zu ermöglichen. Große Anstrengungen sollten unternommen werden, damit die Menschen- und die sozialen Rechte beschleunigt Anerkennung finden und durch internationale Abkommen geschützt werden.«[32]

Wenn in weiten Teilen der Erde heute nicht einmal zwei Euro pro Tag und Person zum Leben zur Verfügung stehen, dann bedarf es nicht vieler Worte, um zu begründen, dass hier etwas aus dem Lot ist. Die Arbeits- und Überlebensbedingungen sind vielerorts nach wie vor katastrophal, trotz mancher Fortschritte durch Hilfsprogramme und wirtschaftliche Zusammenarbeit. Von global gerechten Verhältnissen sind wir trotz vieler Fortschritte weit entfernt. Ohne sich auch um globale Gerechtigkeit zu kümmern, klingen alle nach innen gerichteten Verteilungsdiskussionen hohl.

Und eine weitere Dimension ist in den letzten Jahrzehnten neu hinzugekommen: Gerechtigkeit bezieht sich nicht mehr nur – im nationalen oder globalen Rahmen – auf die Größe des Kuchenstücks, das man sich erarbeiten kann, auch nicht mehr nur auf die Chancen, die dem Einzelnen gesellschaftlich offenstehen, sondern auch darauf, wer welchen Anteil am Verzehr der planetaren Ressourcen beansprucht. Es geht darum, ob ein Milliardär wie Bill Gates binnen eines Jahres alleine tatsächlich so viel CO_2 produzieren darf wie 38 andere Menschen.[33] Und darum, wie wir die Einsparungen schaffen, die wir global erbringen müssen, wenn wir diesen Planeten vor den Folgen unserer Verantwortungslosigkeit retten wollen. Dass das neue Konflikte zwischen Arm und Reich erzeugt – in den jeweiligen Gesellschaften ebenso wie im globalen Maßstab –, ist keine neue Erkenntnis. Das reichste eine Prozent der Weltbevölkerung produziert aktuell pro Kopf 110 Tonnen Kohlendioxid und damit insgesamt rund 17 Prozent aller Emissionen, während die ärmere Hälfte nur für rund 1,6 Tonnen CO_2 pro Jahr verantwortlich ist.[34] Solche Zahlen spielen eine Rolle, wenn wir die Fragen des Klimawandels gerecht beantworten wollen.

»Wenn die Ökosysteme nur eine bestimmte Menge an Rohstoffen hergeben und eine bestimmte Menge an Abfall und Abgasen aufnehmen können, stellt sich automatisch die Frage, wer wie viel gebrauchen, wegwerfen und ausstoßen darf. Umweltfragen sind immer Verteilungsfragen, und Verteilungsfragen sind immer Gerechtigkeitsfragen«, schreibt die Nachhaltigkeitsforscherin Maja Göpel.[35] Die Scientists-for-Future-Gründerin hat mit ihrem Bestseller *Die Welt neu denken* allen aus der Seele gesprochen, die sich nicht mehr mit Hinweisen auf Pfadabhängigkeiten oder gar Unmöglichkeiten abspeisen lassen wollen, sondern die aus dem Wissen, dass die Alternative gedacht werden kann, die Motivation ableiten, sie zu realisieren.

Nicht entmutigen lassen, sondern analysieren, den Anschein falscher Annahmen zerreißen und Alternativen benennen – darum müsse es gehen, plädiert Göpel.

In den Blick nimmt sie dabei vor allem die Folgen des menschengemachten Klimawandels für unser Zusammenleben. Spätestens seit der Studie des Club of Rome von 1972 zu den Grenzen des Wachstums wussten wir um das Notwendige, blieben aber gefangen in falschen und gefährlichen Routinen. Viele kleine, für sich jeweils rationale Entscheidungen führten deshalb bis heute zu unvernünftigen Ergebnissen – weil die Rahmenbedingungen nicht stimmen, die Anreize falsch gesetzt sind und kaum jemand versucht, den Überblick zu wahren. »Heute regnet es, da nehme ich doch das Auto.« »Wenn die Avocado schon im Supermarkt liegt, dann kann ich sie ja auch einpacken. Das macht fürs Klima keinen Unterschied.« »Einmal ist keinmal.« Das ist die Logik, nach der viele kleine Entscheidungen große Folgen haben können. Deshalb brauchen Märkte klare Regeln, um Verantwortung und Chancen zur Mitbestimmung besser zu verteilen. Solange die Preise nicht widerspiegeln, was ein Produkt kostet, lenken sie nicht so, wie Marktliberale behaupten.

Deshalb ist es die Aufgabe des Staates, hier für Übersicht zu sorgen. Gesamthaft und in Abwägung aller berechtigten Ansprüche. Das, was bei der sozialen Marktwirtschaft bereits etabliert ist, muss noch viel beherzter auch um eine ökologische Dimension erweitert werden. Die politische, soziale und kulturelle Rahmung der Märkte ist schließlich selbst eine ökologische Frage, weil sie die Verflechtung ihrer Wirkweise in das planetare Gesamtsystem betrifft. Diese Erweiterung der relevanten Regeln nicht auf Kosten sozialer Errungenschaften vorzunehmen ist der Anspruch an eine sozial-ökologische Transformation von Wirtschaft und Gesellschaft.

Allein der Staat habe die Kraft, plädiert Göpel, die kleinen Entscheidungen zu ordnen und Gemeinwohlziele zu definieren, wenn die Marktteilnehmer*innen es nicht mehr schaffen, ihr Handeln am

Notwendigen auszurichten.[36] Leider ist der Staat als ökonomischer Akteur und Gerechtigkeitsgarant in den letzten Jahrzehnten so sehr delegitimiert worden, dass er viel zu selten als marktordnende Kraft auftritt. Aber es braucht eine Instanz, die Regeln nicht nur setzt, sondern auch durchsetzt, auf die sich eine Gesellschaft verständigt hat. Den Staat zum Handeln zu befähigen – das ist das Anliegen sozialdemokratischer Politik. Sie versteht den Staat nicht als etwas der Gesellschaft Äußerliches, sondern als Instrument des Wandels.

Bleibt dieser Wandel dagegen nach dem marktliberalen Modell den Einzelnen allein überlassen, wird schnell deutlich, dass es nicht ausreicht, einzelne Entscheidungen am Markt zu addieren, wenn man das Gemeinwohl gerecht gestalten will. Für eine gerechtere Verteilung von Lasten, Chancen und Wohlstand braucht es eine Vorstellung von Gerechtigkeit. Und deren Maßgaben ändern sich im Lichte der globalen Ressourcenkrise dramatisch.

Umweltgüter wie die Atmosphäre oder die natürlichen Ressourcen zählen zu den sogenannten öffentlichen Gütern, die der Allgemeinheit zur Nutzung – und damit auch zur pfleglichen Behandlung – offenstehen.[37] Die notwendigen Regeln müssen wie auf den Allmende-Feldern des Mittelalters, die der Dorfgemeinschaft gehörten, gemeinsam vereinbart werden. Marktmechanismen allein können mit öffentlichen Gütern nicht ausreichend umgehen, ihr egoistisches Kalkül der Nutzenmaximierung zerstört den solidarischen Gemeinwohlanspruch einer gerechten Teilhabe.

Das zeigt sich auch in den Problemen, die die überfällige regionale und zeitliche Erweiterung des Gerechtigkeitsbegriffs erfährt. Dass auch andere Regionen der Erde einen Anspruch auf gerechte Verteilung und nachfolgende Generationen einen Anspruch auf einen bewohnbaren Planeten haben, sollte eigentlich eine Selbstverständlichkeit sein. Aber so stellt sich die Veränderung für die Marktteilnehmer*innen nicht dar. Auch weil die Kosten des Naturverbrauchs meistens nicht angemessen bepreist werden.

In der Folge mögen viele die Entgrenzung des Strebens nach Gerechtigkeit zwar als allgemein gesehen vernünftig betrachten, aber sie haben zugleich durchaus Sorge, dass es dadurch zu einer Verschlechterung ihrer Chancen und ihrer Lebensqualität kommen könnte. Das liegt sicherlich auch an der Rhetorik des Wandels. Plötzlich hören nämlich diejenigen, die sich über Jahrzehnte als Leistungsträger*innen verstanden haben und die nun selber in Schwierigkeiten geraten, weil ihre Jobs unsicher werden, dass sich die Welt nun einmal ändern müsse und sie damit klarzukommen hätten. Es sei aktuell wichtiger, denen zu helfen, die im globalen Süden unter viel dramatischeren Bedingungen versuchten zu überleben. Und vor allem müsse überhaupt erst einmal der Planet überleben können, damit noch etwas zu verteilen übrig bleibt.

So unweigerlich richtig das ist, so notwendig bleibt es, dass die Einsicht wächst, dass es der für alle richtige Pfad ist. Dazu braucht es gesellschaftliche Verständigungsprozesse – und zwar ernsthaft und ergebnisorientiert. Ein beißend satirisches Bild unserer Unfähigkeit, über den kurzen Horizont der eigenen Situation hinauszudenken, hat der Film *Don't look up* Ende 2020 gezeichnet. Er erzählt die Geschichte zweier Astronom*innen, die einen riesigen Asteroiden entdecken, der in etwas mehr als einem halben Jahr die Erde zerstören wird. Gemeinsam versuchen die beiden, Aufmerksamkeit für die Gefahr zu erzeugen – bei der NASA, im Fernsehen, bei der Präsidentin. Doch fast überall stoßen sie auf die Ignoranz von Menschen, die mit der Disruption nicht umgehen können – weil sie sie nicht einmal denken können oder weil sie ihnen schlicht nicht ins Weltbild passt. Hinzu kommt, dass die jeweiligen gesellschaftlichen Logiken die Reaktionen auf fatale Weise prägen: Die TV-Moderator*innen suchen den unterhaltsamen Aspekt, spinnen private Geschichten über die Forscher*innen und sparen sich eine tiefere Beschäftigung mit der Gefahr. In den sozialen Medien entstehen Verschwörungsmythen. Und die Präsidentin, bei der die beiden einen Termin bekommen, hat kurz vor Wahlen Angst vor den Umfragen und schiebt das Thema auf die lange Bank. Als sie es dann braucht, um einen anderen Skandal zu verdrängen, entscheidet sie sich für die Lösung, die ihr ein Techmilliardär vorgeschlagen hat. Der will den Meteoriten im All mit einer neuen Technologie aufspalten, um die dort entdeckten seltenen Erden noch nutzen zu können und so gleichzeitig die Gefahr technisch aus der Welt schaffen. Die Wissenschaftler*innen warnen davor, dass jegliches Wissen darüber fehle, ob und unter welchen Umständen das gelingen könne, und dass deshalb andere Vorsichtsmaßnahmen zu treffen seien. Die Politik ist anderer Meinung und setzt auf die profitversprechende technologische Lösung. Kurzum: Die gesellschaftlich vorbereitende Debatte bleibt aus, die technologische Lösung schafft trügerische Sicherheit und scheitert. Die Welt geht unter. Nur einige Reiche retten sich auf einen anderen Planeten – nicht zwingend mit einem besseren Ergebnis.

Es fällt leicht, den Film als eine Parabel auf die Klimakrise und unseren Umgang mit ihr zu sehen. Entsprechend hitzig waren die Debatten: Wer sich für das Klima engagierte, war begeistert. Wer eher cinephil schaute, bemängelte die allzu simple Analogie. »Leute, die die Erhitzung der Erdatmosphäre und das globale Artensterben als die menschheitsbedrohende Doppelkatastrophe erkannt haben, die sie nun einmal sind, fühlen sich seit Jahren genau so, wie die von Jennifer Lawrence und Leonardo DiCaprio gespielten Figuren im Film das offenbar tun«, schreibt der Medienwissenschaftler Christian Stöcker, der sich intensiv mit der Klimakatastrophe auseinandersetzt. »Weil ihnen niemand richtig zuhört. Irgendwann will man die Leute einfach anbrüllen.«[38] Der Film wirke gar nicht so plakativ, wenn man ihn mit den realen Geschehnissen vergleiche – und er sagt das über einen Film, bei dem sich kurz vor Ende zwei politische Lager gegenüberstehen, die sich unter den Slogans »Don't look up« der US-Regierung und »Just look up« der kritischen Wissenschaftler*innen versammeln. Plakativer geht es eigentlich nicht.

Aber wenn eine Gesellschaft so sehr in ihren Routinen verhaftet ist, dass ihr das Ausbrechen aus ihren »Scheinrealitäten« (Maja Göpel) nicht gelingt, dann braucht ein grober Klotz wohl auch einen groben Keil, um verstanden zu werden. In der politischen Kommunikation ist das keine Besonderheit. »Man kann sehr gut verstehen, warum Leute, die sich mit dem Zustand der Erde professionell beschäftigen, den Film rein gar nicht zu schrill oder gar plump finden. Nichts könnte so schrill und plump sein wie die Realität.«[39]

Schließlich sind anderthalb Jahrzehnte vergangen, seit der ehemalige US-Vizepräsident Al Gore, der von 1993 bis 2001 mit Bill Clinton im Weißen Haus war und im Anschluss die Präsidentschaftswahlen unter dubiosen Umständen gegen George W. Bush verlor, 2006 seinen Film *Eine unbequeme Wahrheit* in die Kinos brachte. Er basiert auf einem Powerpoint-Vortrag, den Gore bei Hunderten Veranstaltungen gehalten hatte. Mit seinem Herzensthema war Gore konstant unterwegs, um aus der Perspektive eines US-Demokraten, der Schwesterpartei der Sozialdemokratie, zu verdeutlichen, wie drängend der Kampf gegen den Klimawandel und für nachhaltige Entwicklung sei und wie sehr das Thema als Gerechtigkeitsprojekt in den Kernbereich progressiver Politikentwicklung gehöre. Die Politik habe es so lange auf Abstand gehalten, sagt Al Gore im Film, weil es zu einer moralischen Frage werde, wenn man sich ihm nähere. Zu einer Frage, die so groß sei, dass sie alle anderen beiseitedrängen könne.

Im globalen Maßstab hat es seitdem durchaus Fortschritte gegeben – zum Beispiel mit den Vereinbarungen der Klimakonferenz 2015 in Paris, mit denen die Erderwärmung deutlich unter zwei und möglichst unter 1,5 Grad Celsius gehalten werden soll, und mit der Verabschiedung der »Sustainable Development Goals« (SDG), der »Ziele für nachhaltige Entwicklung« der Vereinten Nationen, die den Weg in eine gerechtere globale Wirtschaft weisen sollten.

Aber es ist eine sehr junge Entwicklung, dass Nachhaltigkeit endlich in gleicher Selbstverständlichkeit als politisches Ziel genannt wird wie Gerechtigkeit. Dabei sind beide eng miteinander verwoben. Was bei der Nachhaltigkeit einst als forstwirtschaftliches Prinzip begann und darauf abzielte, dass nicht mehr Bäume gefällt als nachgepflanzt werden können, ist zu einem Generalprinzip menschlichen Überlebens geworden. Die Vereinten Nationen haben mit ihren ambitionierten »Zielen« selbst den Maßstab gesetzt und klargemacht, dass ohne Nachhaltigkeit alles andere nichts ist. Sie knüpfen damit an die fast vier Jahrzehnte alte Feststellung des *Brundtland-Berichts* an, der eine Definition von Nachhaltigkeit entwickelte, deren Relevanz für Gerechtigkeitspolitik auch heute noch unübersehbar ist: »Dauerhafte (nachhaltige) Entwicklung ist Entwicklung, die die Bedürfnisse der Gegenwart befriedigt, ohne zu riskieren, dass künftige Generationen ihre eigenen Bedürfnisse nicht befriedigen können.«[40]

Tatsächlich berührt die Beschäftigung mit Fragen der Nachhaltigkeit immer wieder auch Fragen der Gerechtigkeit. In gewisser Weise erweitert sie die Verteilungsfragen der Gegenwart nicht nur auf den Globus, sondern setzt sie in einen zeitlichen Bezug mit Blick auf die Ressourcen, die auch den nachfolgenden Generationen noch zur Verfügung stehen müssen. Leider werden sie aber viel zu selten so gefasst, sondern eher in einen Gegensatz zu den materiellen Gerechtigkeitsansprüchen innerhalb unserer Gesellschaft gesetzt. Dabei hat das Bundesverfassungsgericht in seinem Beschluss zum Klimaschutzgesetz vom 24. März 2021 geschrieben, dass Gerechtigkeit nicht nur Bezüge zwischen den aktuell in einer Gesellschaft Lebenden zum Gegenstand habe, sondern auch in ihrer zeitlichen Dimension zwischen den Generationen betrachtet werden müsse. Die daraus wachsenden Spannungsfelder werden nicht angemessen bearbeitet, wenn der Wunsch nach mehr Verteilungs- und Teilhabegerechtigkeit innerhalb der eigenen Gesellschaft und der nach einem globalen nachhaltigen Ausgleich im Kampf gegen den Klimawandel in einen künstlich konstruierten Konflikt gesetzt werden.

Die Historikerin Hedwig Richter kritisiert die mit sozialen Argumenten vorgetragene Skepsis gegenüber nachhaltiger Politik als »Klassenkampfrhetorik« und vermutet hinter dem Hinweis, dass der Kampf gegen den Klimawandel sozial gerecht geschehen müsse, um wütende Bürgerproteste wie durch die Gelbwesten in den Jahren 2018/19 in Frankreich zu verhindern, eine größere politische Vermeidungsstrategie: »Es gibt keine soziale Gerechtigkeit ohne einen bewohnbaren Planeten. Soziale Gerechtigkeit heißt nicht mehr, dass es die Kinder besser haben als man selbst, sondern dass sie einen Planeten vorfinden, den sie in Solidarität mit dem globalen Süden bewohnen können.«[41]

Doch viel zu selten werden Gerechtigkeit und Nachhaltigkeit strukturell zusammengedacht. Meistens überwiegen moralische Appelle an die Verzichtsbereitschaft der Einzelnen, von denen sich nicht wenige Menschen zu Recht überfordert fühlen. Entscheidend ist, dass wir auf sie eingehen, die notwendigen Entscheidungen nicht privatisieren und der Vernunft der Einzelnen auferlegen, sondern dass wir zu Vereinbarungen gelangen, die alle nach ihren jeweiligen Möglichkeiten in die Pflicht nehmen oder aber bestimmtes klimaschädliches Verhalten von vornherein ausschließen.

Es gibt schließlich nicht wenige, die gar nichts mehr haben, worauf sie freiwillig verzichten könnten. Die Journalistin Anna Mayr beschreibt in ihrer Streitschrift *Die Elenden*, wie es Familien geht, in denen bereits die Klassenfahrt oder neue Kleidung nicht drin sind. Sie fragt sich angesichts der »Verherrlichung des Verzichts«,[42] wie diejenigen mit solchen Forderungen umgehen sollen, die schon jetzt weit vor Ende des Monats nichts mehr übrig haben – und die entsprechend allergisch darauf reagieren, dass ihnen aus besser situierten Kreisen vorgehalten wird, dass sie nun mal einsehen müssten, dass sie ihr Leben weiter einschränken können. Das Ergebnis dieser moralischen Individualisierung der Verantwortung wäre eine bislang vermiedene Spaltung der Gesellschaft. Anstatt eine gemeinsame Aufgabe auch gemeinsam anzugehen, werden die unterschiedlich verteilten Ressourcen und die Folgen dieser ungleichen Verteilung erneut nur allzu deutlich:

»Wenn nun Verzicht zum moralischen Wert wird, dann machen wir es den Armen noch schwerer, sich dieser Gesellschaft zugehörig zu fühlen«, schreibt Mayr. »Denn sie wünschen sich ja all diese Dinge, auf die verzichtet wird. Diejenigen, die den Verzicht auf etwas predigen, was sie unzählige Male genossen haben, rufen ihnen nun zu: ›Flugreisen sind gar nicht so toll, die braucht man nicht‹, und erheben sich so wiederum zu Entscheidern auf der Grundlage finanzieller Überlegenheit – zu der nun noch die moralische Überlegenheit kommt, denn ihr Verhalten hilft ja dem Planeten.«[43]

Es sind diese in den moralischen Entscheidungsspielraum der Einzelnen verlagerten Antworten auf die globale Herausforderung des Klimawandels, die Keile in unsere Gesellschaft treiben. Hier verlangen diejenigen, die in urbanen Milieus einen bürgerlichen Lebensstil pflegen, von denen, die schon heute nur einen Bruchteil der ökologischen Probleme verursachen, sich gleichermaßen auch zu engagieren. Eine Nachhaltigkeitspolitik, die sensibel ist für Fragen sozialer Gerechtigkeit, erschöpft sich nicht in allgemeinen moralischen Appellen zum Verzicht, sondern strebt nach politischer Rahmensetzung, die umverteilt und lenkt, um die Ziele, die wir global erreichen müssen, auch tatsächlich erreichbar zu machen.

Wenn Plastik schädlich ist, dann gehört es aus der Produktionskette genommen. Wenn die Fahrt mit dem Verbrennerauto die Umwelt zu sehr schädigt, dann braucht es bezahlbare und konkurrenzfähige Alternativen. Wenn bestimmte Arten der Wärme- oder Stromerzeugung problematisch sind, dann müssen andere entwickelt und zur Verfügung gestellt werden. Es reicht nicht, bloß über positive Anreize zu regulieren. Wenn Dinge nicht sein sollen, dann sollten sie auch klar verboten werden. Das ist allemal besser als das falsche Versprechen, dass sie theoretisch ja noch verfügbar wären, aber es prohibitiv teuer oder moralisch verwerflich wäre, sie auch zu besitzen oder zu nutzen. Und das geht. In der EU sind zum Beispiel nur noch Staubsauger erhältlich, die über maximal 900 Watt Leistung verfügen. Noch vor einem Jahrzehnt waren bis zu 1600 Watt die Regel. Der Grund ist eine rechtliche Vorgabe.[44] Das zeigt, dass politische Entscheidungen an die Stelle moralischer Appelle an die Konsument*innen treten und den nötigen Wandel beschleunigen können.

Auch eine solche ordnungspolitische Perspektive bedarf eines neuen Starts, da eine zentrale Grundannahme nationalstaatlicher Gerechtigkeitspolitik schwer erschüttert ist. Lange Zeit haben die Verteilungskämpfe um mehr Gerechtigkeit ihr Heil in der Annahme gesucht, dass es möglich sein werde, weiterhin durch mehr Wachstum die Spielräume zu vergrößern, so Göpel. Die planetaren Ressourcen waren in diesen Überlegungen nichts mehr als Material, das für Fortschritt genutzt werden konnte. Mittlerweile ist die Endlichkeit der Ressourcen so offensichtlich geworden, dass auch ihr Verbrauch zu einer Gerechtigkeitsfrage wird.[45]

Deshalb ist es so problematisch, wenn die sich damit verbindenden Fragen des Respekts und der Anerkennung nicht beachtet werden. Nicht jeder in unserer Gesellschaft kann gleichermaßen mitmachen beim Verzicht. Und muss es auch gar nicht, da Armut in der Regel den ökologischen Fußabdruck deutlich verringert. Deshalb wäre es sinnvoll, wenn diejenigen, die solche Vorschläge machen, mit gutem Beispiel vorangingen. Der notwendige Wandel zu mehr Nachhaltigkeit »wird scheitern«, prognostiziert Julia Friedrichs, »wenn weiterhin diejenigen, denen es gut geht, den anderen predigen, den Gürtel enger zu schnallen, die Ansprüche runterzuschrauben, sich mit weniger zufriedenzugeben. Es müsste – einmal nur – andersherum laufen: Die, mit denen es das Wirtschaftssystem in den letzten Jahren so gut gemeint hat, müssten die Gewichte stemmen, müssten die Wende zum Weniger nicht von anderen verlangen, sondern selbst beginnen, als eine Art Verzichtsavantgarde.«[46]

In der Tat ist die Dringlichkeit erheblich und Zeit, die heute vertändelt wird, kann man in Klimafragen morgen nicht wieder aufholen. Außerdem stellen sich Verteilungsfragen noch einmal direkter, wenn weniger vorhanden ist und das dann noch gerecht verteilt werden muss. Dann müssen manche nämlich überproportional abgeben, argumentieren die *Zeit*-Journalisten Robert Pausch und Bernd Ulrich. Bislang, so kritisieren sie, würde sich die SPD dieser Aufgabe nicht ausreichend stellen: Dabei liege doch »das klimapolitische Problem … weniger im Lebensstil der unteren Schichten als in den Konsumgewohnheiten der oberen (große Wohnungen, schwere Autos, viele Flüge)«.[47] Deshalb gehe es nicht so sehr darum, bloß die Einzelnen vor den Konsequenzen des nötigen Wandels zu schützen, sondern man müsse ihnen vielmehr die Mittel und Kompetenzen organisieren, damit sie diesen Wandel so gestalten können, dass er in ihrem Sinne ausgeht.

Wer versucht, die Wissenschaft zu diskreditieren, wird enden wie die Erdbewohner*innen in *Don't look up*. Aber wer wissenschaftliches Wissen zur Grundlage eigener Politikentwürfe macht, kann mehr Freiheit und Gerechtigkeit und Sicherheit im Wandel organisieren. Pausch und Ulrich fordern deshalb einen Perspektivwechsel: »Tatsächlich müssen doch auch und gerade ärmere Menschen eine Chance bekommen, sich aktiv und selbstwirksam an der Bearbeitung der Klimakrise zu beteiligen, ihnen den Zugang zu einem nachhaltigen Konsum überhaupt erst zu ermöglichen. Verschonung vor dem Ökologischen, das ist die SPD des 20. Jahrhunderts; den Anspruch auf die ökologische Teilhabe aller zu erheben, das wäre eine Sozialdemokratie des 21. Jahrhunderts.«[48]

Diese Vendetta mag sehr holzschnittartig sein, am Kern ihrer Kritik aber ist etwas dran. Zwar kann nur behaupten, dass die SPD im 20. Jahrhundert auf Verschonung vor dem Ökologischen aus war, wer die jahrelange Programmdiskussion ignoriert, die 1989 im Berliner Programm mündete. Aber dass das Ziel der Teilhabe an der ökologischen Umgestaltung ins Zentrum der Gerechtigkeitspolitik gehört, sollte außer Frage stehen. Und zwar nicht als individuelles Projekt der eigenen Selbstoptimierung, sondern als gemeinsame, öffentliche, politische Aufgabe, die nach nachhaltiger Gerechtigkeit im gesellschaftlichen und planetaren Maßstab strebt.

Die Sozialdemokratie ist der richtige Adressat solcher Forderungen. Sie kennt die Spannungsfelder der Gerechtigkeit: seit Bebel die Auswüchse des Kolonialismus anprangerte, seit die sozialliberalen Koalitionen den Aufstieg durch Bildung und die Absicherung durch den Sozialstaat ermöglichten, seit Sozialdemokraten wie Erhard Eppler, Hermann Scheer oder Ernst Ulrich von Weizsäcker sich für eine ökologisch-soziale Transformation unserer Volkswirtschaft eingesetzt haben. Willy Brandt schreibt in seinen *Erinnerungen*, dass er bereits 1961 darauf hingewiesen habe, »dass die Gesundheit von Millionen Menschen auf dem Spiel stehe. Reine Luft, reines Wasser, weniger Lärm dürften nicht papierne Forderungen bleiben.« Daraus wurde sein berühmter Satz, der Himmel über der Ruhr müsse wieder blau werden. Er wurde vielfach »banausenhaft ins Lächerliche gezogen«, und es dauerte noch ein ganzes Jahrzehnt, bis Brandt als Kanzler den Umweltschutz zu einer eigenständigen Aufgabe im Innenministerium machte. Doch auch danach blieb der Weg beschwerlich: »Dass von den Vorstellungen eines mechanischen Wachstums Abschied zu nehmen sei, ahnte man mehr, als dass man's wusste«, resümierte Brandt Jahre später.[49]

Willy Brandt teilte übrigens schon Ende der achtziger Jahre, als er seine *Erinnerungen* schrieb, die Kritik am zu langsamen politischen Handeln und kritisiert die allzu gemächliche Übersetzung wissenschaftlichen Wissens in politische Programme: »Ohne Geduld geht nichts. Aber zornig kann man werden, wenn einleuchtende Erkenntnisse nicht oder nur unendlich langsam in angemessene Politik umgesetzt und darüber öffentliche Mittel vergeudet werden«, stellt Brandt fest und fährt fort: »Das gilt nicht zuletzt in Fragen, die grenzüberschreitend sind oder die Menschheit insgesamt betreffen. Seit

Jahr und Tag ist notorisch, dass unsere Erde das vorausberechenbare Wachstum der Bevölkerung, die Erschöpfung der natürlichen Ressourcen und die Auszehrung der Umwelt nicht lange erträgt. Wir leben seit geraumer Zeit auf Kosten kommender Generationen. Und bräuchten politische Führungen mit Mut und Willenskraft, jene Aufgaben anzugehen, die deutlich über den Tag hinausführen. Den zwangsläufigen und geraden Weg zu rationalem Handeln und humanem Fortschritt gibt es nicht. Ihm nahe zu kommen bleibt die der Demokratie innewohnende Möglichkeit.«[50]

Auf diese Möglichkeit sollte sich die Sozialdemokratie besinnen. Das Soziale und das Ökologische enger miteinander zu verweben ist die zentrale Herausforderung für zeitgemäße Gerechtigkeitspolitik. Die Sozialdemokratie steht vor der Aufgabe, hier dauerhaft und belastbar für gesellschaftliche Akzeptanz und politische Handlungsfähigkeit zu sorgen. Schließlich geht es um einen tiefgreifenden Wandel, in dem die Politik kraftvoll Maßstäbe setzen und Verhalten leiten muss. Maja Göpel hat recht: »Wie will man die ökologische Frage lösen, wenn man sie nicht auch als soziale Frage versteht?«[51] Um diese beiden komplexen Felder miteinander und mit der Ökonomie wieder so zu verschränken, wie es konzeptionell 1992 in Rio gelungen ist, braucht es politisches und staatliches Handeln. Denn nur öffentliche Institutionen können die in Zeiten der Knappheit zunehmenden Interessengegensätze zum Ausgleich bringen.

Wer glaubt, es brauche jetzt einfach nur ein paar markige Ansagen, damit sich jene, die ihren bescheidenen Wohlstand bedroht sehen, dem Wandel fügen, schafft es anscheinend nicht mehr, sich gedanklich aus den eigenen Privilegien hinauszubewegen und die Position derjenigen nachzuvollziehen, die tatsächlich nur noch so wenig zu verlieren haben, dass der Wandel existenzbedrohend aussieht. Im Kern wird es nur dann gelingen, Gerechtigkeitsfragen – materiell, intergenerationell und global – zu bearbeiten, wenn wir aus anderen Gründen die Klassenkampfrhetorik hinter uns lassen.

Natürlich erleben wir wieder verstärkt, dass soziale Konflikte aufbrechen, aber überlagert werden sie in aller Regel weiterhin von den systemischen Konflikten, die Jürgen Habermas bereits vor mehr als vierzig Jahren als Konflikte zwischen den systemischen Mechanismen von Macht und Geld und den lebensweltlichen Verständigungsbemühungen beschrieben hat.[52] Die »Kolonisierung« der Kommunikation freier Bürger*innen durch systemische Mechanismen wie den Markt oder die staatliche Bürokratie ist weit vorangeschritten. Sie führt auch zu der beschriebenen Reduktion des Politischen auf das technisch Machbare, wo andere und grundsätzlichere Gestaltungsansprüche notwendig wären.

Julia Friedrichs berichtet von einem Besuch bei meinem Freund Wolfgang Schmidt, mit dem ich seit zwanzig Jahren mal direkt, mal indirekt und immer mit großer Freude zusammenarbeite. Einen klügeren und zugewandteren sozialdemokratischen Denker und Strategen wird man kaum finden. Aktuell leitet er für Olaf Scholz das Bundeskanzleramt. Friedrichs trifft Wolfgang Schmidt, als er noch Staatssekretär im Bundesfinanzministerium war, und konfrontiert ihn unter anderem mit der Frustration von Said (dem Mann, der als Reinigungskraft in Berliner U-Bahnhöfen arbeitet – wir haben oben von ihm gesprochen). Sie fragt, warum sich Saids Lage nicht nachhaltiger verbessern lasse. Sie bekommt die Antwort, die auch ich schon hundertmal selbst gegeben habe. Es geht dabei um Pragmatismus mit Haltung, um die schrittweise Verbesserung, um Geduld, um einen langen Atem, vielleicht sogar um den langen Bogen der Geschichte, den Barack Obama beschworen hat. Die Verbesserung kommt nicht, bloß weil man große Veränderungen will, sondern sie muss auch operativ machbar, in politische Initiativen übersetzbar und die wiederum in ihren Wirkungen nachprüfbar sein.

Julia Friedrichs beschreibt ihren Zweifel: »Mich machte es schon damals kirre, weil er die ökonomische Unwucht zugunsten der Vermögen und zuungunsten der *working class* zuvor detailliert beschrieben hatte, aber bei der Frage nach den Gegenmaßnahmen das ganz kleine Karo wählte. Politik, sagte er schon da, hieße, Probleme Stück für Stück zu verbessern, Meter für Meter, meist Zentimeter für Zentimeter. Aber reicht das? Verlangt der Umbruch der letzten Jahrzehnte nicht entschiedeneres Dagegenhalten? Lässt sich die Kluft in den Vermögen, die Ungleichheit im Bildungssystem, die Unwucht zugunsten wohlhabender Älterer wirklich mit dem Verstellen von ein paar Schräubchen beseitigen?«[53]

Und diese Fragen sind mehr als nur berechtigt. Sie entsprechen meinem wachsenden Frust über die Geschichte von Beppo Straßenkehrer. Politik, die sich auf Grundwerte bezieht, kann nicht bloß stoisch an den kleinen Schräubchen drehen oder sich auf den nächsten Besenstrich konzentrieren. Wenn Maja Göpel beschreibt, wie sie 2019 bei den Vereinten Nationen darüber diskutiert hat, dass 39 Milliarden Euro fehlen, damit alle Kinder auf der Welt zur Schule gehen können, während nur ein paar Meter weiter die Bank J. P. Morgan mitteilt, dass sie 40 Milliarden Euro an ihre Aktionäre ausschütten werde,[54] dann reichen kleinteilige technische Antworten nicht mehr, dann braucht es Emphase und Dringlichkeit, wenn politische Ziele beschrieben werden. Mit Blick auf Gerechtigkeit, auf globalen Ausgleich, auf Nachhaltigkeit. Das heißt nicht, dass die konkreten Schritte, die Wolfgang Schmidt und ich immer wieder beschrieben haben, überflüssig wären. Keineswegs. Aber sie müssen sich einbetten in etwas Größeres, das der vorangegangenen Analyse und den Grundwerten standhält.

Branko Milanović schreibt zu Recht: »Wenn wir uns auf graduelle Veränderungen konzentrieren, verlieren wir einzigartige Ereignisse aus den Augen, die erhebliche Auswirkungen auf die weitere Entwicklung haben können, aber kaum vorauszusagen sind.«[55] Das ist eine Herausforderung für den inkrementellen Politikstil, den spätestens Helmut Schmidt hinterlassen hat, jenes problembezogene Sichdurchwursteln, das angesichts der aktuell immer dramatischeren Krisenkonstellationen kaum mehr angemessen wirkt. Deshalb hadere ich so mit dem Bild von Beppo Straßenkehrer, weil es eben nicht mehr reicht, Strich für Strich voranzugehen, sondern eine neue Grundsätzlichkeit braucht, wenn wir Maßstab und Ziele beschreiben wollen.

Die Politik steht vor einem Drahtseilakt: Alle aktuell dringlichen gesellschaftlichen und globalen Fragen lassen sich nämlich nicht mehr ruhig und gelassen politisch debattieren. Sie verlangen den Mut nicht bloß zur großen Geste, sondern zur grundsätzlichen Antwort. Und zum daran anschließenden Handeln, damit nicht neue Legitimationslücken entstehen, wenn Sprechen und Handeln nicht zusammengehen. »Walk the Talk!«, den Worten Taten folgen lassen – das wird notwendig sein, um Ökologie und Soziales stärker zusammenzubringen. Es ist offensichtlich, dass die beiden Politikfelder zusammengedacht und Aktivist*innen und Fachpolitiker*innen enger kooperieren müssen. Aber das wird nur gelingen, wenn sie sich über die Grundsätzlichkeit ihrer Anliegen einigen. Die Zeit des Klein-Klein ist vorbei. Zeitenwenden stehen in vielen Bereichen an. Gerade mit Blick auf nachhaltige Gerechtigkeit.

Politisch bräuchte es schon längst ein Forum, in dem die verschiedenen Aktivist*innen zusammenarbeiten. Es geht letztlich gar nicht darum, dass die einen verlieren und die anderen gewinnen, dass sich die einen auf die Fahrbahn kleben, während die anderen den ersten Termin im Büro verpassen oder ihre Schicht nicht schaffen. Vor allem geht es darum, es anders und besser zu machen – damit die Verhältnisse im Land und auf dem Globus gerechter und im Umgang mit dem Planeten nachhaltiger werden.

Als progressive Volkspartei integriert die SPD Milieus, deren Interessen sich widersprechen können. Sie tut dies, weil sie eine Wertebasis formuliert, die umfassender und tiefer ist als die interessenbezogenen Alltagskonflikte. Und sie kann das, weil sie über jahrzehntelange Erfahrung darin verfügt, eigentlich nicht integrierbare Positionen so ins Gespräch zu bringen, dass gemeinsame Perspektiven für eine gerechte Gesellschaft entstehen.

Das Bild, das sich mit dieser Aufgabe verbindet, ist tatsächlich ein globales. Al Gore präsentiert gleich zu Beginn seines Films *Eine unangenehme Wahrheit* das legendäre Foto, das der Astronaut William Anders an Heiligabend 1968 auf der »Apollo 8«-Mission von der Erde machte, als die Raumfähre aus dem Mondschatten wieder auftauchte. Dieses Farbbild war gar nicht geplant, zeigte dann aber zum ersten Mal den Planeten in all seiner Schönheit vor der endlosen schwarzen Weite des Universums. Es wurde zu einem Symbol für die Aufgabe, das Leben auf diesem Planeten nicht nur gerechter und friedlicher zu gestalten, sondern überhaupt zu erhalten. Wenn Menschen die Kraft haben, die Grundlagen ihres Überlebens zu zerstören, sollten sie auch in der Lage sein, ihre Fähigkeiten zum Erhalt des Lebens und zur Verbesserung und gerechten Gestaltung der Lebensbedingungen einzusetzen. Es ist eine Frage des politischen und gesellschaftlichen Willens.

KAPITEL 5
ÖFFENTLICHE SOLIDARITÄT

YOU'LL NEVER WALK ALONE

Angesichts des russischen Angriffskriegs gegen die Ukraine, der damit einhergehenden Energiekrise und der Sorgen vor explodierenden Heizkosten wandte sich Bundeskanzler Olaf Scholz in seiner Sommerpressekonferenz 2022 an die versammelten Journalist*innen und versprach der Öffentlichkeit: »*You'll never walk alone.*« Damit wollte er zum Ausdruck bringen, dass die Bürger*innen im Land sich keine Sorgen zu machen brauchten, denn, so Scholz, »sie werden durch diese schwierige Zeit kommen«. Der Song, den er zitierte, um dieses Versprechen zu bekräftigen, stammte aus einem Musical, das erstmals 1945 aufgeführt wurde. In den sechziger Jahren wurde er in einer Version der Beatband Gerry and The Pacemakers zur Fußballhymne. Begonnen hat alles im Anfield Stadium des FC Liverpool, in dem die Fans diesen Song zu dem ihren machten. Er handelt davon, dass man nicht den Mut verlieren soll, wenn die Zeiten schwierig sind. Man solle vielmehr mit Hoffnung im Herzen unbeirrt seinen Weg gehen. Als Schalke-Fan weiß ich, wie wichtig das ist: »*Walk on through the wind / Walk on through the rain / Though your dreams be tossed and bown / Walk on, walk on / With hope in your heart / And you'll never walk alone*«.* Auf den

* »Geh weiter durch den Wind / Geh weiter durch den Regen / Obwohl deine Träume

Stehplätzen von »The Kop«, der legendären Heimtribüne im Liverpooler Stadion, wurde der Song zum Versprechen: Du wirst nie allein gehen. Wir halten zusammen, wir bleiben beieinander.

Die klangvolle Melodie und der einprägsame Text eroberten schnell die Fußballstadien auf der ganzen Welt. Wer einmal in einer Fankurve gestanden und gemeinsam mit allen anderen gesungen hat, versteht unmittelbar, wie wichtig und richtig es sich anfühlt, irgendwo dazuzugehören. Diese Emotion ist größer, als man es sich in unseren aufgeklärt-vernünftigen Zeiten eingestehen möchte. Auch das hat dazu beigetragen, dass dieser Song so erfolgreich geworden ist. Er verleiht einem Gefühl Ausdruck, für das wir oft keine angemessenen Worte finden. Vielleicht trifft es der Soziologe Heinz Bude, wenn er schreibt: »Der wesentliche Satz zur Sache lautet: Man weiß den Gewinn der Solidarität nur zu ermessen, wenn man die Einsamkeit kennt.«[1]

Der Song ist heute so bekannt, dass er es selbst auf Englisch in die offizielle Rede eines deutschen Kanzlers schafft. Olaf Scholz weiß als ehemaliger Hamburger Bürgermeister, wo dieser Song im Millerntorstadion des FC St. Pauli ebenfalls zu den Fangesängen gehört, um die emotionale Wucht der Melodie und des Textes. Für sein Versprechen, dass alle Bürger*innen gut durch die Krise kommen werden, hätte es kein besseres Bild geben können: Niemand muss allein gehen.

Das ist es, worum es geht, wenn von dem neben der Freiheit und der Gerechtigkeit dritten Grundwert der Sozialdemokratie die Rede ist: von der Solidarität. Sie ist eine alte Idee der Arbeiterbewegung, die ursprünglich den Zusammenhalt der Gleichen meinte, die sich in einer vergleichbaren Situation befinden. Eine Idee, die seit einiger Zeit durchaus in Schwierigkeiten steckt. Ich erinnere mich an eine

---

weggeschleudert und verbogen werden / Geh weiter, geh weiter / Mit Hoffnung im Herzen / Und du wirst nie alleine gehen« (Musik: Richard Rodgers & Text: Oscar Hammerstein II).

Besprechung, als es während der Schröder-Regierung darum ging, in welche Wertebezüge wir unsere politische Arbeit kommunikativ einbetten sollten. Ich habe damals, also vor gut zwanzig Jahren, für den Solidaritätsbegriff plädiert, weil ich der Meinung war und noch immer bin, dass es die SPD vor allen Parteien auszeichnet, den Fokus auf den Zusammenhalt in der Gesellschaft zu legen. Doch dann zog jemand eine interne Studie heraus, der zufolge viele Bürger*innen Solidarität vorwiegend als Bemäntelung des Versuchs verstünden, ihnen in die Tasche zu greifen, um Menschen zu helfen, die das nicht verdient hätten. Danach war für mich kein Durchkommen mehr. Doch wieso war das so?

Dem Solidaritätsbegriff der Arbeiterbewegung vorausgegangen war die Idee der Brüderlichkeit in der Französischen Revolution.[2] Schon die Aufklärer beschworen neben der Freiheit und der Gleichheit auch den Zusammenhalt. Friedrich Schiller schrieb bekanntlich in seiner – später von Ludwig van Beethoven in der Neunten Symphonie vertonten – Ode *An die Freude*: »Alle Menschen werden Brüder.« Dass die Schwestern nicht erwähnt werden, ist dem Geist der Zeit geschuldet. Die Rede von der »Brüderlichkeit« betont, dass *alle* Menschen miteinander verbunden seien und die Menschheit als *eine* große Familie zu betrachten sei.

In der frühindustriellen Klassengesellschaft erlangte dieser Gedanke zusätzliche Brisanz, indem er sich als Solidarität auf die eigene Klasse, die Arbeiterklasse, bezog. Solidarität wurde als ein integrierendes Band der Industriearbeiter*innen begriffen, die sich nur gemeinsam gegen die Unterdrückung innerhalb der herrschenden Produktionsverhältnisse wehren konnten. Erst in der klassenlosen Gesellschaft sollte es dann, wie bekannt, die Brüderlichkeit aller Menschen geben.[3]

Für Bertolt Brecht und Hanns Eisler war die Solidarität das, worin die Stärke der Arbeiter*innen besteht, das, was sie »nicht vergessen« dürften. Ihr *Solidaritätslied* wurde gegen Ende der Weimarer Republik zum kraftvollen Ausdruck jenes Zusammenhalts: »*Wollen wir es schnell erreichen, / Brauchen wir noch dich und dich. / Wer im Stich lässt seinesgleichen, / Lässt ja nur sich selbst im Stich.*« Wenige Zeilen später greift der Text dann rhetorische Figuren des Kommunistischen Manifests auf: »*Proletarier aller Länder, / Einigt euch, und ihr seid frei. / Eure großen Regimenter / Brechen jede Tyrannei!*«[4] Daraus kann man auch die Kritik am damaligen tiefen Zerwürfnis, der Trennung der Arbeiterbewegung in einen reformistisch-sozialdemokratischen und einen revolutionär-kommunistischen Flügel lesen, die sich wieder einmal darüber stritten, ob die klassenlose Gesellschaft nur durch Umsturz und Gewalt oder nicht vielleicht auch durch Wandel und Überzeugung erreicht werden könne.

Brecht und Eisler sprechen in ihrem Lied die Vielfalt an, die zur Gemeinschaft finden muss. Das Lied benennt sogar ethnische Gruppensolidaritäten, die in einer universalen Perspektive aufgehen sollten. Aber die Solidarischen, das sind hier zuallererst die Arbeiter*innen und damit eine sozioökonomisch klar abzugrenzende Gruppe, die gemeinsame Lebenslagen und Interessen hat. Solidarität ist das Ergebnis der gemeinsamen Erfahrung von Not und Unterdrückung. In einer Gesellschaft, die von Soziologen heute als funktional differenziert und sozial fragmentiert, als kulturell tribalistisch und individuell singularisiert beschrieben wird, ist eine solche Gruppensolidarität nicht leicht zu erreichen. Sie braucht Kristallisationspunkte, an denen sie wachsen kann.

Die Brüderlichkeit der Aufklärung, das Klassenbewusstsein der Arbeiterschaft und das Streben nach Zusammenhalt und Zusammenhang in einer vielfältigen und offenen Gesellschaft markieren sehr unterschiedliche Vorstellungen von Solidarität, die alle drei bis heute wirksam sind.

DIE KRAFT DER GEMEINSAMKEIT

Während »Gerechtigkeit«, wie wir gesehen haben, in Musik, Film und Literatur oft nur durch Abwesenheit glänzt (weil es näherliegt, die Ungerechtigkeit zu beschreiben), drängt sich »Solidarität« als positiv beschriebenes Sujet geradezu auf. Das Einstehen füreinander und der Kampf für die gemeinsame Sache lassen sich gut in Szene setzen. Der Film *Kleine Haie*, der wie vielleicht kein zweiter das Lebensgefühl der neunziger Jahre in Westdeutschland einfängt, ist hierfür ein Beispiel. Mich berührt dieser Film noch immer – und das nicht bloß, weil einer der Protagonisten, der von Jürgen Vogel gespielte Ingo, aus Gelsenkirchen kommt und die ganze Zeit mit einem Schalketrikot durch die Landschaft rennt. Der Film handelt von drei jungen Männern, die versuchen, ihren Traum zu verwirklichen: Sie wollen Schauspieler werden. Das heißt, Ingo stößt nur zufällig zu ihnen. Er ist eigentlich Tellerwäscher in einem Hotel und muss einen Barhocker zur Folkwang-Schule bringen, der nach einem Auftritt im Hotel auf der Bühne vergessen wurde. Dort gerät er unwissentlich in eine Aufnahmeprüfung für Schauspiel, in der die Prüfungskommission seinen Wutausbruch aufgrund der endlosen Warterei vorher als großes Improvisationstheater lobt. Als Ingo vor der Uni den leicht verpeilten Johannes kennenlernt, der nach München zum Vorsprechen will, begleitet er ihn kurz entschlossen. Unterwegs gabeln sie an einer Raststätte Ali auf, der ebenfalls auf dem Weg zur Falckenberg-Schauspielschule ist. Die drei könnten als Typen unterschiedlicher nicht sein. Sie eint – neben dem Traum vom Schauspielberuf –, dass sie ewig knapp bei Kasse sind und sich durchschlagen müssen. Gemeinsam bewältigen sie alle Widrigkeiten und erweitern ihre kleine Gruppe in München noch um die Straßenmusikerin Herta.

Doch am Ende bekommt ihre Gemeinschaft Risse. Sie sitzen in einem Münchner Restaurant und feiern Alis bestandene Aufnahmeprüfung. Doch als Alis neuer »Taschensekretär« (wir sind in den Neunzigern) piept, er zum Zahlen seine »Globe Platin«-Kreditkarte auf den Tisch legt und Ingo sie entdeckt, wird der Ton rau. Die beiden anderen erkennen, dass ihnen Ali offensichtlich etwas vorgemacht hat. »Du bist'n Arschloch, weißte dat«, raunzt Ingo. Dass sie die ganze Zeit mit fast nichts in der Tasche klarkommen mussten, das haben Ingo und Johannes leicht ausgehalten, dass aber Ali nur so getan hat, dass er in Wirklichkeit auch gar nicht Ali, sondern Albrecht Hagen Franke von Korweiler heißt und stinkreich ist, das empört die beiden maßlos. Mit diesem Wissen im Kopf noch zusammenzuhalten, das fällt schwer. Die Gruppe zerbricht, jeder geht seiner Wege.

Immerhin: Ali lässt für Ingo eine Schreibmaschine und für Johannes einen Requisiten-Colt zurück – als Geschenke für den weiteren Weg als Autor beziehungsweise Schauspieler. Ganz am Ende wird klar: Nachdem die Wut verflogen war, haben sie wieder zueinandergefunden. Die gemeinsamen Erlebnisse sind wichtiger als die Kluft, die sich unvermittelt zwischen ihnen aufgetan hat. Damit wird der Film unvermutet auch zu einer Geschichte über Zusammenhalt im Angesicht der Ungleichheit.

Wir werden in eine bestimmte Gesellschaftsschicht hineingeboren, mit ihren Möglichkeiten und ihren Grenzen. Und wir versuchen Gemeinschaften zu bilden. Zunächst in unserem eigenen Milieu, um uns von anderen abzugrenzen – so wie unsere Schauspielanwärter von den Golf-Fahrern an der Autobahnraststätte, mit denen sie in eine heftige Auseinandersetzung geraten. Dann auch jenseits unseres Milieus, wenn Golf fahrende Popper und mittellose Tramper sogar füreinander einstehen müssen. Das ist die entscheidende Veränderung des Solidaritätsgedankens unserer Zeit: Es geht nicht mehr wie zu Anfang der Arbeiterbewegung darum, dass die Gleichen zusammenhalten, um ihre Lage zu verbessern, sondern darum, dass die Unterschiedlichen und die einander Fremden in einer offenen Gesellschaft zueinanderfinden. Solidarität entsteht als politisches

Konzept nicht mehr nur aus Ähnlichkeit, sondern auch aus Differenz.

Die Sozialdemokratie versteht Solidarität heutzutage dementsprechend universalistisch. Sie steht damit quer zum Zeitgeist eines Hyperindividualismus, der vorsieht, dass man nicht mehr primär nach Teilhabe und Geborgenheit innerhalb einer Gruppe, sondern im Gegenteil nach besonders hervorstechenden Merkmalen suchen müsse, mit denen die eigene Einzigartigkeit begründet werden kann. Der permanente Kampf um Aufmerksamkeit auf den digitalen Plattformen wird dadurch zum gesellschaftlichen Prinzip.[5]

Hinzu kommt eine zweite Konfliktlinie, die sich zwischen dem Universalismus der Parteiprogrammatik und jenen Gruppen bildet, die um gesellschaftliche Anerkennung ihrer spezifischen Identität kämpfen müssen. Hier wird es bisweilen schwierig, weil sich die SPD als Volkspartei von einer milieubezogenen Solidarität verabschiedet hat und nach Zusammenhalt zwischen den verschiedenen zum Teil noch um Anerkennung kämpfenden Milieus strebt.

Welche Schwierigkeiten hier entstehen können, konnte ich erleben, als ich im Frühjahr 2021 über eine Veranstaltung des Kulturforums der Sozialdemokratie und der Grundwertekommission selber mitten ins Handgemenge geriet. Die Grundwertekommissionsvorsitzende Gesine Schwan, der Autor Jörg Bong und ich hatten während der Pandemie regelmäßig Vertreter*innen des kulturellen Diskurses zu einem digitalen Jour fixe geladen. Wir wollten damit die kulturelle Dimension des Politischen stärken und zeigen, dass Kulturpolitik immer auch Gesellschaftspolitik ist, da Kultur das Fundament gesellschaftlichen Zusammenleben ist. In der Regel ging es nicht um Tagesaktuelles, die Diskussionen waren eher auf Langzeitwirkung aus.

Als wir die Leiterin des Feuilletons der *Frankfurter Allgemeinen Zeitung* Sandra Kegel zu Gast hatten, wurde es allerdings plötzlich sehr aktuell. Eingeladen hatten wir sie, um über die Rolle des Kulturjournalismus zu reden. Doch es sollte anders kommen. Nicht nur weil ich kurzfristig in den Haushaltsausschuss der Hamburger Bürgerschaft musste und deswegen nicht teilnehmen konnte. Wenige Tage zuvor hatten Schauspieler*innen, die sich unter anderem als lesbisch, schwul, bi, trans*, queer, inter und nonbinär identifizierten, das Manifest *#ActOut* im Magazin der *Süddeutschen Zeitung* veröffentlicht. In ihm wiesen sie darauf hin, dass sie im Berufsalltag immer noch ausgegrenzt, auf bestimmte Rollenprofile festgelegt und von anderen gleich ganz ausgeschlossen wurden. Sandra Kegel hatte diese Initiative in einer Glosse in der *FAZ* kritisch kommentiert und sich damit den Unmut von Teilen der queeren Community zugezogen. Auch unsere Veranstaltung war nicht mehr möglich, ohne Unterzeichnende des Manifests mit ins Gespräch zu holen und die Kritik zum Thema zu machen.

Was eine Möglichkeit zur Aufklärung und Verständigung hätte werden können, geriet zu einem Desaster, und am Ende gab es nur Verletzte. Zumindest sah es für mich so aus, als ich wenige Minuten vor Schluss in den digitalen Debattenraum dazukam und Gesine Schwan mich bat, ein Schlusswort zu einer Veranstaltung zu sprechen, an der ich nicht teilgenommen hatte. Da ich auf die konkrete Diskussion mangels Kenntnis nicht eingehen konnte, habe ich das gemacht, was wir Politiker*innen in solchen Situationen gern zu tun pflegen. Ich habe versucht, auf ein höheres Abstraktionsniveau zu wechseln, und habe über einen meiner liebsten Sätze von Theodor W. Adorno gesprochen, seine Aufforderung, den »besseren Zustand aber [zu] denken als den, in dem man ohne Angst verschieden sein kann«.[6]

Die Debatte zog sich danach noch viele Tage hin. Es kam zu vielen weiteren Gesprächen, in denen ich noch einiges lernen durfte. Mir ist hinterher gesagt worden, dass es meine ganz spontane Reaktion dringend gebraucht hatte: als ein Signal, dass sich hier die Verschiedenen in ihrer Verschiedenartigkeit treffen und respektieren sollten, um dann gemeinsam Dinge zum Besseren zu verändern.

Ich glaube, dass das möglich ist. Auf jeden Fall ist es dringend *nötig*.

Denn die sozialdemokratische Programmatik bezieht sich zwar auf die gesamte Gesellschaft in ihrer fragmentierten Vielfalt, doch gleichzeitig spüren wir noch in jeder Faser, wie wichtig es uns ist, für die Anerkennung der eigenen Gruppe zu kämpfen, mit einem klaren Bewusstsein der eigenen Identität.

Ich muss deshalb bis heute schmunzeln, wenn ich von vermeintlichen Schwierigkeiten mit der sogenannten Identitätspolitik lese. Schließlich war die Arbeiterbewegung selbst ein identitätspolitisches Projekt, bis sie sich darauf verlegt hat, die Kraft ihrer Solidarität auf das Ziel größerer Gerechtigkeit zu lenken. Sie kann deshalb Benachteiligten und Marginalisierten helfen, ihre Anliegen durchzusetzen, indem sie als Bündnispartnerin zur Verfügung steht. Denn natürlich gibt es noch jede Menge *»stories still untold«*, von denen die feministische Countryband The Highwomen singt, die sich gegründet hat, weil auch ihre Geschichten im durchformatierten Country-Radio nicht das Gehör fanden, das sie verdienten.*

Wie die für die Wahrnehmung dieser Geschichten nötige Solidarität entstehen kann, zeigt auf mitreißende Weise der Film *Pride* des britischen Regisseurs Matthew Warchus und des Drehbuchautors Stephen Beresford, mit dem 2014 das Filmfest Hamburg eröffnet wurde. Selten habe ich einen Kinosaal so beseelt verlassen wie nach dieser Premiere. *Pride* erzählt die wahre Geschichte einer von heute aus betrachtet schier undenkbaren Allianz, die sich 1984 im von Maggie Thatcher regierten Vereinigten Königreich ergeben hat.

Es geht um die Gruppe *Lesbians and Gays Support the Miners*, einen Zusammenschluss queerer Aktivist*innen aus London, die sich für die seit längerem streikende Belegschaft eines von der Schließung bedrohten Bergwerks in Wales einsetzen. Weil sie sehen, dass sie – ebenso wie die Kumpel in der Peripherie des Landes – um Anerkennung und Gerechtigkeit kämpfen. Sie fangen an, Geld zu sammeln,

* Musik: Jimmy Webb & Text: Jimmy Webb / Amanda Shires / Brandi Carlile.

fahren nach Wales, stoßen auf schroffe Ablehnung – und nähern sich doch einander an. Ein sehr kühl beginnender Abend endet in einer wilden Party. Später wird ein Solidaritätskonzert von Bronski Beat in London ein großer Erfolg. Und die zunächst so abweisenden Bergarbeiter und ihre Familien entpuppen sich im Verlauf sowieso als weit diverser als zunächst gedacht.

Der Film endet damit, dass die Bergarbeiter im Folgejahr mit Bussen nach London fahren, um dort am Gay Pride March teilzunehmen und unter ihren gewerkschaftlichen Bannern für die Gleichstellung von Schwulen und Lesben zu demonstrieren. Ein starkes Signal dafür, dass man auch in Verschiedenheit zueinanderfinden und sich unterstützen kann, wenn es gemeinsame größere Anliegen gibt.

Gesellschaftliche Veränderungen sind möglich, wenn Solidarität geübt wird – zunächst in der eigenen Gruppe, aber dann vor allem wenn unüberwindbar erscheinende Milieugrenzen geöffnet werden. Wo diese Grenzen liegen und wie sie überwunden werden können, ist aktuell Gegenstand politischer Diskussionen, die häufig genug leider so enden wie unser Jour fixe im Jahr 2021, aber immer mal wieder auch wie die wahre Geschichte in dem Film *Pride*.

SPANNUNGSFELDER DER SOLIDARITÄT

Ging es bei der Freiheit darum, auf was sie sich beziehen sollte, und bei der Gerechtigkeit um den Maßstab, der an sie anzulegen wäre, kreisen Solidaritätsdebatten vor allem um die Frage der Größe und Beschaffenheit der Gruppe, deren Mitglieder untereinander solidarisch sein sollen und können. Heinz Bude rät linken Parteien, sich besonders um die Solidarität zu kümmern, weil die »Frage des gerechten Zusammenlebens … von der Frage des belastbaren Verbundenseins in Wirklichkeit nicht zu trennen« sei.[7] Denn vielfältige Gesellschaften sind darauf angewiesen, dass sich ihre Bürger*innen als Teil einer Gemeinschaft sehen. Solidarität gehört zu jenen fragilen Ressourcen, die moderne Gesellschaften unbedingt brauchen, die sie aber weder rechtlich noch institutionell sichern können. Die Entscheidung, solidarisch zu sein, ist zunächst persönlich und emotional. Sie hat viel mit Einfühlung, mit Empathie zu tun. »Auf Solidarität pfeift, wer nur an sich glaubt, Solidarität entbehrt, wer die anderen ihrem Schicksal überlässt, und Solidarität ist ein Fremdwort für Menschen, denen der Zustand des Gemeinwesens gleichgültig ist«, so Bude.[8]

Das ist zweifellos richtig. Es bleibt allerdings die Frage, ob der soziale Zusammenhang unbegrenzt ist oder ob es natürliche, soziale, kulturelle, ethnische oder andere Grenzen gibt, die vorab gezogen werden, um den Kreis der solidarischen Mitmenschen zu definieren. Dies ist bis heute Gegenstand von Diskussionen mit sehr unterschiedlichen Resultaten.

Der sozialdemokratische Gründervater und spätere *Vorwärts*-Chefredakteur Wilhelm Liebknecht schrieb im Jahr 1871: »Der Begriff der allgemeinen menschlichen Solidarität ist der höchste Kultur- und Moralbegriff; ihn voll zu verwirklichen, das ist die Aufgabe des Sozialismus.«[9] Der Vater des KPD-Mitgründers Karl Liebknecht weist der Solidarität eine besondere Aufgabe zu, die über die Solidarität in Partei, Gewerkschaft und Verein hinausgeht und alle Menschen umfassen soll. Es ging ihm nicht bloß um den Zusammenhalt einer Gruppe im Kampf um mehr Rechte und Teilhabe, sondern um das Miteinander der Menschheit als kulturelles und moralisches Projekt.

Der französische Soziologe Émile Durkheim hingegen hat eine andere, bis heute relevante Differenzierung vorgenommen. Er unterscheidet zwei Formen von Solidarität, eine »mechanische« und eine »organische«. Mit mechanischer Solidarität meint er den Zusammenhalt unter Gleichen, die durch ähnliche Merkmale und ähnliche Interessen gekennzeichnet sind. Mit organischer Solidarität beschreibt er den Zusammenhalt zwischen den Verschiedenen, die sich ergänzen wie die Organe eines Körpers und so gemeinsam besser leben können.[10]

Die Solidarität der Arbeiter*innen untereinander, die auch an der Wiege der SPD stand und die auf ihrem Traditionsbanner mit den Worten »Einigkeit macht stark« und zwei sich gereichten Händen symbolisiert wird, ist klar der mechanischen Solidarität verpflichtet. Ähnliche Lebens- und Arbeitsverhältnisse in der industriellen Lohnarbeit und ein gemeinsames Interesse an deren Verbesserung bilden die Grundlage eines Gruppengefühls. Mechanisch war dieses Verständnis auch, weil es die Gruppe zum einen durch Abgrenzung von den anderen, von Bürgertum und Adel, konstituierte und weil zum anderen durchaus Zwangs- und Repressionsmittel bis zum Ausschluss aus der Gruppe zum Einsatz kamen, um deren soziale und ideologische Homogenität zu sichern.[11]

Der Poet der britischen Arbeiterklasse, Billy Bragg, hat diese Macht des Zusammenstehens 1986 in seinem Song *There is Power in a Union* besungen: »*There is power in a factory, power in the land / Power in the hands of a worker / But it all amounts to nothing if together we don't stand / There is power in a union*«.* Es ist vielleicht kein Zufall, dass das Lied in seinem Pathos und seiner Emphase dem Song *You'll Never Walk Alone* nicht unähnlich ist. Ich erinnere mich nur zu gut an Samstagnachmittage im Gelsenkirchener Parkstadion, in denen genau dieses Gefühl die ganze Nordkurve füllte, wenn Zehntausende die Vereinshymne *Blau und Weiß, wie lieb ich dich* oder den jüngeren Schlachtruf *Steht auf, wenn ihr Schalker seid* (zur Melodie von *Go West!*) abstimmten. Da war die Gemeinschaft physisch zu spüren. Und ihre Kraft erst recht.

Umso überraschter war ich, als ich später in Texas mit sehr strategischen Formen des Zusammenhalts konfrontiert wurde. Ich weiß

* »Es gibt Macht in einer Fabrik, Macht im Land / Macht in den Händen eines Arbeiters / Aber das alles ist nichts wert, wenn wir nicht zusammenstehen / Es gibt Macht in einer Gewerkschaft« (Musik & Text: Stephen William Bragg).

noch, wie fehl am Platz ich mich fühlte, als ich von ein paar meiner dortigen Klassenkamerad*innen erstmals zu einer sogenannten »Pep Rally« mitgenommen wurde. Es ging darum, das Football-Team der Schule, die Lamar Mustangs, mental und emotional auf ihr nächstes Spiel vorzubereiten. Unsere Aufgabe war es, ihnen gewissermaßen schon mal vorab zuzujubeln, um sie spüren zu lassen, wie wichtig sie als Aushängeschild der Schule für uns alle waren. Das hatte nichts mit der Begeisterung zu tun, die ich aus dem Fußballstadion kannte, die dem Spielverlauf folgte. Es kam mir alles furchtbar aufgesetzt und gewollt vor.

Ich war danach lange aus dem Tritt. Als ich ein paar meiner neuen texanischen Freund*innen darauf ansprach, konnten sie meine Vorbehalte gar nicht verstehen. Für sie war es etwas völlig Selbstverständliches, ein Zusammenkommen in der Gemeinschaft, bei dem die Athletes, die Academics, die Band People, die Cowboys und welche Gruppen es sonst noch so gab, einen sie alle verbindenden »School Spirit« fühlen könnten. Sonst seien doch alle irgendwie alleine unterwegs, das sei etwas Besonderes, das gemeinsame Team auch gemeinsam zum Erfolg zu tragen.

Es dauerte eine Zeit, bis ich begriff, warum das so wichtig war. Meine Mitschüler*innen lebten privat tatsächlich in teilweise komplett verschiedenen Welten. Die Fluktuation in den Klassen war groß, Schüler*innen kamen und gingen. Um eine Gemeinschaft zu formen, brauchte es daher Rituale, die ein gemeinsames Bewusstsein schufen. Das war nicht zu vergleichen mit meiner Schule in Gelsenkirchen, an der wir mehr oder minder in unveränderter Besetzung durch die zurückliegenden sechs Jahre gegangen waren und auch alle in denselben drei, vier Stadtteilen lebten. Ich begann zu begreifen, dass man sich in einer offeneren und beweglicheren Gesellschaft intensiver um den Zusammenhalt kümmern musste. Und ich begann auch die Pep Rallys – zumindest abstrakt – zu verstehen.

Ich begriff damals, dass gesellschaftliche Strukturen zwar einerseits immer irgendwie gegeben sind, dass wir sie aber andererseits eben immer auch verändern können und manches Mal auch müssen. Die Chance auf aktive gesellschaftliche Teilhabe ist historisch betrachtet keine Selbstverständlichkeit. Aber in offenen Gesellschaften sind die alten Ordnungen – der Stände im Mittelalter oder der Klassen in der frühen Industrialisierung, die jeweils klare Handlungsspielräume definierten – weitgehend verschwunden. Und mit ihnen die mechanischen Solidaritäten, die aus der Zugehörigkeit zu einer Gruppe erwuchsen. Gemeinsame Lebenslagen und Erfahrungen gibt es noch, aber sie verlieren in einer zunehmend fragmentierten Gesellschaft ihren unmittelbaren sichtbaren Ausdruck.

Die ungelösten Gerechtigkeitsfragen werden vor diesem Hintergrund zum Problem für die ganze Gesellschaft. Die Folge ist, dass die klassische mechanische Gruppensolidarität sich zunehmend als »Gruppenzwang« und »Gruppenegoismus« äußert, weil ihr die prägende gemeinsame Alltagskultur fehlt, die den solidarischen Zusammenhang überhaupt erst bilden konnte.[12] Das ist der Grund, warum zum Beispiel die kreative Soloselbstständige und der Fahrer eines Lieferdienstes trotz vergleichbarer ökonomischer Rahmenbedingungen nicht zueinanderfinden, weil sie so unterschiedlichen kulturellen und lebensästhetischen Milieus angehören. Die kulturelle Fragmentierung und Individualisierung unserer Gesellschaft erleichtert denjenigen, die viel administrative und ökonomische Macht in ihren Händen konzentrieren, das Geschäft ungemein, denn die heute prekär Beschäftigten werden nicht so leicht eine solidarische Gemeinschaft bilden wie vor hundertfünfzig Jahren die Arbeiter*innen einer konkreten Fabrik im Kampf für gerechtere Löhne.

Die *organische* Solidarität ist es daher, auf die sich unsere Aufmerksamkeit richten sollte. Es geht um die Frage, wie zwischen ganz verschiedenen Bürger*innen dennoch ein Gefühl der Gemeinsamkeit entstehen kann. Tatsächlich steht aber in vielen Diskussionen noch immer die *mechanische* Solidarität im Mittelpunkt. Mit welchen Resultaten, das zeigt etwa der britische Wirtschaftswissenschaftler Paul Collier. In seinem Buch über »sozialen Kapitalismus« schreibt er: »Um in einer Weise zu funktionieren, die jedem ermöglicht, ein erfülltes, gelingendes Leben zu führen, braucht eine Gesellschaft ein starkes Gefühl gemeinsamer Identität.«[13] Er rät in der Folge dazu, Zuwanderung zu begrenzen und gesteigerten Wert auf engagierte Integrationspolitik zu legen, damit die Gemeinschaft eine gemeinsame Wertegrundlage habe. Vordringlich ist für ihn, die einheimische Gruppe und ihren Zusammenhalt zu stärken, statt eine neue Gruppe aus den je aktuell zusammenlebenden Menschen zu formen.

Aus einer konservativen Perspektive heraus plädiert auch der Historiker Francis Fukuyama, der uns ja schon einmal das Ende der Geschichte prophezeit hat, dafür, Fragen sozialer und kultureller Identität und Zugehörigkeit neu in den Blick zu nehmen.[14] Er beschreibt eine Gesellschaft, in der sich soziale Gruppen auf immer spezifischere Erfahrungen gründen. Die daraus folgenden Anerkennungskämpfe führten dazu, dass das Gemeinsame verloren gehe und eine an legitimen Mehrheiten orientierte Demokratie am Ende scheitern werde. Es werde immer schwieriger, eine übergreifende demokratische Identität zu bewahren, die sowohl dem individuell Einzigartigen als auch der in einer spezifischen Erfahrung vereinten Kleingruppe den Bezug auf eine gemeinsame aufgeklärte und offene Gesellschaft ermöglicht. Viele derartige Studien sind von einer merkwürdigen Angst vor einer Moderne geprägt, die – zum Bedauern der konservativen Denker*innen – nicht mehr homogen, in einem nationalen, ethnischen Sinne, verstanden werden kann.

Die Sozialdemokratie hingegen versucht die Erfahrungen der Solidarität der Arbeiter*innen als Ressource im Kampf für eine bessere Gesellschaft zu verknüpfen mit den Überlegungen zu einer weitergefassten Solidarität aller Menschen, die eine gesamte Gesellschaft in ihrer Vielfalt zusammenhält. Das Beharren auf einer *organischen* Solidarität ist heute wichtiger denn je, da unsere Gesellschaft in immer kleinere *mechanisch* solidarische Gruppen mit hoher innerer Identität zerfällt. Hinzukommt, dass das größte kulturelle und soziale Kapital in der Singularität der individuellen Position in der Gesellschaft zu liegen scheint, wie dies die Studien des Soziologen Andreas Reckwitz nahelegen.[15] Er beschreibt unsere Gesellschaft als geprägt von dem Wunsch der Einzelnen, sich aus der Masse herauszuheben und einzigartig zu sein.

Deutlich wird das etwa in der Veränderung unseres Umgangs mit den Medien. Während früher vorwiegend passiv die Angebote der Massenmedien rezipiert wurden, kann sich heute jede*r Einzelne auf den digitalen Plattformen präsentieren und die eigene Extravaganz zum Medieninhalt machen. Dadurch zerfasern soziale Bezüge, die gemeinsamen Bezugspunkte sind nicht mehr gegeben, Gruppenzusammenhänge lösen sich auf. Eine Herausforderung für soziale und demokratische Politik, die diesen Fragmentierungen entgegenarbeitet, damit Demokratie nicht zum bloß legitimen Funktionieren der sozialen Systeme herabgewürdigt wird, sondern der Gestaltung durch sich ändernde, vielfältige Mehrheiten offensteht.

Demokratische Gesellschaften sind geprägt von Teilhaberechten, die auf immer mehr Gruppen ausgeweitet werden. Auf diesem Weg sind wir vorangekommen, und diesen Weg müssen wir weitergehen. NGOs und Gruppierungen in der Zivilgesellschaft mögen mit jener mechanischen Solidarität für ihre Anliegen eintreten, die uns aus der Geschichte der Arbeiterbewegung wohlvertraut ist. Aber wenn es um das Fundament unseres gesellschaftlichen Zusammenlebens geht, dürfen wir den Anspruch Wilhelm Liebknechts nicht aus den Augen verlieren. Denn es gilt nach wie vor die »allgemeine menschliche Solidarität« zu verwirklichen.

THE GOSPEL ACCORDING TO BRUCE SPRINGSTEEN (III)

Im Januar 2021, am Vorabend der Amtseinführung des Demokraten Joe Biden als Präsident der Vereinigten Staaten, stand Bruce Springsteen im Wintermantel und mit akustischer Gitarre auf den Stufen des Lincoln Memorial in Washington, D. C. Es war einer dieser Momente, wie sie bei uns leider noch immer undenkbar sind, in denen sich die Populärkultur mit der Politik verbündet, um sich gemeinsam in den Dienst einer guten Sache zu stellen. Nach vier Jahren rechtspopulistischer Achterbahnfahrt unter dem Egomanen Donald Trump atmete das liberale Amerika auf. Mitten in der Corona-Krise, die keine großen Feierlichkeiten möglich machte, wirkte der damals einundsiebzigjährige Springsteen etwas verloren, dort zwischen dem großen Tempel des republikanischen Präsidenten, der die Sklaverei abschaffte und das Land trotz Bürgerkrieg zusammenhielt, und dem Obelisken zu Ehren des Gründervaters der Nation, George Washington.

Es hätte aber von der Symbolik her keinen besseren Ort geben können, um dieses *»small prayer for our country«* zu spielen, das Springsteen ankündigte. Der Song war klug gewählt: keine frenetische Feier der Freiheit, kein populäres Plädoyer für Gerechtigkeit, sondern eine Beschwörung des Zusammenhalts zwischen den Verschiedenen im *Land of Hope and Dreams*, eine Beschwörung der Einheit, wie sie regelmäßig auf die erbitterten US-Wahlkämpfe folgt.

Das Lied war schon seit gut zwei Jahrzehnten im Repertoire des Künstlers, erstmals veröffentlicht auf einem Livealbum aus dem Jahr 2001. Im Text spricht ein Mann zu seiner Gefährtin – sie sitzen beide im Zug: *»Well darlin' if you're weary / Lay your head upon my chest / We'll take what we can carry / Yeah, and we'll leave the rest.«** Sie soll sich auf ihn ver-

---

* »Nun, Liebste, wenn du müde bist / Dann leg deinen Kopf an meine Brust / Wir nehmen mit, was wir tragen können / Und wir lassen den Rest zurück« (Musik & Text: Bruce Springsteen).

lassen, er werde ihr der *»good companion«* sein, den sie auf diesem Teil des Weges brauche. Morgen werde die Sonne scheinen, und die Dunkelheit werde Vergangenheit sein. Das Tröstliche dieser Worte liegt weniger im Versprechen auf ein besseres Morgen als in der aktuellen Gemeinsamkeit der Reisenden.

Die Perspektive des Songs weitet sich im Verlauf auf alle Mitfahrenden, wenn die Kraft der Hoffnung, der Freiheit und der Gemeinschaft beschworen wird: *»Well, this train carries saints and sinners / This train carries losers and winners / This train carries whores and gamblers / This train carries lost souls / I said, this train, dreams will not be thwarted / This train, faith will be rewarded / This train, hear the steel wheels singin' / This train, bells of freedom ringin'«.**

Hier endet der Song im Januar 2021 – mehr als 3 Minuten 30 Sekunden hatten die Sender Springsteen offenbar nicht zugebilligt. Aber im Original ist *Land of Hope and Dreams* mit seinen beschwörenden, gospelartigen Wiederholungen doppelt so lang und mündet in einem musikalischen Zitat. Während des Nachspiels hören wir: *»Come on this train / People get ready / You don't need no ticket / All you got to do is just get on board«.***

People get Ready von Curtis Mayfield, der Hit aus dem Jahr 1965, verwendete bereits die Zug-Metapher, und Springsteen erweist ihm auf diese Weise seine Reverenz. Für Curtis Mayfield war der Song vor allem ein Bekenntnis zu den Bürgerrechten, aber zugleich eine Aufforderung, Vertrauen zu haben – in diesem Fall nicht bloß zu den Mitmenschen, sondern zu Gott. Springsteens Gebet ist säkularer. Ent-

---

* »Dieser Zug befördert Heilige und Sünder / Dieser Zug befördert Verlierer und Gewinner / Dieser Zug befördert Huren und Spieler / Dieser Zug befördert verlorene Seelen / Ich sagte, in diesem Zug werden Träume nicht vereitelt / In diesem Zug wird Vertrauen belohnt / Dieser Zug, hör die Stahlräder singen / Dieser Zug, hör die Freiheitsglocken schlagen«.

** »Kommt in diesen Zug / Leute, macht euch bereit / Ihr braucht keinen Fahrschein / Ihr müsst bloß einsteigen« (Musik & Text: Curtis Mayfield).

scheidend für ihn sind die anderen, die mit im Zug sitzen, an die man sich anlehnen kann und die einem helfen werden. Die dafür sorgen, dass man die Reise nicht allein antreten muss. Es ist der Glaube an die solidarische Gemeinschaft im Hier und Jetzt. Einen passenderen Song konnte sich Joe Biden für seine Amtseinführung wirklich nicht wünschen: *»Well, tomorrow there'll be sunshine / And all this darkness past«.**

Die Musik von Bruce Springsteen eignet sich so gut, Solidarität ganz konkret spürbar zu machen, weil sie Fans in allen Bevölkerungsschichten hat. Springsteen begeistert und berührt die Menschen über alle Milieugrenzen hinweg. Die Geschichten über seine Bedeutung sind bekannt – von dem Missverständnis Ronald Reagans, der *Born In The USA* für einen patriotischen Appell hielt, bis zu jenem Mann, der Springsteen im Herbst 2001 auf einem Parkplatz in New Jersey angesprochen haben soll, um ihn aufzufordern, dem Land nach dem Terroranschlag auf das World Trade Center wieder etwas Hoffnung zu geben. Das Ergebnis war die Platte *The Rising*, eine intensive Auseinandersetzung mit den Schicksalen derjenigen, die durch den Kollaps der Türme ums Leben kamen oder die jetzt mit dem Verlust eines geliebten Menschen klarkommen müssen. Nachdem mittlerweile auch einige Mitglieder seine legendären E-Street-Band gestorben sind, erneuert Springsteen regelmäßig in seinen Konzerten den Bund mit jenen »Geistern, die nicht mehr bei uns« sind, und weitet Solidarität und Freundschaft über die Lebenden hinaus aus.

Einen in seiner gesellschaftlichen Bedeutung vergleichbaren Künstler wird man in Deutschland schwerlich finden. Das Thema des gesellschaftlichen Zusammenhalts ist aber natürlich auch hier in der populären Musik virulent. Betrachten wir zwei Songs, die bereits den programmatischen Titel *Solidarität* tragen, abgesehen davon aber so unterschiedlich sind, dass sie verdeutlichen, was mit diesem Wert in den vergangenen Jahrzehnten passiert ist. Den einen hat die Band

---

* »Morgen wird die Sonne scheinen / Und all die Dunkelheit vergangen sein«.

Ton Steine Scherben 1971 auf ihrer Platte *Warum geht es mir so dreckig?* veröffentlicht.* Der andere stammt von der Band Tocotronic und findet sich auf ihrem *Roten Album* von 2015.** In den vierundvierzig Jahren ist hörbar viel passiert.

Ton Steine Scherben sangen ihren Song zu Beginn der aufrührerischen siebziger Jahre, dem »entfesselten Jahrzehnt«, wie der Kulturjournalist Jens Balzer in seinem Dekaden-Porträt schreibt.[16] Die Band um Rio Reiser stand damals deutlich links, wollte die radikale sozialistische Umgestaltung der Gesellschaft, nicht den reformistischen Kurs der sozialliberalen Regierung unter Willy Brandt. Die Dinge begannen damals zwar in Bewegung zu geraten. Aber den jungen Musikern aus Kreuzberg ging das alles nicht schnell und konsequent genug. Der Song beschreibt, warum es nicht gelingt, mehr Druck für Veränderung aufzubauen. Der Sänger teilt uns zunächst mit, woran es *nicht* liegt, und er bellt die Worte förmlich heraus: *»Uns fehlt nicht die Zeit, uns fehlt nicht die Kraft / Uns fehlt nicht das Geld, uns fehlt nicht die Macht / Was wir wollen, können wir erreichen / Wenn wir wollen, stehen alle Räder still / Wir haben keine Angst zu kämpfen / Denn die Freiheit ist unser Ziel«*. Schließlich stellt der Refrain klar, worauf es ankommt: *»Alles, was uns fehlt, ist die Solidarität«*. Die Mittel sind da, auch an Mut fehlt es nicht, aber der gesellschaftliche Zusammenhalt oder die demokratischen Mehrheiten, die fehlen, um den Umbau der Gesellschaft anzugehen. In jedem Satz ist »wir« das Subjekt des Handelns.

Abgesehen von der dreckigen E-Gitarre, die bei Tocotronic vierundvierzig Jahre später durch eine sanfte Akustikgitarre ersetzt ist, besteht der große Unterschied der beiden Songs darin, dass das Wort »wir« im jüngeren Song überhaupt nicht auftaucht. Dirk von Lowtzow singt als Einzelner, der sich an ein nicht näher bestimmtes »ihr« wendet, dem er seine Solidarität versichert. Er wendet sich an dieje-

* Musik & Text: Rio Reiser / R. P. S. Lanrue.

** Musik & Text: Jan Klaas Müller / Dirk von Lowtzow / Arne Zank.

nigen, die verachtet werden, von Traumata geplagt sind und Spießruten laufen müssen und versichert ihnen: *»Ihr habt meine Solidarität«*. Wie nötig das ist, ist dem Erzähler klar, weil er die Lage selbst kennt: *»Ich weiß, dass ihr ein Schutzschild braucht / Denn eure Ängste kenn ich auch«*. Aber er geht bewusst nicht auf in einer gemeinsamen Gruppe, sondern bleibt außen. An einer Stelle beschreibt er, wie er, wenn er sich anstrengt und engagiert oder wenn er ebenfalls verzweifelt ist, selbst auf »deine Solidarität« zählen kann. Aber es wirkt wie ein Tauschgeschäft und fast schon pflichtschuldig, was hier besungen wird. Solidarität ist nicht mehr das glühende Versprechen des gemeinsamen Engagements, sondern etwas, das man sich gegenseitig zusichert, wenn die Lage unübersichtlich wird.

Man kann den Song als ein treffend ironisches Zeitporträt hören, das verdeutlicht, was das Problem mit der Solidarität in einer singularisierten Gesellschaft ist. Von dieser Solidarität hätten auch jene Bürger*innen singen können, die zu Beginn der Corona-Pandemie auf ihren Balkonen und an ihren Fenstern standen, um für das Pflegepersonal und andere sogenannte »Held*innen des Alltags« zu applaudieren. »Ihr habt meine Solidarität« hieß auch das damals. Mit konkreten Handlungen waren diese Zusagen nicht verbunden.

Die Haltung, die Tocotronic besingt, erinnert an die ältere »Praxis der Armenpflege«, die eher »Caritas, Barmherzigkeit [ist], was zugleich eindeutig hierarchische Unterschiede zwischen dem Geber und dem Nehmer einschließt – Unterschiede, die durch den Akt des Gebens nicht aufgehoben, sondern im Gegenteil gefestigt werden«.[17] Weder verbesserten sich aufgrund der Solidaritätsbekundungen 2020 die Arbeitsbedingungen in der Pflege noch entstanden Initiativen, die sich das Anliegen zu eigen machten. Und erst recht keine, die milieuübergreifend waren. Es wurde geklatscht, das war doch schon genug. Wahrscheinlich hätten Ton Steine Scherben auch in den Jahren der Corona-Pandemie gesungen: »Das Einzige, was fehlt, ist die Solidarität«.

Und sie hätten recht gehabt. Es geht nicht bloß um gefühliges Verstehen und Anerkennen. Es geht um Veränderung. Es geht darum, alle anderen bedingungslos als Freie und Gleiche zu sehen und gemeinsam nach Wegen zu suchen, auf denen man die Lage verbessern kann. Und bisweilen geht es darum, eine kleine Gruppe zu bilden und solidarisch um die Solidarität der anderen zu kämpfen.

AKTUELLE FRAGEN DER SOLIDARITÄT

Solche Beispiele zeigen, dass hinter der Frage nach der Solidarität praktische Auseinandersetzungen stehen, die sich kaum von Debatten über Freiheit und Gerechtigkeit unterscheiden. Allerdings wird Solidarität gewöhnlich nicht als Ziel an sich gesehen, sondern als Mittel, um ein anderes Ziel zu erreichen. Wenn es um die mechanische Solidarität der Gleichen geht, ist das auch kein Wunder: Wir alle wissen, dass sich ein Anliegen besser durchsetzen lässt, wenn man es gemeinsam mit anderen angeht. In einer Situation aber, in der Solidarität als gesellschaftliches Prinzip zunehmend infrage gestellt und geschwächt wird, wird die mechanische Solidarität zum Problem. Vor allem wenn die soziale Dimension der gemeinsamen Alltagskultur längst verschwunden ist. Denn wenn Solidarität vor allem als praktische Ressource im Kampf um gesellschaftliche Teilhabe betrachtet wird, dann fängt man schnell an nach Alternativen zu suchen, wenn es auf dem solidarischen Weg nicht mehr klappt. Nur wenn man Solidarität als Wert an sich betrachtet, kann man ihre Schwächung nicht einfach achselzuckend hinnehmen.

Die Gründe, warum es mit der Solidarität in unserer Gesellschaft schwieriger geworden ist, sind vielfältig: Zum einen werden heute viele der Ansprüche, die früher solidarisch erkämpft werden mussten, rechtlich durch den Staat abgesichert. Das ist eine große Errungenschaft, führt aber auch dazu, dass der Gruppenzusammenhalt immer weniger notwendig erscheint, weil ja nicht mehr erkämpft werden muss, was individuell bereits als Rechtsanspruch garantiert ist. Zum anderen führt die Individualisierung dazu, dass sich immer mehr Menschen aus solidarischen Gemeinschaften herauslösen und die Verantwortlichkeit für ihr Leben auf die eigenen Schultern nehmen wollen, um nicht als hilfsbedürftig zu gelten. Dies geht einher mit der Entwicklung neuer Arbeitnehmermilieus: Prekäre und fluide Arbeitsverhältnisse, die zunehmend den Arbeitsmarkt prägen, erlauben kaum, dass sich gruppensolidarische Dynamiken wie in einer Fabrik oder selbst wie in einem gemeinsamen Büro entwickeln.[18]

Hinzu kommt, dass die Hyperindividualisierung den Zusammenhalt zusätzlich schwächt. Gruppen, die gemeinsame Anliegen erkämpfen könnten, finden einander nicht oder wollen bewusst nichts miteinander zu tun haben. »Singularitätskenntnis wird zur Grundlage von Solidaritätsverweigerung«, schreibt Heinz Bude.[19] So wird ein Keil zwischen Modernisierungsgewinner und -verlierer getrieben. Statt Bündnisse zu schmieden, setzen sich die fragmentierten Milieus voneinander ab, lassen Respekt voreinander vermissen und schaffen keinen öffentlichen Raum mehr, in dem Solidarität aus wechselseitiger Anerkennung heraus organisch entstehen könnte.

Diese Situation nutzen rechte Kräfte im Land aus, die mit dem Bedürfnis nach Geborgenheit der Menschen spielen und es mit Angeboten mechanischer Solidarität bedienen, die auf die Abgrenzung einer Gruppe vom Rest jener diversen Gesellschaft setzen, die progressive Kräfte heute gestalten wollen.

In den USA konnte man diese Entwicklung schon lange beobachten. Ein Werbespot der konservativen Lobbygruppe »Club for Growth« von 2006 illustriert die allgemein herrschende Gesinnung. In dem Film wird ein offensichtlich wohlsituiertes Rentner-Ehepaar auf der Straße gefragt, was es von den Steuervorschlägen des demokratischen Bewerbers um die Präsidentschaftskandidatur, Howard

Dean, halte. Der Mann setzt zu einer kuriosen Anklage an, die seither fragwürdigen Kultstatus genießt: »Ich finde, Howard Dean sollte seine Steuer erhöhende, regierungsvergrößernde, Latte trinkende, Volvo fahrende, *New-York-Times* lesende …«, an diesem Punkt übernimmt seine Frau, »… bodypiercende, Hollywood liebende linke Freak Show zurück mit nach Vermont nehmen, wo sie hingehört.« Der Mann: »Beantwortet das Ihre Frage?«[20]

Hier geht es nicht nur darum, einen inhaltlichen Vorschlag zu diskreditieren, sondern darum zu verdeutlichen, dass liberale, progressive Politiker*innen ein ganz anderes Leben führen als vermeintlich »normale« US-Amerikaner*innen. Auch die rechtspopulistische Alternative für Deutschland ist 2021 in die Bundestagswahl mit dem Slogan »Deutschland, aber normal« gezogen, um in die gleiche Kerbe zu schlagen. Dahinter steht die Kritik an einer Gesellschaft, die vermeintlich zu bunt und vielfältig geworden sei und deshalb dringend einer Homogenisierung bedürfe. Das Ideal sind die fünfziger Jahre, als die Welt noch einfach und übersichtlich war. Die Rechten wollen die Zeit am liebsten dahin zurückdrehen, weil sie sich in einer rasant wandelnden Gesellschaft nicht mehr heimisch fühlen. Deshalb beschwören sie mit ihrer Spielart von Identitätspolitik eine Solidarität der weißen, heteronormativen, »angelsächsischen« beziehungsweise deutschen christlichen Mehrheitsgesellschaft. Sie streben damit nach jener Spaltung, die in der US-amerikanischen Gesellschaft bereits deutlich sichtbar ist,[21] an deren Stelle in Deutschland allerdings bislang eher vielfache, kleinere Frakturen entstehen.

Die Antwort der Rechten auf die Probleme unserer Zeit könnte dabei falscher nicht sein. Schließlich kann es nicht darum gehen, durch eine Politik des Ausschlusses wieder zu einer eng definierten mechanischen Solidarität entlang einer einfachen Polarisierung zu gelangen, sondern es muss darum gehen, quasi durch die Vielfalt unserer Gesellschaft hindurch aufs Neue ein Verständnis von Zusammenhalt zu erarbeiten.

Dieser Aspekt war es, der Anfang der neunziger Jahre überhaupt dazu geführt hat, dass ich mich politisch engagiere. Ich war gerade an meiner Schule zum Schülersprecher gewählt worden. Es war die Zeit, in der sich die gewalttätigen Übergriffe auf die Unterkünfte von Asylsuchenden und von Menschen mit Migrationshintergrund häuften. Die Orte Hoyerswerda, Mölln, Rostock-Lichtenhagen und Solingen wurden zu Menetekeln des rechtsradikalen Rassismus. Wir waren entsetzt und fingen an, Demos zu organisieren und vor Ort für Verständigung zu arbeiten. Meine erste politische Rede habe ich am 9. November 1992 zum Gedenken an die Reichspogromnacht gehalten. Die Brandnächte von Rostock-Lichtenhagen, in denen Neonazis eine Aufnahmestelle für Asylsuchende und ein Wohnheim vietnamesischer Vertragsarbeiter*innen angriffen, lagen nur wenige Wochen zurück, und die Erinnerung an die Nazi-Verbrechen an den europäischen Juden paarte sich mit dem Entsetzen darüber, dass wieder Menschen angegriffen wurden, weil sie vermeintlich anders waren.

Ich sprach auf der Veranstaltung, stellvertretend für die Schülerschaft, nach dem Oberbürgermeister. Ich war entsetzlich nervös. Bislang hatte ich im Unterricht nur die üblichen Referate vor der Klasse gehalten, und jetzt sollte ich vor sechstausend Menschen sprechen. In meinem Vortrag stellte ich mehrmals die rhetorische Frage: »Lernen wir denn nie?« Natürlich um mir selbst am Ende zu antworten: »Ich hoffe doch!« Der Schock saß uns damals wirklich in den Knochen. Ich sagte unter anderem: »Rassismus fängt nicht erst da an, wo Asylheime angesteckt werden, sondern dort, wo jemand, der anders ist, nicht verstanden und deshalb verdammt und geächtet wird. Ein tolerantes Aufeinanderzugehen der verschiedenen Seiten, eine Dialogbereitschaft, ein Einanderkennenlernen – das sind Lösungsansätze für derartige Konflikte. Der dumme Schrei ›Deutschland den Deutschen! Ausländer raus!‹ sollte Relikt einer Vergangenheit sein, die nie vergessen und ob dieser Erinnerung erst recht nie wiederholt werden darf.«

Ich würde es heute vielleicht anders ausdrücken, aber in der Sache ist und bleibt es richtig. Denn Ressentiments entstehen oft aus Unkenntnis, wenn man die anderen, die vermeintlich so Fremden, gar nicht kennt und wenn diffuse Ängste und Phantasien ins Kraut schießen können, die mit der Realität nichts zu tun haben und oft genug nur das Ergebnis einer gezielten Manipulation sind. Deshalb braucht es Begegnung. Wenn Menschen sich treffen und sprechen, dann – und nur dann – können Beziehungen entstehen, die ein Miteinander möglich machen. Und wenn unsere Gesellschaft anerkennt, wie vielfältig sie ist, dann wächst auch die Lust auf dieses Miteinander.

Dazu sind nicht nur Begegnungen notwendig, sondern auch ein aufgeschlossener Diskurs, der auf neue Fragen, wie sie sich in der heutigen Zeit nicht nur in Deutschland stellen, neue Antworten findet: Wie halten wir die Vielfalt zusammen? Wie wecken wir ein Gefühl der Solidarität über die Milieus hinweg? Wie schaffen wir Zusammenhalt und Zusammenhang in der Gesellschaft? Wie entsteht Sinn?

Sowohl die singulären Extravaganzen als auch die identitätspolitischen Anerkennungskämpfe haben bislang keine Vorstellung von Solidarität entwickelt, die es ermöglicht, nach Einzigartigkeit und Anerkennung zu streben *und* das Bedürfnis nach Geborgenheit und Gruppenzusammenhang zu befriedigen. Auch die Linke geht in Sachen Solidarität nicht mit wehenden Fahnen voran. Vielleicht auch, weil noch nicht mit genügender Klarheit gezeigt werden konnte, wie die Freiheit der Einzelnen dazu befähigt, solidarisch zu handeln. Und wie Freiheit und Vielfalt aus Zusammenhalt erwachsen können. Deshalb ist es falsch, die Solidarität gegen die Liberalität auszuspielen, so wie es derzeit oft versucht wird.

Vielmehr läge in der Neukonzeption der Solidarität als einer progressiven politischen Kraft die vordringlichste und erste Aufgabe, der sich die Sozialdemokratie im 21. Jahrhundert stellen muss, wenn sie selbst wieder Geborgenheit ermöglichen und dieses Feld nicht den Rechten überlassen will.

Ansätze zu einer solchen Neukonzeption des Solidaritätsgedankens sind durchaus vorhanden. Andreas Reckwitz zum Beispiel merkt an, dass eine »zumindest provisorische ›Rekonstitution des Allgemeinen‹ innerhalb einer Gesellschaft der Singularitäten« möglich sei, wenn »das Soziale mit Blick auf Fragen sozialer Ungleichheit sowie des Arbeitsmarktes *und* das Kulturelle mit Blick auf die Sicherung allgemeiner kultureller Güter und Normen« gleichermaßen politisch in den Blick genommen würden.[22] Denn natürlich leben auch die Ego-Performer*innen unserer Tage nicht auf abgeschiedenen Inseln, sondern sind Teil der Gesellschaft und von ihren Regeln ebenso wie von ihren Sicherungsmechanismen abhängig. Das Konzept der Solidarität muss daher neu gefasst werden, denn die »Frage des gerechten Zusammenlebens ist von der Frage des belastbaren Verbundenseins in Wirklichkeit nicht zu trennen«.[23]

Wer das schaffen will, muss dafür sorgen, dass sich eine Gesellschaft auch als Gesellschaft begegnet und begreift – und zwar in der Verschiedenheit aller, die zusammenleben. Politische Gestaltungsmacht entsteht nicht dadurch, dass viele aus Eigennutz zufällig ähnlich handeln. Politische Programme, die Gesellschaften wirklich verändern können, entstehen im Diskurs zwischen unterschiedlichen Meinungen und Interessen. Wenn es gelingt, ihn zu organisieren, dann kann das Gefühl entstehen, Teil von etwas Gemeinsamem zu sein, das mitgeprägt und mitgestaltet werden kann. Einer modernen Volkspartei kommt in so einer Situation jene Aufgabe zu, die sie in früheren Zeiten bereits zu leisten hatte: das Zusammenführen unterschiedlicher Interessen in einem offenen Meinungsbildungsprozess über Milieugrenzen hinweg.

So wird die Solidarität der Partei zum Beispiel dafür, wie gesellschaftlicher Zusammenhalt gelingen kann: Zwar haben die Schwierigkeiten mit der Solidarität zugenommen, vor allem seit den Migrationsbewegungen des 21. Jahrhunderts, doch neu sind sie gewiss nicht. Schon Kurt Tucholsky hat in einem programmatischen Text mit dem

Titel *Heimat* beschrieben, wo das Problem liegt: »Nein, Deutschland steht nicht über allem und ist nicht über allem – niemals. Aber *mit* allen soll es sein, unser Land ... *Ja, wir lieben dieses Land.* Und nun will ich euch mal etwas sagen: Es ist ja nicht wahr, dass jene, die sich ‚national' nennen und nichts sind als bürgerlich-militaristisch, dieses Land und seine Sprache für sich gepachtet haben. Weder der Regierungsvertreter im Gehrock noch der Oberstudienrat, noch die Herren und Damen des Stahlhelms allein sind Deutschland. Wir sind auch noch da.«[24] Das ist ein starker Appell an die Linke, die Emotionen der Heimat, der Herkunft und der Gemeinschaft nicht den Rechten zu überlassen, sondern sie für sich zu reklamieren und anders zu füllen. Das erinnert an Woody Guthries Lied *This Land Is Your Land,* in dem er die Arbeitenden und Armen auffordert, sich ihren Teil der USA zu nehmen und unmissverständlich klarzumachen, dass das Land und seine Idee eben nicht nur den Reichen und Rechten gehört.

Die zweite auf die organische Solidarität gerichtete Aufgabe betrifft die Fähigkeit einer Gesellschaft zur Selbstorganisation. Viele Bürger*innen demokratischer Nationen haben das Vertrauen in den demokratischen Staat verloren. Man kann diese Skepsis durchaus verstehen, wenn man sich die Rasanz globalisierter Märkte ansieht oder die Geschwindigkeit des Wandels in China. Demokratische Prozesse mit ihren vielfältigen Ausgleichsmechanismen kommen im Vergleich dazu wenig ambitioniert daher und scheinen sich im Schneckentempo zu vollziehen. Dabei steht ihre Organisationsform gleichzeitig für etwas sehr Humanes – nämlich das Versprechen, dass alle mitbestimmen können, wie sie leben wollen. Und dass diese Vorstellungen mittels des Staats umgesetzt werden können. Demokratie ist nicht bloß an ihren Ergebnissen zu messen, sondern auch an der Qualität ihrer Verfahren.

Zukunftsfähig wird ein erneuerter Begriff der Solidarität dann, wenn es ihm gelingt, individuelle bürgerliche Rechte und wechselseitige, solidarische Verantwortung innerhalb einer Gruppe zu versöhnen. Dass zwischen diesen Konzepten ein tiefgreifender Konflikt liegen muss, wie manche noch einem mechanischen Verständnis von Solidarität verhaftete Kritik behauptet, ist keineswegs ausgemacht. Schließlich können Einzelne auch auf Basis ihrer Freiheitsrechte zur Solidarität entschlossen sein, um Sinn und Identität gemeinsam in Vielfalt zu finden.

In den achtziger Jahren ist der SPD bewusst geworden, dass sie klassische Arbeitnehmermilieus und aufstiegsorientierte urbane Mittelschichten gleichermaßen ansprechen muss, um gesellschaftliche Mehrheiten zu erringen. Diese Aufgabe war schwer genug und ist erst bei der Bundestagswahl 1998 wieder geglückt. Es geht um eine Integrationsleistung von Freiheitsrechten einerseits und solidarischer Verantwortung andererseits, und sie kann nur gelingen, wenn Solidarität nicht mehr auf der Gleichheit von Erfahrungen und Interessen beruht, sondern zwischen den Verschiedenen entsteht.

Rainer Zoll plädiert dafür, als Ausgangspunkt dieses Unterfangens die Idee der Habermas'schen Kommunikationsgemeinschaft zu wählen, die daraus entsteht, dass sich die Partner*innen wechselseitig unterstellen, an Verständigung interessiert zu sein.[25] Hier geht es nicht nur um die Anerkennung eines abstrakten und idealisierten Gegenübers, sondern um den realen Bezug. Schließlich kann ein Gespräch nicht beginnen ohne die wechselseitige Zubilligung, dass der oder die andere auch recht haben könnte.

Dieser Verweis auf das Gespräch führt zur Vorstellung einer gesellschaftlichen Öffentlichkeit, in der die Verständigungsprozesse der Vielen stattfinden können. Tatsächlich ist die Idee des Allgemeinen, des alle Interessierenden und des durch alle zu Gewährleistenden eng damit verknüpft. Die *res publica*, die »öffentliche Angelegenheit«, ist seit römischen Zeiten politisch zu betrachten. Deshalb gilt: Die Zukunft der Solidarität liegt in der Öffentlichkeit.

Es ist eine spezifisch deutsche Theorietradition, in der Öffentlichkeit vor allem eine Bedrohung zu sehen. Die konservativen Überlegungen der Kommunikationswissenschaftlerin Elisabeth Noelle-Neumann hallen darin bis heute nach. Die Gründerin des Allensbach-Instituts und Beraterin von Helmut Kohl sah in Öffentlichkeit vor allem den mittelalterlichen Pranger, an den jemand wegen nicht akzeptabler Verfehlungen gestellt wurde, um verspottet zu werden.[26] Noelle-Neumann hat die Kommunikationskapriolen auf den Social-Media-Plattformen nicht mehr miterlebt. Sie würde sich bestätigt fühlen.

Doch hinter der Idee der Öffentlichkeit steht ein zweites, ebenso wirkmächtiges Konzept, das sich vor allem auf Jürgen Habermas zurückführen lässt. Ihm zufolge ist Öffentlichkeit jener gesellschaftliche Kommunikationszusammenhang, in dem erwogen wird, was ist, was gilt und was gelten soll. In öffentlicher Kommunikation verhandelt eine Gesellschaft nicht nur, wie sie die Lage sieht, sondern auch, nach welchen Regeln sie zusammenleben will.[27] Gemeinsam können wir so ergründen, was alle betrifft und interessiert.

Über Solidarität als Kategorie des gesellschaftlichen Zusammenhalts kann man eigentlich nur reden, wenn man auch über das Gespräch und die Öffentlichkeit redet. Hier, und nicht irgendwo hinter verschlossenen Türen, entscheidet sich nämlich, was ist. Und damit auch, was Gegenstand allgemeiner politischer Diskussionen sein soll. Die Sphäre des Gesprächs kann nicht allein rechtlich garantiert werden, sondern ruht auf Strukturen der Freiheit und des Miteinanders, die sie selbst erzeugt. Deshalb ist sie so verletzlich. Das offene Gespräch kann jederzeit zerstört werden: durch digitale Pseudokommunikation, die in Wirklichkeit ausschließlich auf individuelle Zerstreuung setzt; durch gezielte rechtspopulistische Fake-News-Kampagnen, mit denen die Grenze zwischen vertrauenswürdiger Information und Verleumdung aufgehoben werden soll; und natürlich durch regelrechte Propaganda, wie sie den russischen Überfall auf die Ukraine begleitet.

Der Kommunikationswissenschaftler Bernhard Pörksen hat 2022 in einem Vortrag auf der Berliner Digitalkonferenz Re:publica dazu aufgefordert, sich gesellschaftlich und politisch um den »Schutz der Öffentlichkeit, verstanden als den geistigen Lebensraum einer liberalen Demokratie« zu kümmern.[28] Die Zahl der Angriffe auf die Öffentlichkeit zeige, wie wesentlich sie für Demokratien und ihre Funktionsweise sei. Die Metapher des »geistigen Lebensraums einer liberalen Demokratie« ist treffend – in theoretischer wie praktischer Hinsicht. Um aber den solidarisierenden Effekt öffentlicher Kommunikation zu fassen zu bekommen, braucht es die Erweiterung der liberalen zur deliberativen Demokratie. Während ein liberales Verständnis vor allem die Rechte der Bürger*innen zur Kommunikation betrachtet, versucht ein deliberatives Verständnis, Regeln des Rechtsstaates und Teilhabewünsche der Volkssouveränität auszugleichen. Es fundiert diesen Ausgleich im vernünftigen öffentlichen Gespräch kommunikationsbegabter Bürger*innen, in dem nicht nur Informationen ausgetauscht, sondern auch soziale Beziehungen aufgebaut werden.[29]

Ein solches kommunikationsbezogenes Verständnis der Demokratie verortet die Solidarität einer an einem Ort lebenden Gruppe in der Gesprächsfähigkeit aller Mitglieder. In der Kommunikation begegnen sich die Verschiedenen und finden im Gespräch Mechanismen der Gemeinsamkeit. Das Gespräch dieser Gruppe ist offen, sodass es zum einen global vernetzt sein und zum anderen auch zeitliche Bezüge zu der Verantwortung für nachfolgende Generationen herstellen kann. Schließlich sind die Themen gesellschaftlicher Kommunikation ebenso wenig begrenzt wie Herkunft und Zahl der Teilnehmenden.

Der französische Ministerpräsident und spätere erste Präsident des Völkerbundes Léon Bourgeois mahnte schon vor mehr als hundert Jahren, Solidarität nicht bloß gegenüber den Zeitgenoss*innen zu empfinden, sondern auf Vergangenheit und Zukunft auszudehnen: »Und es existiert im Übrigen für jeden lebenden Menschen eine Schuld gegenüber den folgenden Generationen aufgrund der Dienste, die die vorhergehenden Generationen geleistet haben.«[30] Wenn wir heute über Solidarität sprechen, dann geht es nicht bloß um den Zusammenhalt unserer Gesellschaft, sondern auch darum, dass wir globale Verantwortung ernst nehmen und dass wir unseren Kindern einen lebenswerten Planeten hinterlassen. Ihre Interessen und ihre Stimme müssen wir in unser Gespräch miteinbeziehen.

Der Zusammenhalt in der eigenen Gesellschaft ist dafür die Voraussetzung. Die solidarische Gruppe ist dabei kein schon irgendwie gegebener Zusammenhang, sondern muss im Austausch stets neu geschaffen werden. Ganz konkret bedeutet dies auch: Wer solidarisch sein will, muss zuhören können. Und: Er oder sie muss sich allem voran darum bemühen, Kommunikationskanäle offenzuhalten und den öffentlichen Raum zu sichern, damit gesellschaftliche Verständigung möglich bleibt.

KAPITEL 6
DAS GANZE IM BLICK

SOWOHL ALS AUCH

Die politischen Ideen und Werte der Sozialdemokratie sind in den kulturellen Erzählungen unserer Tage höchst lebendig. Ihre Relevanz ist unbestritten, und beinahe überall um uns herum lassen sich Erzählungen finden, die den Wunsch nach Freiheit, Gerechtigkeit oder Solidarität zum Ausdruck bringen. Sie werden nicht nur politisch, sondern auch im Alltag und in der Kunst regelmäßig verhandelt und neu ausgedeutet, beschworen und begründet. Antonio Gramsci würde eine kulturelle Hegemonie, also eine »weitverbreitete feste Überzeugung«, sozialer und demokratischer Vorstellungen von Gesellschaft vermutlich für außerordentlich greifbar halten.[1] Ganz gleich, ob im Freiheitspathos von Bruce Springsteen, in Meditationen über eine Gesellschaft nahe am Naturzustand wie in *Nomadland* oder in den Solidaritätsbeschwörungen von Ton Steine Scherben – stets finden sich Bruchstücke, Deutungsangebote, unvollständige Überlegungen, rohe Emotionen, die wir selbst und am besten gemeinsam zu einer Vorstellung eines besseren Zusammenlebens zusammenfügen können.

Wer eine sozialdemokratische Geschichte erzählen will, sollte sich mit solchen Songs, Büchern oder Filmen intensiv beschäftigen. Sie öffnen den Weg zu einem emotionalen Wärmestrom, zu einer dringend gebotenen Alltagsplausibilität, zu einer zuversichtlichen Aufladung, die politischen Vorhaben oft fehlt.

In einem klassischen Politikbuch wäre ich jetzt an dem Punkt angekommen, an dem ich mit ganz konkreten und praktisch umsetzbaren Lösungen aufwarte. Doch ich muss gestehen, dass es meist genau dieser Teil ist, der mich in solchen Büchern langweilt. Nicht weil ich die Vorschläge anderer Politiker*innen grundsätzlich für uninteressant hielte. Natürlich nicht. Aber diesen gleichsam privat geäußerten Patentrezepten fehlt doch spürbar immer etwas Entscheidendes: die harte Debatte, die innerparteiliche Auseinandersetzung, die öffentliche Diskussion. Sie wirken deshalb oft so kalkuliert. Allein im stillen Kämmerlein kann man leicht ein neues Steuer- oder Bildungssystem fordern oder neue Sozialversicherungen oder gleich eine komplett revidierte außenpolitische Strategie. Und man kann damit auch Aufmerksamkeit erzeugen, wenn man das Ganze gezielt an einigen Stellen gegen den parteipolitischen Common Sense bürstet. Derartigen »Man müsste doch mal«-Hinweisen begegnet man am besten mit dem alten Bonmot von Johannes Rau, dass auch Ratschläge bloß Schläge seien. Denn aus solchen wohlfeilen Profilierungsposen entsteht nur selten Politik. Dafür braucht es die inhaltliche Auseinandersetzung mit anderen.

Außerdem bleiben diese praktischen Vorschläge meist gravierend hinter der politischen Wirklichkeit zurück. Wer politische Programme entwickelt, muss das Dreieck zwischen Staat, Markt und Zivilgesellschaft genauso analysieren wie die verschiedenen Gestaltungsebenen, von kommunal über national bis europäisch und global. Er oder sie muss sich darüber hinaus im Spannungsfeld von individueller Autonomie und kollektiven Vereinbarungen positionieren ebenso wie in dem von Moral und Interesse. Verantwortungsbewusste Politiker*innen wissen daher, dass man mit Schwarz-Weiß-Denken nicht weit kommt, dass es nie einfache Lösungen gibt, keine Entweder-oder-Entscheidungen.

Der SPD wird oft vorgehalten, dass sie die Partei des entschiedenen Sowohl-als-auch sei. Das ist sie, in der Tat. Es ist allerdings keine Schwäche, sondern eine Stärke, denn es zeichnet eine soziale und demokratische Politik aus, in Spannungsfeldern zu denken, statt sich darauf zu beschränken, in Konfrontationsstellung zu gehen. Eine ausgleichende Politik, die auf die Gesellschaft als Ganzes zielt, mag deshalb zuweilen etwas Unglamouröses an sich haben. Sie entspricht aber genau den Herausforderungen, vor denen offene und vielfältige Gesellschaften heute stehen. Wer Politik macht, muss es aushalten, den Wünschen der Leitartikler*innen nach Eindeutigkeit nicht entsprechen zu können. Wer einen gesellschaftlichen Konflikt nicht nur kommentieren, sondern ihn womöglich lösen will, kann nicht einfach eine Seite ausblenden, damit das Argument »eindeutiger« wird. Wer Probleme bearbeiten und die Gesellschaft gestalten will, muss einsteigen in die Sphäre des Sowohl-als-auch, die unser Leben nun mal ist.

Die Erzählungen von den Grundwerten Freiheit, Gerechtigkeit, Solidarität können in dieser Sphäre niemals Gewissheiten garantieren. Aber sie können Wege markieren, auf denen ein gemeinsames Vorankommen möglich ist. Sie können Perspektiven eröffnen für eine sozialdemokratische Politik im 21. Jahrhundert, die nicht nur auf aktuelle Probleme reagiert, sondern ihre Wertebasis nutzt, um die Spannungen der Moderne auszuhalten und diese produktiv zu gestalten.

Es geht hierbei nicht nur um die Vielfalt der Perspektiven in einer modernen Gesellschaft, sondern darum, dass sie grundsätzlich in unterschiedliche, immer spezialisiertere Logiken zerfällt und dass es deshalb keinen Sinn hätte, jedes Detail gemeinschaftlich nachvollziehbar zu klären. Das ist den großen Linien vorbehalten. Niemandem wäre geholfen, wenn wir in der medizinischen Versorgung immer wieder aushandeln müssten, welche konkreten Behandlungsstandards gelten, oder wenn wir stets neu klären müssten, wie wir

Ressourcenentscheidungen in industriellen Produktionsprozessen treffen wollen. Und das sind nur die einfachen Beispiele.

Moderne Gesellschaften reagieren auf die immer komplexer werdenden Zusammenhänge mit sozialer Differenzierung, das heißt, sie bilden einzelne systemische Zusammenhänge, die nach jeweils unterschiedlichen Logiken koordiniert werden. Der US-Soziologe Talcott Parsons hat bereits in den fünfziger Jahren ein entsprechendes Modell entwickelt: das sogenannte AGIL-Schema, demzufolge jedes soziale System vier Funktionen erfüllen muss, um sich selbst zu erhalten: Es muss sich an die Gegebenheiten anpassen (Adaption); es muss Ziele definieren und verfolgen (Goal Attainment); es muss sich um den Zusammenhalt des System kümmern (Integration), und es muss Werte aufrechterhalten und vermitteln (Latent Pattern Maintenance).[2] Bezogen auf Nationen wurden diese vier Kategorien zu getrennten Aufgabenfeldern von Wirtschaft, Politik, Sozial- und Bildungswesen sowie Kultur.

Mittlerweile gibt es weit differenziertere systemtheoretische Konzeptionen.[3] Aber der Grundgedanke ist gleich geblieben: Gesellschaft ist nicht ein großer monolithischer Block, sondern zerfällt in Funktionsbereiche, ohne die wir die komplexen Anforderungen, die an unser Zusammenleben gestellt sind, nicht bewältigen könnten. Für die Politik ist das ein wenig erfreulicher Befund. Doch bedeutet das wirklich, dass sie, die Politik, bloß auf ihrem eng umrissenen Feld aktiv werden kann? Dass sie sich zwar um die Definition gemeinsamer Ziele kümmern kann, dass ihr die Steuerung des großen Ganzen aber versagt ist?

Genau das bedeute es, schreibt der Soziologe Armin Nassehi im Januar 2023 in einem Essay im Nachrichtenmagazin *Der Spiegel*: Die moderne Gesellschaft ist für ihn »kein Kollektiv, sondern ein komplexes System mit vielen Rückkopplungseffekten«. Weil dieses System durch »Komplexität«, »Nichtlinearität« und »Vernetztheit der Probleme« geprägt sei, würden selbst aktivistische Interventionen, die auf eine Veränderung des Ganzen zielten, ins Leere laufen, so wie zum Beispiel die Proteste der Letzten Generation, deren Aktivist*innen sich auf Straßenkreuzungen kleben oder Kunstwerke attackieren, um einen gesellschaftlichen Kurswechsel zu erzwingen. In modernen Gesellschaften könne kaum direkt und zielgenau eingegriffen werden. »Sie sind zu komplex, als dass jemand durchregieren könnte«, so Nassehi. Und das sei auch nicht schlimm, sondern »einer der Erfolge dieser Moderne: dass sie durch Arbeitsteilung und die Unterbrechung von Durchgriffsmöglichkeiten, durch Gewaltenteilung und Differenzierung unglaubliche Potenziale entfalten konnte«. Es gebe keinen »Vetospieler« mehr, der alleine bestimmen könne, wie sich die Gesellschaft insgesamt entwickeln werde.[4]

Systemtheoretiker*innen machen bei diesen Beobachtungen keinen Unterschied zwischen den verschiedenen sozialen Systemen. Die Politik, die ja eigentlich übergreifend gültige, allgemeinverbindliche Regeln produzieren und dazu vorher öffentlich diskutieren soll, wird auf einen Teilbereich und eine spezielle Logik festgelegt.

Natürlich hilft ein solches Denken in funktionalistischen Teilbereichen, die Logik von Problemen und die Rahmenbedingungen konkreter Lösungsvorschläge zu verstehen. Aber zugleich verführt es im politischen Kontext leider dazu, sich nicht mehr gesamthaft verantwortlich zu fühlen, sondern sich zurückzuziehen in einen kleinen Teilbereich mit ganz eigenen Spielregeln. Auch ethische Überlegungen zum gesellschaftlichen Zusammenhang klingen dann hohl, und es fällt leicht, sie als naives und wirkungsloses Paradigma abzutun.

Das kann im politischen Alltag einer Demokratie ganz praktisch zum Problem werden. Denn die Erwartung, dass die Dinge steuerbar seien, dass mindestens ein paar Regeln formuliert und durchgesetzt werden können, ist ja nach wie vor vorhanden – und mehr als bloß plausibel. Dass es nicht den einen archimedischen Punkt gibt, an dem man die Welt aushebeln könnte, ist klar. Aber dass Politik am Ende nur Politik gestalten kann oder dass eine demokratische Mehrheit in einer Krisensituation keinen Vetospieler aufs Feld schicken kann, ist mit den demokratischen Teilhabeerwartungen, die auch eine Errungenschaft der Moderne sind, nur schwer in Einklang zu bringen.

In der Politik sind systemtheoretische Modelle dennoch durchaus beliebt, weil sich ihre zunächst wissenschaftlichen Modellannahmen wie normative Aussagen verwenden lassen. Ihre Klarheit und Kälte ist verlockend. Sie verleihen denjenigen, die sie vertreten, die Aura abgeklärter Coolness. Sie bewahren ihre Anhänger*innen vor ambitionierten Aufklärungsversprechen, die immer die Gefahr bergen, nur sehr unzureichend eingelöst zu werden.

Aber Politik, die sich auf diesem Weg ins systemisch-funktionale Verwaltungshandeln zurückzieht, betrachtet auch die Bürger*innen nur noch als Objekte staatlichen Handelns. Dadurch droht das Vertrauen in die Vernunft der Einzelnen ebenso verloren zu gehen wie der Versuch, überhaupt noch öffentlich relevante Räume und Güter zu definieren, die von allen akzeptiert und getragen werden. Außerdem droht ein Umgang mit Problemen, den Maja Göpel einmal so beschrieben hat: »Zuerst Aktionismus, dann Konfusion und Ärger, weil es nicht läuft. Am Ende Projektemacherei, Schuldzuweisungen, Dienst nach Vorschrift oder Flucht in Verschwörungstheorien.«[5] Der Grund dafür aber ist: mangelndes Bewusstsein für die Komplexität der Herausforderungen gepaart mit dem Wunsch, einzelne Lösungsfaktoren zu isolieren und alles auf diese eine Karte zu setzen. Die gesellschaftsanalytische Perspektive hat so unmittelbaren Einfluss darauf, welche Handlungskraft wir uns noch zutrauen.

Mir waren daher seit meinen Studienzeiten immer jene Theorien näher, die sich auf die Suche nach der Verankerung des Allgemeinen in unserer Gesellschaft gemacht haben, ohne dabei an alten Vorstellungen einer gesellschaftlichen Ganzheit festzuhalten. Mir hat dabei die Überlegung von Jürgen Habermas geholfen, Gesellschaft sowohl systemisch als auch kommunikativ koordiniert zu denken und damit viele praktische politische Probleme unserer Zeit ansprechbar zu machen.[6] Habermas zufolge konkurrieren in modernen Gesellschaften systemische Mechanismen wie Markt und Staat mit den öffentlichen Foren der gesellschaftlichen Lebenswelt. Während systemische Mechanismen Entscheidungen erleichtern, weil sie komplexe Abwägungen auf sehr einfache Fragen reduzieren (Kann ich das bezahlen? Habe ich die Macht, das durchzusetzen?), spielen in der Lebenswelt argumentative Aushandlungs- und Verständigungsprozesse zwischen freien Bürger*innen die entscheidende Rolle. Während in den systemischen Zusammenhängen Steuerungsmedien wie Geld und Macht dafür sorgen, dass schnell entschieden werden kann, geht es in den öffentlichen Arenen um sprachliche Kommunikation, um den »eigentümlich zwanglosen Zwang des besseren Argumentes«[7] und um die Annahme, dass sich gemeinsame gesellschaftliche Vorstellungen im Gespräch entwickeln können. Das ist naturgemäß aufwendiger und komplizierter als die Antwort auf die Frage, ob Macht und Geld ausreichend vorhanden sind. Abkürzungen des Verfahrens sind kaum möglich. Aber in Krisensituationen kann aus der Lebenswelt ein Stoppsignal in Richtung der Systeme gesetzt werden. Und außerdem entscheidet sich in den alltäglichen Gesprächen, mit welchen Argumenten die Existenz der Systeme überhaupt gerechtfertigt werden kann.

Gesellschaft, Staat und Markt bilden ein Spannungsfeld, mit dem sich politisches Handeln auseinandersetzen muss. Zu klären ist dabei nicht zuletzt die Frage, wie Entscheidungen getroffen werden: Passiert das auf der Grundlage gemeinsamer Vereinbarungen? Bestimmt der Staat mit all seiner Macht? Oder ist es der Markt mit seiner Effizienz?

Wieder gilt: sowohl als auch! In modernen Gesellschaften braucht es ein vernünftiges Nebeneinander von kommunikativer und systemischer Koordinierung. Denn selbst wenn uns die Einigung auf das bessere Argument am sympathischsten ist, so ist doch gleichzeitig klar, dass es gesellschaftliche Bereiche gibt, in denen es Vereinfachungen braucht, damit nicht jede kleine Entscheidung erst mühsam zwischen allen potenziell Betroffenen ausgehandelt werden muss. Manchmal muss es auch reichen, dass jemand die legitime Entscheidungsmacht besitzt oder aber das Geld hat, etwas zu erwerben. Das ist nicht nur praktischer, sondern wird als Steuerungslogik auch das Ergebnis verbessern, wie Nassehi zu Recht anmerkt. Die öffentliche Debatte aber kann sich auf all diese Entscheidungen beziehen und jederzeit erzwingen, dass die Legitimation der Abkürzung noch einmal geklärt wird.

Das modellhafte Dreieck von Staat, Markt und Gesellschaft hat es spätestens seit Anfang der neunziger Jahre über die Nachhaltigkeitsdiskussionen endgültig ins politische Denken geschafft. In den Beschlüssen der Weltklimakonferenz in Rio 1992 und der dort vorgeschlagenen Nachhaltigkeitsagenda zum Beispiel geht es darum zu beschreiben, wie diese drei Bereiche zusammenspielen müssen, um tatsächlich zu einer nachhaltigen Veränderung unseres Wirtschaftens und Lebens zu gelangen. Dass es möglich wäre, über einen Bereich allein die notwendige Dynamik und Normierung zu erreichen, glaubte schon damals niemand mehr. Alle drei Bereiche verfügen außerdem über machtvolle Bilder, mit denen ihre Chancen und Risiken gesellschaftlich assoziiert und beschrieben werden.

Schon in Rio war deutlich zu sehen, dass die gesellschaftlichen Auseinandersetzungen an der Grenze zwischen Staat oder Markt auf der einen und Gesellschaft auf der anderen Seite entstehen. Der Antagonismus unserer Tage ist zunehmend weniger nur der zwischen Arm und Reich. Er bleibt bestehen und wird tendenziell verschärft. Aber er wird ergänzt und überlagert von dem Konflikt zwischen gesellschaftlicher und systemischer Steuerung, zwischen öffentlichen Interessen und der effizienten Koordinierung komplexer Probleme. Die Auseinandersetzung mit den Folgen der klimatischen Veränderungen und die Versuche, das Erreichen weiterer Kipppunkte zu verhindern, sind solche Konflikte zwischen den Systemen und der sozialen Lebenswelt, zwischen den Versuchen einer Gesellschaft, ihr

Überleben zu sichern, und den davon entkoppelten Verwertungsinteressen eines Wirtschaftssystems, das auf den kostengünstigen Verbrauch von Ressourcen programmiert ist.

Ich möchte im Folgenden versuchen, die drei Begrifflichkeiten, um die es hier geht, schlaglichtartig zu beleuchten: den Staat, den Markt und die gesellschaftliche Öffentlichkeit. Mir geht es darum zu zeigen, zu welchen Problemen es führt, wenn wir einen dieser Bereiche mit seiner spezifischen Logik absolut setzen. Jede Logik für sich genommen führt in die Sackgasse, wenn es darum geht, gesellschaftliche Herausforderungen zu meistern. Erst zusammengedacht ermöglichen sie eine Politik, die komplexen Gesellschaften angemessen ist. Das zu begreifen ist eine zwingende Voraussetzung für die Formulierung konkreter politischer Perspektiven.

UNGEHEUER UND ANTRAGSFORMULAR: DER STAAT

Wer von Politik spricht, muss vom Staat sprechen. Als Thomas Hobbes im 17. Jahrhundert sein berühmtes Buch über den modernen Staat und sein Verhältnis zum Einzelnen schrieb, schuf er zu diesem Zweck ein machtvolles Bild, das bis heute die Debatte prägt. Er setzte den Staat mit einem legendenhaften Seeungeheuer aus der Bibel gleich: dem Leviathan, der Hiob von Gott detailreich geschildert wird, um dem Menschen zu verdeutlichen, dass dieses Geschöpf für ihn unbezwingbar sei und nur durch Gott selbst in Schach gehalten werden könne. Mit der Furcht vor einem ebenso übermächtigen Staatswesen hoffte Hobbes, angesichts eines seit Jahren anhaltenden Bürgerkriegs in seiner Heimat England, die Menschen dazu zu bringen, sich einer stärkeren Macht unterzuordnen, die ihre gewalttätigen Triebe kontrollieren würde. Die Bürger*innen einer Gesellschaft sollten in einem Vertrag den Staat erschaffen und ihm alle Macht übertragen.

Hobbes schreibt: »Es ist eine wirkliche Einheit aller in ein und derselben Person, die durch Vertrag eines jeden mit jedem zustande kam, als hätte jeder zu jedem gesagt: *Ich autorisiere diesen Menschen oder diese Versammlung von Menschen und übertrage ihnen mein Recht, mich zu regieren, unter der Bedingung, dass du ihnen ebenso dein Recht überträgst und alle ihre Handlungen autorisierst.* Ist dies geschehen, so nennt man diese zu einer Person vereinte Menge Staat, auf Lateinisch *civitas.* Dies ist die Erzeugung jenes großen *Leviathan* oder besser, um es ehrerbietiger auszudrücken, jenes *sterblichen Gottes,* dem wir unter dem *unsterblichen Gott* unseren Frieden und Schutz verdanken.«[8]

Hobbes beschreibt einen Staat, der zwar aus der Gesellschaft der Einzelnen heraus entsteht, ihr dann aber doch äußerlich ist und auch deshalb danach strebt, weitgehend zu bestimmen, wie jede*r Einzelne handelt. Dem politischen Denker ging es dabei nicht in erster Linie um eine konkrete monarchische oder demokratische Staatsform, sondern um die Begründung des staatlichen Machtanspruchs als solchem. Ob der dann autokratisch oder demokratisch zu steuern sei, war für Hobbes zweitrangig. Er wollte begründen, warum es überhaupt einen Staat braucht. Dieser ist schließlich die Voraussetzung für Bürgerrechte, Gewaltenteilung und demokratische Mitbestimmung. Denn ohne einen legitim errichteten Staat gäbe es keine Staatsgewalt, deren Anwendung näher zu fassen und zu normieren wäre. Hobbes versuchte als einer der Ersten, die Legitimität staatlicher Herrschaft nicht aus einem göttlichen Gnadenverhältnis heraus zu begründen, so wie es bei Ludwig XIV. in Frankreich noch der Fall war, der für sich beanspruchte, selbst der Staat zu sein (*»L'État, c'est moi!«*). Für Hobbes liegt der Ursprung des Staates vielmehr in der bewussten Entscheidung der Bürger*innen begründet.

Die Idee, dass der gewalttätige Naturzustand des Menschen mittels eines Vertrags in eine moderne Staatlichkeit überführt werden kann, wird aber nicht nur von Hobbes in beredten Worten beschrieben, sondern auf dem historischen Titelbild seiner Schrift auch ungemein suggestiv illustriert. Auf dem berühmten Frontispiz erhebt sich ein riesiger König mit dem Schwert in der rechten und einem Bischofsstab in der linken Hand über einer Hügellandschaft, in deren Vordergrund eine damals moderne Stadt liegt. Bei näherem Hinsehen fällt auf, dass der alles überragende allmächtige Herrscher, der Leviathan, aus vielen einzelnen Personen besteht. Während der Gesamteindruck (Herrscher wacht über das Land) auf die äußerliche Machtposition des Staates zielt, zeigt der nähere Blick, dass diese äußerliche Machtposition abhängig ist von der Übereinkunft der Bürger*innen.

Der Kunsthistoriker Horst Bredekamp hat sich mit diesem berühmten Bild und seinen vielen Bedeutungsebenen befasst. Er schreibt: »Der Blick, den die Menschen von allen Standorten aus auf den Kopf des Riesen richten, kehrt über dessen Augen zum Betrachter zurück, der die Froschperspektive der Rückenfiguren nachzuvollziehen sucht und zugleich auf Augenhöhe des Souveräns direkt von ihm angesprochen wird. Der widersprüchliche Charakter des Staatskörpers, Produkt der Menschen zu sein, die sich ihm unterwerfen, äußert sich bereits im Wechselspiel der Blickformen zwischen Bürgern, dem Leviathan und dem Betrachter.«[9] Zwar entsteht der Staat aus dem Vertragsschluss der Menschen, aber er entsteht gewissermaßen gegen ihre Natur. Er folgt der Einsicht, dass Menschen eine Form des Zusammenlebens finden müssen, in der sie ihre Triebe so domestizieren lassen, dass ihnen ein Miteinander möglich ist. Anders als viele nachfolgende Denker*innen sieht Hobbes im Menschen kein primär soziales, auf die anderen bezogenes, sondern ein zutiefst egoistisches Wesen, das der Kontrolle durch eine äußere Macht bedarf, die es letztlich aber selber erschaffen muss.

Der Leviathan ist in diesem Bild aber mehr als nur das Produkt der Körper der Bürger*innen, denn zugleich ist sein Kopf ein sichtbar eigenständiges – und eben nicht aus anderen Personen zusammengesetztes – Körperteil. Das lässt sich so deuten, dass Hobbes letzten Endes doch den aufgeklärten Monarchen im Blick hatte, der sich aber bewusst sein müsse, dass seine Macht ohne seine Bürger*innen keine Grundlage hätte.

Die Ambivalenz des Bildes ist bis heute sichtbar: Wer aufs Ganze schaut, sieht den alles überwölbenden Staat, der aus demokratischer Sicht durch klare Regeln und Rechte beschränkt und zurückgedrängt werden muss, so wie es im angelsächsischen Staatsdiskurs immer wieder gefordert wird. Und wer auf die vielen Bürger*innen im Körper des Staates schaut, der sieht das handlungsfähige Instrument der Gesellschaft, dass es so auszustatten gilt, dass die gemeinsamen Dinge auch gemeinsam bewältigt werden können. Eine Vorstellung des aktiven und gesellschaftlich gestaltenden Staates, die in Kontinentaleuropa und auch in Deutschland eine große Rolle spielt.

Wie wirkmächtig dieses Bild noch immer ist, zeigt die Diskussion um die Rekonstruktion der Reichstagskuppel in Berlin, die der Architekt Norman Foster in den neunziger Jahren zunächst ablehnte, weil sie ihn zu sehr an die Darstellung eines überpersönlichen Staatsoberhaupts erinnere. Nach langen Diskussionen konzipierte er die Kuppel schließlich so, dass sie von Bürger*innen bevölkert wird, die den Parlamentarier*innen von oben bei der Arbeit im Plenarsaal zuschauen können. Bredekamp setzt diese architektonische Neugestaltung des historischen Reichstags in Beziehung zu den aus dem Leviathan herüberreichenden Bildern des Staates. Mit der Kuppel hole der Architekt die Bürger*innen in das symbolische Haupt des Staates und konterkariere so die Souveränität des Leviathan.[10] Es ist auch eine Antwort auf den Umstand, dass die Macht des Staates in Deutschland aufgrund der verbrecherischen Exzesse während des NS-Regimes im 20. Jahrhundert bis heute zu Recht besonders argwöhnisch betrachtet wird.

Ist der Staat als Übereinkunft der Bürger*innen erst einmal errichtet, entfaltet er zunehmend eine sehr eigene systemische Logik. Unübersehbar viele komplexe Probleme brauchen eine Steuerungslogik, die abstrahieren kann und sich nicht am Einzelfall festbeißt. Wenn man in einem Bundesministerium sitzt und einen Milliarden-Etat verwaltet, dessen Dimension jede Vorstellungskraft sprengt, dann ist es beinahe unmöglich, individuelle Lebenslagen in den Blick zu nehmen. Aus meiner Zeit im Bundesministerium für Arbeit und Soziales weiß ich, wie engagiert die Menschen sind, die dort arbeiten, wie beseelt davon, dass sie das Leben vieler Bürger*innen mit den Entscheidungen ihres Hauses verbessern können. Aber dennoch werden Schicksale zu aggregierten Zahlen in einer Rechenmaschine, der Staat zu einem weitgehend technisch ablaufenden und Resultate produzierenden System, das sich immer mehr von den Bürger*innen entfernt, die es tragen.

Verwaltung folgt ihrer eigenen Logik, bisweilen auch in einer Sprache, die sich jeder Argumentation zu entziehen scheint. Nicht ohne Grund: Wenn staatliche Stellen Entscheidungen treffen, sollten diese übertragbar sein auf vergleichbare Fälle, die von anderen Stellen bearbeitet werden – und zwar ohne dass jedes Mal erneut Grundsatzdiskussionen nötig sind. Hier ist eine folgenorientierte Wenn-dann-Logik angebracht, um die schiere Masse an erforderlichen Entscheidungen bewältigen zu können.

Aber diese Logik führt eben auch dazu, dass staatliches Handeln immer mehr zu Verwaltung wird und immer weniger an politische Überlegungen gebunden ist. Das war es, was der ehemalige Gelsenkirchener Kulturdezernent Peter Rose meinte, als er mir schrieb, die SPD sei zu sehr »Staatspartei« geworden und habe dadurch ihren Kern als »Bewegungspartei« verloren. Was zunächst klingt wie eine Warnung davor, sich vom Regieren vollständig vereinnahmen zu lassen, ist in Wahrheit mehr. Dahinter steht auch die Frage nach dem Verhältnis zwischen der Partei als politischem Akteur und dem Staat und seinen Verwaltungsimperativen. Die Sozialdemokratie will sowohl durch gesellschaftliche Diskurse und breite Debatten über das Wichtige und Richtige als auch durch Kompetenz in Staatsämtern wirken. Sie will, im Wissen um den Leviathan, den Gesellschaftsvertrag prägen. Aber sie muss aufpassen, dass sie sich dabei nicht zu sehr auf die Seite des technisch funktionierenden und verwaltenden Staates ziehen lässt.

Die gängige Kritik am Staat zielt heute in erster Linie auf die Verwaltung und ihre Tendenz, politisches Handeln durch technische Maximen aufzufressen. Nicht die Lösung des Problems oder gar die Gestaltung der Zukunft stehen dann im Mittelpunkt, sondern der korrekte verwaltungstechnische Ablauf. Es gibt zahllose Beispiele, anhand derer sich erzählen lässt, wie sich Verwaltung auf diese Weise selbst im Weg steht, wie sie Bürger*innen bei der freien Entfaltung mehr behindert als unterstützt und wie sie es sich und anderen unnötig schwer macht. Sehr unterhaltsam dargestellt ist diese Beharrungskraft in der BBC-Fernsehserie *Yes, Minister* aus den frühen achtziger Jahren. Die einzelnen Folgen zeigen, wie der politische Wille des Ministers eines (fiktiven) »Ministeriums für Verwaltungsangelegenheiten« ein ums andere Mal am unerbittlichen Formalismus seines brillanten Staatssekretärs Sir Humphrey zerschellt. Hier ist nicht entscheidend, was gewollt und nicht gewollt ist, was notwendig ist oder was nicht, sondern ausschließlich, was zur Operationsweise der administrativen Maschine passt. Legendär, wie der Minister Aufträge erteilt, die Sir Humphrey mit einem devoten »Yes, Minister« quittiert, nur um dann das zu machen, was nach Verwaltungslogik ohnehin ansteht. Wenn zum Beispiel Personal in der Verwaltung abgebaut werden soll, dann werden zunächst Dutzende neue Beamte rekrutiert, um zu eruieren, wo eventuell gespart werden könnte. Die Wünsche des Ministers werden unerbittlich auf das administrativ Machbare reduziert – und wenn nur das Gegenteil machbar ist, dann wird auch das umgesetzt, weil nur der Stillstand noch schlimmer wäre als die Suggestion des Geschäftigen.

Wie sehr sich diese Logik der Verwaltung von allem anderen entkoppelt, ist in einer wunderbaren Folge zu sehen, in der der Minister ein leeres Krankenhaus besucht. »Aber es gibt keine Patienten!«, ruft er erstaunt aus. Die Verwaltungschefin des Hauses nickt: »Gewiss, aber die wesentliche Arbeit eines Krankenhauses muss weitergehen.« Der Minister ist verwundert: »Sind denn nicht Patienten die wesentliche Arbeit eines Krankenhauses?« Er erntet einen tiefen, mitleidigen Seufzer: »Eine Organisation mit fünfhundert Beschäftigten am Laufen zu halten, ist eine große Aufgabe, Herr Minister ... Es ist eines der bestgeführten Krankenhäuser des Landes. Es ist für den Florence-Nightingale-Preis nominiert.« Der wird vergeben für die höchsten hygienischen Standards. Patient*innen würden da nur stören. Der Minister schlägt vor, dass die Verwaltungschefin dreihundert ihrer Leute entlässt, um medizinisches Personal und Patienten in die Klinik zu holen. Woraufhin der begleitende Gewerkschafter mit Streik droht.

Verwaltungslogik findet ihren typischen Ausdruck auch im grassierenden Formularwesen, dem bislang selbst die Digitalisierung nicht den Garaus machen kann. In dem Zeichentrickfilm *Asterix erobert Rom* müssen Asterix und Obelix im »Haus, das Verrückte macht«, die herkulische Aufgabe lösen, das Formular A38 zu bekommen. Sie drohen zu verzweifeln, bis ihnen die Idee kommt, nach dem neuen Formular A39 zu fragen, das in Rundschreiben 65 angekündigt worden sei. Reinhard Mey hingegen sang von seiner wachsenden Verzweiflung auf der Suche nach dem Formular für einen »Antrag auf Erteilung eines Antragsformulars zur Bestätigung der Nichtigkeit des Durchschriftexemplars«.* Und in Franz Kafkas Roman *Das Schloss* wird der Verwaltungsapparat der Schlossbehörde zum Sinnbild einer durch und durch absurden Welt. Kein Wunder, dass wir heutige reale verwaltungstechnische Absurditäten gern als kafkaesk bezeichnen.

In seinen satirisch gefärbten *Studien über die Verwaltung* ist C. Northcote Parkinson in den fünfziger Jahren auf die Suche nach den Triebkräften gegangen, die dafür gesorgt haben, dass die Anzahl der Mitarbeitenden im britischen Marineministerium kontinuierlich anstieg,

---

* *Ein Antrag auf Erteilung eines Antragsformulars* (Text & Musik: Reinhard Mey).

während gleichzeitig die Größe der Marine gemessen in Schiffen, Offizieren und Matrosen deutlich abgenommen hatte. Parkinson formulierte in der Folge zwei Lehrsätze, die bis heute als »Parkinsons Gesetz« bezeichnet werden: »(1) ›Jeder Beamte oder Angestellte wünscht die Zahl seiner Untergebenen, nicht aber die Zahl seiner Rivalen zu vergrößern‹, und (2) ›Beamte oder Angestellte schaffen sich gegenseitig Arbeit‹.«[11] In ironisch-pointierter Form beschreibt Parkinson sehr genau den Prozess der Verselbstständigung des Staates, der immer dann beginnt, wenn die Logik seines Entscheidens nicht mehr auf die Lösung eines Problems in der Gesellschaft gerichtet ist, sondern darauf, das eigene System und die eigenen Abläufe zu stabilisieren. Wenn dann plötzlich, so Parkinsons Beispiel, sieben Beamte die Arbeit eines einzigen machen, sind sie trotzdem komplett ausgelastet, weil Abstimmungen, Rückfragen und Überarbeitungen nach Kritik viel mehr Zeit in Anspruch nehmen, als vorher die Erstellung eines konkreten Vorschlags durch einen einzelnen Zuständigen. Je mehr Menschen an der Lösung eines Problems arbeiten, desto weniger fühlt sich der Einzelne dafür verantwortlich, dass eine Lösung gefunden wird.

Ich erzähle das hier, weil wir diese Kritik kennen müssen, wenn wir das Vertrauen in den Staat wieder stärken wollen. Denn natürlich brauchen wir die Verlässlichkeit und Leistungsfähigkeit des Staates. Wenn wir ihn als ein Instrument der Gesellschaft betrachten, dann bietet er die Chance, das Gemeinsame auch gemeinsam zu gestalten und auf der Grundlage demokratischer Entscheidungen zu handeln. So wie es die Charaktere in *The West Wing* oder *Parks & Recreation* vorspielen. Damit das aber gelingt, braucht es öffentliche Foren, die sich auf den Staat und sein Handeln beziehen können und in denen seine Entscheidungen diskutiert werden. Die Vorstellung einer besseren Gesellschaft lässt sich schließlich selbst der bestkalibrierten staatlichen Maschine nicht entnehmen. Genauso wenig wie eine von großen Idealen und Emotionen getragene soziale Bewegung es vermag, ihre Vision nur durch ihr schieres Wollen zur gesellschaftlichen Realität werden zu lassen.

Doch die Herausforderungen für staatliches Handeln sind heute größer denn je. Immer mehr aktuelle Probleme scheren sich nicht mehr um geographische oder politische Grenzen – und kümmern sich folglich auch nicht um rein staatliche Zuständigkeiten. Der Kapitalismus agiert global, Pandemien breiten sich binnen Wochen auf dem ganzen Erdball aus, und die Folgen des Klimawandels sind ebenfalls in beinahe jedem Teil der Erde spürbar. Ihnen ist mit staatlichem Handeln alleine nicht beizukommen. Sie verlangen nach einer Politik, die auch jenseits der Nationalstaaten wirksam sein kann.

Neu ist auch diese Erkenntnis nicht. Die SPD hat bereits 1925 in ihrem Heidelberger Programm ein deutliches Bekenntnis zu mehr internationaler Zusammenarbeit beschlossen und auch konkrete Vorschläge formuliert, wie diese dauerhaft zu sichern wäre: »Sie tritt ein für die aus wirtschaftlichen Ursachen zwingend gewordene Schaffung der europäischen Wirtschaftseinheit, für die Bildung der Vereinigten Staaten von Europa, um damit zur Interessensolidarität der Völker aller Kontinente zu gelangen.« Es sollte noch mehr als ein Vierteljahrhundert und einen furchtbaren Weltkrieg dauern, bevor auf dem europäischen Kontinent die ersten Schritte zu einer über die einzelnen Staaten hinausreichenden Gemeinschaft gegangen wurden. Der Schock des Mordens in ganz Europa, das Entsetzen über den deutschen Völkermord an den europäischen Juden, an den Sinti und Roma und an vielen weiteren Gruppen, die die nationalsozialistische Ideologie verachtete, saß tief. Und er war auch der Grund dafür, dass das Projekt einer europäischen Einigung als Friedensprojekt angegangen wurde.

Die Geschichte dieses Projekts ist bis heute bewegend. Von der Schuman-Erklärung 1950 bis zum Bild von Helmut Kohl und François Mitterand Hand in Hand auf dem Gräberfeld von Verdun ist das allseitige, tief empfundene Verlangen nach Frieden spürbar. Und ich erinnere mich noch, wie glücklich mein Vater war, als die Schule, an der er über dreißig Jahre als Lehrer gewirkt hatte, dem französischen Gründervater der Europäischen Union zu Ehren in Robert-Schuman-Berufskolleg umbenannt wurde. Während mein Großvater noch vom »welschen Erbfeind« sprach, hatte hier das große Versprechen des »Nie wieder Krieg« greifbare Gestalt angenommen.

Wir Kinder nutzten derweil die Freiheiten der Interrail-Tickets auf europäischen Bahnfahrten, und meine eigenen Töchter waren 2016 völlig verwundert, als sie bei einer Urlaubsfahrt auf einmal mit einer »Grenzkontrolle« konfrontiert waren. Während ich mich noch an Ausflüge in Kindertagen an die niederländische Nordseeküste erinnern kann, die aufregend waren, weil wir am Grenzübergang angehalten wurden und unsere Ausweise zeigen (und danach sogar noch unsere Markstücke in Gulden tauschen) mussten, kannten meine Kinder bis zu diesem Moment, als in Europa wegen der hohen Zahl geflüchteter Menschen auf einmal im Inneren wieder die Schlagbäume heruntergingen, diese Erfahrung gar nicht. Europa war für sie eine große, miteinander verbundene Landschaft, in der die Menschen zwar unterschiedlich sprachen, aber doch letztlich einfach Nachbarn waren.

Anknüpfend an die Versöhnungsgesten der ersten Jahrzehnte könnte die Europäische Union heute ein Hoffnungsträger dafür sein, dass es möglich ist, politisch Kräfte zu bündeln und große Herausforderungen gemeinsam zu bewältigen. Doch die Generation, der der Schrecken des innereuropäischen Krieges noch in den Knochen steckte, ist abgetreten, und für uns Nachgeborene war es selbstverständlich, dass wir in Europa friedlich zusammenleben und spätestens seit dem Fall der Mauer auch keine allzu großen ideologischen Differenzen mehr zwischen uns standen.

Für uns könnte Europa heute eine andere, nicht minder bedeutende Geschichte erzählen – die Geschichte, wie Regieren über nationalstaatliche Grenzen hinweg und auf Augenhöhe mit dem globalen

Kapitalismus und den Herausforderungen weltweiter Megatrends gelingen könnte. Denn es herrscht wohl weitgehend Einigkeit darüber, dass in einer Welt mit bald zehn Milliarden Bewohner*innen und neuen militärischen und wirtschaftlichen Mächten nur ein geeintes Europa mit seinen dann rund 500 Millionen Bürger*innen ausreichend politisches Gewicht in die Waagschale werfen kann, um die Dinge im eigenen Interesse und im Sinne freiheitlicher und demokratischer Konzepte zu beeinflussen.

Schon als demokratischer Staatenbund könnte die Europäische Union glaubwürdig für eine friedliche, freiheitliche und nachhaltige Politik in der Welt eintreten und den Kampf gegen die globalen Megatrends unserer Zeit überhaupt aufnehmen. Aber eben nur, wenn sich ihre Mitglieder einig sind und wenn sie Institutionen schaffen und akzeptieren, die auf Grundlage dieser Einigkeit auch machtvoll handeln können. Leider ist die EU in ihrer derzeitigen Verfassung weit von einer solchen Einigkeit entfernt, kämpft mit Bürokratismus in ihrer Zentrale und zunehmender Unzufriedenheit in vielen Mitgliedstaaten. Ob Europa überhaupt weiter zusammenwachsen soll oder ob es bei einem Bund von Staaten bleiben soll, deren Regierungen sich immer wieder neu verständigen müssen, ist nach wie vor umstritten.

Dabei könnte alles so einfach sein: »Eine starke Europäische Union ist für uns das wichtigste nationale Anliegen, das Deutschland hat«, betont Bundeskanzler Olaf Scholz zu Recht immer wieder. Das heißt: Auch die nationalen Anliegen lassen sich am besten durchsetzen, wenn man es gemeinsam im europäischen Verbund versucht. Nur so erreichen sie nämlich die politische Wirksamkeit im globalen Spiel der Kräfte, die sie brauchen. Dass das gelingen kann, zeigen einige Entscheidungen der Europäischen Union während der Corona-Pandemie, die damals nach langem Zaudern und einem sehr unsolidarischen Beginn letztlich doch entschieden hatte, gemeinsam Schulden aufzunehmen. Olaf Scholz sprach vom »Hamilton-

Moment« der Europäischen Union und zog damit einen Vergleich zu jenem historischen Augenblick, in dem Alexander Hamilton, der erste Finanzminister der USA, durchsetzte, dass nicht mehr nur die einzelnen Staaten in eigener Verantwortung, sondern auch die gemeinsame Regierung eigenständig Schulden aufnehmen konnte. Die damals dieser Entscheidung vorausgehenden Diskussionen erinnern stark an heutige Debatten in Brüssel. In dem Musical *Hamilton* werden sie als eine Kabinettsdebatte zwischen Thomas Jefferson und Alexander Hamilton in Szene gesetzt. Jefferson wendet sich heftig gegen die Idee der gemeinsamen Schuldenaufnahme und plädiert für die Verantwortung der einzelnen Staaten: *»If New York's in debt why should Virginia bear it?«* Hamilton reagiert ungehalten, verweist darauf, dass die Union verstärkt eigene politische Handlungsspielräume und stärkere finanz- und haushaltspolitische Kompetenzen brauche, um die Anliegen des Gesamtstaates zu befördern: *»If we're aggressive and competetive the union gets a boost. You rather give it a sedative.«**

Das erinnert an die Auseinandersetzungen zwischen dem konservativen deutschen Finanzminister Wolfgang Schäuble und der griechischen Regierung, als diese vor etwas mehr als einem Jahrzehnt die Solidarität der europäischen Staaten brauchte, um eine nationale Insolvenz abzuwenden. Schäuble intervenierte mehrfach und sorgte in den europäischen Gremien dafür, dass Griechenland zu drastischen Sparmaßnahmen verpflichtet wurde, um die Hilfen möglichst schnell wieder zurückzahlen zu können. Es musste bis zur übernächsten europäischen Krise in der Corona-Zeit dauern, dass hier ein anderer Geist Einzug halten konnte, der solidarische Hilfe und wirtschaftliche Erholung zusammenbringen konnte. Die gemeinsame Schuldenaufnahme führt schließlich auch zu gemeinsa-

---

* »Wenn New York verschuldet ist, warum sollte Virginia dafür aufkommen?« – »Wenn wir aggressiv und konkurrenzfähig sind, bekommt die Einheit einen Schub. Sie aber wollen ihr ein Beruhigungsmittel geben« (Musik & Text: Lin-Manuel Miranda).

mer Verantwortung für die Folgen und bürdet diese nicht mehr nach dem Verursacherprinzip einem einzelnen Staat auf. Das ist ein entscheidender Schritt hin zu einer gemeinsamen europäischen Politik, die mehr ist als der kleinste gemeinsame Nenner der Mitgliedstaaten. Doch noch ist diese Begründung eines wirksamen Regierens »jenseits des Nationalstaates«[12] abstrakt hergeleitet und damit emotional im europäischen Alltagsbewusstsein nicht so tief verankert, wie es zu wünschen wäre.

Ein groteskes Bild der europäischen Gegenwart hat der österreichische Schriftsteller Robert Menasse in seinem zweiten »EU-Roman« *Die Erweiterung* vorgelegt. Es geht, wie der Titel andeutet, um die Erweiterungspolitik der EU auf dem Balkan, und er endet damit, dass die versammelten europäischen Staatschefs auf einem Kreuzfahrtschiff auf dem Mittelmeer herumschippern und in keinen Hafen einlaufen dürfen, weil das Schiff von einer tödlichen Epidemie heimgesucht wurde. Gleichzeitig werden regelmäßig und lautstark – vor allem von der deutschen Delegation – die europäischen Werte beschworen.[13]

Menasse arbeitet mit satirischen Mitteln, und doch ist das Buch keine reine Satire auf die EU, sondern auch ein drängender Appell. Seine Kritik richtet sich nicht zuletzt an jene nationalstaatlich progressiven Kräfte, die auf europäischer Ebene in der Union trotzdem nicht die Chance zu einer politischen Renaissance sehen, sondern vorwiegend die Marktorientiertheit der Brüsseler Politik beklagen und viele europäische Initiativen schon deshalb rundweg ablehnen. Es sei dringend nötig, sagte der Autor bei einer Diskussion auf der Frankfurter Buchmesse, dass bei allen Progressiven ein stärkerer europäischer Geist Einzug halte. Sein Roman transportiert deshalb nicht zuletzt die Überzeugung, dass die EU nur dann funktionieren kann, wenn wir sie anders denken und nicht auf die Wirtschaftspolitiken der Integration des Binnenmarktes beschränken. Wenn in Europa nicht gegeneinander, sondern miteinander gearbeitet wird. Wenn es nicht um den nationalen Vorteil in einem europäischen Nullsummenspiel geht, sondern um etwas gemeinsames Größeres. Wenn Europa wieder zu einer verheißungsvollen Idee wird.

Die europäische Idee des 20. Jahrhunderts begann mit dem überwältigenden Wunsch nach Frieden. Dass dieser Frieden tatsächlich immer noch keine Selbstverständlichkeit ist, wurde uns erneut schmerzlich bewusst, als Russland am 24. Februar 2022 die Ukraine überfiel und einen brutalen Krieg begann, der das imperialistische Denken und Handeln zurück nach Europa brachte. Die friedenspolitische Dimension der europäischen Idee ist aktueller denn je. Zugleich umfasst die Europäische Union mittlerweile weit mehr als das Streben nach Frieden. Sie verspricht grundlegend, dass Politik auch in einer sich zunehmend globalisierenden Welt möglich ist. Dass sich das gemeinsame gesellschaftliche Handeln gegenüber den vermeintlich allmächtigen Kräften des Marktes durchsetzen kann, dass es noch Regeln gibt für den globalen Finanz- und Güterverkehr. Wer die Globalisierung zu Recht als Herausforderung staatlicher Gestaltungsmacht sieht, der kann in Europa eine Antwort finden. Eine Antwort allerdings, die nur gemeinsam und jenseits nationaler Egoismen gegeben werden kann. Die Zukunft des Staates jedenfalls liegt wieder einmal in Europa. Der Leviathan umspannt heute nicht mehr nur die Grenzen von Bistümern und Grafschaften, sondern von ehemals souveränen Nationalstaaten.

UNSICHTBARE HAND UND HEUSCHRECKEN: DER MARKT

Wer dem Staat misstraut, weil er ihn nicht als gesellschaftliches Instrument sieht, sondern als eine Bedrohung der individuellen Freiheit, der setzt gern darauf, dass es der Markt schon regeln werde. Der Staat müsse bloß garantieren, dass die wirtschaftlichen Rahmenbedingungen stimmen, nach denen wir Güter produzieren, Dienstleistungen anbieten und Waren handeln.

Auch hier wirkt bis heute ein mächtiges Bild, das es mit dem Hobbes'schen Leviathan locker aufnehmen kann. Zugeschrieben wird es dem schottischen Moralphilosophen Adam Smith, der Ende des 18. Jahrhunderts als einer der Ersten die Wirkweise von Märkten zum Austausch von Gütern beschrieben hat. In seinem ökonomischen Hauptwerk *Der Wohlstand der Nationen* weist er gegen Ende darauf hin, dass Märkte mit »unsichtbarer Hand« wirkten. Dieses Bild blieb hängen und wird gerne herangezogen, wenn es darum geht, die ökonomische Logik gegen Eingriffe von außen abzusichern.

Dabei wollte Smith, der von Kaufleuten und Kapitalisten gar nicht so viel hielt, eigentlich nur zeigen, dass Märkte in einer arbeitsteiligen Wirtschaft die Fähigkeit besitzen, aus vielen egoistischen Einzelhandlungen am Ende so etwas wie Gemeinwohl entstehen zu lassen – und zwar ohne gesellschaftliche Verträge oder die sichtbare Hand eines allmächtigen Staates. Weil sich Tätigkeiten spezialisieren, sind Menschen in einer wirtschaftlich verflochtenen Gesellschaft voneinander abhängig und müssen ihre Arbeits- und Tauschbeziehungen effizient koordinieren. Den dafür nötigen Mechanismus findet der Kapitalismus in Märkten, auf denen Tauschhandlungen organisiert und Preise festgelegt werden können. Diese Märkte funktionieren unabhängig von den Absichten der Einzelnen und entwickeln eine Logik, die Wohlstand mehren kann, selbst wenn alle egoistisch handeln.[14]

Dass Smith von Marktliberalen als Kronzeuge für unregulierte Märkte herangezogen wird, beruht nicht zuletzt auf einem Missverständnis: »Smith war ein Sozialreformer, der gegen die Privilegien der Reichen kämpfte«, schreibt die Wirtschaftsjournalistin Ulrike Herrmann. »Er war für den Wettbewerb und für Märkte, aber nicht als Selbstzweck, sondern weil er die Vorrechte der Grundbesitzer und der begüterten Kaufleute beschneiden wollte. Würde Smith heute leben, wäre er wahrscheinlich Sozialdemokrat.«[15] Wer hätte das gedacht? Aber es mag stimmen. Smith wollte ja vor allem die Moral der Marktbeziehungen ebenso verstehen wie den Umstand, dass gesamthaft etwas anderes entstehen kann, als in den Einzelhandlungen angelegt ist.

Nach zahllosen Wirtschafts- und Finanzkrisen geht heute jedenfalls kaum mehr jemand davon aus, dass die Logik des Marktes allein zwangsläufig gute Ergebnisse produziert. Die Zeiten, in denen allein mit dem Hinweis Politik gemacht werden konnte, dass Eingriffe in den Markt Wohlstand und Fortschritt gefährden, sind erst einmal vorbei. Die marktbasierte Lösung gilt nicht mehr automatisch als effizienter und gerechter.

Doch die Macht des Bildes von der unsichtbaren Hand besteht fort, genährt durch die Illusion einer Naturwüchsigkeit, die ihm später von neoklassischen Marktliberalen wie Milton Friedman hinzugedichtet wurde. Der Markt erscheint dann als etwas, was einfach existiert, wie Wind und Wasser, und durch politische oder soziale Eingriffe seine vermeintlich urtümliche Kraft verliert. Dabei sind Märkte, auf denen Waren mit einem in Geld zu bemessenden Wert versehen und getauscht werden, nur eine Möglichkeit, Güter und Dienstleistungen zu verteilen, eine, die sich herausgebildet hat, weil es kulturelle, politische und soziale Regeln gibt, für die sich Menschen einmal entschieden haben. Die Entscheidung darüber, wie Märkte funktionieren, ist daher eine politische und gesellschaftliche.[16]

Einmal etabliert aber haben Märkte, ganz ähnlich wie die staatliche Verwaltung, die Tendenz, sich zu verselbstständigen. Wenn es heute um die Anpassung an die äußeren Lebensbedingungen geht, um das, was die Ökonomie die optimale Allokation der Ressourcen nennt, dann fallen Entscheidungen entlang der Frage, ob ein Vorhaben bezahlbar ist oder nicht. Preise bilden sich durch das Zusammenspiel von Angebot und Nachfrage – zumindest im Idealfall. Dieser Mechanismus steigert die Effizienz, aber er berücksichtigt auch nur die

Elemente, die bepreist werden können. Viele der negativen ökologischen Effekte des wirtschaftlichen Wachstums haben etwas damit zu tun, dass Dinge verbraucht werden, deren Kosten einfach nicht mit in die Rechnung aufgenommen werden. Märkte erzeugen so Probleme, die nicht auf Märkte begrenzt bleiben. Deshalb ist es nicht vernünftig, allein auf die Selbstregulierung der Märkte zu setzten. Es braucht politische Regeln. Und eine neue Art, Wohlstand zu messen.

Mit den Mechanismen rein kapitalistischer Märkte hadert die Sozialdemokratie seit jeher. Das verwundert nicht, schließlich hat sich die Partei in ihrer langen Geschichte immer dafür eingesetzt, dass individuelle Freiheit und gesellschaftliche Gerechtigkeit nicht dem Profitstreben Einzelner oder einer abstrakten kapitalistischen Logik untergeordnet werden. Spätestens seit dem Godesberger Programm geht es nicht mehr um Überwindung der kapitalistischen Wirtschaftsweise, sondern um deren soziale Ausgestaltung, um die Balance in der antagonistischen Kooperation zwischen Kapital und Arbeit.

Entscheidend ist dabei, dass das (oft auch wirtschaftliche) Recht des Stärkeren der Stärke des Rechts untergeordnet werden kann. Das bedeutet, dass Regeln vereinbart und durchgesetzt werden, mit denen die Märkte zwar weiterhin den optimalen Mitteleinsatz organisieren, zugleich aber nicht im Übermaß auf Kosten der Arbeitnehmer*innen wirken können.

Genau diese Regeln für die Märkte allerdings sind mindestens seit den späten siebziger Jahren unter Druck geraten. Erst in Großbritannien unter Margaret Thatcher und dann in den USA unter Ronald Reagan hat sich damals eine marktorientierte Ideologie durchgesetzt, der zufolge sich Politik aus der Wirtschaft herauszuhalten habe. In der Folge waren Vorschläge zur Umgestaltung und Einhegung der kapitalistischen Wirtschaftsweise kaum mehrheitsfähig. Auch deshalb versuchten sich die sozialdemokratischen Protagonisten eines sogenannten »dritten Weges«,[17] Bill Clinton, Tony Blair und Gerhard Schröder, an Reformen, die stark auf marktwirtschaftliche Kräfte setzten, um gesellschaftlichen Fortschritt zu ermöglichen. Der Staat sollte sich in diesem Wechselspiel zurückhalten und nur in ordnungspolitischen Ausnahmefällen kraftvoll eingreifen. So gut das in der Theorie klang, weil es mit viel Freiheits- und Fortschrittspathos erzählt werden konnte, so wenig funktionierte es in der Praxis. Stattdessen half die Sozialdemokratie, den Staat zu diskreditieren.

Erst spät wurde versucht, das Ruder herumzureißen, weil klar wurde, dass die Zustimmung für eine derart staatsferne und marktnahe Politik schwand. Politiker*innen begannen, sich verstärkt den Missverhältnissen auf den Märkten zuzuwenden. So ging im Jahr 2005 ein Aufschrei durchs Land, als der damalige SPD-Vorsitzende Franz Müntefering zunächst in einer Rede und dann in einem Interview das Gebaren mancher Finanzinvestoren mit »Heuschrecken« verglich, die ganze Landstriche ihrer Ernten beraubten. Am 17. April hatte Müntefering gegenüber der *Bild am Sonntag* gesagt: »Manche Finanzinvestoren verschwenden keinen Gedanken an die Menschen, deren Arbeitsplätze sie vernichten – sie bleiben anonym, haben kein Gesicht, fallen wie Heuschreckenschwärme über Unternehmen her, grasen sie ab und ziehen weiter. Gegen diese Form von Kapitalismus kämpfen wir.«

Die Aufregung war groß, die Kritik an der Formulierung und ihren vermeintlichen Konnotationen bisweilen scharf. Aber das sollte bloß vom brisanten Inhalt ablenken. Interessanterweise hatte der Parteichef die Metapher schon vorher verwendet, ohne dass es zum Eklat gekommen war. Bereits im November 2004 in einer Rede vor der Friedrich-Ebert-Stiftung in Berlin hatte er gesagt: »Wir müssen denjenigen Unternehmern, die die Zukunftsfähigkeit ihrer Unternehmen und die Interessen ihrer Arbeitnehmer im Blick haben, helfen gegen die verantwortungslosen Heuschreckenschwärme, die im Vierteljahrestakt Erfolg messen, Substanz absaugen und Unternehmen kaputtgehen lassen, wenn sie sie abgefressen haben. Kapitalismus ist keine Sache aus dem Museum, sondern brandaktuell.« Müntefering bezog sich in seiner Kritik nicht zuletzt auf Thesen des Parteivordenkers Erhard Eppler, der in seinem Buch *Auslaufmodell Staat?* beschreibt, wie sehr der Staat als Instanz des Gemeinwohls geschwächt war, weil eine marktradikale Ideologie in den gesellschaftlichen Debatten die Oberhand gewonnen hatte.[18]

Das kraftvolle Bild von den Heuschreckenschwärmen tat schließlich seine Wirkung: Es wurde wieder über den Kapitalismus geredet. Anderthalb Jahrzehnte nach dem Zusammenbruch der kommunistischen Regime in Osteuropa verwunderte das viele. Schließlich schien der Kapitalismus als der historische Gewinner aus dem Kalten Krieg hervorgegangen zu sein. Nicht dass Müntefering die Systemfrage gestellt hätte, aber ganz offensichtlich reichte es aus, die Auswüchse des Kapitalismus zu kritisieren, um als Systemfeind wahrgenommen zu werden. Zumal diese Auswüchse den Prognosen von Karl Marx mit Blick auf die Akkumulation des Kapitals oder die Entfremdung der Arbeit recht nahekommen.

Was Müntefering beschrieb, hatte der Regisseur Oliver Stone in seinem Film *Wall Street* bereits zwei Jahrzehnte früher überaus mitreißend in Szene gesetzt. Es ging um jene kapitalistischen Akteure, denen jede soziale Verantwortung zuwider war, die sich an der Aussage des neoliberalen Vordenkers Milton Friedman ausrichteten, dass die soziale Verantwortung von Unternehmen allein darin bestehe, Gewinne zu machen. Wenn man Gewinne nur machen könne, indem man Arbeitsplätze »abbaue«, dann sei das eben so. Das müsse in der Logik des Gesamtsystems verkraftet werden.

Dass diese kalte Profitlogik in den 2000er Jahren kritisiert wurde, war überfällig. Und Franz Müntefering blieb mit seiner Kritik nicht allein. Bundesfinanzminister Peer Steinbrück wandte sich zu Beginn der Finanzkrise 2008 gegen den »Laissez-faire-Kapitalismus der Chicagoer Wirtschaftsschule«, und Altkanzler Helmut Schmidt sprach schon 2003 davon, dass ein rücksichtsloser »Raubtierkapitalismus« die offene Gesellschaft bedrohe.

Die Kritik fand auch Einzug in die Popkultur. 2006 rüttelte Peter Licht in seinem *Lied vom Ende des Kapitalismus* fröhlich an den ökonomischen Grundfesten: »*Der Kapitalismus, der alte Schlawiner / Is' uns lang genug auf der Tasche gelegen / Vorbei vorbei vorbei vorbei / Jetzt isser endlich vorbei*«, sang er damals.*

So schnell kam das Ende dann doch nicht. Doch der Zweifel wuchs in der Öffentlichkeit. Weitere Krisen reihen sich aneinander, die Preise bilden die ökologischen Kosten nicht ab, Gewinne haben wenig mit realwirtschaftlicher Wertschöpfung zu tun. Das kapitalistische System scheint nicht mehr nur auf Kosten des Rests zu leben, es scheint vielmehr mit dem Rest gar nichts mehr zu tun zu haben. Die Idee, dass Eigentum verpflichtet und die Marktwirtschaft sozial zu sein habe, verliert an Kraft.

Insbesondere die Zweifel an den sogenannten Finanzmärkten sind groß – sicherlich auch weil sie, wie Ulrike Herrmann schreibt, die Bezeichnung »Markt« ganz zu Unrecht tragen: »Wenn Kartoffeln teurer werden, kaufen viele Kunden lieber Nudeln. Doch wenn die Preise für Aktien steigen, werden nicht etwa weniger Papiere gekauft – sondern mehr.«[19] Mit dem klassischen Ausgleich von Angebot und Nachfrage durch den Preis hat das wenig zu tun.

Wenn die Hauptfunktion von Märkten darin besteht, materielle Ressourcen effizient zu produzieren und Innovationsprozesse, die künftigen Wohlstand sichern sollen, zu organisieren, dann werden die Märkte dem offenbar nicht mehr gerecht. Die Kritik am Kapitalismus ist daher in den letzten Jahren immer schärfer geworden. Ende 2022 titelte das wahrlich nicht umsturzverdächtige Nachrichtenmagazin *Der Spiegel*: »Hatte Marx doch recht? Warum der Kapitalismus nicht mehr funktioniert – und wie er sich erneuern lässt«. Eine Debatte, die in der US-amerikanischen Wirtschaftswissenschaft schon seit mehreren Jahrzehnten geführt wird, kommt endlich nach Deutschland.

---

* Musik & Text: Peter Licht.

Debattiert wird etwa darüber, welche Rahmenbedingungen es braucht und welche gesellschaftlichen Produkte und Dienstleistungen als öffentliche Güter betrachtet werden müssen und daher nicht allein dem Markt überlassen werden können. Die Grundwertekommission der SPD hat bereits 2003 darauf hingewiesen, dass die Lebensqualität der Bürger*innen nicht zuletzt davon abhänge, ob ihnen öffentliche oder kollektive Güter zur Verfügung stünden, »von deren Gebrauch niemand ausgeschlossen werden kann«.[20] Diese Feststellung war damals wichtig, weil der Druck wuchs, eine vermeintlich effizientere Steuerung durch private Anbieter zuzulassen. Konzepte der individuellen Freiheit und der Selbstbestimmung wurden so weit ausgedehnt, dass selbst der ehedem solidarisch organisierte Sozialstaat zur Disposition stand. Es war die Zeit, in der Eigenverantwortung zum Schlagwort der sozialen Vorsorge wurde, in der Kommunen ihre Wohnungsgesellschaften verkauften, um ihre Haushalte zu sanieren, und in der Steuern gesenkt wurden, um wettbewerbsfähiger zu werden.

Heute sehen wir die problematischen Folgen der damaligen Privatisierungen. Eine private Altersvorsorge an den Kapitalmärkten wirkt wenig verlockend, der Kampf gegen die stark steigenden Mieten in vielen Städten wird intensiver, und das Vermögen bleibt ungerecht verteilt. Alles Gründe für progressive Kräfte, eher über den Ausbau statt den Abbau des öffentlichen Sektors und über eine Veränderung der Marktlogiken zu diskutieren. Wer für öffentliche Güter streitet, die niemandem vorenthalten werden dürfen, streitet dafür, dass Freiheit nicht bloß als abstraktes Recht auf dem Papier einer Verfassung steht, sondern im Alltag gelebt werden kann.

Nach Jahrzehnten der Privatisierung, der Schwächung des Staates und der zunehmenden Fragmentierung der Gesellschaft wächst das Bewusstsein dafür, dass manche Güter auch dann verfügbar sein müssen, wenn sie nicht profitabel sind. Spürbar wurde das zum Beispiel während der Corona-Pandemie an den Schwierigkeiten eines

Gesundheitswesens, das zunehmend nach marktwirtschaftlichen Parametern gesteuert wurde. Oder während der Energiekrise, die der russische Angriffskrieg gegen die Ukraine ausgelöst hat und in dessen Folge die Grenzen der Energieversorgung nach Marktlage deutlich wurden. Oder man denke an den reichsten Mann der Welt, Elon Musk, der die Kommunikationsplattform Twitter aufkaufte, um sie nach seinem Gusto umzubauen und nach Meinung vieler Nutzer*innen zugrunde zu richten. Das sind drei Beispiele dafür, was passieren kann, wenn öffentliche Güter nach rein privatwirtschaftlicher Profitlogik gesteuert werden: Sie stehen nicht so zur Verfügung, wie es gesellschaftlich notwendig und sinnvoll wäre.

Öffentliche Güter bestimmen über die gemeinsame Lebensqualität – von öffentlicher Verkehrsinfrastruktur über Bildungs- und Kultureinrichtungen bis hin zum Zustand unserer Umwelt. Der Zugang zu kulturellen Angeboten und zu einem öffentlichen Informations- und Kommunikationsangebot ist ebenso ein öffentliches Gut wie die soziale Absicherung gegen Krankheit, Arbeitslosigkeit, Alter oder Pflegebedürftigkeit. In all diesen Bereichen ist politische Gestaltung besonders nötig.

Öffentliche Güter stellen die Marktlogik nicht prinzipiell infrage, sondern nutzen ihre überlegene Innovations- und Anpassungsfähigkeit. Zugleich aber folgen sie demokratisch vereinbarten Zielen, die zum Beispiel sicherstellen sollen, dass ein öffentliches Gut auch dann verfügbar ist, wenn es nicht die Profiterwartungen privater Investoren erfüllt.

Dass hier inzwischen weitgehend Einigkeit in der Gesellschaft besteht, zeigen viele Volksentscheide auf kommunaler Ebene: Wem sollen die Energie- und Fernwärmenetze gehören? Wer entscheidet über die lokale Wasserversorgung? Wer soll eine soziale Versorgung mit Wohnraum gewährleisten? Immer öfter ist die Antwort auf solche Fragen: die Allgemeinheit. Vorschläge, kritische Infrastrukturen wieder in die Hand kommunaler öffentlicher Unternehmen zu geben, werden regelmäßig befürwortet. Was bei Bildung, Wissenschaft und Kultur längst üblich ist, gewinnt in weiteren Bereichen der Daseinsvorsorge an Akzeptanz, ohne dass die Folgen solcher Entscheidungen immer allen klar wären. Im September 2021 zum Beispiel stimmten 59,1 Prozent der Berliner Wähler*innen parallel zur verunglückten Abgeordnetenhauswahl für das Begehren »Deutsche Wohnen & Co. enteignen«. Angesichts knappen Wohnraums und steigender Mieten verlangte die Mehrheit mehr Mitsprache bei der Entwicklung des Wohnungsbaus. Bis heute ist unklar, wie dieser Bevölkerungswillen umgesetzt werden kann und woher das Geld kommen sollte, die Vorbesitzer angemessen zu entschädigen.

Hinter dem Wunsch nach der Übernahme solcher Infrastrukturen steht oft kein politisches Kalkül, sondern die Haltung entspringt vor allem einem Unbehagen gegenüber Unternehmen, die in den Augen vieler bloß so tun, als würden sie sich um das Gemeinwohl kümmern, obwohl sie nach wie vor in erster Linie Profitabsichten verfolgen. Diese durchaus nachvollziehbare Emotion ist kein guter Ratgeber auf der Suche nach angemessenen demokratischen Antworten auf solche ökonomischen Verwerfungen. Vor allem deshalb nicht, da der Euphorie des Erfolgs in der demokratischen Abstimmung die Ernüchterung auf dem Fuße folgt, wenn klar wird, dass ein Wille alleine nicht reicht, um die Dinge zu bewegen. Mindestens das Recht und die Mittel zu handeln müssen hinzukommen.

Die soziale Marktwirtschaft braucht daher insgesamt ein soziales und ökologisches Update, um wieder mehr Vertrauen zu gewinnen. Die Liste der notwendigen Verbesserungen ist lang: Die Realwirtschaft braucht auch rechtlich Vorrang vor dem Finanzkapitalismus. Ressourcen müssen im globalen Kontext rechtzeitig dorthin gelangen können, wo sie weiterverarbeitet werden sollen. Investitionen in die Infrastruktur brauchen ein klares gemeinwohlorientiertes Konzept und öffentliche Steuerung, wenn sie nicht so misslingen sollen wie die Entwicklung des deutschen Schienenverkehrs in den zurückliegenden Jahrzehnten. Die unzweifelhaft drängendste Aufgabe – die ökologische Transformation unserer Wirtschafts- und Lebensweise – ist darauf angewiesen, dass Preise künftig die ökologischen Kosten mit abbilden. Es wird Zeit, dass wir die unsichtbare Hand ergreifen und die Stärken marktwirtschaftlicher Logik zu den Stärken staatlicher Administration und den Stärken zivilgesellschaftlicher Verständigung in Beziehung setzen.

LEERE PLÄTZE UND VOLLE KANÄLE: DIE ÖFFENTLICHKEIT

Wir haben gesehen: Weder Staat noch Markt sind aus sich heraus in der Lage, gesamtgesellschaftliche Fragen befriedigend zu beantworten. Immer wieder stoßen sie an Grenzen ihrer eigenen Logik. Demokratische Politik lebt von der Fähigkeit, Staat und Markt an gesellschaftliche Debatten zurückzubinden. Letzten Endes brauchen Staat und Wirtschaft gesellschaftliche Zustimmung zu ihrem Handeln. Hier kommt also die Gesellschaft ins Spiel, genauer: eine besondere Vorstellung von Gesellschaft – die Öffentlichkeit. In ihren Gesprächen und Geschichten werden gemeinsame Vorstellungen entwickelt – Vorstellungen nicht nur von unserer Gegenwart, sondern ebenso von der Vergangenheit wie von einer möglichen Zukunft.

Ganz intuitiv begriffen habe ich dieses Konzept bereits als Jugendlicher während einer Lesung aus den Werken von Kurt Tucholsky. Ich war begeistert von der eleganten Präzision dieser Satiren. Besonders ein Text hallte nach: *Wo kommen die Löcher im Käse her?* Das irrwitzige Protokoll einer aus dem Ruder laufenden Familiendiskussion.

Der kleine Oskar stellt die Frage, die alles ins Rollen bringt: »Wo kommen die Löcher im Käse her?« Der Vater versucht mit Geschichten aus den Schweizer Bergen von Unwissen und Unlust abzulenken, der Onkel schiebt es auf die Feuchtigkeit, ein Dritter auf das angebliche »Kaseïn« im Käse, der Nächste auf Ausdehnung infolge von Wärme, ein weiterer Onkel auf das Zusammenziehen infolge von Kälte, und ein Direktor, der ebenfalls zu Gast ist, doziert, es handele sich um Zerfallsprodukte beim Gärungsprozess. Erst als all diese Mutmaßungen im Raum stehen, alle genervt sind und der kleine Oskar verwirrt ist, kommt man auf die Idee, ins Lexikon zu gucken. Dort wird die »Kohlensäurestoffentwicklung aus dem Zucker der eingeschossenen Molke« verantwortlich gemacht. Prompt behaupten alle, das doch gesagt zu haben. Und der Streit bricht richtig los. Am Ende bilanziert Tucholsky Klagen und eine zerrüttete Familie. Nur Oskar hat immer noch keine Antwort. »Auf dem Schauplatz bleiben zurück ein trauriger Emmentaler und ein kleiner Junge, der die dicken Arme zum Himmel hebt und, den Kosmos anklagend, weithin hallend ruft: ›Mama! Wo kommen die Löcher im Käse her?‹«[21]

Das Ganze ist nicht bloß eine humoristische Familienszene, sondern auch ein galliger Kommentar zum Zustand der öffentlichen Debatten in den zwanziger Jahren. Heute gelesen erinnert der Text an so manchen Kommentar-Thread in den sozialen Medien: haufenweise Theorien, gegenseitige Diffamierungen, absolute Wahrheitsansprüche und der feste Wille, sich bloß nicht an Fakten zu orientieren.

Als ich damals nach Hause kam, durchforstete ich das Bücherregal meiner Eltern und fand, in rotem Leinen, den Tucholsky-Sammelband *So siehst du aus!*. Darin der Käse-Text und viele weitere Preziosen. Ich habe das Buch wieder und wieder von vorne bis hinten gelesen. Es hat mich über viele Jahre fast überallhin begleitet – auch als schon längst die grau-gelben Taschenbücher der Rowohlt-Gesamtausgabe in meinem Regal standen.

Noch heute erinnert mich der Band an meine erste Begegnung mit einer Unmittelbarkeit des Öffentlichen, die mich nicht wieder losgelassen hat. Aus vielen Texten des Buches leuchtet eine unglaubliche Zuversicht. Tucholsky glaubt daran, dass das öffentliche Wort, die gelungene Pointe, die eindrückliche Geschichte etwas bewirken können – selbst wenn er in seinen Texten beschreibt, wie diese Versuche scheitern. Wenn nur ein Richter ein Todesurteil nicht spräche, weil er einen Text von ihm gelesen habe, dann hätte es sich gelohnt, soll er einmal gesagt haben. Und das war's. Das traf einen Nerv, in aller Teenager-Romantik: nicht gleich die Verbesserung der Welt, sondern die kleine, humane Wirkung.

Doch es blieb meinerseits nicht bei bloßer Schwärmerei. Das Lektüre-Erlebnis hatte konkrete Auswirkungen, weil es mich darin bestärkte, Journalist werden zu wollen. Zunächst war ich fasziniert von der Idee, dass es eine freie Instanz der Kritik und Kontrolle geben müsse. Da wirkte Tucholsky nach. Später kam eine andere Erkenntnis hinzu. Journalist*innen, so lernte ich aus einem Buch der Kommunikationswissenschaftler Peter Glotz und Wolfgang R. Langenbucher, können Gesprächsanwält*innen der Gesellschaft sein – und damit unsere Demokratie nicht bloß durch Kritik, sondern auch durch Vermittlung und Moderation gesellschaftlicher Verständigung sichern und stärken.[22]

Mein Studium führte mich zur theoretischen Beschäftigung mit dem Konzept Öffentlichkeit – und ich sah überraschend viele meiner bis dahin eher intuitiven Überlegungen bestätigt. Einer meiner späteren akademischen Lehrer drückte mir bereits im ersten Semester ein Referat über den *Strukturwandel der Öffentlichkeit* von Jürgen Habermas aufs Auge. Habermas beschreibt darin, wie sich die Idee eines spontanen Kommunikationszusammenhangs freier Bürger*innen in den aufklärerischen Kaffeehäusern und literarischen Salons bildete, dann zur festen Grundlage moderner Demokratien wurde, deshalb rechtlich und institutionell gesichert werden musste und dadurch an Bedeutung und aufklärerischer Freiheit einbüßte. Die massenmediale Öffentlichkeit ähnele wieder eher der mittelalterlichen Repräsentanz der Macht des Monarchen vor dem Volk, während der kritische Stachel bürgerlicher Diskussionen an Kraft und vor allem an Wahrnehmung verliere.[23]

Später relativierte Habermas diese düstere Prognose und beschrieb, wie Medien in außergewöhnlichen Situationen den Lauf der Dinge durchaus verändern können. Aber das Spannungsverhältnis zwischen der Idee des freien Diskurses und der »Vermachtung« der Institutionen (wie Habermas es nennt), die ihn gewährleisten sollen, bleibt virulent. Dass sich daran auch in den neuen, angeblich sozialen Medien nicht so viel ändert, hat Habermas jüngst in einer Wiederbesichtigung seiner sechzig Jahre alten Habilitationsschrift dargestellt. Er beklagt, dass das emanzipatorische Versprechen öffentlicher Verständigung »zumindest partiell von den wüsten Geräuschen in fragmentierten, in sich selbst kreisenden Echoräumen übertönt« werde.[24]

So weit war die Debatte Mitte der neunziger Jahre nicht, als ich in Dortmund zur Uni ging. Doch schon damals interessierte mich, wie sich die Habermas'sche Analyse der Massenmedien auf die neuen digitalen Medien übertragen ließe. Folglich wollte ich meine erste Hausarbeit über den neuerlichen Strukturwandel der Öffentlichkeit durch die Informations- und Kommunikationstechnologien, wie es damals hieß, schreiben. Auch um aus der Lektüre für das Referat im Nebenfach noch etwas mehr Honig zu saugen.

Als ich mit meinem Vorschlag zu einem Professor unseres Instituts ging, hielt er das für eine gute Idee, verband seine Zusage allerdings mit der Auflage, dass ich dazu bitte schön auch das Habermas'sche Opus magnum, die zweibändige *Theorie des kommunikativen Handelns*, lesen möge.[25] Ich fluchte, aber weil ich diese Arbeit wirklich schreiben wollte, habe ich es gemacht. Nicht wissend, dass mich das endgültig in eine Gedankenwelt einführen würde, in der ich mich bis heute bewege. Ich habe damals in der von Habermas begründeten Idee, dass es die zwischenmenschliche Kommunikation vernunftbegabter Personen ist, auf die jede Form von Gesellschaft gegründet ist, so etwas wie ein Lebensthema gefunden. Was mit dem Scheitern jeglicher Kommunikation in Kurt Tucholskys Klassiker *Wo kommen die Löcher im Käse her?* begonnen hatte, wandte sich in Habermas' komplex zuversichtlichen Gedanken für mich endgültig ins Politische.

In der Idee, dass wir einander mit Argumenten überzeugen wollen, dass wir Ansprüche auf Wahrheit, Richtigkeit und Wahrhaftigkeit auch wechselseitig anerkennen müssen, dass wir in Gesprächen fähig sind, unsere Situation einzuschätzen und unsere Handlungen zu koordinieren – in dieser Idee fand ich eine Art Gegengift zu all den abstrakten und funktionalen Theorien, die damals vor allem erklärten, dass soziale Zustände nach eigenen Logiken, geschlossen und von außen unberührt, vor sich hin operierten. Das war mir zu zynisch, die klassischen moralischen Appelle an die Güte des Menschen hingegen waren mir zu schwülstig-heilsbringerisch. Habermas' nüchtern auf die Sprache und das Sprechen fokussierte sozialwissenschaftliche Analyse bot da einen dritten Weg.

Im Gespräch, so lernte ich, wird Demokratie lebendig – im engeren Sinne auf der Suche nach allgemeinverbindlichen Entscheidungen, aber auch im weiteren Sinne mit Blick auf die Frage, welche gesellschaftlichen Bereiche denn überhaupt für alle und damit auch öffentlich koordiniert und geklärt werden müssen. Diesen Gedanken habe ich im Laufe der Zeit bei vielen anderen Denker*innen von Immanuel Kant bis Hannah Arendt, von John Dewey bis Carolin Emcke immer wieder in unterschiedlicher Form entdeckt. Er hat viele Quellen und Voraussetzungen. Die vielleicht elementarste lautet, dass wir danach streben, einander als gleichrangig anzuerkennen, und damit auch die Sprache als Raum des Gesprächs in unserem Sprechen praktisch verändern. Dass also schon die Art, in der wir miteinander sprechen, konkrete politische Auswirkungen hat, weil sie prägt, wie wir uns begegnen und welchen gesellschaftlichen Raum wir gemeinsam gestalten.

Natürlich ist das auch eine romantisch wirkende Vorstellung davon, was Kommunikation tatsächlich leisten kann. Und ich verbinde das Bewusstsein für die eigentümliche Kraft des Sprechens wohl für immer auch mit einem romantischen Filmerlebnis. Als ich Richard Linklaters Film *Before Sunrise* von 1995 das erste Mal sah, habe ich nicht unbedingt an Habermas gedacht, wahrlich nicht, aber die leise Geschichte der zufälligen Bekanntschaft der Französin Celine und des Amerikaners Jesse ist so zärtlich und zwingend, dass sie weit über den Abend hinaus fortwirkte. Julie Delpy und Ethan Hawke spielen ein junges Paar, das sich im Zug trifft, gemeinsam in Wien aussteigt, um dort einen Tag und eine Nacht zu verbringen, bevor Jesses Flug zurück in die USA gehen wird. Die beiden stecken die anderthalb Stunden Film dauerhaft in einem Gespräch. Mal albern, mal tiefgründig, mal romantisch, mal spielerisch, mal voller Ernst sind sie durch Wien unterwegs, doch die Stadt oder andere Menschen spielen bloß Nebenrollen oder liefern Gesprächsstoff.

Wenn im Film all die Orte zum Abschluss noch einmal menschenleer und bei Tageslicht gezeigt werden, wird deutlich, wie sehr sie erst durch die Kommunikation der beiden beseelt wurden, wie sehr eine Situation eben erst durch unsere gemeinsame Ausdeutung zu dem wird, als das wir sie in Erinnerung behalten. Das Zwiegespräch in *Before Sunrise*, in dem sich zwei Menschen umkreisen und aufeinander zubewegen, fühlte sich schon beim ersten Sehen nach so viel mehr an. Die wenigen Momente, in denen die beiden schweigen – in einer Hörkabine eines Schallplattenladens, in der Gondel des Riesenrades oder nach der Trennung am Ende –, machen bewusst, wie wichtig das Gespräch gewesen ist, um sie überhaupt in diese Situation und in diese Beziehung zueinander zu bringen. Gerade weil vieles so ziellos und assoziativ scheint, legt es ein soziales Fundament, das es auch aushält, sich am Ende bloß zu versprechen, sich in sechs Monaten genau hier wieder zu treffen und das Gespräch fortzusetzen. Und tatsächlich hat Richard Linklater mit Ethan Hawke und Julie Delpy Jahre später noch zwei weitere, ähnlich berührende Filme gedreht, die die Geschichte weitererzählen und erneut ohne die Gespräche ebenso in sich zusammenfallen würden.

Aber es war eben diese erste Begegnung mit Jesse und Celine in *Before Sunrise*, die mir die Bedeutung zwischenmenschlicher Kommunikation so deutlich vor Augen geführt hat, wie damals kaum etwas anderes. Sich aufeinander beziehen, einander widersprechen, nachzufragen, einen Gedanken weiterspinnen – all das ermöglicht es den beiden zueinanderzukommen. All das bekräftigt die allgemeine Erkenntnis: Erst wenn wir miteinander sprechen, lernen wir einander kennen und bauen eine Beziehung auf, die Solidarität oder Liebe ermöglicht. Und das gilt im romantischen Zwiegespräch genauso wie im öffentlichen Zeitgespräch.

Denn es geht beim Sprechen nicht bloß um den verbalen Tanz zweier Menschen. Es geht darum, dass ein sozialer Raum zwischen ihnen entsteht. Doch dieser Zusammenhang ist nicht immer auch eine Verheißung. Die Idee des öffentlichen Sprechens und Handelns erzeugt bei vielen nicht erst heute in Zeiten überhitzter Social-Media-Kommunikation gemischte Gefühle. Einerseits fasziniert die Möglichkeit, sich mit anderen Menschen über Vorstellungen vom Zusammenleben, vom Richtigen und vom Falschen auseinanderzusetzen. Andererseits aber haben viele zu Recht einen enormen Respekt davor, in solchen öffentlichen Situationen, beobachtet von anderen, Unsinn zu erzählen oder Fehler zu machen. Öffentlichkeit kann schließlich immer beides sein: friedliches Forum und aggressive Arena. Wir haben es als Gesellschaft in der Hand, wie wir sie nutzen wollen.

Und immer wieder verändert sich, was wir als öffentlich betrachten, was öffentlich debattiert und ebenso geregelt werden kann. Deshalb wird auch so oft vom Niedergang des öffentlichen Raums gesprochen. Max Horkheimer und Theodor W. Adorno beschrieben während der NS-Zeit in ihrer *Dialektik der Aufklärung* den Verlust der Vernunft in den Angeboten der Kulturindustrie.[26] Sie prägten damit für Jahrzehnte den düster kulturkritischen Blick der Linken auf die modernen Massenmedien. Richard Sennett wiederum hat vor mehr als vierzig Jahren analysiert, wie soziale Räume des Öffentlichen in unseren Städten verloren gehen, wie Straßen und Plätze anders genutzt und wie selbst Kulturorte die Möglichkeit des öffentlichen Spiels zunehmend auf die professionellen Künstler*innen beschränken.[27] Der daraus resultierende *»fall of public man«* geht einher mit einem Rückzug ins Private, einer »Tyrannei der Intimität«, wie es im Untertitel der deutschen Übersetzung heißt.

Letztlich entsteht eine Gesellschaft, in der wir alle nur noch »alleine zum Bowling« gehen, um eine berühmte Metapher des US-Soziologen Robert D. Putnam zu bemühen.[28] Putnam beschreibt damit, dass sich Bürger*innen zunehmend nicht mehr gesellschaftlich für das Ganze einsetzen und immer weniger in den entsprechenden Organisationen aktiv sind: Sie gehen nicht mehr regelmäßig zur Wahl, engagieren sich weniger in Parteien oder Gewerkschaften und besuchen immer seltener eine Kirche.[29] Ein Befund, der eben nicht nur die Zukunft politischer Organisationen betrifft, sondern letztlich auf die Demokratiefähigkeit unserer Gesellschaft zielt. Irgendwann klingen zynische Behauptungen wie die von Margaret Thatcher, dass es so etwas wie Gesellschaft gar nicht gebe (*»There is no such thing as society«*), wahrer, als sie es eigentlich sind. Solche Diffamierungen des Öffentlichen sind Gift für eine Demokratie, weil sie die Grundüberzeugung erschüttern, dass es doch gerade das gemeinsame Gespräch ist, in dem sich herausfinden lässt, was gesellschaftlich verbindlich zu regeln ist und wer daran teilnehmen kann.

Wie wichtig die Begegnung und das Gespräch für die Gesellschaft nach wie vor sind, ist während der Corona-Pandemie überdeutlich geworden, als so viele öffentliche Begegnungen staatlich untersagt wurden, um die Ausbreitung des tödlichen Virus einzudämmen. Die Folge war ein sozialer Schock. Plötzlich wurde der Verlust des Öffentlichen spürbar. Vielen ist in diesem Moment klar geworden, welche Bedeutung all jene Orte besitzen, die sie zuvor für selbstverständlich gehalten hatten. Eine der dringlichsten Beschreibungen des Ausnahmezustandes erinnerte mich sofort an die nächtlichen Spaziergänge in *Before Sunrise.* »Europa ist in den Städten entstanden. Sich zu Fuß über einen Platz zu bewegen, dort zu flanieren, zu diskutieren, zu handeln, das ist die wesentliche europäische Erfahrung, der freie politische Diskurs im Café ist eine historische Errungenschaft«, schreibt Nils Minkmar im März 2020 in seinem Essay *Endlich ist nichts mehr so, wie es war* im *Spiegel:* »Der leere Markusplatz von Venedig, die leere Passage Vittorio Emanuele II in Mailand, die leeren Stadien sind Symbole: Wir sehen plötzlich besser, was es für Orte sind, frei und voller Versprechen, in denen man mehr machen kann, als Geld auszugeben und einzunehmen. Nachdenken und diskutieren, wie es jetzt weitergeht nach dem Wahnsinn, den wir für Normalität hielten.«[30]

Mit anderen Worten: Wenn wir die Fragen des schieren Überlebens – des Gesundheitsschutzes und der ökonomischen Absicherung – im Rahmen des Möglichen geklärt haben, dann brechen genau diese grundsätzlichen Fragen nach dem Sinn unserer offenen Gesellschaft mit Macht über uns herein. Dann werden wir uns nicht mehr davor drücken können, die offenen Verständigungsräume vor der Macht des Marktes zu schützen, dann werden wir uns der Frage stellen müssen, wie eine gute Gesellschaft lebbar wird.

Im Kleinen fanden sich erste Näherungen, die mit dem Verlust des Öffentlichen kämpften und Alternativen im Digitalen suchten. Der Pianist Igor Levit hat mit seinen Hauskonzerten gezeigt, welche Wirkung das gemeinsame Erleben von Kunst haben kann. Er hat sich jeden Abend beim Spielen gefilmt und dies gestreamt. Dabei ging es ihm nicht um audiophilen Genuss, der war mit der rudimentären Technik nicht möglich, sondern um die Chance, weiter öffentlich Musik zu spielen. »Igor spielt, worauf er Lust hat, ohne um Erlaubnis zu fragen. Wer will, hört zu. Die Deutungshoheit behält er bei sich.«[31] Die Reaktionen waren überwältigend.

Der zeitweilige Verlust des öffentlichen Raums hat bei den Bürger*innen hoffentlich mehr hinterlassen als die wohlige Wehmut, die medial inszeniert wurde, wenn all jene öffentlichen Plätze menschenleer gezeigt wurden. Denn Nils Minkmar hat recht: Wenn wir diese Plätze jetzt wieder betreten, sollten wir sorgfältiger darauf achten, wie wir sie füllen wollen, welche Gespräche wir auf ihnen führen und was wir gemeinsam verabreden.

Das öffentliche Sprechen an sich ist ein demokratischer Akt und nicht bloß die Teilnahme an irgendeinem Gedankenaustausch. Deshalb brauchen die Fragen nach den Bedingungen und den Inhalten öffentlicher Gespräche auch keine spezielle Expertise, sondern werden von den Bürger*innen beantwortet. Wer die Möglichkeiten der Öffentlichkeit bewusst nutzt, verabredet sich nicht bloß zum gemeinsamen Handeln, sondern hat damit bereits begonnen. Die Demokratie kommt schließlich schon in der alten griechischen Vorstellung im Austausch auf dem Forum ganz zu sich.

Weil das so ist, kann jede Teilnahme am öffentlichen Gespräch auch dessen Charakter verändern. Wenn dort anders gesprochen wird, dann hat das konkrete Auswirkungen. Sprechen und Handeln sind unmittelbar miteinander verwoben, weil wir beim Sprechen eben nicht nur Information von A nach B transportieren, sondern eine soziale Beziehung aufbauen, weil sich die Sprechenden zwangsläufig aufeinander beziehen. Das ist die Keimzelle jeder Gesellschaft. Und je nachdem, wie wir in diesem kleinstmöglichen Forum handeln, gestalten wir auch den großen Zusammenhang.

Die Publizistin Kübra Gümüşay beschreibt in ihrem Essay *Sprache und Sein*, was passiert, wenn neue Stimmen Teil des gesellschaftlichen Gesprächs werden: »Freies Sprechen bedeutet die Emanzipation von einer Sprache, die uns nicht vorsieht – indem wir sie verändern, anstatt uns zu erklären, indem wir sie anders nutzen, um in ihr zu sein.«[32] All das passiert, wenn Bürger*innen ihre gemeinsamen Angelegenheiten öffentlich diskutieren und dabei auch entscheiden, welche Angelegenheiten sie dem Markt oder der staatlichen Administration überlassen wollen und bei welchen sie gesellschaftlich ein Wort mitreden wollen.

Die Institutionen, die dieses öffentliche Gespräch braucht, sind ein Paradebeispiel für ein öffentliches Gut und seine politische Gestaltung. Denn auch wenn sie frei von staatlicher Beeinflussung bleiben müssen, so sind wir doch darauf angewiesen, dass sie als Voraussetzung demokratischer Verständigung gewährleistet sind. In unserer öffentlichen Ordnung werden sie deshalb nicht allein der Logik des Marktes und der Bezahlbarkeit überlassen. Sondern seit vielen Jahrzehnten gibt es mit dem öffentlich-rechtlichen Rundfunk eine gemeinwirtschaftliche Struktur, die privatwirtschaftliche Medienangebote ergänzt und eine Alternative zu ihnen schaffen soll, damit die Vernunft des Öffentlichen gewährleistet ist. Diese Dualität ist aus den technischen Besonderheiten von Fernsehen und Radio erwachsen, um mit der Knappheit der Frequenzen umgehen zu können. Diese Begründung ist überholt, aber die Konkurrenz zwischen gemein- und privatwirtschaftlichen Medienangeboten ist zu einem Garanten des öffentlichen Gesprächs geworden, mit ihren je unterschiedlichen Stärken und Schwächen, die sich im Idealfall wechselseitig kompensieren und Foren der Information und des vernünftigen Gesprächs bereitstellen. Daran hat sich auch in Zeiten des Internets nichts geändert.

KAPITEL 7

WER HAT DIE BESSEREN ERZÄHLUNGEN?

ERZÄHLUNGEN IM VEREINFACHUNGSMODUS

Im Kräftespiel von Staat, Markt und Gesellschaft gibt es keine einfachen Antworten auf die drängenden Fragen unserer Zeit. Und wer vorgibt sie zu besitzen, weil er sich auf eine der drei Logiken zurückzieht, betreibt bewusst oder unbewusst Augenwischerei. Wenn die Welt komplex ist, dann kann Politik nicht einfach sein. Der Umgang damit aber führt zu weiteren und neuen Komplexitäten, weil nicht nur, wie gesehen, die sozialen Strukturen fragmentieren, sondern auch die gelernten Begründungen brüchig und neue Deutungsangebote immer aufwendiger werden.

Diese weitere Ebene der Unübersichtlichkeit führt zurück zu Simon Stephens, der davon sprach, dass die guten Geschichten den »Bastarden« in die Hände gefallen seien. Und dass wir uns besser um die Geschichten kümmern sollten. Schließlich wissen wir, dass Erzählungen die Möglichkeit bieten, Komplexität zu reduzieren, Zusammenhänge begreifbar zu machen und Handlungsaufforderungen zu formulieren.

Doch daraus machen wir derzeit zu wenig, weil die vermeintlich »seriöse« Politik auf diese Herausforderung aktuell nur selten erzählend reagiert. Für viele Bürger*innen kann das Politische heute deshalb eigentlich nur abstrakt und technisch wirken. Es geht um

Masterpläne, Machbarkeit und Mehrheiten, um Transformation und die Abfederung von Härtefällen im Wandel. Ein Angebot, sich selbst mit hineinzudenken oder gar mit anzupacken, um gemeinsam etwas zu verändern, hat Seltenheitswert. Das verträgt sich schlecht mit den Bedürfnissen einer Gesellschaft, deren Mitglieder selber mitmachen und spüren wollen, dass sie einen Einfluss auf den Lauf der Welt haben. Und wenn diese Diskrepanz zu groß wird, dann schlägt die Stunde derjenigen, die andere und einfachere Geschichten anbieten.

Denn was bleibt von dem Glauben an die Gestaltbarkeit des eigenen Lebens, der in den frühen Springsteen-Songs aus beinahe jeder Zeile quillt, wenn er auf Parteien, Beteiligungsverfahren oder betriebliche Prozesse trifft? Wie erhält man sich die Zuversicht, dass die Zukunft offensteht, wenn doch überall schon jemand gewesen zu sein scheint und Regeln aufgestellt hat, wie es jetzt nur vernünftig weitergehen kann – und wie eben auch nicht? »*The door is open, but the ride ain't free*«,* lautet das Versprechen in Springsteens *Thunder Road*. Aber schon die Tür scheint heute gar nicht mehr offen zu stehen. Unsere Gesellschaft und ihre Probleme scheinen so kompliziert geworden zu sein, dass man selbst dann nicht auf eine Einladung zum Mitfahren stößt, wenn man sich aufrafft. »*The ride ain't free*« – dieser Aspekt wird viel lauter gesprochen, Bedenken werden geäußert, Sachzwänge angeführt, vergebliche Versuche der Vergangenheit geschildert. Und immer wieder kommt zwischen den Zeilen der Glaube zum Vorschein, dass man das Ganze doch besser den Profis überlassen solle. Wenn man aber findet, dass die Profis in den zurückliegenden Jahrzehnten nicht das Beste geliefert haben, schaut man hilflos auf die Lage und kann eigentlich nur noch wütend werden oder resignieren.

In der jüngsten PISA-Studie wurden fünfzehnjährige Schüler*innen gefragt, ob sie der Aussage zustimmten, dass sie etwas gegen die Probleme der Welt tun können (»*I can do something about the problems of*

* »Die Tür ist offen, aber die Fahrt ist nicht umsonst«.

the world«). Im Schnitt haben 60 Prozent der Befragten in den OECD-Ländern dem zugestimmt. In Portugal waren es mehr als 74 Prozent, in Taiwan sogar über 80 Prozent. Und in Deutschland? Hier waren es so wenig Jugendliche wie nirgendwo sonst: Gerade 40,9 Prozent glauben, dass sie etwas tun können, das die Probleme der Welt lindert.[1] Natürlich gibt es derzeit Beispiele größerer sozialer Bewegungen wie Fridays for Future oder Black Lives Matter, die ja durchaus von der Hoffnung auf Veränderung geprägt sind. Aber auch diese Proteste zielen in erster Linie darauf, Staat oder Gesellschaft dazu zu bewegen, die Dinge anders zu machen. Seltener fordern sie Gestaltungsmacht und Teilhabe an den Problemlösungen ein.

Natürlich ist es nicht leicht, in einfachen Worten für den komplexen Sachverhalt einer freien, gerechten und solidarischen Gesellschaft zu werben. Aber es ist eben auch nicht unmöglich, wie wir bereits an einigen Beispielen aus der Populärkultur gesehen haben. Und wenn einem die Komplexität der Lage gleich ganz egal ist, stehen Erzählungen zuhauf zur Verfügung, die allesamt den Wunsch nach einfachem Denken befriedigen und zugleich auch die Chance auf wahrhaftige und komplexe Erzählungen unterwandern. Vor allem libertäre Märchen und moralisierende Absolutismen geben vor, Orientierung zu verschaffen, verweigern sich in Wahrheit aber konsequent einer ernsthaften Auseinandersetzung mit der Realität. Diese beiden »Erzählungen im Vereinfachungsmodus« machen uns derzeit arg zu schaffen.

LIBERTÄRE MÄRCHEN

Die erste wirkmächtige Erzählstrategie im Umgang mit der Komplexität unserer Welt hatte Simon Stephens damals selbst benannt, als er die faktenfreien Brexit-Freunde zitierte: ein Verständnis von Freiheit, das voll auf die Möglichkeiten des Individuums setzt, einfach genau das zu tun, was es für richtig hält. Oder auch nur, was es möchte.

Eine der Streitschriften dieses neuen libertären Denkens hat die Journalistin Anna Schneider jüngst unter dem Titel *Freiheit beginnt beim Ich* vorgelegt – eine schwärmerische *Liebeserklärung an den Liberalismus*, wie es im Untertitel heißt, und ein Bekenntnis zu einer Freiheit, die nicht nur keine Grenzen oder Vereinbarungen kennt, sondern die auch beinahe naturwüchsig in der Welt zu sein scheint. »Denn Freiheit ist fantastisch«, schreibt Schneider. »Sie bedeutet, von niemand anderem abhängig zu sein oder bevormundet zu werden, niemandes Willkür zu unterliegen und Entscheidungen für sich selbst, nach den eigenen Vorlieben und Vorstellungen treffen zu können.«[2] Staatliche oder gesellschaftliche Vereinbarungen sind für sie Beschränkungen dieser Freiheit, und schon die Idee, dass die Freiheit des Einzelnen dort endet, wo die Freiheit der anderen beginnt, ist ihr suspekt: »Die Freiheit des anderen endet dort, wo die Freiheit des Einzelnen beginnt. Der Unterschied zwischen diesen beiden Definitionen liegt in der Perspektive. Entweder man geht immer und ganz grundsätzlich von der Freiheit des Individuums aus. Oder aber man betrachtet diese individuelle Freiheit als Bedrohung der Freiheit anderer. Ich bevorzuge Ersteres, weil Letzteres viel zu leicht als Freibrief für jede Art von Einschränkung herangezogen werden kann – und oft auch wird.«[3] So einfach kann die Welt sein, wenn man sie sich einfach machen möchte.

Solch ein Denken stellt die Einzelnen ins Zentrum des Dreiecks von Staat, Markt und Gesellschaft, bedroht und bedrängt von allen diesen Mechanismen der Koordinierung und ausgestattet mit der Freiheit, sich zu nichts zwingen zu lassen, was sie selbst nicht wollen. Schneider beruft sich auf Texte des Ökonomen Friedrich August von Hayek, des Juristen Hans Kelsen und immer wieder der US-Schriftstellerin Ayn Rand. Rand veröffentlichte philosophische Texte ebenso wie Theaterstücke und erzählende Prosa. Sie ist in Deutschland weniger bekannt als in den USA, wo sie insbesondere von den

Anhänger*innen der republikanischen Tea Party gefeiert wird. Ihre überwiegend Mitte des letzten Jahrhunderts erschienenen Bücher propagieren einen radikalen Individualismus, der jede Form von Verpflichtung gegenüber der Gemeinschaft ablehnt. Nur auf sich gestellt könne der Mensch Freiheit erleben.

Rands Überzeugungen sind bis heute in den USA weitverbreitet. Angehende Austauschschüler*innen haben wir immer wieder mit einem Zitat eines US-Politikers aus dem Tritt gebracht, der Sozialleistungen als »Sklaverei« bezeichnete, weil sie den Einzelnen angeblich abhängig machten. Anhand dieses für unsere Ohren skandalösen Vergleichs ließen sich kulturelle Traditionen des amerikanischen Gesellschaftsverständnisses gut aufzeigen. Und deswegen sind all diejenigen, die den Leviathan außerhalb der Gesellschaft verorten, in solchen Gedankenwelten gut aufgehoben.

Auch während meiner Zeit in Texas wurde das Thema Freiheit akut. Als ich einmal im Politikunterricht über den deutschen Sozialstaat und seine Verknüpfung von Freiheit und Gerechtigkeit referierte, wurde ich als *»damn lying socialist«* beschimpft, nur weil ich die Frage gestellt hatte, ob es nicht auch eine gesellschaftliche Aufgabe sein könnte, den Einzelnen dabei zu helfen, ihre Freiheit zu leben. Der Lehrer sprang mir zwar zur Seite, aber im Klassenzimmer waren wir klar in der Minderheit. Und auch in meiner Gastfamilie stießen solche Überlegungen auf wenig Gegenliebe. Wie sollte es auch anders sein bei einem herzensguten »Dad«, der Zement für den Autobahnbau verkaufte und der von sich selbst sagte: »Ich bin ein Redneck. Und ich bin verdammt stolz darauf.« Rednecks, das waren ursprünglich die einfachen, hart arbeitenden Leute auf dem Land – und seit den 1990ern zunehmend auch die wertkonservativen Amerikaner*innen, die keine Lust auf »neumodischen Kram« haben, sondern die ihr Leben selbst in die Hand nehmen und unbeeinflusst von irgendwelchen Moden so leben wollen, wie sie aufgewachsen waren. Diese Haltung findet immer breiteren Zuspruch.

Als ich Ende 2022 eine Rede zum Thema Freiheit halten sollte, berichtete mir ein Freund von einer Begegnung, die er in den USA mit einem Universitätsprofessor hatte. Der erklärte ihm, warum Amerika auf dem Weg in die Diktatur sei. Er zeichnete eine Linie auf ein Blatt Papier, zeigte auf das eine Ende und sagte: »Dort ist Freiheit, das heißt: keine Gesetze. In den letzten zweihundert Jahren gab es immer mehr Politiker, die immer mehr Gesetze erlassen haben.« Dann zeigte er auf das andere Ende der Linie und meinte: »Alles ist gesetzlich geregelt, das ist Diktatur. Und wir sind definitiv eher an diesem Ende als am anderen.« Der Professor, dessen libertäres Freiheitsverständnis ihn beinahe zum Anarchisten machte, ließ meinen Freund perplex zurück, und in der Tat muss man sich wirklich wundern, was für radikal unterschiedliche Bedeutungen ein und derselbe Begriff annehmen kann. Vor allem aber zeigt das Beispiel, inwiefern ein radikales Verständnis von Freiheit ein Angebot zum Ausstieg aus der Komplexität ist: Wenn am Ende nur noch zählt, was man selber will, und wenn jede gesellschaftliche Vereinbarung und jede staatliche Regel bloß die Freiheit einzuschränken scheint, dann liegt hier ein Ausweg aus allen anstrengenden Abwägungen.

Seit einigen Jahren findet dieses Denken auch in der deutschen Gesellschaft Anhänger*innen. Das ist neu, denn in der Bundesrepublik trat der Liberalismus bisher vor allem in einer sozialen Variante auf. Doch dieses Denken wird nun von einem Freiheitsverständnis verdrängt, dass das Ich nicht im Wir, sondern gegen das Wir positioniert. So echauffiert sich Anna Schneider darüber, dass der Bundespräsident gefordert habe, jeder und jede Einzelne von uns müsse gegenüber den Mitmenschen begründen können, was er oder sie jeweils tut oder lässt. Dazu Schneider: »Die Tatsache, dass jeder für sich selbst entscheidet – nämlich natürlich ganz ohne Rechtfertigungspflicht –, sprengt für Steinmeier offenbar den sorgfältig abgesteckten Denkrahmen. Und was man sich für sich selbst nicht einmal im Traum vorstellen kann, muss dann wohl eben vulgär sein. So weit, so dürftig.«[4]

Der Bundespräsident hatte eine Selbstverständlichkeit des vernünftigen Miteinanders geäußert. Doch das scheint schon zu viel zu sein, wenn es um die Verteidigung der eigenen Autonomie geht.

Dass dieser Liberalismus auch bei uns inzwischen angekommen ist, wird überdeutlich, wenn man sich anschaut, was alles als Einschränkung der Freiheit betrachtet wird: das Tragen einer Maske während der Pandemie, ein Tempolimit auf Autobahnen, ein vegetarischer Tag in der Kantine, die Pflicht zur Steuererklärung, der Appell zu einem maßvollen Ressourcenverbrauch und nicht zuletzt die Achtung vor anderen beim Sprechen und Formulieren. Allzeit empörungsbereit werden Vorschläge für gemeinsame Regeln eines gerechten und solidarischen Umgangs miteinander kategorisch abgelehnt und vor allem auf den digitalen Plattformen wüst diffamiert.

Der Soziologe Oliver Nachtwey und die Literatursoziologin Carolin Amlinger nennen dieses Phänomen »libertären Autoritarismus«. In einer Studie zu den Befindlichkeiten unserer Gesellschaft und zu ihren inneren Konflikten beschreiben sie die Veränderungen im Freiheitsverständnis, die uns bei Querdenken-Demos, bei Protesten gegen die Migrationspolitik oder im Diskurs über vermeintliche Grenzen des Sagbaren begegnen. Eines eint die so unterschiedlichen Milieus: »Freiheit bedeutet hier nicht länger, ein autonomes Leben führen zu können, frei von staatlicher Willkür zu sein und sich in einem Kontext der kollektiv gesetzten Regeln und Normen zu bewegen. Es ist eine Überhöhung der eigenen Autonomie, die ihre Gesellschaftsabhängigkeit leugnet – und dadurch autoritär werden kann.«[5] Wer so denkt, rechtfertigt seine Freiheitsansprüche nur noch durch sich selbst. »Sie lehnen es explizit ab, staatlichen Autoritäten zu gehorchen. Ihr Individualismus, den sie mit einer radikal verdinglichten Freiheit gegenüber dem Staat verbinden, macht sie schließlich zu *libertären* Autoritären, denn ihre einzige Autorität sind sie selbst«, beschreiben Amlinger und Nachtwey diese radikal selbstbezogenen Freiheitsfanatiker*innen.[6]

Das ist angesichts der Komplexität des Politischen im Dreieck zwischen Staat, Markt und Gesellschaft natürlich eine attraktive Alternative. Denn wer die eigene Freiheit absolut setzt, muss sich den Zumutungen des modernen Lebens nicht mehr schutzlos ausgeliefert fühlen – der Zumutung etwa, umweltbewusst zu leben; der Zumutung, die Flüchtlingspolitik der Bundesregierung in einem weltpolitischen Zusammenhang zu sehen; oder der Zumutung, in Zeiten einer Pandemie mit Einschränkungen zu leben. Nicht zuletzt der Zumutung, sich einzugestehen, dass all diese Themen hochkomplex sind, dass es gut und sinnvoll ist, Expert*innen zurate zu ziehen, und dass man ihnen Glauben schenken kann, ohne sich entmündigt zu fühlen. Die Folge ist ein Protest gegen die Lebensumstände der modernen Gesellschaft, »aber *im Namen* ihrer zentralen Normen: Selbstbestimmung und Selbstverwirklichung«.[7]

Dieser Protest, der nicht nach dem starken Mann oder der starken Frau ruft, sondern nach »Selbstbestimmung«, eint Menschen der unterschiedlichsten Lager im Land. Besonders bei den Protesten gegen den sogenannten Corona-Wahn kam es zu sonderbaren Allianzen. Da trafen Öko-Aktivist*innen auf AfD-Anhänger*innen, linke Intellektuelle auf Esoteriker*innen, arglose Kleinbürger*innen auf hetzende Antisemit*innen. Da liefen Menschen, die sich jahrelang mit Yoga, Meditation und Achtsamkeitstraining um ihren Einklang mit der Welt gekümmert haben, auf einmal gemeinsam mit Neonazis durch die Straßen und beklagten einen repressiven Staat. Da fühlten sich medienpräsente Intellektuelle in ihrer Meinungsfreiheit beschnitten. Da proklamierten Leitartikler*innen, dass sie gerne »Staatsfeinde« seien. Sogar durchaus progressive, liberale Einstellungen kippten aus Protest gegen vermeintliche Beschränkungen direkt ins Verschwörungsmythische und ins Ressentiment. Das war auch eine Folge der zahlreichen Konflikte der Corona-Zeit, die an der Konfrontationslinie zwischen dem Allgemeinen und dem Öffentlichen auf der einen und dem Individuellen und Privaten auf der anderen

Seite ausbrachen und die Kluft entlang dieser grundsätzlichen Frage vergrößerten.

Libertäre Autoritäre klammern sich an die Illusion einer absoluten individuellen Freiheit. Und sie können klar benennen, wer sie daran hindert, diese Freiheit zu leben: alle anderen, die in Staat und Gesellschaft das Sagen haben. Und ganz besonders der Staat selbst. Gerade die vehemente Abwertung jeder anderen Vorstellung von Freiheit macht den autoritären Charakter dieser so wirksamen Freiheitsideologie aus. Wer die Freiheit ausschließlich in sich selbst findet, braucht keinen Staat und keine Gesellschaft. Er oder sie kündigt den Gesellschaftsvertrag in gewisser Weise einfach auf und will zurück zu einem vermeintlich freien Naturzustand.

Während die libertär Autoritären sich damit offensiv ins Vorgesellschaftliche zurückziehen wollen, spielt eine andere Variante der libertären Märchen mit den Möglichkeiten der Techno-Moderne. Das wird deutlich, wenn man einen Blick ins Silicon Valley wirft, wo einige führende Köpfe der Tech-Branche seit jeher mit religiös anmutenden Beschwörungen von einer künftigen digitalen Gesellschaft phantasieren. Sie vertreten die Idee, dass es Staat oder Gesellschaft eigentlich nicht mehr brauche, weil dezentrale digitale Netzwerke künftig alles Wesentliche organisieren würden.

Ein bemerkenswertes Beispiel dafür lieferte der Investor Peter Thiel, der 2009 in einem Artikel die These vertrat, dass Freiheit und Demokratie unvereinbar seien. Erst wenn alle politischen Versuche der gemeinsamen Koordinierung des Handelns eingestellt seien, könne sich Freiheit entfalten. Da dies in den bestehenden Systemen unrealistisch sei, setzt Thiel auf den Cyberspace, das Weltall und die Besiedelung der Ozeane, um dort neue, nicht politisch eingehegte, in seinen Augen vollständig freie Formen des Zusammenlebens zu schaffen. Er sieht die Welt in einem tödlichen Wettrennen zwischen Technologie und Politik und glaubt, dass nur Technologie die Wünsche der Einzelnen wirklich erfüllen könne. Er setzt auf Menschen, die eine »Freiheitsmaschine« bauen (was immer das sein mag) und mit ihr die Welt für den Kapitalismus sicher machen.[8] Technologie und Kapitalismus, ohne Politik und ohne Demokratie – das sei der Weg in die absolute Freiheit, so Thiel.

Solche Erzählungen sind für manche tatsächlich verführerisch. Wir glauben den digitalen Verheißungen ja auch sonst nur zu gern. Haben die großen Tech-Konzerne nicht unser aller Leben so viel komfortabler gemacht? Wenn wir Hunger haben, können wir sofort online eine Pizza bestellen. Praktisch jeder Song, jeder Film, jedes Buch steht uns mit einer Bewegung auf dem Display zur Verfügung. Wir können jederzeit alle unsere Freunde sehen und sprechen, ganz abgesehen von all den Informationskanälen, die wir täglich anzapfen. Dass wir dabei umfassend erfasst und kontrolliert werden können, blenden wir gerne aus. Und wünschen uns stattdessen, dass uns der Staat hier nicht ständig mit seinen Regulierungsversuchen das Leben erschwert. Er verlangt Einwilligungen, erfordert zusätzliche Klickstrecken und will uns schützen in Situationen, in denen wir uns gar nicht bedroht fühlen. Wenn man es so sieht, dann erscheint es durchaus plausibel, dass sich praktisch unser ganzes Leben entlang der digitalen Möglichkeiten organisieren ließe. Wäre das nicht die gewünschte absolute Freiheit?

Eine Antwort auf diese Frage hat die Autorin Theresia Enzensberger in ihrem dystopischen Roman *Auf See* gewissermaßen in Szene gesetzt. Sie knüpft an die Thiel'sche Idee an, dass wir die Meere jenseits der derzeitigen Staaten und Gesellschaften besiedeln könnten (*»seasteading«*). Ein Strang der Handlung spielt daher auf einer künstlichen Insel in der Ostsee, auf der die siebzehnjährige Yada abgeschirmt von der Welt lebt. Gebaut hat das technische Ungetüm »Seestatt« ihr Vater, ein erfolgreicher Tech-Unternehmer, der hier mit einigen Getreuen den vermeintlich drohenden Weltuntergang überleben, mindestens aber sich von einer ihm viel zu regulierten Welt abschotten wollte. Das Weltende ist ausgeblieben, während die Bewohner der Insel weiterhin streng kontrolliert der physischen, psychischen und chemischen Selbstoptimierung nachgehen. Dadurch sollen sie sich innerhalb einer von privater Hand geschaffenen und vollständig kontrollierten Gesellschaft individuell frei fühlen. Unterdrückt wird jedes Bewusstsein für das Gemeinsame. Das Öffentliche ist auf dieser künstlichen Insel schon als Idee nicht mehr vorhanden. »Bis auf die Essensstation, in der sich alle jetzt versammelten, gab es auf der Insel keine Gemeinschaftsräume. Jeder, der einen Arbeitsraum brauchte, hatte diesen an sein Schlafquartier angeschlossen. Die einzelnen Quartiere fügten sich zu organisch geformten Anhäufungen zusammen, die Bienennestern glichen.«[9] Öffentliche, unstrukturierte Begegnungen sind in dieser Architektur nicht vorgesehen, ein Wissen um das Leben derjenigen, die die eigene Existenz möglich machen, erst recht nicht. Was zählt ist das Überleben der Besten. Enzensberger entwirft damit eine Gesellschaft, die jenen libertären Phantasien entspricht, die das Denken im Silicon Valley prägen und die auch bei uns populärer werden und die Idee öffentlicher Güter an den Rand drängen.

In einem zweiten Handlungsstrang, der an Land spielt, kann man verfolgen, wie eine Künstlerin aus Versehen durch eine zufällig richtige Prophezeiung eine Sekte gründet. Sie sammelt damit einige derjenigen zusammen, die, wie Nachtwey und Amlinger schreiben, auf »häretische Expert:innen« und »Renegat:innen« setzen, »die ihre Legitimation allein aus dem Antagonismus zum ›Mainstream‹ beziehen«.[10] Zwischen diese beiden Handlungsstränge montiert die Autorin Geschichten gescheiterter historischer Versuche, irgendwo auf der Welt neue Gesellschaften zu gründen. Allen gemein ist, dass sie die Freiheit im libertären Sinne von Verantwortung und vom Bezug auf die Mitbürger*innen lösen. Die Konsequenz ist eine kalte Freiheit der Rücksichtslosigkeit. Eine Freiheit ohne Öffentlichkeit. Eine Freiheit, die sich vor allem darauf beruft, dass man im Privaten machen kann, was man will. Und die von der gemeinsamen Ordnung nur verlangt, dass der Besitz als Grundlage der Freiheit unangetastet bleibt.

Dieser Vorstellung fehlt jedes Gefühl dafür, dass Freiheit hohl wird, wenn sie sich darin erschöpft, autonom über das eigene Vermögen zu verfügen und es zu mehren. Eine solche private Freiheit ist letztlich eine Gefahr für die Freiheit selbst, weil sie bloß als Vorwand zur Machtausübung begriffen wird. Die Freiheit der Einzelnen ohne soziale Regeln kennt am Ende nur das Recht des Stärkeren und bedeutet daher für viele nicht so starke Menschen letztlich doch nur Unfreiheit. In den digitalen Welten kann man davon mit vielen bunten Angeboten ablenken, aber im realen Leben stößt die libertäre Erzählung schnell an ihre Grenzen.

Weil sie einfach gestrickt ist und Machtphantasien bedient, ist sie trotzdem so erfolgreich. Erst recht in Zeiten, in denen der aktuelle Hype um eine generative künstliche Intelligenz beinahe schon ein Zeitalter der digitalen Maschinenherrschaft herbeibeschwört, obwohl wir uns doch eigentlich über jede zusätzliche Spur von Intelligenz im öffentlichen Raum freuen sollten. Es ist daher wichtig, diesen Dystopien andere Erzählungen entgegenzusetzen, Erzählungen von der Freiheit in Gemeinschaft. Auch Yada sagt sich in *Auf See* am Ende von ihrem Vater und seinen Technophantasien los und lebt in einem anarchischen Camp mitten im Berliner Tiergarten, in dem sich all die zusammengefunden haben, die jenseits der Kontrollphantasien der Gesellschaft in einer solidarischen Gemeinschaft zusammenleben wollen.

Der englische Dichter John Donne hat der Menschheit schon vor mehr als vierhundert Jahren ins Stammbuch geschrieben: »Kein Mensch ist eine Insel.« Und auch Yadas Beispiel zeigt, dass wir nun mal soziale Wesen sind. Doch die Libertären widersprechen genau dieser Behauptung. So wie Will Freeman (sic!) in dem Film *About A Boy* nach dem gleichnamigen Roman von Nick Hornby. Der von Hugh Grant gespielte Will sagt im Anschluss an John Donne: »Es gibt Leute, die sind Inseln! Ich bin eine! Ich bin Ibiza, verdammt noch mal!« Will verabredet sich vorzugsweise mit alleinerziehenden

Müttern, weil er sie für besonders kontaktbedürftig hält. Eine echte Beziehung will er nicht, erst recht will er nichts mit den Kindern zu tun haben. Ein echter moderner Egomane. Doch nachdem Will mit der Mutter des schüchternen zwölfjährigen Außenseiters Marcus angebandelt hat, zieht ihn der Junge sanft in die kleine Familie hinein. Am Ende ist Wills Widerwille gebrochen, und er erklärt, noch ein bisschen trotzig, aber einsichtig: »Jeder Mensch ist eine Insel. Und dazu steh ich – aber zweifelsohne gehören manche Menschen zu Inselketten. Unter der Meeresoberfläche sind sie eindeutig miteinander verbunden.«*

Es wirkt fast, als hätte Will auf die Schnelle noch die feingliedrigen Überlegungen des kreolischen Schriftstellers Édouard Glissant gelesen und verstanden, der für ein »archipelisches Denken« plädiert, das unterschiedliche Erfahrungen, Sprachen und Kulturen miteinander verbindet und im Welt-Chaos eine Chance auf neuen Sinn in vielfältiger Gemeinschaft sieht. Glissant erweitert diesen Gedanken über die sozialen Beziehungen einer einzelnen Gesellschaft hinaus: »Die über die nationalen und sprachlichen Schranken hinwegreichenden kulturellen Regionen bilden Inseln, ohne sich jedoch abzuschließen, denn nur so können sie überleben.«[11] Derart poetische Überlegungen sind in ihrer Subtilität und Präzision in jeder Dimension die Antithese zu den lautsprecherischen Freiheitsrufen der Libertären unserer Tage. Sie ermöglichen es, eigentlich Unvereinbares zusammenzudenken. Auch Ibiza ist – wie Mallorca – Teil der balearischen Inseln.

* Übersetzung vom Autor.

MORALISCHE MORALISIERUNGEN

Der Liedermacher Danny Dziuk beschäftigt sich auf seiner Platte *Unterm Radar* von 2023 mit den Verwüstungen der öffentlichen Kommunikation in Zeiten des Internets und der Social-Media-Plattformen. Damit kommen wir zur zweiten großen »Erzählung im Vereinfachungsmodus« unserer Zeit: dem Einsatz moralinsaurer Moral. In dem Song *Alle reden durcheinander* singt Dziuk: »*Grabenkämpfe / und du weißt nicht wie / Doch plötzlich findest du dich sonderbar / Verwundert auf 'ner Seite wieder, die / Niemals deine eigene war / Wo jeder schreit ›Auf welcher Seite stehst du?‹ / Und alle reden durcheinander / Und keiner hört zu*«.* Die Schilderung klingt vertraut. Wir stehen alle gerne auf der richtigen Seite. Nur leider wissen wir derzeit zu oft nicht, welche Seite das ist.

Klar, wenn es um die großen Konflikte geht, dann kann man schon einmal wie in dem alten Lied von Billy Bragg fragen: »*Which side are you on?*« – und dann auch eine klare Antwort verlangen. Aber in den vielen Diskussionen und politischen Streitereien, die unseren Alltag prägen, wird es schnell unübersichtlich. Gerade wenn ein Thema neu aufkommt und man noch ganz unvorbereitet ist auf eine Diskussion. Oft lässt man sich dann hinreißen zu einem vorschnellen Urteil, das man hinterher vielleicht bereut. Das Ergebnis ist wachsende Unsicherheit und allgemeiner Verdruss. Jede*r kennt die nicht enden wollenden Debatten, die kein Ziel zu kennen scheinen außer dem, am Ende recht zu behalten; die vielen Diskussionen darüber, *wie* wir diskutieren und wer überhaupt *berechtigt* ist, sich zu Wort zu melden, während gleichzeitig auf beiden Seiten Beton angerührt wird für die unverrückbar feststehenden eigenen Meinungen.

Wenn wir auf andere Meinungen stoßen, auf Dinge, die uns nicht gefallen, die uns aufregen und zum Widerspruch anstacheln, dann

* Musik & Text: Danny Dziuk.

reagieren wir zunehmend weniger damit, dass wir uns interessieren, dass wir widersprechen und dass wir uns in der Sache auseinandersetzen. Sondern wir fangen an uns zu empören. Dann beginnt ein Spiel, in dem die einen ihre Aussage durch den Rückzug auf die formale Freiheit der Meinung oder der Kunst legitimieren, während die anderen ihr genau diese Rechtfertigung auf der Grundlage verletzter Gefühle, Identitäten oder Interessen absprechen. Empört sind beide Seiten. Wenn wir so weitermachen, wird öffentliche Kommunikation überflüssig werden, weil niemand mehr glaubt, dass es einen Sinn haben könnte, in einer Sache *Argumente* vorzubringen.

Dann drohen öffentliche Räume der Moralisierung anheimzufallen. Sie ist, so der Politikwissenschaftler Wolfgang Merkel, »eine selbstgerechte Stilisierung der eigenen moralischen Position, um eine andere moralische Position herabzusetzen ... Eine solche Zurschaustellung der eigenen moralischen Überlegenheit ist ohne moralisierende und unangemessene Komplexitätsreduktion politischer Sachverhalte nicht zu haben.«[12] Es geht bei der Moralisierung oft um einen bequemen Weg, unliebsame politische Meinungen gleich von vornherein aus dem Spiel zu nehmen, statt sie mühsam zu dekonstruieren und argumentativ zu widerlegen. Denn natürlich steckt in der politischen Debatte hinter der moralischen Abwertung kein philosophisches, sondern ein politisches Motiv. Wer über das Absolute von Gut und Böse streitet, sucht einen Mechanismus, politische Fragen ins Feld der Moral zu verlagern und letztgültig zu beantworten. Gelingen kann das nicht, weil es in fundamentalistische Vorstellungen führen würde, wie wir sie heute nur noch in islamistischen Theokratien oder evangelikalem Populismus finden.

Wenn Konflikte von beiden Seiten moralisch kodiert werden und so jegliche Pluralität aus der öffentlichen Debatte gedrängt wird, weil sie angesichts der absoluten Ansprüche als nicht aushaltbar erscheint, dann führt das aus der offenen Gesellschaft unserer Demokratie hinaus. »Der Versuch beider Seiten, mit ihrer je partikularen Moral komplexe Gesellschaften zu integrieren, kommt seltsam vormodern daher – und führt zu Polarisierung«.[13]

Schließlich hat sich unsere Demokratie auf ein Modell eingelassen, das zwischen funktionalistischen Systemerwägungen und moralischen Appellen an die Einzelnen einen Weg sucht, der begründungsaufwendig ist. Grundlage ist eine Moral des öffentlichen Sprechens, die prozedural bleibt und zur Ethik des Öffentlichen wird. Die Vorsitzende des Deutschen Ethikrates, Alena Buyx, kritisiert deshalb die aktuell oft zu beobachtende Moralisierung der öffentlichen Debatte scharf, weil diese »aus einer partikularen Position heraus und auch gelegentlich mit Schuldzuweisungen und Diskussionsstopps arbeitet«. Sie sei nicht zu verwechseln mit der dringend notwendigen ethischen Reflexion, also dem gemeinsamen Nachdenken und Diskutieren darüber, was denn nun normativ gelten soll. »Um Ethik zu betreiben, muss man Argumente hören, andere Positionen kennen und verstehen, ist also nachgerade gezwungen, in den konstruktiven Austausch zu gehen.«[14]

Abstrakte und allgemeine Wahrheiten sind von einer Ethik des Öffentlichen also nicht zu erwarten, sie sichert vielmehr die Verfahren, mit denen wir zu gemeinsamen Wahrheiten und Normen gelangen können. Sie setzt dazu auf maximale Offenheit und erheblichen Vernunftoptimismus.

Das stresst einige in unserer Gesellschaft sehr: Insbesondere in der Corona-Pandemie kam es immer wieder zu Situationen, in denen selbst leise Zweifel an der Angemessenheit mancher Eindämmungsmaßnahme mit maximalem Furor gekontert wurden. Vielleicht ist das kein Wunder angesichts des Schocks der existenziellen Bedrohung, aber es war schon bemerkenswert, wie schnell man sich anhören musste, dass man die Gesundheit der Gesellschaft oder gar Tote in Kauf nähme, nur weil man noch dabei war, Für und Wider eines noch vor wenigen Wochen undenkbaren Verbots abzuwägen. Als ich selbst im Herbst 2020 einen recht ungehaltenen, aber immer noch, wie ich fand, abgewogenen Artikel geschrieben hatte, in dem ich die Sinnhaftigkeit des sogenannten »Lockdown Light« in Zweifel gezogen hatte, bekam ich zumindest einen kleinen Eindruck von dem öffentlichen Aufruhr, den andere öffentliche Personen mit kontroversen Positionierungen regelmäßig erleben müssen.[15]

Der ehemalige Chefredakteur der *Süddeutschen Zeitung* Kurt Kister hat diese neue Debattenkultur, die nur Schwarz-Weiß, nur Entweder-oder kennt, in einem ausführlichen Essay für seine Zeitung analysiert. Anlass war die Kritik an einem noch ausführlicheren Essay von Jürgen Habermas zum Ukraine-Krieg und zu den Umständen, unter denen Verhandlungen über ein Ende des Krieges aufgenommen werden könnten.[16] In seiner differenziert vorgetragenen Stellungnahme betont Habermas, dass gerade die – berechtigten – Waffenlieferungen des Westens an die Ukraine eine Verantwortung dafür begründeten, sich um ein Ende des Krieges zu bemühen. Die Reaktionen waren heftig, der Autor wurde diffamiert, sodass sich die Redaktion schließlich zum Einschreiten gezwungen sah.

Kister schreibt: »Wie schon zu Zeiten der großen Corona-Kontroverse hat man den Eindruck, dass im Streit um die ›richtige‹ Ukraine-Politik unvoreingenommenes Lesen noch schwerer fällt als vorher. Eine ›mittlere‹ Position wird weder von denen anerkannt, die, um ein wichtiges Identitätsmerkmal in diesem Streit zu nennen, schnellere, umfangreichere Waffenlieferungen wollen, noch von denen, die sie am liebsten stoppen würden und auf einen Waffenstillstand jetzt dringen. Beide Seiten rechnen im Zweifelsfalle ein Denkstück, das sie als ›schwammig‹ empfinden, der jeweils anderen Seite zu.«[17] Und schwammig scheint in der aktuellen Verfasstheit unserer Öffentlichkeit beinahe alles zu sein, was sich um ein bisschen Differenzierung, um ein Sowohl-als-auch, um die Graustufen bemüht. Je komplizierter die Welt und ihre Konflikte, desto einfacher die gewünschten Lösungen. Differenzierung ist nicht gefragt. Stattdessen nimmt »die Frequenz der als Freund-Feind-Diskurse geführten innergesellschaftlichen Konflikte« zu – und erschwert es zunehmend, die vielen Konsense in unserer Gesellschaft tatsächlich politisch wirksam werden zu lassen.[18]

Rigorose Positionierungen und die rigorose Kritik an diesem Rigorismus halten sich in der Folge die Waage: »Der Rigorismus der Rigoristen ist wie ein Perpetuum mobile«, schreibt Armin Nassehi: »Wie soll man sich dem Sog eines solchen integrierenden Konfliktsystems entziehen, wenn es doch so integrativ ist und eigentlich alle glücklich machen kann: diejenigen, die mit dem permanenten Moralismusvorwurf schlechte Zeitungen vollkriegen oder die Kritik an Gewohnheiten abwehren, und diejenigen, die sich auch aufgrund der permanenten Kritik so sehr im moralischen Recht wähnen, dass sie sich auch kommod einrichten können.«[19]

Neben den Waffenlieferungen an die Ukraine wurde in jüngster Zeit über kaum etwas so erregt im Land debattiert wie über die Aktionen der Letzten Generation. Mit ihrem Weltuntergangspathos haben die Aktivist*innen viele Menschen verprellt, die eine engagiertere Politik gegen den menschengemachten Klimawandel wollen. Statt mit demokratischen Mitteln für eine klare politische Programmatik zu werben, vertreten sie ihre Auffassungen mit einem recht robusten Wahrheitsanspruch. Hier geht es nicht mehr um den Habermas'schen »zwanglosen Zwang des besseren Arguments«, sondern um den unmittelbaren Zwang zur Handlung. Ich fühle mich erinnert an die Geschichte meines Vaters, der 1968 die Hippies aus dem Hörsaal trug, weil er es sich finanziell nicht leisten konnte, länger als unbedingt nötig zu studieren. Die Emotionalität mancher Reaktion auf die Straßenblockaden der Letzten Generation im Berufsverkehr zeigt, dass hier auch ein klassistischer Konflikt entsteht, der eine demokratische Mehrheitsbildung nicht unmittelbar wahrscheinlicher werden lässt. Denn wenn eine kleine, oft akademische Elite versucht, vermeintlich weniger aufgeklärte Bürger*innen zum Handeln zu zwingen, dann kann diese Strategie natürlich Aufmerksamkeit erzeugen, beschädigt aber zugleich die Mechanismen, mit denen eine offene Gesellschaft zu verbindlichen Standards und Normen gelangt. Im Ergebnis geht es dann auch schnell nicht mehr um die berechtigte Sache, sondern bloß noch um die nicht angemessenen Formen des Protests. Geholfen ist damit niemandem.

Wo die Libertären die eigene Freiheit zum Maßstab machen und so in Richtung Naturzustand flüchten wollen, suchen die moralischen Rigoristen den Weg zurück zu den absoluten Wahrheiten, die die Aufklärung erschüttert hat. Beide Strategien zielen darauf, Kernerrungenschaften der Moderne wieder abzuwickeln. Etliche der aktuellen Krisen reichen so nah an die Lebensbedingungen heran, dass manchen die notwendigen Kompromisse nicht mehr möglich scheinen. Dann wird es schnell grundsätzlich. Dann braucht es absolute Wahrheiten, an denen man sich orientieren kann. Dann wird der Schutz des Lebens angesichts eines tödlichen Virus zum einzigen Maßstab. Dann kann man angesichts eines brutal geführten russischen Angriffskrieges auf die Ukraine nur noch bedingungslos alle denkbaren Waffen an die Ukraine liefern. Und dann kommt man in der Klimadebatte irgendwann auch an den Punkt zu fragen, was man denn machen kann, wenn Dinge nun einmal wissenschaftlich empfohlen und objektiv notwendig sind, um bestimmte Ziele (wie die Begrenzung der Erderwärmung auf 1,5 Grad Celsius) zu erreichen, wenn sich aber keine demokratischen Mehrheiten dafür finden, das Notwendige zu tun. Dann wird es ungemütlich – mit Blick auf die Demokratie ebenso wie mit Blick auf das Überleben auf dem Planeten. Dann entstehen Situationen, in denen sich manche als vermeintlich letzte Generation auch zu letzten Mitteln und einer Art generationeller Notwehr hingerissen fühlen.

Um in so einer Situation wieder ins Gespräch zu kommen, müssen wir etwas neu erlernen, das wir schon einmal beherrscht haben. Der Islamwissenschaftler Thomas Bauer hat vor ein paar Jahren ein kluges schmales Buch über unsere »Ambiguitätstoleranz« – oder besser:

über ihr Fehlen – geschrieben. Es geht um die Erkenntnis, dass die Dinge in der Welt nicht immer eindeutig sind, sondern ambivalent, widersprüchlich – uneindeutig eben –, und dass wir gefragt sind, uns einen Reim auf sie zu machen und mutmaßlich mit vielen Uneindeutigkeiten und Widersprüchen leben müssen.

Die Sehnsucht nach Eindeutigkeit ist, so Bauer, ein modernes Phänomen. So lange Gut und Böse normativ festgelegt waren, bewegte sich der Einzelne im praktischen Alltag ganz notgedrungen immer zwischen beiden Polen hin und her. Doch heute, in einer Zeit, in der es keine letzten Gewissheiten mehr gibt, in der alles nur noch Kompromiss zu sein scheint, suchen wir nach Halt in unserem Alltag, nach Eindeutigkeit. Solange das moralische Universum halbwegs klar geordnet war, sind die Menschen bereit gewesen, die Unklarheiten dazwischen auszuhalten. Doch nun, wo es de facto nur noch Unklarheiten gibt, steigt das Bedürfnis nach klaren Verhältnissen und eindeutigen Urteilen.

Immer mehr Menschen versuchen durch Betonung von Authentizität und Identität eine Eindeutigkeit zu schaffen, die illusionär bleiben muss. »Offensichtlich erscheint es in unserer Gesellschaft vielen als erstrebenswert, die Uneindeutigkeit, die das ›Unbehagen in der Kultur‹ (Freud) mit sich bringt, möglichst radikal zu beseitigen«, schreibt Bauer und plädiert dafür, dem »Authentizitätswahn« und der »Vereindeutigung durch Kästchenbildung« entgegenzuwirken.[20] Er verlangt mehr Ernsthaftigkeit und Respekt: »Respekt vor der Natur, vor Mitmenschen unterschiedlicher Herkunft, Religion, Neigung und Fähigkeit, vor künstlerischer Kreativität, wissenschaftlichem Erkenntnisstreben und politischem und gesellschaftlichem Engagement. Nur dann, wenn diese Felder ernsthaft bestellt werden, kann eine Welt der Bedeutungsvielfalt gedeihen, eine Welt, in der Ambiguität als Bereicherung und nicht als Makel empfunden wird.«[21]

Von einer solchen Welt sind wir heute weit entfernt. Die Auseinandersetzungen über Richtig oder Falsch werden erbitterter. An der Universität habe ich mich eine Zeit lang mit dem Phänomen des religiösen Fundamentalismus beschäftigt und bin in diesem Zusammenhang über ein Buch gestolpert, das auf Deutsch den Titel *Coca-Cola und Heiliger Krieg* trug. Auf Englisch hieß es anders, präziser: *Jihad vs. McWorld.*[22] Geschrieben hatte es der kommunitaristische Politikwissenschaftler Benjamin Barber. Die These, die er vertrat, leuchtete mir sofort ein: Der zunehmende Fundamentalismus in der Welt, so Barber, sei eine Reaktion auf den Siegeszug der westlichen Moderne, auf die Vereinheitlichung der Lebensstile – zum Beispiel durch überall verfügbare Limonaden und Burger-Ketten. Um dem etwas »Authentisches« entgegenzusetzen, würden Fundamentalist*innen – und keineswegs bloß die Islamisten – auf die Traditionen ihrer jeweiligen Kultur zurückgreifen und diese ebenfalls absolut setzen. Die Folge sei jener *»Clash of Civilizations«*, vor dem der US-Außenpolitikexperte Samuel P. Huntington bereits gewarnt hatte.[23] Gerade noch rechtzeitig, damit die Progressiven erschrocken von der Aussicht auf globale Religionskriege daran arbeiten konnten, dass die Prognose nicht zur selbst erfüllenden Prophezeiung wird.

Um eine (natürlich mildere) Art Fundamentalismus geht es aktuell auch bei uns. Auch wir haben den Hang, Dinge, Meinungen, Ansichten absolut zu setzen, statt sie in ihrem Relationsgefüge zu sehen. Die Folge ist eben jenes beständige Hin und Her zwischen »moralischem Moralismus und moralischer Moralismuskritik«, das Nassehi beschreibt.[24] Seine Kritik richtet sich dabei nicht gegen Moral im öffentlichen Diskurs an sich. Eine auch für andere nachvollziehbare Wertegrundlage ist wichtig. Sie liefert die notwendigen Argumente, um eine Position zu begründen und damit auch besser nachvollziehen zu können. Die vernünftige öffentliche Debatte beginnt schließlich damit, dass man die eingebrachten Argumente selbst für wahr, richtig und wahrhaftig halten muss, damit genau das dann auch gemeinsam geklärt werden kann. Nur in wenigen Grenzbereichen geht es auch darum, dass etwas inhaltlich nicht gesagt werden darf:

etwa wenn es jemand anderes verleumdet oder wenn das Menschheitsverbrechen der Schoah geleugnet wird. Aber abgesehen davon soll jeder erst einmal alles sagen dürfen, damit dann gemeinsam herausgefunden werden kann, ob es auch als richtig und wahr akzeptiert werden kann.

Problematisch ist die doppelte Moralisierung, die die einmal bezogene inhaltliche Position auf einer zweiten Ebene stabilisieren soll. Sie ist es, die früher oder später für die Diskursabbrüche sorgt, weil sie genau diese Offenheit nicht zulässt, sondern die eigene Moral unumwunden zum gesellschaftlichen Standard machen will. Hier schneiden sich die Probleme der moralischen Vereinfachung mit denen der libertär autoritären Herausforderung, weil auch ihre Anhänger*innen bei ihren Konkurrent*innen keine akzeptablen Interessen oder Werte sehen, mit denen sie einen Kompromiss finden könnten. »Für diese libertären Autoritären kann es keine räsonierende Aushandlung geben, schließlich folgen *die anderen* stets finsteren Absichten und geheimen Plänen.«[25]

POLITIK ALS ZUVERSICHTLICHE MISSION

Wenn die einen darauf beharren, sich ihre Freiheit nicht nehmen zu lassen, und die anderen mit absoluten Wahrheiten unsere Gesellschaft wieder ordnen wollen, dann ist das eine Problemanzeige, aber keine Lösung. Es gibt kein Zurück, bei dem die individuellen Fortschritte erhalten bleiben und nur die gesellschaftlichen Anstrengungen aufgegeben werden können. Und neuer politischer Sinn, nach dem sich alle angesichts der sozialen und der normativen Unübersichtlichkeiten so sehr zu sehnen scheinen, ist mit diesen Mitteln nicht zu erreichen. Stattdessen steigern sich die Probleme, weil wir immer wieder frustriert feststellen müssen, dass wir auf diesen Wegen gesellschaftlich nicht zueinanderfinden und erst recht nicht vorankommen. Wir treten ratlos, aber hochtourig auf der Stelle, wie der Essayist Philipp Blom in seiner Analyse *Das große Welttheater* beschreibt: »Ein Vakuum entsteht, ein Moment der Sprachlosigkeit, wenn auch nicht der Stille. Viele Stimmen versuchen, durch ihre Lautstärke oder ihre Emotion davon abzulenken, dass sie längst sprachlos geworden sind. Alle Verbindlichkeiten bröckeln, Regierungen missachten offen ihre eigenen Gesetze und Gerichte, jede Überzeugung ist suspekt, alle Fakten gelten als Konstrukte, hinter jeder Wahrheit verbergen sich Manipulation und Hegemonie.«[26]

Wenn die Vereinfachungen nichts bringen, weil sie die Sachlage verfälschen, dann braucht es Lust auf Komplexität und Erzählungen davon, welche Chancen darin stecken, dass eben nicht alles von vornherein feststeht. Geschichten, die der aktuellen Lage angemessen sind, sind kleinteilige und immer wieder hinterfragte Deutungsangebote, aus denen heraus wir uns unser Weltverständnis zusammenzusetzen versuchen. Das gilt erst recht für die Werte, die wir in diesen Geschichten erzählen: »Menschenrechte, Freiheit, Gleichheit, Solidarität, sind keine Beschreibungen natürlicher Sachverhalte, sondern ideelle Totems, notwendige Fiktionen, die Gesellschaften zivilisierter machen. Ohne solche geteilten Fiktionen kann es wohl keine wirkliche Gesellschaft geben, höchstens einen Waffenstillstand zwischen unterschiedlichen Gruppen, die nebeneinander denselben Ort besetzt halten.«[27]

Doch selbst das progressive Lager derjenigen, die die Komplexität unserer Gesellschaft annehmen wollen, ist uneins, wie am besten vorgegangen werden sollte. Der Weg über neue sinnstiftende Erzählungen ist hier keineswegs Konsens. Es gibt auch diejenigen, die die Probleme eher darin sehen, dass die Politik sich noch nicht rational und technisch genug um die objektiven Probleme unserer Zeit kümmert. Diese Position vertreten jene, die technizistische Lösungen aktueller gesellschaftlicher Probleme als attraktiven Ausweg aus den Komplexitätsproblemen der Gegenwart betrachten. Der Soziologe Philipp Staab zum Beispiel sieht die Zukunft progressiver Politik weniger in der fortschrittlichen Gestaltung, sondern in kluger Anpassung. Er plädiert mit klaren progressiven Absichten für eine »technokratische Entpolitisierung von Selbsterhaltungsfragen«, die staatlich beantwortet sein müssten, bevor demokratische Deliberation überhaupt beginnen könne.[28] »Der stabilisierenden Anpassung von Gesellschaft und Erdsystem, die von einem solchen technologischen Leviathan durchgesetzt würde, dürften dabei weder moralische Deliberationen noch politische Institutionen in die Quere kommen.«[29] Schließlich gehe es nicht um fortschrittsorientierte Neuentwürfe, sondern darum, das Leben auf diesem Planeten überhaupt durch Anpassung und Steigerung von Resilienz zu sichern. Die Frage des menschlichen Überlebens wird hier als vorwiegend technische Frage begriffen, die keine neuen Erzählungen, sondern vor allem klare und schnelle Entscheidungen braucht.

Und natürlich ist technische Kompetenz wichtig, um Lösungen für die vielen technischen Probleme unserer Zeit zu entwickeln. Aber diese Orientierung auf das Machbare erzeugt noch keine Zustimmung und erst recht keine Lust darauf, den Wandel auch wirklich anzugehen und sich auf die Komplexität unserer Welt einzulassen. Wer die aktuellen Debatten über Klimapläne, Wärmepumpen oder CO_2-freie Mobilität verfolgt, dem wird schnell klar, dass Machbarkeit alleine kaum ausreicht, solange sie bloß eine Prognose ist, der man Glauben schenken soll.

Wenn es aber darum geht, Machbarkeit glaubwürdig zu erzählen und konkret in eine Vorstellung von einer besseren Gesellschaft einzubetten, schlägt die Stunde der Sozialdemokratie. Sie beherrscht den Umgang mit der dazu notwendigen Komplexität aus eigener Erfahrung und hält die Widersprüche aus: Sie entstammt der marxistischen Tradition, die stark auf die ökonomische Analyse der gesellschaftlichen Zusammenhänge setzt, sie hat sich als Emanzipationsbewegung aus den Lebenswelten der Arbeiterklasse heraus entwickelt, und sie versteht heute wie wohl keine andere Partei den Staat und seine Institutionen als eine Möglichkeit, Wandel voranzutreiben.

Diese Erfahrungen ziehen und zerren natürlich in unterschiedliche Richtungen. Gerade deshalb aber ist die Sozialdemokratie bestens darauf vorbereitet, unterschiedliche gesellschaftliche Logiken zu einem sinnhaften Ausgleich zu bringen. Ihre vielschichtigen Erfahrungen ermöglichen ihr ein klares Verständnis der gesellschaftlichen Bereiche, die explizit öffentlich zu organisieren sind, weil sie der gemeinsamen sozialen Gestaltung und kulturellen Prägung offenstehen. Je nach sonstiger Perspektive werden diese Foren nämlich sonst marginalisiert oder bis zur Entscheidungsunfähigkeit überschätzt.

Eine in diesem Sinne sozialdemokratisch anschlussfähige Geschichte vom politischen Handeln erzählt Mariana Mazzucato. In ihrem Buch *Mission* analysiert die italienische Innovationsökonomin viele der aktuellen Krisen als »das Ergebnis einer vierzigjährigen Aushöhlung staatlicher Regierungs- und Verwaltungsfähigkeit« und schreibt weiter: »Der Ideologie hinter dieser Entwicklung zufolge hat der Staat ins zweite Glied zu treten und nur dann einzugreifen, wenn es etwas zu reparieren gibt.«[30] Das sei der falsche Ansatz. Angesichts der Tragweite aktueller gesellschaftlicher und wirtschaftlicher Herausforderungen brauche es eine Rückbesinnung auf einen Staat, der sich selbst verwandelt – »in eine innovative Organisation mit der Kompetenz und den Fähigkeiten, die Wirtschaft zu beleben und zu mehr Zweckorientiertheit zu katalysieren«.[31]

Mazzucato beschreibt hier eine Aufgabe, die nicht nur das systemische Setting der Politik betrifft, sondern die politische Kultur unserer Gesellschaft insgesamt. Die politischen Erzählungen der letzten Jahrzehnte, in denen der Staat zum bürokratischen Hindernis auf dem Weg in die Zukunft betrachtet wurde, sind zu Recht am Ende. Es ist klug, den Staat als Instrument einer modernen Gesellschaft, die mit seinen Mitteln ihre eigenen Belange regeln will, politisch neu zu entdecken. Demokratisch und gemeinwohlorientiert. Schließlich braucht es Politik und staatliches Handeln, um Ressourceneffizienz und Resilienz nicht bloß markt-, sondern eben auch gesellschaftsbezogen bewerten zu können. Immer wieder konnte Marktversagen in den vergangenen Jahren nur durch beherztes staatliches Handeln kompensiert werden. Sei es während der Finanz-, Banken- und Währungskrisen oder der Corona-Pandemie: Wir haben genug Belege dafür, dass staatliche Politik wirkt.

Es ist sinnvoll, an diesem Ansatz anzuknüpfen, denn viele wirtschaftliche und gesellschaftliche Herausforderungen sind so groß und so tiefgreifend, dass sie weder in marktwirtschaftlicher Steuerung noch im bürokratischen Routinemodus zu bewältigen sind. Hier braucht es genau jene »Partnerschaften zwischen öffentlichem und privatem Sektor zur Lösung sozialer Schlüsselprobleme«, die Mazzucato als Kern ihres missionsorientierten Ansatzes ausmacht.[32] Gemeint ist nicht nur das bessere technische Zusammenwirken von Staat und Wirtschaft, sondern ein kultureller Prozess, der auf den Zusammenhalt der Gesellschaft und die Öffentlichkeit der gemeinsamen Lösungssuche setzt. Ein Prozess, der übrigens auch mit in den Blick nimmt, dass es nicht mehr bloß um den Nationalstaat geht, sondern darum, auch im globalen Kontext politisch handlungsfähig zu sein und über nationalstaatliche Grenzen hinweg effektiv zu regieren.

Mazzucato findet ein Vorbild für ihr Missionsverständnis im US-amerikanischen Bemühen in den sechziger Jahren, einen Menschen auf den Mond zu schicken und alle dafür notwendigen Ressourcen zur Verfügung zu stellen. Für US-Präsident John F. Kennedy handelte es sich bei diesem Projekt um einen »visionären Akt des Glaubens«. Etwas schier Unmögliches sollte gelingen, weil alle politischen Entscheidungen auf dieses Ziel gerichtet wurden. Und in der Tat sind die Felder des Wandels – Klima, Demographie, Digitalisierung und Globalisierung – so groß und so relevant, dass Vergleichbares auch heute notwendig ist. Dazu reicht es nicht aus, den Staat bloß neu zu kalibrieren. Wir wissen heute, dass der kulturelle Rahmen solcher Prozesse mindestens so wichtig ist wie der institutionelle. Deshalb ist es so wichtig, welche Geschichten wir erzählen, welche Ziele wir beschreiben und welche Träume wir ermöglichen wollen.

Wer Kennedys damalige Reden nachliest, der stößt auf eine Grundsätzlichkeit und ein Pathos, das weit über ein technisches Politikverständnis hinausgeht. In seiner berühmten Rede am Rice College in Houston führte der US-Präsident 1962 aus: »Wir entscheiden uns in dieser Dekade, zum Mond zu fliegen und alles dafür Notwendige zu tun, nicht weil es einfach wäre, sondern weil es schwierig ist. Weil dieses Ziel uns dabei hilft, uns zu organisieren und das Beste aus unserer Energie und aus unseren Fähigkeiten herauszuholen, weil das eine Herausforderung ist, die wir angehen wollen. Die wir nicht verschieben wollen … Und deshalb bitten wir um Gottes Segen, wenn wir jetzt die Segel setzen für eines der gefährlichsten und größten Abenteuer, auf die sich je ein Mensch begeben hat.«[33] Was für ein Anspruch! Verglichen damit bleibt die aktuelle Darstellung äußerlicher Veränderungsprozesse, auf die Politik klug zu reagieren habe, ernüchtert und normativ unterzuckert zurück.

Und das war damals nicht der einzige Bereich, in dem solch eine Emphase die politische Debatte beherrschte. Nur ein Jahr später stand Reverend Martin Luther King auf den Stufen des Lincoln Memorial, dort wo später Springsteen den alle aufnehmenden Zug besang, und wiederholte mehrfach die heute zum geflügelten Wort gewordene Formulierung: »Ich habe einen Traum.« Am markantesten, als er auf seine Kinder zu sprechen kam: »Ich habe einen Traum, dass meine vier kleinen Kinder einmal in einem Land leben werden, in dem sie nicht nach ihrer Hautfarbe, sondern nach ihrem Charakter beurteilt werden.«[34] Er beschrieb nicht nur den immer noch präsenten Rassismus in der Gesellschaft, sondern er erklärte seine Überwindung und einen künftigen besseren Zustand zu einem Traum, für dessen Verwirklichung es sich zu streiten lohnt. Auch das ist eine Mission, die sich nicht ausschließlich technisch bewältigen lässt, sondern die Emphase und Empathie, Geschichte und Vision braucht, um gemeinsam angegangen und bewältigt zu werden.

King und Kennedy sprechen hier jeweils die Gesellschaft als Ganzes an, sie lenken ihre Aufmerksamkeit auf ein ambitioniertes Vorhaben, auf eine Mission. Und sie tun dies in aller Öffentlichkeit und in einfachen Worten. Sie beginnen eine Erzählung, die nicht jedes Detail systematisch präzise aufnimmt, aber die motiviert und integriert in dem Willen, das Vorhaben gemeinsam anzugehen. Sie sprechen sozialen Zusammenhalt und demokratische Öffentlichkeit an. Und sie erzählen von einer besseren Zukunft.

Das unterscheidet diese rhetorischen Startschüsse von vielen aktuellen Problembeschreibungen, die durchzogen sind von Darstellungen gesellschaftlicher und globaler Entwicklungen, die scheinbar ungesteuert passieren und auf die die Politik klug reagieren müsse. Ein halbes Jahrhundert nach den großen Missionen scheinen wir uns politisch so sehr in der Komplexität der Umstände verheddert zu haben, dass wir uns die große Geste, die weite Perspektive, die emotionale Erzählung offenbar nicht mehr zutrauen.

In der Arbeiterbewegung hieß es früher, dass man der Hammer sein wolle und nicht der Amboss, wenn es um die Gestaltung der Verhältnisse ging. Diesen Anspruch braucht es auch heute. Doch allzu oft scheinen wir uns selbst zur Passivität zu verdammen. Bei vielen Entwicklungen ist von einer »Disruption« die Rede, von einer sehr plötzlichen Veränderung, einem Bruch. Das Wort stammt aus der Wirtschaftswissenschaft und beschreibt den Moment, in dem ein erfolgreiches Unternehmen ins Straucheln gerät, weil es nicht mitbekommen hat, dass sich der Markt verändert hat oder dass neue Technologien die Spielregeln verändern.[35]

Deshalb ist es wichtig, dass wir den Wandel zu einer dauerhaften Aufgabe machen und ihn öffentlich diskutieren, damit wir nicht überrascht zum Objekt des Wandels werden. So wie 1972 bei Willy

Brandt, als es im Bundestagswahlkampf hieß: »Wer morgen sicher leben will, muss heute für Reformen kämpfen.«

Missionen umfassen mehr als wohlklingende Rhetorik und das Beschwören von Veränderungsbereitschaft. Sie haben eine klare Steuerungslogik und brauchen eine planvolle Herangehensweise, die mehr ist als Anpassung. Hier geht es um Willen und Gestaltung, um ein Ziel und die Bereitschaft, alles darauf auszurichten. Vor allem aber muss es erzählt werden, denn Missionen erschöpfen sich nicht darin, dass die bereits Eingeweihten schon wissen, was zu tun ist. Das gilt erst recht, wenn wir es schaffen wollen, Allianzen über gesellschaftliche und nationale Grenzen hinweg zu bilden und vielleicht sogar neue politische Einheiten zu schaffen.

Wie Missionen heute praktisch Veränderungen bewirken können, zeigt das Beispiel von Belo Horizonte, einer Stadt in Brasilien, deren Politiker*innen Anfang der neunziger Jahre dem Hunger und der Mangelernährung den Kampf ansagten. Maja Göpel beschreibt es in ihrem Buch *Wir können auch anders*. In einem Gesetz bekamen alle Bürger*innen »das Recht auf ausreichend und gute Nahrung« zugesprochen, und die Verwaltung wurde beauftragt, dafür zu sorgen, dass es auch umgesetzt werde.[36] Die Folge waren konkrete Maßnahmen wie kostenloses Schulessen, Volksrestaurants, in denen die Gäste bezuschusste Mahlzeiten bekommen konnten, Vorgaben für den Lebensmittelhandel, verbilligte Marktstände für lokale Bauern und vieles mehr. Damit sollte nicht nur der Hunger, sondern am besten gleich eine ganze Kultur der Armut überwunden werden. Und die Fortschritte waren spürbar.[37] Dazu aber reicht es nicht, bloß *einer* Logik zu folgen und *einen* Hebel zu betätigen. Dazu braucht es ein Denken, das Ideen und Ansätze zusammenbringt, aufeinander bezieht, öffentliche und private Ressourcen einbindet und versucht, sie mit dem Staat zu verbinden.

Auch deshalb gehören Missionen in die Öffentlichkeit. Sie werden gemeinsam mit Expert*innen und Bürger*innen entwickelt, und die

Bereitschaft dafür ist erheblich gewachsen. In der Zivilgesellschaft entwickeln sich neue Bewegungen, die Teilhabe einfordern, wenn es darum geht, das Große und Ganze zu gestalten. Es geht etwa um den Kampf gegen den Klimawandel oder gegen Rassismus – Themen, bei denen klar ist, dass der gute Wille ihrer Akteur*innen allein nicht reicht. Hier ist die politische Kultur einer ganzen Gesellschaft gefordert, die deshalb auch miteinbezogen werden muss, wenn Missionen ans Ziel gelangen sollen. Gerade große Herausforderungen wie die Gestaltung künstlicher Intelligenz verlangen nach einer gebündelten Missionsperspektive.

»Wir können nicht *nicht* transformieren«, schreibt Maja Göpel. »Die Frage ist nicht, ob große Veränderungen auf uns zukommen. Die Frage ist, wie wir sie beeinflussen, ihnen eine Richtung geben, Brüche abfangen, Übergänge gestalten, unser Schicksal in die Hand nehmen. Denn genau das können wir. Definieren wir das Ziel eines Systems neu, orientiert sich auch die Lösungssuche an dieser neuen Richtung.«[38] Das heißt, wir müssen soziale, ökologische und kulturelle Prämissen neu formulieren, um staatliche Institutionen mit der Zuversicht aufzuladen, dass sie gemeinsam mit Unternehmen und Zivilgesellschaft das Gemeinwohl stärken können.

Natürlich beseitigen wir die aktuelle Skepsis an der Stärke und Leistungsfähigkeit des Staates am Ende nur durch praktische Erfahrungen mit einem national handlungs- und international kooperationsfähigen Staat, der den Wandel aktiv gestaltet und Fortschritt ermöglicht. Aber dass der Staat dazu überhaupt nur dann in der Lage ist, wenn er eingebettet ist in eine politische Kultur, in der leidenschaftlich um die richtigen Ansätze der Transformationspolitik gestritten wird, ist offensichtlich. Selbst die größten gesellschaftlichen Probleme lassen sich erst dann produktiv bearbeiten und lösen, wenn sie auch entsprechend erkannt werden, wenn ein Bewusstsein für ihre Dringlichkeit besteht und wenn wir anfangen darüber zu sprechen, wie wir sie lösen wollen.

Demokratische Möglichkeiten entstehen, wenn wir einander zuhören, miteinander sprechen und gemeinsam vereinbaren, wie es weitergehen soll. An diese eigentümliche Kraft muss man nicht appellieren, sie ergibt sich aus der konkreten Gesprächssituation. Der Literaturwissenschaftler Jan Philipp Reemtsma hat das mit einem Beispiel aus Thomas Manns *Zauberberg* illustriert. Reemtsma schreibt in seiner Studie *Vertrauen und Gewalt*: »Das Settembrinihafte der Aufklärung hat vielen missfallen, hatte aber einen guten Grund, der allen Sozialwissenschaften zugrunde liegt: Wer theoretisiert, schlägt nicht zu; eine Gesellschaft, die Leute dafür abstellt, über sie nachzudenken, gibt sich der Vorstellung hin, sie befinde sich in Zeiten, in denen das Denken helfe. Dass Naphta mitdiskutierte, gab Settembrini recht.«[39]

Dieser letzte Satz hat es in sich. Der schiere Umstand, dass der Skeptiker der Vernunft versucht, den überzeugten Aufklärer im Gespräch zu überzeugen, dass er unrecht habe, verwickelt ihn in einen performativen Widerspruch. Wie kann man denn argumentieren, dass Argumente keinen Sinn hätten? Die Form widerspricht dem Inhalt, sodass sie dem Argument der Gegenseite implizit recht gibt. Thomas Mann verhandelt damit die Möglichkeiten der Aufklärung im Schatten des aufziehenden Weltkrieges. In Zeiten eines neuerlichen Krieges im Herzen Europas lohnt die neuerliche Lektüre. Sie erinnert daran, dass es nicht sinnvoll ist, sich kommunikativ zu verengen und nur absolute Wahrheiten zuzulassen. Schließlich sind die Gespräche in den Bergen auch ein Beispiel dafür, wie es gelingen kann, über moralische Differenzen hinweg den Kommunikationsfaden nicht abreißen zu lassen.

Verantwortlich dafür ist eine Vorstellung von Aufklärung, die normativ nur noch sehr bescheiden daherkommt: Es geht nicht mehr um Richtig oder Falsch, um Gut oder Böse als absolute Kategorien, sondern um die Aushandlung von Überzeugungen, die sich ihrer Widerlegbarkeit immer bewusst sind. Die Dispute zwischen dem schwärmerischen Aufklärer Settembrini und seinem mehr als skeptischen Antipoden Naphta, aber auch ihr Nachhall beim eigentlichen Protagonisten des Romans, dem jungen Ingenieur Hans Castorp, und erst recht das dramatisch missglückte Duell zwischen Settembrini und Naphta lassen sich als Beweis der Kraft der Kommunikation lesen. Die Vernunftansprüche der Aufklärung belegen sich hier durch praktische Anwendung quasi selbst. Denn wer spricht und diskutiert, geht davon aus, dass auch der Gesprächspartner daran interessiert ist, Gründe abzuwägen, Geltungsansprüche zu hinterfragen und das bessere Argument zu akzeptieren. Die Diskutanten unterstellen einander – und sei es kontrafaktisch –, an Verständigung interessiert zu sein.

Deshalb versuchen die Kontrahenten fast bis zum Schluss nicht, ihre Konflikte über das Faustrecht, sondern durch geistige Auseinandersetzung beizulegen. Auch wenn das Waffenduell am Ende unvermeidlich ist, endet es anders als erwartet. Und schon lange bevor er sich verbal mit Naphta duelliert, lässt Settembrini kaum etwas unversucht, um die technische Intelligenz des Ingenieurs Castorp um einen aufgeklärten Humanismus, um die wesentlichen Dimensionen des Sozialen und Kulturellen, zu erweitern.

Der Umstand, dass in dem Roman so viel und so weitschweifend geredet wird, wird zum Beleg, dass dieser Tätigkeit von »unserer redseligen Spezies«[40] ein Sinn zugeschrieben wird, der sich in vielen künstlerischen und literarischen Werken finden lässt: der Sinn, soziale Beziehungen zu stiften.

Reemtsma schreibt, dass Settembrini recht bekommt – aber nicht weil er Naphta widerlegt hätte, sondern weil dieser ihm in seinem Handeln recht gibt in der Unterstellung, dass Kommunikation gelingen könne. Naphta lässt sich schließlich auf das Gespräch und damit auf diese Unterstellung ein. Moralische Absolutsetzungen würden hingegen zum Abbruch des Verständigungsversuchs führen.

Reemtsmas Beispiel zeigt, dass es trotz aller aktuellen Probleme nicht darum geht, immer dramatischer und moralischer an die Settembrinis und Naphtas unserer Zeit zu appellieren, dass sie bitte vernünftig miteinander umgehen und verständigungsorientiert miteinander sprechen mögen. Wie sollte man sie mit solchen Appellen auch erreichen? Die Fortsetzung des aufklärerischen Gesprächs entscheidet sich allein in der gesellschaftlichen Praxis.

Für mich gehört diese Interpretation des *Zauberbergs* zum Zuversichtlichsten, was ich je gelesen habe. Denn jenseits der sonst üblichen Moralappelle gelingt es Reemtsma hier zu verdeutlichen, dass ein vernünftiger Umgang miteinander möglich ist. Die Bedingungen dieser Vernunft zu analysieren und zu rekonstruieren bedeutet somit zugleich auch, die Voraussetzungen der Zuversicht zu beschreiben. In den Zwischenräumen zwischen vernünftig Sprechenden entsteht die Kraft des Öffentlichen als demokratische Ressource. Das heißt: Der Maßstab unserer Vernunft liegt weiterhin zwischen uns und ist nur sprechend zu ermessen.[41]

Um eine politische Kultur zu schaffen, in der wir uns auch ambitionierte Missionen gemeinsam zutrauen, ist es notwendig, kommunikative Kompetenzen zu stärken, das öffentliche Zeitgespräch zu sichern, politische Grundsätzlichkeit zu ermöglichen und in der Politik neue Erzählungen von der Zukunft zu entwickeln. Und da hat die Debatte aktuell durchaus eine Schlagseite.

Wenn es um die Bildung unserer Kinder geht, legen wir gewöhnlich viel Wert auf die naturwissenschaftlichen Fächer, auf Mathematik und Informatik. Die Forderung nach mehr Unterricht in den sogenannten MINT-Fächern (Mathematik, Informatik, Naturwissenschaft, Technik) ist zum Mantra geworden. Das ist zwar einerseits angesichts der Herausforderungen des technologischen Wandels und des grassierenden Fachkräftemangels in vielen Wirtschaftszweigen durchaus verständlich. Aber es ist eben andererseits auch problematisch, wenn wir gleichzeitig zur Kenntnis nehmen müssen, dass unsere Demokratie ins Rutschen gerät, dass das Vertrauen in gesellschaftliche Institutionen erodiert und dass Kreativität und Leidenschaft fehlen, die es bräuchte, um neue Wege zu beschreiten.

Selbstverständlich ist es wichtig, dass wir lernen, welche physikalischen Gesetze es in der Natur gibt, wie der Bauplan des Lebens aussieht und wie digitale Entscheidungsprozesse programmiert werden. Mindestens ebenso wichtig ist es aber, sich Gedanken darüber zu machen, welche Rolle wir selbst auf diesem Planeten spielen wollen und können und was es dafür an kommunikativen Kompetenzen braucht, die uns ermöglichen, die nötigen Diskurse überhaupt zu führen. Auch das Bewusstsein für die Kraft der Verständigung und für die Möglichkeiten, gemeinsamen Sinn zu schaffen, lässt sich wecken und schärfen. Doch nach der Stärkung dieses Wissens ruft kein Wirtschaftsverband, ja meist noch nicht mal ein Elternabend. Es ist daher an der Politik, die Relevanz kultureller und sozialer Bildung zu verteidigen. Denn am Ende entscheidet nicht bloß das technisch Machbare darüber, welches Leben wir auf diesem Planeten führen, sondern das gemeinsam Vereinbarte, Gewollte und Angestrebte. Auch dafür sind Fähigkeiten und Fertigkeiten nötig, die wir lernen können und lernen müssen. Es ist entscheidend, dass wir die dafür nötigen sozialen und kulturellen Kompetenzen schon in der Schule auf die Tagesordnung setzen.

Wir brauchen Geschichten für unser Gemeinwesen. Wir können (und müssen) lernen, diese zu erkennen, zu entwickeln und zu verstehen. Doch zu dieser bildungspolitischen Aufgabe tritt die kultur- und medienpolitische Aufgabe hinzu, dafür allgemein akzeptierte Institutionen öffentlicher Kommunikation zu sichern. Wir brauchen Medien, die es uns ermöglichen, mit unterschiedlichen Meinungen oder Lageeinschätzungen besser umzugehen. Von entscheidender Bedeutung ist, dass wir im öffentlichen Gespräch auf Gemeinsamkeiten hinarbeiten, dass wir sicherstellen, dass nicht die abweichende Meinung schon zum Ausschluss aus dem Gespräch führt, dass Medien – seien sie journalistisch oder algorithmisch strukturiert – uns helfen, öffentliche Dinge zu besprechen. Die technischen und erst recht die digitalen Medien können herausragende Instrumente der Verständigung sein. Aber damit sie auch so wirken, ist es wichtig, dass wir sie gesellschaftlich entsprechend kompetent nutzen, dass wir verhindern, dass sich einzelne Glaubensgemeinschaften nur selbst bestätigen oder das gesellschaftliche Diskurse in primitive »Wir gegen die«-Schlagabtausche ausarten. Medien geben uns die Möglichkeit, das gesellschaftliche Gespräch auch in sehr großen Gruppen und über Grenzen hinweg zu führen. Sich darum zu kümmern, dass das gelingt, ist eine der zentralen politischen Aufgaben unserer Zeit.

Wer sie erfolgreich angehen will, wird nicht umhinkommen, anders Politik zu machen als bisher. Denn auch hier reicht technische Kompetenz allein nicht aus. Gerade in Krisenzeiten geht es um *Sinn*, und den stiften wir nur, wenn wir ambitionierter werden. Politiker*innen wissen nur zu gut, dass die Öffentlichkeit es ihnen nicht verzeiht, wenn sie sich weit aus dem Fenster lehnen und Zukunftsbilder entwickeln, die unerreichbar scheinen. Treten Politiker*innen hingegen betont vorsichtig auf, wird ihnen Ideen- und Mutlosigkeit vorgeworfen. Das heißt: Es geht nicht ohne Risiko. Politik braucht den Mut nicht nur zur Vision, sondern auch zur Zuversicht, dass visionäre Ziele erreicht werden können. Und sei es nur, um unsere oftmals ebenso mutlose wie schlecht gelaunte Gesellschaft aus ihrer Schockstarre zu befreien. Politik darf sich nicht denen ausliefern, die schon am Montag mit hochrotem Kopf und erregungsbereit in die Woche starten, weil sie davon ausgehen, dass eh alles schlimmer wird. Und die nur nach einem Wutventil suchen – und es dann auch sicher finden, damit sie von »Cancel Culture« oder »Diversity-Quatsch« faseln können. Mit Appellen erreichen wir die nicht. Sie schaffen sich schließlich mit den Anlässen ihrer Empörung genau die Sicherheit, die es nicht mehr gibt, die sie aber anscheinend so dringlich vermissen.

Es braucht eine neue Grundsätzlichkeit, denn es geht längst nicht mehr bloß darum, einzelne Stellschrauben zu justieren. Ich denke etwa an unseren Umgang mit dem »Misstrauensvotum gegen die Demokratie«, das vor einigen Jahren in der Verfassung festgeschrieben wurde: die Schuldenbremse, die verhindert, dass der Staat so effektiv gegen den wirtschaftlichen Zyklus steuern kann, wie es bisweilen nötig wäre.[42] Der Staat fällt dadurch zwar nicht aus, aber er wird als ökonomischer Akteur stark eingeschränkt. Da sich zugleich die Geschichten von der höheren Wirksamkeit marktwirtschaftlicher Steuerung hartnäckig halten, sind die Spielräume für eine demokratische Gestaltung des Ökonomischen eng. Dabei braucht es wirksame Gerechtigkeitspolitiken durch einen handlungsfähigen Staat. Dazu muss er entsprechend ausgestattet sein. Sich anspruchsvolle Ziele zu setzen, über sie zu sprechen und konkret in ihrem Sinne zu handeln – das ist deshalb keine weltfremde Spinnerei, sondern eine humane Notwendigkeit.

Deshalb stehen wir letztlich wieder vor der Aufgabe, diese Ziele so zu erzählen, dass nachvollziehbar wird, was die politischen Perspektiven sein könnten. Das wird uns kaum gelingen, wenn wir weiter von Dystopie zu Dystopie stolpern und wilde Horrorszenarien entwerfen. Wir haben gesehen, wie sich die Politik zum Beispiel von der Kraft der Kunst inspirieren lassen kann. Und es ist auch eine Herausforderung für die Kunst, diese gesellschaftliche Inspirationsquelle zu sein, wie der österreichische Publizist Robert Misik schreibt: »Es hat seinen Wert, das Unverständnis zu Protokoll zu geben, aber es reicht nicht aus, und besonders nicht in einer Epoche, in der das grundlegende Gefühl der Unveränderbarkeit der Welt letztendlich zum wichtigsten Stabilisator veränderungswürdiger Zustände geworden ist. Die Veränderbarkeit selbst zu betonen, müsste daher heute eine der zentralen Funktionen politischer Kunst sein.«[43] Sein Buch *Das große Beginnergefühl* ist ein Plädoyer für eine Kunst, die nicht nur mit ästhetischen Mitteln Sand ins Getriebe einer unbefriedigenden Gegenwart wirft, sondern die auch in der Lage ist, eine bessere Vorstellung der Zukunft zu entwerfen, die den Mut zur utopischen Vorstellung besitzt und so auch das andere denkbar, spielbar und letzten Endes realisierbar macht. Es geht aus von der Sorge, dass genau diese Kraft zwar in der modernen Kunst liegt, in der Postmoderne aber dennoch die dystopischen Vorstellungen überhandnehmen. Vielleicht auch, weil die Kunst bisweilen ihrem eigenen Potenzial nicht mehr vertraut und auf Distanz geht zu der erzählerischen und emotionalen Kraft, die in ihr liegen kann.

Wie es anders gehen kann, zeigt Bruce Springsteen. In einer Dokumentation seiner Broadway-Show, in der er anhand seiner Lieder sein Leben erzählte, war vor ein paar Jahren zu sehen, wie er auf der Bühne über seine Songs und ihren unmittelbaren »Wahrheitsgehalt« spricht: »Ich habe nie hart gearbeitet. Ich habe nie von neun bis fünf gearbeitet. Ich habe nie fünf Tage die Woche gearbeitet – bis jetzt. Ich mag es nicht. Ich habe nie das Innere einer Fabrik gesehen, und doch ist es alles, worüber ich je geschrieben habe. Vor Ihnen steht ein Mann, der absurd erfolgreich darin ist, über etwas zu schreiben, von dem er absolut keine persönliche Erfahrung hat. Ich habe mir das alles ausgedacht. So gut bin ich.« Das Beispiel verdeutlicht in aller Offenheit, dass es in der Kunst eben nicht um das authentische Erzählen im klassischen Sinne geht, sondern darum, konkrete Erfahrungen und Emotionen in attraktiven und anschlussfähigen Geschichten nachvollziehbar und spürbar zu machen. Ob sie wahr oder bloß gut ausgedacht und wahrhaftig sind, bleibt zweitrangig. Entscheidend ist, dass sie etwas vermitteln, das auf grundlegendere Weise wahr ist als eine bloße Nacherzählung. Erst das eröffnet nämlich die Möglichkeit, von dem zu erzählen, was (noch) nicht ist, aber sein könnte.

Und genau um diese Kraft geht es derzeit gesellschaftlich. Wir brauchen doch Vorstellungen von einem besseren Morgen, die schon hier und jetzt Gestalt annehmen. Kunst kann solche Momente schaffen, in denen es möglich ist, über den Tag hinauszudenken und sich genuin Neues vorzustellen. Das Theater als der leere, stets neu zu füllende Raum steht beispielhaft für diese Fähigkeit. Das ist die wahrscheinlich größte gesellschaftliche Kraft, die die Kunst, deren heutige Freiheit auch ein Kind der Aufklärung ist, entfalten kann: Sie erzeugt ein Bild des Möglichen und nährt die Zuversicht, dass die Wirklichkeit ihm folgen könnte.

Greifbar wird das, wenn diese Transformationskraft selbst zum Thema wird, wie zum Beispiel in Michael Kleebergs Buch *Ein Garten im Norden.*[44] Darin bekommt ein junger Mann in einem Antiquariat in Prag ein leeres Buch in die Hand gedrückt – versehen mit dem Versprechen, dass die Geschichte, die er dort hineinschreibt, am Ende auch passiert sein werde. Er beginnt von einem Garten in Berlin zu erzählen, den ein junger Bankier im 19. Jahrhundert zu einem Treffpunkt von Künstler*innen und Intellektuellen macht und in dem eine mögliche andere Geschichte der zu spät gekommenen deutschen Nation möglich scheint. Hier bringt der Komponist Richard Wagner Konzerte für zwei Gitarren zur Aufführung, und der Philosoph Martin Heidegger nimmt es an sprachlicher Eleganz und Leichtigkeit mit seinen französischen Kolleg*innen auf. Immer näher rückt die Geschichte an die heikle Frage heran, ob es möglich wäre, Hitler und den Nationalsozialismus aus der deutschen Geschichte herauszuschreiben. Der Blick in die Vergangenheit wird so auch zu einer Spekulation über eine andere Zukunft. *Der Garten im Norden* nutzt die Register der fiktionalen Fabulierkunst, um eine alternative Geschichte in den faszinierendsten Farben schillern zu lassen – und so zugleich daran zu erinnern, dass es nie nur einen bereits festgelegten Weg gibt, sondern wir immer wieder entscheiden müssen, wie wir uns in unwegsamem und nicht kartographiertem Gelände vorwärtsbewegen wollen.

Diese Frage ist stets aktuell. Während der Pandemie habe ich sie intensiv mit Igor Levit diskutiert, dem großen und prägenden Pianisten seiner Generation, mit dem ich damals sehr zu meiner Freude einen bis heute andauernden engen Kontakt gefunden habe. Für einen Text in einem Sammelband über die Auswirkungen von Corona auf die Kultur haben wir uns eine Zeit lang E-Mails geschrieben, die wir schließlich veröffentlicht haben. In einer Mail antwortete Levit auf die Frage, die mir besonders am Herzen liegt: »Was *können* Kultur, Kunst, Musik mit uns machen? Sie können uns daran erinnern, was es heißt, Mensch zu sein. Was es heißt, zu fühlen. Was es heißt, zu lieben, zu vermissen, Angst zu haben, Wut zu spüren, Hoffnung zu spüren, sie kann Zuneigung und Abneigung, Miteinander und Gegeneinander, Aufgabe und Wehrhaftigkeit, Einsamkeit und Wiedersehen, Gedanken über ein Lebendigsein oder über das Sterben, Beginn und Ende – all das und noch so viel mehr: Sie haben die Kraft und Tiefe, uns an all das zu erinnern, uns all das zu geben und uns darin zu bestärken, unsere Gefühle und Empfindungen zuzulassen und tatsächlich zu spüren. Und in diesen Räumen können wir lernen, einander zuzuhören. Wir *können*. Oder anders gesagt: wir könnten, wenn wir denn wollten.«[45]

Kunst kann eine Zukunft imaginieren, die nicht ist, aber sein *könnte* – darin liegt die künstlerische Kraft, die wir auch in der Politik so dringend brauchen. Sie ist allen Kunstformen zugänglich. Für den Lyriker Peter Rühmkorf beispielsweise ist das Gedicht »ein utopischer Raum, in dem freier geatmet, inniger empfunden, radikaler gedacht und dennoch zusammenhängender gefühlt werden kann als in der sogenannten *›wirklichen Welt‹*.«[46] Und für den Autor des *Prinzips Hoffnung*, Ernst Bloch, ist Musik »die utopisch überschreitende Kunst schlechthin«.[47] »Die Beziehung zu dieser Welt macht Musik gerade gesellschaftlich seismographisch«, schreibt er, »sie reflektiert Brüche unter der sozialen Oberfläche, drückt Wünsche nach Veränderung aus, heißt hoffen.«[48] Die Band Tocotronic formuliert es in ihrem Song *Hoffnung* ähnlich: *»Aus jedem Ton spricht eine Hoffnung / Transformation aus jedem Klang / Aus jedem Ton spricht eine Hoffnung / Auf einen*

*Neuanfang«.** Ob Lockruf, Klage oder Jubelgesang – Musik verbindet sich nicht nur für Bloch mit einer Erwartung an die Zukunft. Sie ist sinnliche Manifestation des Utopischen. Demnach ermöglicht sie es uns, in einer Utopie zu verweilen, die außerhalb unseres Denk- und Erlebnishorizonts liegt.

Wie kraftvoll diese Erfahrung sein kann, beschreibt der Film *Hallelujah: Leonard Cohen, a Journey, a Song*, der 2022 erschien. Er zeichnet die unglaubliche Geschichte des Songs *Hallelujah* nach, an dem Leonard Cohen mehr als sieben Jahre arbeitete und für den er angeblich mehr als hundertfünfzig Strophen verfasste, bevor er eine Version mit ins Studio nahm, die dann auf einer Platte landete, die von der Plattenfirma abgelehnt wurde. Am Ende ist das Lied dennoch zu einem der größten und bekanntesten Musikstücke unserer Tage geworden – obwohl oder vielleicht gerade weil es eine zutiefst widersprüchliche und undurchdringliche Meditation darüber ist, ob Menschen nun spirituelle oder sexuelle Erlösung anstreben sollten. War die erste Version noch stark biblisch geprägt, erzählte eine spätere Version eher von der Beziehung des Sängers zu einer Geliebten, bevor John Cale beide Versionen kongenial zusammenführte und Leonard Cohen diese Neuinterpretation übernahm.

Der Film zeigt, wie der Song auf Konzerten Cohens und vieler anderer Künstler*innen ganz besondere Momente der Verbundenheit schuf. Er endet mit einem kurzen Ausschnitt aus einem Interview mit dem Lyriker und Sänger, in dem er seinen künstlerischen Antrieb auch in Bezug auf den Song zusammenfasst: »Man sieht sich um und erblickt eine Welt, die undurchdringlich ist, die keinen Sinn ergibt. Entweder erhebt man die Faust oder man sagt Halleluja. Ich versuche beides zu tun.« Wenn sich das für einen großen Poeten und Künstler wie Leonard Cohen nicht ausschließt, warum sollte es das für uns tun? Oft ist es doch gerade die Kraft einer durch die Kunst vermittel-

* Musik & Text: Jan Klaas Müller / Dirk von Lowtzow / Arne Zank.

ten Erfahrung, die uns die Welt besser begreifen lässt und uns dann sogar zum Handeln in der Realität anspornt.

In einem anderen seiner großen Songs, *Anthem*, singt Cohen die berühmten Zeilen *»There's a crack, a crack in everything / That's how the light gets in«*.* Für mich eine paradigmatische Beschreibung der Kraft der Kunst. Die Kunst schafft genau jene Risse, durch die das Licht in unser Leben gelangen kann – mit ungeahnten, aber immer erhellenden Folgen.

Auch das letzte Konzert, das ich von Leonard Cohen in der Berliner Waldbühne gesehen habe, war so ein transzendentes Erlebnis. Der alte Mann auf der Bühne vermochte es, seine ganze Erfahrung und sein Können, seine Empathie und seine Poesie so kraftvoll in die Songs zu legen, dass 20000 Zuhörende vollständig in seinen Bann gezogen waren. Und auch hier geriet *Hallelujah* wieder zu einem säkularen Gebet, in dem wir alle unsere Emotion auf etwas konzentrierten, das nicht schon in uns war, sondern das der Song zwischen uns entstehen ließ, den Leonard Cohen kniend auf der Bühne unter dem Zeltdach sang: *»Well people, I've been here before / I know this room and I've walked this floor / You see I used to live alone before I knew you«*.** Es war tatsächlich ein Riss in der Realität, durch den das Licht hereinkommen konnte. Ein Moment tieferen Verstehens, unerklärlich und bewegend. Ein Beleg dafür, dass die Annahme von Kae Tempest stimmt, dass gemeinsames Kunsterleben uns näher zueinanderbringt, so nahe gar, dass sich gemäß einer Studie der Herzschlag derjenigen synchronisiert, die gemeinsam ein Theaterstück im selben Saal schauen.[49]

Denn das und noch viel mehr kann Kunst: Sie kann die verschiedenartigsten Menschen zusammenbringen. Sie kann sie aber natür-

---

* »Da ist ein Riss, ein Riss in allem / So scheint das Licht herein« (Musik & Text: Leonard Cohen).

** »Leute, ich bin schon mal hier gewesen / Ich kenne diesen Raum, ich bin über diesen Boden gegangen / Wisst ihr, ich habe alleine gelebt, bevor ich euch kannte« (Musik & Text: Leonard Cohen).

lich auch verstören und gegeneinander aufbringen. Gesellschaftliche Erschütterungen finden in ihr einen Widerhall, der das Bewusstsein wachhalten und Veränderungen anstoßen kann. Dadurch lassen sich die Dinge neu sortieren und anordnen. Weltsichten werden infrage gestellt, Wahrheiten erkennbar, Unordnung möglich, wo alles schon klar erschien. Vor allem aber kann die Kunst alternative Versionen von Gegenwart und Zukunft erzeugen. Sie muss nicht zeigen, was ist, sondern kann zeigen, wie es sein könnte. Um diese Vorstellungskraft geht es, wenn wir den Wandel schaffen wollen. Und die Politik ist gut beraten, sich auf die offene Auseinandersetzung mit der Kunst einzulassen, um ihr starres technisches Korsett zu sprengen und neue Bewegungsfähigkeit und neue Grundsätzlichkeit zu erlangen. »Kunst entwickelt schon länger eine Ästhetik der Differenz, die Vielfalt und Verschiedenheit erlebbar und erfahrbar macht … Kunst und Kultur sind nicht der Kitt eines immer diverseren Gemeinwesens, aber sie können Politik und Gesellschaft dadurch antreiben, genauer hinzusehen und an den Bruchkanten zu arbeiten.«[50]

Das ist nicht ungefährlich. Aber es ist möglich und öffnet Räume für notwendige Veränderungen. Die Schriftstellerin Simone Buchholz setzt sich diesen Begegnungen immer wieder aus und wirft sich mit Verve in die öffentliche Debatte, fordert Respekt vor der Kunst, Freiheit für verfolgte Künstler*innen und eine wachere Politik. Gemeinsam mit einigen Kolleg*innen plädiert sie dafür, den Parlamenten Poet*innen an die Seite zu stellen, die eine neue, zärtlichere und präzisere Sprache für das oft grobschlächtig kommunizierte Politische finden sollen. Seit Jahren genieße ich das Privileg ihres Rats und ihrer Freundschaft. In einem gemeinsamen Gespräch forderte sie 2021, »dass in der Politik, aber auch bei denen, die Kunst machen, eine Rückbesinnung auf die essenzielle Funktion von Kunst und Kultur stattfinden muss. Unsere ureigenste Aufgabe ist doch, einer Gesellschaft davon zu erzählen, wer sie ist und wo sie gerade steckt.«[51] Das kann die Kunst tatsächlich besser als alle anderen gesellschaftlichen

Bereiche. Eine Politik, die sich für dieses Potenzial interessiert, befähigt sich zugleich selbst, im komplizierten Gestaltungsdreieck zwischen Markt, Staat und Gesellschaft alle drei Seiten zu nutzen und einen großen Bogen um die vermeintlichen Vereinfachungen der Freiheitsapologeten und Moralapostel zu machen. Künstlerische Erzählungen sind weder einfach noch eindeutig. Genau deshalb befördern sie jene politische Gestaltungskraft, die es braucht, um die Verhältnisse zu verändern. Die Beschäftigung mit Kunst, das Denken und Handeln in Missionen, der Wille zur Komplexität und die Lust aufs Grundsätzliche können Politiker*innen helfen, auch ihre eigenen Geschichten besser zu erzählen.

Im Bemühen um solche neuen Erzählungen bleiben die vielfach beschriebenen Ambivalenzen nicht bloß aushaltbar, sondern zwingen uns regelmäßig, Position zu beziehen. So widersprüchlich die Steuerungsmechanismen unserer Gesellschaft und so konflikthaft die Vorstellungen ihres besseren Zustands nämlich sind, so klar sind doch viele politische Antworten, wenn man von einer stabilen Wertegrundlage auf sie schaut. »Auch die Einsicht in Ambiguitäten ist dann eine Sackgasse, wenn sie zu jenen Ambivalenzen führt, die jede echte Gegnerschaft unterminieren. Denn oft sind diese Ambivalenzen und Ambiguitäten doch nur Ausdruck von Gemütlichkeit, also davon, dass man sich an die Verhältnisse gewöhnt hat, die nicht zu tolerieren sind, nicht hinnehmbar.«[52] Robert Misik plädiert mit dieser Feststellung nicht dagegen, die Komplexität der Moderne anzuerkennen, sondern er warnt davor, sich angesichts ihrer Widersprüche in die Indifferenz zu flüchten und bloß noch hochvirtuos das nicht Vereinbare zu beschreiben, statt auf die Veränderung der unfreien, ungerechten und unsolidarischen Verhältnisse zu drängen. Das Aushalten von Widersprüchen ist auch in der Moderne nur so lange sinnvoll, bis diese Widersprüche das menschliche Sein, das gesellschaftliche Miteinander oder den kulturellen Sinn betreffen. Dann ist tolerante Entspanntheit entschieden zu wenig. Dann wird es ungemütlich.

»Aber die Zukunft ist ungeschrieben / Die Zukunft ist so schön vakant / Und ich komme dich besuchen / Egal ob Stammheim oder Bundeskanzleramt«, singt Thees Uhlmann in *Junkies und Scientologen.** Wer versucht, etwas zu verändern, gerade weil eben alles immer wieder neu gestaltet werden muss, der läuft immer auch Gefahr danebenzulangen. Das führt dann nicht zwangsläufig in den Hochsicherheitstrakt, aber aus guten Gründen auch nicht zwingend an die Spitze der Regierung. Das Entscheidende sind die Vakanz und die Lust auf den Wandel. Diese Lust hat eine kulturelle Dimension. Sie schafft das Verantwortungsgefühl und das Vertrauen, die es für erfolgreiche Veränderungen braucht.

---

* Musik & Text: Thees Uhlmann / Simon Frontzek / Rudi Maier.

SCHLUSS
NEUE TRÄUME

LUST AUF KOMPLEXITÄT

Als ich im Frühjahr 2020 mit meiner Schwester auf dem Balkon der leeren Wohnung unserer Mutter stand und auf die Wiese meiner Kindheit starrte, verspürte ich keinen Drang, noch einmal nach unten zu gehen. Diese Zeit, merkte ich damals, war endgültig vorbei. Ich konnte keinen unmittelbaren Bezug zu früher mehr herstellen. Vielleicht fürchtete ich sogar, dass eine neue Erfahrung alles überlagern könnte. Ich brauche von der Wiese nicht mehr als die Erinnerungen an jene Zeit, in der ich beinahe alles gelernt habe, von dem ich heute noch zehre. Jene Zeit, die beim näheren Nachdenken doch so viel komplexer war als die Geschichten, die ich mittlerweile von ihr erzähle.

Die Wiese ist heute die meiste Zeit sehr weit weg von meinem Leben. Sie ist kein Teil meines Alltags mehr, sondern eine ferne Erinnerung an eine Zeit, in der meine Welt in Ordnung war oder zumindest geordnet schien – und voller Zuversicht. Vor ein paar Monaten brachte sie mir ein digitaler Zufall unerwartet wieder ganz nahe. Eine banale Funktion meines Smartphones war der Grund. Wie bei vielen anderen greift das Gerät nämlich auch bei mir selbstständig in die Fotodatenbank in der Cloud und spült daraus zufällig wechselnd alte Fotos auf ein Fenster des Startbildschirms. Und auf einmal prangte da ein Foto von meinem letzten Besuch auf der Wiese, als meine Mutter noch lebte. Es war ein grauer Herbsttag in grauer Umgebung. Meine Mutter hatte sich seit dem Tod meines Vaters immer mehr in sich zurückgezogen und schlug sich zum Zeitpunkt des Bildes schon ein paar Jahre lang alleine durchs Leben. Es schnürte mir das Herz zu, als ich auf dem Screen plötzlich in ihr schmales Gesicht schaute, die Wiese beinahe ohne Grün, das Haus im grauen Hintergrund.

Doch dann wanderten meine Gedanken weiter hinter dieses traurige Bild zurück, zu jenen Zeiten, die so weit weg schienen. Ich dachte an warme Sommer, merkwürdig schwerelose Kindertage und lange Nachmittage mit frühen Freunden. An eine Zeit, in der alles möglich schien, weil alles nur wenige Voraussetzungen hatte. Es stimmt, was Bruce Springsteen in *No Surrender* so knapp wie treffend über seine Jugend gesungen hat: »*We learned more from a three-minute record, baby / Than we ever learned in school*«.* Das war plötzlich alles wieder da. Nur weil mein Smartphone eins von Tausenden von Bildern zufällig ausgesucht hatte.

Seitdem ich die Wiese verlassen habe, um zu studieren und dann um in die Politik in Berlin und Hamburg zu gehen, habe ich gelernt, wie wichtig diese Widersprüche zwischen einer romantisierten Vergangenheit, einer unzureichenden Gegenwart und einer als besser imaginierten Zukunft sind. Sie prägen nicht nur das Private, sondern auch das Politische. Sie spornen dazu an, sich nicht mit einer bloßen Auflistung technischer Daten zu begnügen, wenn wir sagen wollen, »was ist«. Wir müssen die Komplexität der Welt, ihrer Deutungen und Emotionen präsent halten, um begründen zu können, warum etwas ist. Nur so wird es uns möglich, auch zu sagen, was sein könnte. Und sein sollte.

---

* »Wir haben mehr von einem Drei-Minuten-Song gelernt / Als wir jemals in der Schule gelernt haben« (Musik & Text: Bruce Springsteen).

Die Geschichten, die wir heute von der Zukunft erzählen, sind deshalb nie eindeutig, sie kommen nie nur mit Schwarz und Weiß aus, sie sind auch niemals von absoluten Wahrheitsansprüchen geprägt. Wenn wir aufrichtig zueinander sind, erzählen wir suchend und abwägend. Die Welt ist nun einmal kompliziert, und wir müssen ihre Widersprüche aushalten, weil es eben keine absoluten Gewissheiten gibt.

Ich mag Geschichten, die mir Lust auf Komplexität machen, die mich an die Hand nehmen und mir den Weg in unbekanntes Gelände weisen. Ich bin deswegen auch fertig mit Beppo Straßenkehrer. Ich werde seine Geschichte nicht mehr erzählen, jedenfalls nicht, um Mut zu machen, dass sich aussichtslose Situationen doch bewältigen lassen. Denn wer in einer Welt, die von zahlreichen fundamentalen Krisen gekennzeichnet ist, bloß die unmittelbar anliegenden Probleme lösen will, wird immer zu spät kommen und zu kurz springen. Es reicht nicht aus, sich darauf zu verlassen, dass man Ziel, Weg und Mittel zu kennen glaubt. So sind die Probleme nicht mehr, vielleicht waren sie es nie.

Eine Politik, die auf einer Wertegrundlage beruht und die gleichzeitig Lust hat, die Widersprüche unserer Zeit auszuhalten, kann eine Vorstellung von einer besseren Zukunft entwickeln. Das heißt: Sie legt nicht nur an jede einzelne Entscheidung einen normativen Maßstab an, sondern verfügt auch über eine normative Vorstellung vom Warum jeder einzelnen Entscheidung und vom Wohin des gesellschaftlichen Fortschritts.

In diesem Sinne machen die Grundwerte das Versprechen sozialdemokratischer Politik zu einem immer nur anzustrebenden Ziel. Wer dessen vollständige Erfüllung anstrebt, wird zwangsläufig enttäuscht werden müssen, weil die heutige Realität hinter der Vorstellung eines besseren Morgen zurückbleiben muss. Dieses Defizit ist der Grund, weiter Politik zu machen. Die Philosophie spricht in solchen Fällen von einer regulativen Idee, einer Vorstellung davon, wie die Dinge sein sollten, die nicht erreicht werden kann und doch bestimmt, wie wir gegenwärtig handeln. Wer Politik ernst nimmt, kann sich vor dieser Spannung nicht davonstehlen. Sie ist im Gegenteil die Grundlage der vernünftigen Annahme, dass es noch besser werden kann. Die Grundwerte binden die überprüfbare Gegenwart und den in der Zukunft liegenden besseren gesellschaftlichen Zustand zusammen und machen die Spannung zwischen dem Sein und dem Sollen zum Antrieb politischer Gestaltungslust.

Jede ambitionierte progressive Politik braucht also zweierlei, eine realistische Analyse der Gegenwart und eine idealistische Vorstellung des Besseren. Würde man im alten Bild von Marx bleiben, der bekanntlich den idealistischen Hegel vom Kopf auf die Füße stellen wollte, dann müsste sich die Sozialdemokratie heute hinlegen, um Kopf und Füße auf die gleiche Höhe zu bringen. Nicht um sich auszuruhen, sondern um gleichzeitig widersprüchlicher und ausgeglichener zu sein. So wie Marvin Gaye seine größten Songs auch auf dem Studioboden liegend eingesungen hat. *»Oh, you know we've got to find a way / To bring some understanding here today«*, sang er mutmaßlich in dieser Pose in *What's Going On.** Und wenn wir diesen Weg bloß liegend finden, dann sei es so. Ungewöhnliche Herausforderungen verlangen nach ungewöhnlichen Strategien.

Deswegen reicht es gerade heute nicht aus, bloß zu versprechen, dass man die anstehenden und noch auftretenden Probleme schon irgendwie lösen werde, möglichst gerecht, möglichst freiheits- und solidaritätsstärkend. Eine progressive Kraft entwickelt Ziele, die sich aus ihren gemeinsamen Werten ableiten lassen, die man in Geschichten erzählen kann und die anzustreben sich lohnt.

Doch dazu braucht es noch mehr als nur eine neue Grundwerte-Erzählung. Würde das ausreichen, dann könnte die Sozialdemokra-

---

* »Oh, du weißt, dass wir einen Weg finden müssen / Wie wir hier heute etwas Verständnis erzeugen können« (Musik & Text: Renaldo Benson / Al Cleveland / Marvin Gaye).

tie stets goldenen Zeiten entgegenblicken. Denn Diskussionen über die Grundwerte, kluge Papiere über ihre Ausdeutung und sogar gründliche Kommissionsarbeit sind hier seit jeher an der Tagesordnung. Manchmal aber wirken gar Grundwertediskussionen ein bisschen so, als würde Beppo einen Bücherschrank entstauben. Den Vorschlag, die Werte über kulturelle und alltagsweltliche Erzählungen mit mehr Plausibilität aufzuladen, würde der Grundwerte-Beppo lediglich als eine etwas extravagantere Spielart neben die anderen Bände zurück ins Regal stellen, während der Grundwerte-Gigi die wildesten Geschichten erfinden würde, die sich zwar gut anhören, aber in den Ministerien, Rathäusern und Landratsämtern schnell an den Umständen des tatsächlichen Lebens da draußen zerschellen würden.

DIE VERNUNFT DER ZUVERSICHT

Progressive Politik gelingt nur, wenn sie den Mut zu einer konkreten Utopie aufbringt, zu einer Vorstellung von Gesellschaft, die noch nicht ist, die aber sein könnte. Ich bin überzeugt davon, dass es plausibel ist, ein solches Politikangebot gerade heute gründlich zu deklinieren. Notwendig ist es allemal. Und sinnvoll sowieso immer. Denn wir leben tatsächlich in einer Zeitenwende, wie Bundeskanzler Olaf Scholz Ende Februar 2022 nach dem russischen Angriff auf die Ukraine gesagt hat. Allerdings hat diese Zeitenwende längst nicht nur außen- und verteidigungspolitische Aspekte. Sie reicht viel tiefer. Sie hat damit zu tun, dass sich die Versprechen der Aufklärung eingelöst und die letzten traditionalen Gewissheiten dabei weitgehend aufgelöst haben. Nichts gilt mehr bloß, weil es gestern auch schon galt. Alles muss sich permanent neu bewähren. Die Krisen, die wir seit einigen Jahren im Alltag spüren – ganz egal ob Finanzmärkte, Migration, Corona, Krieg oder Klima – sind längst nicht mehr die Ausnahme, sondern die Regel.

Wenn die Krisen zum Normalzustand werden, dann sind Vision *und* Realitätssinn auf Grundlage klarer politischer Werte gefragt. Nur so gelingt es verändernder Politik, ihre Vorstellung von einer anderen, besseren Welt zu formulieren und in einen produktiven Bezug zur Realität zu setzen. Die Differenz zwischen diesem Sollen und diesem Sein ist der Antrieb progressiver Politik, die sich um die allgemeinen, die öffentlichen, die großen Fragen kümmert. Es gibt mehr Möglichkeiten als bloß die Wahl zwischen stoischen Besenstrichen mit gesenktem Kopf und wild erzählten frei erfundenen Geschichten. Die Welt ist bunter als in Momos Alltag Diese Möglichkeiten aber brauchen die gemeinsame öffentliche Suche nach dem allgemein Verbindenden. Solidarität und Öffentlichkeit – das sind die beiden Kategorien, in die sich aktuell ein soziales und demokratisches Politikangebot übersetzen lässt.

Für diese Übersetzung braucht es die Erfahrung, dass das eigene Handeln wirksam ist. Und es braucht Lust auf Komplexität: Die Mitbegründerin der Black-Lives-Matter-Bewegung Alicia Garza erzählt eine solche Geschichte in ihrem Buch *Die Kraft des Handelns.* Es ist ein Plädoyer dafür, dass sich verschiedene, jeweils in ihren Rechten und ihrer Teilhabe eingeschränkte Gruppen zusammentun und gemeinsam für Anerkennung und Gleichberechtigung kämpfen sollten: »Wenn meine beste Freundin erzählt, dass ihre Beziehung in die Brüche geht, heißt Solidarität nicht, sie in ihrer tränenreichen Erzählung zu unterbrechen, um zu sagen: ›Bei mir ging's auch schon in die Brüche! Ich erzähl dir davon!‹ Solidarität heißt zuhören, nachfragen, für sie da sein – sich die Zeit nehmen, damit sie ihren Gefühlen freien Lauf lassen kann, ihr herausfinden helfen, wie sie ihr Leben wiederaufbauen kann, und Unterstützung anbieten. Und obwohl Anteilnahme am Ende einer Beziehung nicht das Gleiche ist, wie wenn Menschen unterdrückter Communities füreinander einstehen, kann man daraus, wie gute Freundschaften funktionieren, vielleicht auch lernen, was Solidarität bedeutet.«[1]

Als ich Garzas Buch las, fühlte ich mich an den Film *Pride* erinnert. Das, was damals in England zwischen der Pride-Bewegung und den Gewerkschaften gelang, warum sollte das nur die Ausnahme gewesen sein? Es müsste vielmehr eine politische Aufgabe sein, solche Kooperationen zur Regel werden zu lassen. Eine Aufgabe, wie gemacht für die Sozialdemokratie, weil es dabei nicht zuletzt darum gehen wird, die Dimensionen Freiheit, Gerechtigkeit und Solidarität zusammenzubringen. Was es dazu braucht, ist die Fähigkeit, aus der eigenen Lebenslage heraus auch andere Erfahrungen von Ausschluss oder Abwertung zu verstehen, um gemeinsam Strategien zu entwickeln, die die Lage verändern helfen. Die einzelnen Gruppen sind mittlerweile zu klein, um sich nur auf sich selbst zu beziehen und Solidarität aus Ähnlichkeit und Identität zu verspüren. Es kommt darauf an, über die Unterschiede hinweg Allianzen zu bilden, weil wir alle von ähnlichen Herausforderungen betroffen sind. »Wir brauchen politische Bewegungen, die Komplexität aushalten können, denn nur so lernen wir, wie wir einander erreichen können, selbst wenn uns das Unbehagen bereitet«, fordert Alicia Garza.[2]

Es sind ähnliche Herausforderungen, die die Verschiedenen in einer Gesellschaft zusammenbringen können. Es geht nicht darum, in einem gesellschaftlichen Konflikt gegen andere die Oberhand zu behalten, sondern darum, das Bild einer Gesellschaft zu entwickeln, in der *alle* gut leben können. In einem Zeitalter, in dem die großen Konflikte nicht mehr zwischen Klassen oder Milieus verlaufen, sondern zwischen der alltäglichen Lebenswelt und verselbstständigten systemischen Mechanismen, in dem wir gemeinsam darum kämpfen, dass dieser Planet für uns lebenswert bleibt, ist es geboten, übergreifend solidarisch zu sein, um die Einengung demokratischer Spielräume gegenüber Markt und Bürokratie aufzuheben und neue Formen des Miteinanders zu entwickeln.

Natürlich ist die Idee einer homogenen solidarischen Gruppe, wie sie zum Beispiel das schwedische »*folkhemmet*« in seiner vereinheitlichenden Vorstellung von Gesellschaft über Jahrzehnte charakterisiert hat, vorbei. Aber das heißt ja nicht, dass wir nicht als Verschiedene neu zueinanderfinden können. Auch früher gelang die Integration nicht bloß, weil sich alle kulturell ähnlich waren, sondern auch weil sie alle Arbeit, eine bezahlbare Wohnung und ihre Kinder in der Schule hatten. Die Harvard-Politologen Steven Levitsky und Daniel Ziblatt schlagen deshalb vor, auch heute demonstrativ auf die Themen zu setzen, die über die verschiedenen, auch die marginalisierten Gruppen hinweg für Probleme sorgen: Arbeit, bezahlbarer Wohnraum, gute Schulen, eine ordentliche Absicherung im Alter und im Krankheitsfall. Sie erhoffen sich, auf diesem Wege neue solidarische Strukturen fördern zu können.[3] Das klingt einleuchtend. Solche Strategien dürften auch bei den sozialen Bewegungen der letzten Jahre anschlussfähig sein. Alicia Garza jedenfalls beendet ihr Plädoyer für die Kraft des Handelns einer engagierten Zivilgesellschaft mit den Worten: »Ich bzw. wir definieren uns nicht dadurch, was uns fehlt. Wir definieren uns dadurch, wie wir bei aller Verschiedenheit Zusammenhalt finden.«[4]

Wie das gelingen kann, ist tatsächlich eine der großen aktuellen Fragen in Politik und Kunst. Und die Suche nach der Antwort kann nicht einfach bei den um Anerkennung kämpfenden Gruppen abgeladen werden, sondern trifft uns alle, insbesondere jene, die schnell als privilegiert betrachtet werden. Der US-amerikanische Singer-Songwriter Jason Isbell hat die komplexen Bezüge dieser Aufgabe in seinem programmatischen Song *White Man's World* umfassend reflektiert und kommt zu einer klaren Antwort: »*There's no such thing as someone else's war / Your creature comforts aren't the only things worth fighting for / You're still breathing, it's not too late / We're all carrying one big burden, sharing one fate / I'm a white man living in a white man's nation / I think the man upstairs must'a took a vacation / I still have faith, but I don't know why /*

Maybe it's the fire in my little girl's eyes«.* Er läuft über die Gräber der *native americans* und wünscht sich, er hätte nie über einen Witz über Schwarze gelacht. Der Kampf ist gerade wegen der Verletzungen aus früheren Zeiten heute ein gemeinsamer, auf eine göttliche Macht ist nicht zu hoffen. Stattdessen verlangen unsere Kinder von uns, dass wir die Hoffnung nicht aufgeben, sondern den Zusammenhalt der Verschiedenen gemeinsam organisieren. Isbell singt demonstrativ aus der Perspektive des privilegierten weißen Mannes, klingt verunsichert, aber eben keinesfalls beleidigt. Vielmehr fordert er dazu auf, den Kampf gemeinsam anzugehen und aus seiner Welt eine gemeinsame zu machen. Im Song klingt das nicht einfach, aber durch den treibenden Rock dieser großen Stimme seiner Generation doch irgendwie unausweichlich.

Und es stimmt ja auch: Sich um diesen öffentlichen Zusammenhalt der Verschiedenen zu kümmern und ihn zum Ausgleich mit den bürokratischen und wirtschaftlichen Strukturen unserer Gesellschaft zu bringen ist die zentrale Aufgabe der Politik im 21. Jahrhundert. Zusammenhalt bedarf gesellschaftlicher Diskussions- und Verständigungsprozesse, die sich im öffentlichen Raum entzünden und zwischen Bürger*innen in aller Offenheit und Vielfalt geführt werden können. Eine politische Bewegung, die sich um das Soziale und das Demokratische in unserer Gesellschaft kümmern will, braucht deshalb neben einem Fokus auf den gesellschaftlichen Zusammenhalt auch einen zweiten Fokus auf die öffentlichen Strukturen. Das ist nicht bloß eine Aufgabe für politische Programme, sondern betrifft

* »Es gibt keinen Krieg, den bloß jemand anderes führt / Die Bequemlichkeit von deinesgleichen ist nicht das Einzige, wofür es sich zu kämpfen lohnt / Du atmest noch, es ist nicht zu spät / Wir tragen alle eine schwere Bürde, teilen das gleiche Schicksal / Ich bin ein weißer Mann, der in der Nation des weißen Mannes lebt / Der Mann da oben muss im Urlaub gewesen sein / Ich habe noch Zuversicht, aber ich weiß nicht, warum / Vielleicht ist es das Feuer in den Augen meiner Tochter« (Musik & Text: Michael Jason Isbell).

unmittelbar die Art und Weise, in der politische Organisationen öffentlich agieren und auf ihre potenziellen Verbündeten zugehen. Forderungen nach einem offenen Diskurs sind nur dann glaubwürdig, wenn die notwendige Diskursbereitschaft spürbar ist. Öffentlichkeit verändert man nicht durch Forderungen und Appelle, sondern durch verändertes öffentliches Handeln. Wer eine Debatte will, formuliert kontroverse inhaltliche Vorschläge, die Widerspruch erzeugen. Wer Verständigung will, muss davon ausgehen, dass auch die anderen recht haben können. Wer Respekt zollen will, redet zur Sache und nicht zur Person. Und wer die Demokratie erhalten will, formuliert eine Politik, die die öffentlichen Räume sichert. Denn natürlich geht es niemals nur um Erzählungen, sondern immer auch um konkrete, praktische Politik. Um Entscheidungen, die jetzt schrittweise das Leben verbessern, aber ihr Ziel nicht aus den Augen verlieren.

Das alles betrifft die Voraussetzungen der Zuversicht, dass konkrete eigene Vorschläge und Ideen tatsächlich so stark sind, dass sie Mehrheiten überzeugen und Resonanz finden in den Geschichten, die wir uns gesellschaftlich und kulturell erzählen. Dass es ohne diese Zuversicht nicht geht, steht außer Frage. Gerade auch weil so viele Situationen so wenig Anlass zur Zuversicht zu geben scheinen.

Anfang Januar 2023 veröffentlichte die *Süddeutsche Zeitung* einen langen Bericht über die Zukunft des Thwaites-Gletschers in der Antarktis. Darin wird ein wahrlich dystopisches Szenario beschrieben. Wie ein Pfropfen halte die riesige Eismasse den Rest des Festlandeises davon ab, sich in den Ozean zu ergießen und den Meeresspiegel um mehrere Meter ansteigen zu lassen. Doch der Gletscher schmelze irreversibel. Die Katastrophe werde kommen. Gegen Ende des Textes beschreiben die Autoren, wie sie in der Recherche immer hoffnungsloser und beinahe von einer »Untergangsgeilheit« befallen wurden – und das, obwohl das Wissen um das Schicksal des Gletschers die Chance erhöhe, sich besser auf die Konsequenzen der Katastrophe vorzubereiten: »Der Thwaites-Gletscher ist nicht der Untergang der

Menschheit, er ist ein Weckruf, dass wir unser Leben verändern müssen. Jetzt.« Im Fazit findet sich der entscheidende Satz: »Wenn wir nur aufhören zu hoffen, kommt das, was wir befürchten, bestimmt.«[5]

Es ist nicht bloß ein politisches, sondern auch ein gesellschaftliches und kulturelles Problem, wenn es immer wieder so wirkt, als müssten wir uns entscheiden, ob wir nun zuversichtlich und hoffnungsfroh ein großes Ziel anstreben oder skeptisch und vermeintlich realistisch in kleinen Schritten vorwärtsgehen. In Politik und Gesellschaft stellen wir uns immer wieder vor diese falsche Alternative. Dabei können wir sehr wohl Realist*innen bleiben und dennoch kühne Pläne schmieden. Oft fehlen uns nur die Geschichten, mit denen wir aus diesem Entweder-oder ausbrechen können.

Denn selbst wenn wir das Ziel, das wir uns einmal gesteckt hatten, zu verfehlen drohen, hat es Sinn weiterzumachen. Natürlich ist nicht alles verloren, wenn das 1,5-Grad-Ziel von Paris gerissen wird. Jedes Zehntel Grad weniger Temperaturanstieg ist auch jenseits dieser Grenze jede Anstrengung wert.[6] Das heißt nicht, dass wir aufhören sollten, die Einhaltung des 1,5-Grad-Zieles anzustreben, aber wir sollten jenseits dieser Markierung nicht in Fatalismus verfallen, sondern das Beste noch Mögliche in einer konkreten Situation weiterhin anstreben. Denn eine um 1,8 Grad erwärmte Welt ist allemal lebensfreundlicher als eine um drei oder gar vier Grad erhitzte Welt.

Auch deshalb ist es so wichtig, dass wir Angstszenarien vermeiden. Es wäre höchst unvernünftig, jetzt einfach davon auszugehen, dass alles verloren ist. Denn das wird garantiert zur selbst erfüllenden Prophezeiung. Die Journalistin Anna Mayr sagte in einer Diskussion einmal sinngemäß: Wenn wir wissen, dass die alten Träume nicht mehr Wirklichkeit werden können, dass es unwahrscheinlicher wird, ein Leben in Sicherheit und Wohlstand zu leben, das für unsere Eltern noch in Reichweite war – dann brauchen wir neue Träume. Dann müssen wir als Gesellschaft neu formulieren, wofür es sich in unserer Zeit zu träumen lohnt.

Und auch wenn manchen das Sprechen von Träumen so entrückt vorkommen mag, es geht genau um diese Beschreibung des wünschbar Möglichen. Wie der Dichter Édouard Glissant glaube ich, »dass die Poesie, in jedem Fall die Anwendung des Imaginären zu einer prophetischen Vision der Vergangenheit und der fernen Räume, letztlich die einzige Möglichkeit für uns ist, uns in die Unvorhersehbarkeit der Weltbeziehung einzubringen«.[7] Weil die Welt so ambivalent, undurchdringlich und unvorhersehbar geworden ist, braucht es ein neues Bewusstsein für phantasievolles und kreatives Erzählen, für die Imagination des bislang Nichtvorhandenen. Wir wissen längst, dass Künstler*innen besser darin sind, die Zukunft zu beschreiben als alle Wissenschaftler*innen und Politiker*innen. Ein vergleichender Blick zurück zeigt uns, dass Stanley Kubrick schon in den sechziger Jahren mit dem ebenso sanften wie unerbittlich wahnsinnigen Bordcomputer HAL 9000 in seinem Film *2001: Odyssee im Weltraum* die Herausforderungen im Umgang mit künstlicher Intelligenz zutreffend beschrieben hat, während der Chef des Massachusetts Institute of Technology, Nicholas Negroponte, noch in den neunziger Jahren sogar Spracherkennung für ein nicht zu lösendes Problem gehalten hat.[8] Es ist klug, die Zukunftsvisionen der Kunst ernst zu nehmen. Denn alles, was gedacht werden kann, nimmt offensichtlich früher oder später auch tatsächlich reale Gestalt an. Kunst ist somit in all ihrem ästhetischen Wagemut auch ein inspirierendes Prognoseinstrument. Und künstlerische Geschichten passen, wie wir gesehen haben, auch aus diesem Grund gut zu der zutiefst aufklärungsoptimistischen Erzählung der Sozialdemokratie.

»In Zeiten des Umbruchs wachsen neue Geschichten durch die Risse im Beton der offiziellen Wahrheit, erstarken durch Unsicherheit«, schreibt der Essayist Philipp Blom. »Zuerst ist es nur eine Intuition, ein vages Gefühl, höchstens anekdotisch belegt: Etwas hat sich verschoben. Menschen gehen anders miteinander um, die Natur verhält sich anders, lang erprobte Systeme knicken ein, alte Gefahren werden wieder akut, und neue kommen hinzu.«[9] Wenn die Welt sich verändert und die alten Versprechen und Aussichten nicht mehr plausibel sind, dann braucht es neue Fluchtpunkte des Denkens, Hoffens und – ja, auch! – Träumens. Hier liegt die Vernunft der Zuversicht, weil uns nur sie handlungsfähig hält.

Barack Obama hat nicht ohne Grund ein Buch unter dem Titel *The Audacity of Hope* (»Die Kühnheit der Hoffnung«) geschrieben, das dabei half, ihn ins Weiße Haus zu tragen. Für ihn ist Politik ein Projekt derjenigen, die die Kühnheit besitzen, weiter darauf zu hoffen, dass wir die Welt zum Besseren verändern können. Und diese Kühnheit lässt sich mehren, wenn die Erfahrung wächst, dass es tatsächlich etwas verändert, wenn man – vollständig unzynisch – davon ausgeht, dass es gelingen kann.

Auch Ernst Bloch macht in seiner berühmten Abhandlung *Prinzip Hoffnung* bereits auf der ersten Seite klar, wie die Hoffnung zur gesellschaftsverändernden Kraft werden kann: »Es kommt darauf an, das Hoffen zu lernen. Seine Arbeit entsagt nicht, sie ist ins Gelingen verliebt statt ins Scheitern. Hoffen, über dem Fürchten gelegen, ist weder passiv wie dieses, noch gar in ein Nichts gesperrt. Der Affekt des Hoffens geht aus sich heraus, macht die Menschen weit, statt sie zu verengen«.[10] Hoffnung muss für Bloch also erlernt werden – nicht um sich aus der Welt zu flüchten, sondern um in ihr zu wirken. Wer hofft, ist ins Gelingen verliebt und nicht ins Scheitern, schreibt Bloch. Hoffen bedeutet schließlich, davon auszugehen, dass mehr möglich ist, als es den Anschein hat. Vor dem Fortschritt kommt die Hoffnung. Deswegen ist es durchaus sinnvoll, wenn sich progressive Parteien wie die SPD mit der Hoffnung als Ressource der Politik auseinandersetzen, wenn sie nicht nur in ihrem Marketing auf zuversichtliche Botschaften setzen, sondern wenn sie tatsächlich mehr Zuversicht wagen. Wenn sie in ihrer Politik davon ausgehen, dass sich die Dinge verbessern können und verbessern lassen.

»Es macht viel mehr Spaß, es auszuprobieren, als einfach nur dazusitzen und zuzusehen, wie etwas passiert.« Das war einer der Sätze, mit denen Taylor Mac, ein Star der US-amerikanischen Theaterszene, während der Lessingtage 2023 in Hamburg das Publikum begeisterte. Seine Bemerkung bezog sich auf die zuvor geäußerte Absicht, an dem vergnüglichen Zwei-Stunden-Abend so etwas wie eine neue Gemeinschaft derjenigen zu formen, die daran glauben, dass die Welt tatsächlich besser werden kann.

Mitgebracht hatte Taylor Mac das Stück *A 24-Decade History of Popular Music*. Der Autor erzählt darin die Geschichte der USA von der Gründung bis zur Gegenwart entlang ihrer populären Songs. Das im Original vierundzwanzig Stunden lange Stück wurde in Hamburg in einer zweistündigen »Abendversion« aufgeführt, die sich auf die Themen Gleichberechtigung und Krieg konzentrierte. Taylor Macs Performance geriet zu einer Beschwörung menschlicher Kreativität und Selbstbestimmung, zu einem großen und bunten Ausrufezeichen hinter der Behauptung, dass wir das alles schon schaffen würden, wenn wir uns nicht davon frustrieren lassen, dass es widersprüchlich bleiben wird. Taylor Mac führte als flamboyante Drag Queen durch den mitreißenden, streckenweise umwerfend komischen Abend. Songs von Bob Dylan und Bruce Springsteen wechselten sich ab mit Bürgerkriegsballaden und den Hymnen der Bürgerrechtsbewegung. Dazwischen gab es ironische Spitzen gegen die aktuelle Politik oder das Patriarchat. Taylor Mac erzählte davon, dass man in Kalifornien in den Siebzigern aufwachsen konnte, ohne jemals einem offen schwulen Menschen zu begegnen, und schilderte die spätere Fahrt mit einer Freundin zu einem Aids-Solidaritätsmarsch in San Francisco als ein augenöffnendes Erlebnis. Doch schon wenige Jahre später und mittlerweile in New York lebend, musste Taylor Mac erleben, wie die positive Energie der frühen Jahre angesichts des immer noch aggressiven Aidsvirus einer großen Verzweiflung wich. Mac beschreibt ein Treffen von Aktivist*innen, in dem es stundenlang darum ging, wie man an das Papier für Info-Flyer kommen könnte, bis jemand aufstand, auf den Tisch stieg und sagte: »Jetzt klaut das Papier doch einfach.« Und es stimmt ja. Du muss nicht um Erlaubnis fragen, wenn es darum geht, um dein Überleben zu kämpfen.

Nach dieser Geschichte explodierte der Abend in dem Schrei *People Have The Power*. Der Song der Rock-Poetin Patti Smith ist eine Beschwörung dessen, was möglich ist, wenn sich Menschen auf ihre Kraft und ihre Träume besinnen. Dann könne man Armeen aufhalten, Brunnen in der Wüste bauen und die Umweltverschmutzung stoppen. *»Listen / I believe everything we dream / Can come to pass through our union / We can turn the world around / We can turn the earth's revolution«*, heißt es bei Patti Smith.* Und als Taylor Mac diese Zeilen im Februar 2023 in den voll besetzten Theatersaal sang, da waren fast alle der rund tausend Besucher*innen von ihren Stühlen aufgesprungen, bereit, es auch zu glauben: *»People have the power / The power to dream, to rule / To wrestle the earth from fools«*.**

Fangen wir doch wieder an, daran zu glauben, dass wir die Dinge besser machen können, als sie derzeit sind. Ringen wir den Narren die Welt wieder ab. Erzählen wir unsere Geschichten von der Zukunft besser. Erfinden wir bessere Geschichten. Übersetzen wir sie in konkrete Politik, in Reformen, die unser Leben freier, gerechter und solidarischer machen. Wagen wir mehr Zuversicht. Damit die Wiese auch für künftige Generationen und ihre neuen Träume lacht. Damit sie davon erzählen können, wie wir es versucht haben – und es dann besser machen können. Für eine alte politische Partei hieße das wieder einmal: *»I'm ready to grow young again.«****

Es wird Spaß machen, das erneut auszuprobieren.

---

* »Hört zu / Ich glaube, alles, was wir träumen / Kann geschehen, wenn wir einig sind / Wir können die Welt umdrehen / Wir können die Umdrehung der Welt drehen« (Musik & Text: Patti Smith / Fred Smith).

** »Menschen haben die Macht / Die Macht zu träumen, zu herrschen / Die Welt den Narren abzuringen«.

*** »Ich bin bereit, wieder jung zu werden« (No Surrender, Musik & Text: Bruce Springsteen).

DANK

Dass ich dieses Buch überhaupt geschrieben habe, verdanke ich dem Vertrauen meines Verlegers Tim Jung. Als er vor einiger Zeit vorschlug, ich möge eine Kulturgeschichte der SPD schreiben, habe ich dankend abgelehnt. Solch ein systematisches, letztlich wissenschaftliches Projekt geht nicht neben dem Senatorenamt. Nach einigem Nachdenken schlug ich ihm vor, stattdessen über Kultur, Geschichten und die SPD zu schreiben. Danke für das Anregen, das gemeinsame Nachdenken und die Freiheit bei der Entwicklung des Stoffes.

Dass ich für die Aufgabe gedanklich aus dem Vollen schöpfen durfte, verdanke ich meinen klugen Kolleg*innen in der Behörde für Kultur und Medien in Hamburg, mit denen ich zwar nicht an diesem Text gearbeitet habe, sehr wohl aber an dem Pool an guten Gründen und Ideen, aus dem er schöpft. Insbesondere Dirk Hertrampf, Kristina Kobrow, Enno Isermann und Anja Bornhöft halfen mir im Alltag immer wieder, Gedanken klarer zu fassen.

Dass ich die Zuversicht nicht verliere, wenn draußen alles drunter und drüber geht, verdanke ich unzähligen Künstler*innen und Politiker*innen, deren Werke und Wirken mich faszinieren und die ich immer wieder treffen und sprechen darf. Einige tauchen im Buch auf. Simone Buchholz und Igor Levit bin ich besonders dankbar, weil sie immer da sind, wenn ich Rat und Hilfe brauche, und weil sie mich ermuntert haben, das hier wirklich zu versuchen.

Dass aus der anfänglichen Idee ein hoffentlich anregend lesbarer Text geworden ist, verdanke ich den Lektoren Niels Brockmeyer und Heiko Arntz.

Dass man große Geschichten nicht alleine schreiben kann, spüre ich seit mehr als zwei Jahrzehnten an der Seite von Ulrike Ehling. In diesem Buch ist viel von unerfüllten Träumen die Rede. Es ist ein Geschenk zu erfahren, dass manche Träume doch wahr werden. *»Let's enjoy it while we can / And help me sing my song«* – dieses Versprechen haben wir Van Morrison entlehnt und einander gegeben. Wir singen – meist im übertragenen Sinne – schöner und erfüllter denn je. Und wir erzählen uns kleine Geschichten, aus denen eine große gemeinsame gewachsen ist.

Dass es immer weitergeht und der Blick nach vorne gerichtet werden muss, vermitteln mir jeden Tag meine Töchter Mara und Alva. Ihnen sowie meinem Neffen Finn und meiner Nichte Frida ist dieses Buch gewidmet.

Hamburg, im Juni 2023

ANMERKUNGEN

EINLEITUNG

1 Michael Ende: Momo. Die seltsame Geschichte von den Zeit-Dieben und von dem Kind, das den Menschen die gestohlene Zeit zurückbrachte. Stuttgart 1973, S. 37.

2 Albert Camus: Der Mythos von Sisyphos. Ein Versuch über das Absurde. Reinbek bei Hamburg 1959, S. 101.

3 Helmut Schmidt: Vorwort. In Lührs, Georg u. a. (Hrsg.): Kritischer Rationalismus und Sozialdemokratie. Berlin 1975, S. X.

4 Michael Ende, a. a. O., S. 38.

5 Ebd., S. 39f.

6 Ebd., S. 39.

7 Simon Stephens: The Empty Stage. Eine Rede anlässlich des 175-jährigen Jubiläums des Thalia Theaters am 11.11.2018. [abgerufen unter: www.thalia-theater.de/beitraege/647] Die deutsche Übersetzung stammt in diesem wie in allen weiteren Fällen originalsprachlich zugänglicher Quellen vom Autor.

8 Tatsächlich sagte Gove: »I think the people in this country have had enough of experts from organisations with acronyms saying that they know what is best and getting it consistently wrong.« Aber das sind bloß Differenzen im Detail, die nichts am Kern von Stephens' Aussage ändern.

9 Vgl. Martin Warnke: Hofkünstler. Zur Vorgeschichte des modernen Künstlers. Köln 1985.

10 Ferdinand Lassalle: Was nun? Zweiter Vortrag über Verfassungswesen. In: Friedrich Jenaczek (Hrsg.): Ferdinand Lassalle. Reden und Schriften. Mit einer Lassalle-Chronik. München 1970, S. 111.

11 BAT-Stiftung für Zukunftsfragen zit. n. www.mdr.de/wissen/generation-zukunftsangst-100.html

12 Samira El Ouassil / Friedemann Karig: Erzählende Affen. Mythen, Lügen, Utopien. Wie Geschichten unser Leben bestimmen. Berlin 2021, S. 86.

13 Vgl. ebd., S. 90.

14 Ebd., S. 118.

15 Willie Nelson im Interview mit David Sheff im US-amerikanischen *Playboy* November 2002. [abgerufen unter: stillisstillmoving.com/willienelson/willie-nelson-the-playboy-interview-november-2002-2/]

KAPITEL 1

1 Zit. n. europa.blog/de/das-gibt-es-nur-bei-uns-in-gelsenkirchen-teil-ii/

2 Ebd.

3 Vgl. Carsten Brosda: Die Zerstörung. Warum wir für den gesellschaftlichen Zusammenhalt streiten müssen. Hamburg 2019.

4 Vgl. z. B. Jugend 2002. 14. Shell Jugendstudie. Zusammenfassung [abgerufen unter: www.stiftung-spi.de/fileadmin/user_upload/Dokumente/veroeffentlichungen/E_und_C/Hurrelmann_Albert_2002_Shell_Jugendstudie.pdf]

5 Zit. n. Nikolaus von Festenburg: Erst kommt das Dressing, dann die Moral. In: Der Spiegel, 39/1995, S. 77.

6 Vgl. Hannah Arendt: Vita activa oder Vom tätigen Leben. München 2005 [1960].

KAPITEL 2

1 Bertolt Brecht: Die Dreigroschenoper. In: ders.: Gesammelte Werke 2. Stücke 2. Frankfurt am Main 1967, S. 465.

2 Franz Walter: Die SPD. Biographie einer Partei. Überarbeitete und erweiterte Taschenbuchausgabe. Reinbek bei Hamburg 2009, S. 26 f.

3 Karl Marx / Friedrich Engels: Manifest der kommunistischen Partei. In: dies.: Ausgewählte Schriften in zwei Bänden. Band 1. Berlin 1979, S. 29 [1848].

4 Bernd Faulenbach: Geschichte der SPD. Von den Anfängen bis zur Gegenwart. München 2012, S. 29.

5 Franz Walter, a. a. O., 2009, S. 25 ff.

6 Thomas Meyer: Was bleibt vom Sozialismus? Reinbek bei Hamburg 1991, S. 19.

7 Simon Rothöhler: The West Wing. Zürich 2012, S. 37.

8 Franz Walter: Vorwärts oder abwärts? Zur Transformation der Sozialdemokratie. Frankfurt am Main 2010, S. 118.

9 Franz Walter, a. a. O., 2009, S. 89.

10 Willy Brandt: Erinnerungen. Berlin; Frankfurt am Main 1989, S. 214.

11 Hermann Schreiber: Ein Stück Heimkehr. In: Der Spiegel, Nr. 51/1970, vom 13. 12. 1970, S. 29.

12 Vgl. Anthony Giddens: Der dritte Weg. Die Erneuerung der sozialen Demokratie. Frankfurt am Main 1999.

13 Vgl. Gerhard Schröder: Entscheidungen. Mein Leben in der Politik. Hamburg 2006, S. 392.

14 Julia Friedrichs: Working Class. Warum wir Arbeit brauchen, von der wir leben können. Berlin 2021, S. 49.

15 Ebd., S. 49.

16 Vgl. Gerhard Schröder, a. a. O., S. 392.

17 Julia Friedrichs, a. a. O., S. 259f.

18 William Faulkner: Als ich im Sterben lag. Reinbek bei Hamburg 2012 [1930], S. 220f.

19 Ebd., S. 226.

20 Colin Crouch: Postdemokratie. Frankfurt am Main 2008.

21 Richard Sennett: Respekt im Zeitalter der Ungleichheit. Berlin 2002.

22 Vgl. Jürgen Habermas: Die Einbeziehung des Anderen. Studien zur politischen Theorie. Frankfurt am Main 1996.

23 Olaf Scholz: Plädoyer für eine Gesellschaft des Respekts. In: Frankfurter Allgemeine Zeitung vom 1. März 2021, S. 6.

24 Vgl. Michael J. Sandel: Vom Ende des Gemeinwohls. Wie die Leistungsgesellschaft unsere Demokratien zerreißt. Frankfurt am Main 2020.

25 Olaf Scholz, a. a. O., S. 6.

26 Christoph Möllers: Der lange Abschied der SPD. Kleine Parteienkunde I. In: Merkur, Nr. 861, Februar 2021, S. 57.

27 Peer Steinbrück: Das Elend der Sozialdemokratie. Anmerkungen eines Genossen. München 2018, S. 28.

28 Carsten Brosda: Wenn der Rahmen nicht zum Bild passt … Politische und mediale Deutungsangebote im Wahlkampf. In: Medien im Wahlkampf 2013. Macht ohne Verantwortung. Dokumentation der Fachkonferenz vom 5. Dezember 2013, Berlin. Heinrich-Böll-Stiftung. o. O., S. 68. [abgerufen unter: www.boell.de/sites/default/files/medien_im_wahlkampf_2013_web_1.pdf]

29 Thomas Meyer, a. a. O., S. 15ff.

30 Christoph Möllers, a. a. O., S. 64.

KAPITEL 3

1 Willy Brandt: Abschiedsrede als SPD-Vorsitzender beim außerordentlichen Parteitag in Bonn, 14. Juni 1987. [abgerufen unter: www.willy-brandt-biografie.de/quellen/bedeutende-reden/abschiedsrede-als-spd-vorsitzender-beim-ausserordentlichen-parteitag-in-bonn-14-juni-1987/]

2 Vgl. Nora Bossong: Die Geschmeidigen. Meine Generation und der neue Ernst des Lebens. Berlin 2022; Anne Sauerbrey: Machtwechsel. Wie eine neue Politikergeneration das Land verändert. Berlin 2022.

3 Vgl. Douglas Coupland: Generation X. Geschichten für eine immer schneller werdende Kultur. München 1991.

4 Nora Bossong, a.a.O., S. 10.

5 Vgl. Isaiah Berlin: Freiheit. Vier Versuche. Frankfurt am Main 2006 [1969].

6 Hannah Arendt: Die Freiheit, frei zu sein. Mit einem Nachwort von Thomas Meyer. München 2018, S. 26.

7 Lea Ypi: Freiheit. Erwachsenwerden am Ende der Geschichte. Berlin 2022, S. 24.

8 Ebd., S. 280.

9 Willy Brandt: Links und frei. Mein Weg 1930-1950. Hamburg 1982, S. 128.

10 Ebd., S. 58.

11 Anne Sauerbrey, a.a.O., S. 29.

12 Vgl. ebd., S. 16 ff.

13 Douglas Coupland, a.a.O., S. 38.

14 Willy Brandt, a.a.O., 1982, S. 14.

15 Für weiterführende Informationen zu Bruce Springsteens Songs empfehle ich u.a. folgende Bücher: Philippe Margotin / Jean-Michel Guesdon: Bruce Springsteen. All the songs. The story behind every track. New York 2020 und Leonardo Colombarti: Bruce Springsteen. Like a killer in the sun. Songtexte. Ditzingen 2017. Beide liefern unendlich viel Hintergrundwissen zu den einzelnen Songs und ihren Geschichten. In Colombartis Buch finden sich auch einige Übersetzungen von Songtexten durch Heinz Rudolf Kunze, die ich hier aber nicht herangezogen habe. Ebenso wenig bin ich in die Entstehungsgeschichten und fast literaturwissenschaftlichen Analysen der Texte eingestiegen, da es mir hier in erster Linie um die unmittelbar erfassbaren Geschichten geht, die Springsteen in seinen Liedern erzählt.

16 Barack Obama / Bruce Springsteen: Renegades. Born in the USA. Träume – Mythen – Musik. München 2021, S. 80.

17 Vgl. Billy Bragg: Die drei Dimensionen der Freiheit. Ein politischer Weckruf. München 2020, S. 11.

18 Zit. n. Billy Bragg, a.a.O., S. 6.

19 Vgl. Karen Köhler: Papas Konturen. In: Zeit-Magazin Nr. 33 vom 11. August 2022.

20 Pierre Bourdieu: Die feinen Unterschiede. Kritik der gesellschaftlichen Urteilskraft. Frankfurt am Main 1982.

21 Jürgen Habermas: Die Einheit der Vernunft liegt in der Vielheit ihrer Stimmen. In: Merkur, Heft 1/1988, 42. Jg., S. 1-14.

22 Rosa Luxemburg: Die russische Revolution. Berlin 1922, S. 109.

23 Steven Levitsky / David Ziblatt: Wie Demokratien sterben: Und was wir dagegen tun können. München 2018, S. 115.

24 George Orwell: 1984. Übersetzt von Michael Walter. Berlin 1984, S. 101.

25 Max Frisch: Der Autor und das Theater. In: ders.: Öffentlichkeit als Partner. Frankfurt am Main 1967 [1964], S. 78 f.

26 Nils Minkmar: Verlustanzeige. In: Süddeutsche Zeitung vom 30. 4. 2021.

KAPITEL 4

1 Michael J. Sandel, a. a. O., S. 86 f.

2 Vgl. Frank Miller: Batman: The Dark Knight Returns. New York 2002.

3 Marlen Hobrack: Klassenbeste. Wie Herkunft unsere Gesellschaft spaltet. Berlin 2022, S. 15.

4 Ebd.

5 Ebd., S. 21.

6 Vgl. Jürgen Kocka: Sozialdemokratische Grundwerte heute. In: Friedrich-Ebert-Stiftung, Politische Akademie (Hrsg.): Die neue SPD. Menschen stärken – Wege öffnen. Berlin 2004, S. 60.

7 Vgl. Michael J. Sandel, a. a. O., S. 96 ff.

8 Vgl. John Rawls: Eine Theorie der Gerechtigkeit. Frankfurt am Main 1979, S. 159 ff.

9 Vgl. Amartya Sen: Die Idee der Gerechtigkeit. München 2010, S. 41 ff.

10 Ebd., S. 7.

11 Vgl. Barbara Ehrenreich: Arbeit poor. Unterwegs in der Dienstleistungsgesellschaft. München 2001.

12 Vgl. Nicole Mayer-Ahuja / Oliver Nachtwey (Hrsg.): Verkannte Leistungsträger:innen. Berichte aus der Klassengesellschaft. Berlin 2021, S. 13 ff.

13 Vgl. Daniel Koep: Nationalstaatliche Symbole. In: Kraus, Eva u. a. (Hrsg.): KP Brehmer. Kunst ≠ Propaganda. London 2019, S. 56.

14 Michael J. Sandel, Vom Ende des Gemeinwohls, S. 115.

15 Ebd., S. 42.

16 Ebd., S. 49.

17 David Graeber: Bullshit-Jobs. Vom wahren Sinn der Arbeit. Stuttgart 2018.

18 Nicole Mayer-Ahuja / Oliver Nachtwey, a. a. O., S. 23.

19 Vgl. Michael J. Sandel, a. a. O., S. 181 ff.

20 Julia Friedrichs, a. a. O., S. 84.

21 Joan C. Williams: White Working Class. Overcoming Class Cluelessness in America. Cambridge, MA 2017, S. 20. *[eigene Übersetzung]*

22 Vgl. die Beiträge in Franz Müntefering / Matthias Machnig (Hrsg.): Sicherheit im Wandel. Neue Solidarität im 21. Jahrhundert. Berlin 2001.

23 Joan C. Williams, a. a. O., S. 130. *[eigene Übersetzung]*

24 Vgl. ebd., S. 2 f.

25 Maak Flatten: Zurück an die Hochöfen der Hölle. In: Frankfurter Allgemeine Zeitung vom 2. 12 2016. [abgerufen unter: www.faz.net/aktuell/feuilleton/debatten/bruce-springsteens-prognose-zurueck-an-die-hochoefen-der-hoelle-14554251.html]

26 Ebd.

27 Vgl. Branko Milanović: Die ungleiche Welt. Migration, das Eine Prozent und die Zukunft der Mittelschicht. Berlin 2016, S. 18.

28 Ebd., S. 23.

29 Vgl. ebd., S. 59 ff.

30 Vgl. ebd., a. a. O., S. 108.

31 Vgl. ebd., S. 122 ff.

32 Willy Brandt: Das Überleben sichern – die Einleitung zum Nord-Süd-Bericht. Berlin 2013, S. 54 f.

33 Vgl. Maja Göpel: Unsere Welt neu denken. Eine Einladung. Berlin 2020, S. 159.

34 Vgl. Maja Göpel: Wir können auch anders. Aufbruch in die Welt von morgen. Berlin 2022, S. 249.

35 Maja Göpel, a. a. O., 2020, S. 161.

36 Vgl. ebd., 2020, S. 136 ff.

37 Vgl. ebd., 2020, S. 154 f.

38 Christian Stöcker: Wir sind der Asteroid. 2021. [abgerufen unter: www.spiegel.de/wissenschaft/don-t-look-up-auf-netflix-der-bizarre-streit-zwischen-kritik-und-klimaforschung]

39 Ebd.

40 Zit. n. Maja Göpel, a. a. O., 2020, S. 46 f.

41 Hedwig Richter: Wer sagt es ihnen? In: Süddeutsche Zeitung vom 29. Juli 2022, S. 4.

42 Anna Mayr: Die Elenden. Warum unsere Gesellschaft Arbeitslose verachtet und sie dennoch braucht. Berlin 2021, S. 177.

43 Ebd., S. 178.

44 Vgl. Maja Göpel, a. a. O., 2022, S. 224 f.

45 Vgl. Maja Göpel, a. a. O., 2020, S. 29 f.

46 Julia Friedrichs, a. a. O., S. 304.

47 Robert Pausch / Bernd Ulrich: Völker, hört die Signale! Die soziale Frage bestimmt die Debatten. Doch die Sozialdemokratie ist verstummt. Was ist da passiert? In: Die Zeit vom 24. August 2022, S. 4.

48 Ebd., S. 4.

49 Willy Brandt, a. a. O., 1989, S. 274 f.

50 Ebd., S. 500.

51 Maja Göpel, a. a. O., 2020, S. 163.

52 Vgl. Jürgen Habermas: Theorie des kommunikativen Handelns. Zwei Bände. Frankfurt am Main 1981.

53 Julia Friedrichs, a. a. O., S. 273.

54 Vgl. Maja Göpel, a. a. O., 2020, S. 90.

55 Branko Milanovic, a. a. O., S. 169.

KAPITEL 5

1 Heinz Bude: Solidarität. Die Zukunft einer großen Idee. München 2019, S. 163.

2 Vgl. Rainer Zoll: Was ist Solidarität heute? Frankfurt am Main 2000, S. 38 ff.

3 Vgl. ebd., S. 54 ff.

4 Bertolt Brecht: Solidaritätslied. In: ders.: Gesammelte Werke 8. Gedichte 1. Frankfurt am Main 1967, S. 369 f.

5 Vgl. Andreas Reckwitz: Die Gesellschaft der Singularitäten. Zum Strukturwandel der Moderne. Berlin 2017.

6 Theodor W. Adorno: Minima Moralia. Reflexionen aus dem beschädigten Leben. Berlin / Frankfurt am Main 1951, S. 131.

7 Heinz Bude, a. a. O., S. 139.

8 Ebd., S. 21.

9 Zit. n. Rainer Zoll, a. a. O., S. 62.

10 Vgl. Émile Durkheim: Über soziale Arbeitsteilung. Studie über die Organisation höherer Gesellschaften. Frankfurt am Main 1992.

11 Vgl. Rainer Zoll, a. a. O., S. 67 f.

12 Ebd., S. 172.

13 Paul Collier: Sozialer Kapitalismus. Mein Manifest gegen den Zerfall unserer Gesellschaft. München 2019, S. 96.

14 Vgl. Francis Fukuyama: Identität. Wie der Verlust der Würde unsere Demokratie gefährdet. Hamburg 2019.

15 Vgl. Andreas Reckwitz, a. a. O., 2017.

16 Jens Balzer: Das entfesselte Jahrzehnt. Sound und Geist der 70er. Berlin 2019.

17 Rainer Zoll, a. a. O., S. 94.

18 Heinz Bude, a. a. O., S. 71.

19 Ebd., S. 52.

20 Zit. n. www.theguardian.com/world/2006/aug/09/usa.comment. *[eigene Übersetzung]*

21 Vgl. Ezra Klein: Der tiefe Graben. Die Geschichte der gespaltenen Staaten von Amerika. Hamburg 2020.

22 Andreas Reckwitz, a. a. O., 2017, S. 441.

23 Ebd., S. 139.

24 Kurt Tucholsky: So siehst du aus! Eine Auswahl von Willy Haas. Gütersloh o. J., S. 491 f.

25 Vgl. Rainer Zoll, a. a. O.

26 Vgl. Elisabeth Noelle-Neumann: Die Schweigespirale. Öffentliche Meinung – unsere soziale Haut. München / Zürich 1980.

27 Jürgen Habermas: Strukturwandel der Öffentlichkeit. Untersuchung zu einer Kategorie der bürgerlichen Gesellschaft. Frankfurt am Main 1990 [1962]. (Neuauflage mit aktualisierendem Vorwort)

28 Der Vortrag unter dem Titel »Lehren aus dem Informationskrieg« findet sich als Videomitschnitt unter youtu.be/_p8rLpWGsxo. [abgerufen am 12. 10. 2022].

29 Vgl. Jürgen Habermas: Faktizität und Geltung. Beiträge zur Diskurstheorie des Rechts und des demokratischen Rechtsstaats. Frankfurt am Main 1992.

30 Rainer Zoll, a. a. O., S. 84.

KAPITEL 6

1 Antonio Gramsci: Gedanken zur Kultur. Köln 1987, S. 17.

2 Vgl. Talcott Parsons: The Social System. London 1951.

3 Vgl. z. B. Niklas Luhmann: Soziale Systeme. Grundriß einer allgemeinen Theorie. Frankfurt am Main 1987.

4 Armin Nassehi: Mit dem Weltuntergang lässt sich nicht diskutieren. In: Der Spiegel, Nr. 3/2023 vom 14. 1. 2023, S. 42 f.

5 Maja Göpel, a. a. O., 2022, S. 26.

6 Vgl. Jürgen Habermas, a. a. O., Band 2, 1981.

7 Jürgen Habermas, a. a. O., Band 1, 1981, S. 47.

8 Thomas Hobbes: Der Staat als Instrument eines aufgeklärten Egoismus. In: Norbert Hoerster (Hrsg.): Klassische Texte der Staatsphilosophie. München 1976, S. 125.

9 Horst Bredekamp: Thomas Hobbes. Der Leviathan. Das Urbild des modernen Staates und seine Gegenbilder – 1651–2001. Fünfte korrigierte Auflage. Berlin / Boston 2020, S. 17 f.

10 Vgl. ebd., S. 156 f.

11 C. Northcote Parkinson: Parkinsons Gesetz. Und andere Untersuchungen über die Verwaltung. Düsseldorf / Stuttgart 1958, S. 17.

12 Michael Zürn: Regieren jenseits des Nationalstaates. Frankfurt am Main 1998.

13 Vgl. Robert Menasse. Die Erweiterung. Berlin 2022.

14 Vgl. Adam Smith: Der Wohlstand der Nationen. Untersuchung seiner Natur und seiner Ursachen. Aus dem Englischen übertragen und mit einer umfassenden Würdigung des Gesamtwerkes herausgegeben von Horst Claus Recktenwald. München 1978.

15 Ulrike Herrmann: Kein Kapitalismus ist auch keine Lösung. Die Krise der heutigen Ökonomie oder Was wir von Smith, Marx und Keynes lernen können. München 2018, S. 15.

16 Vgl. Karl Polanyi: The Great Transformation. Politische und ökonomische Ursprünge von Gesellschaften und Wirtschaftssystemen. Frankfurt am Main 1978 [1944].

17 Vgl. Anthony Giddens: Der dritte Weg. Die Erneuerung der sozialen Demokratie. Frankfurt am Main 1999.

18 Vgl. Erhard Eppler: Auslaufmodell Staat? Frankfurt am Main 2005.

19 Ulrike Herrmann, a. a. O., S. 236.

20 Grundwertekommission beim SPD-Parteivorstand: Öffentliche Güter und soziale Demokratie. Materialien zur Programmdiskussion. Berlin 2003, S. 11.

21 Kurt Tucholsky, a. a. O., S. 117.

22 Vgl. Peter Glotz / Wolfgang R. Langenbucher: Der mißachtete Leser. Zur Kritik der deutschen Presse. Köln / Berlin 1969.

23 Vgl. Jürgen Habermas, a. a. O., 1990 [1962].

24 Jürgen Habermas: Ein neuer Strukturwandel der Öffentlichkeit und die deliberative Politik. Berlin 2022, S. 45.

25 Vgl. Jürgen Habermas, a. a. O., 1981.

26 Vgl. Max Horkheimer / Theodor W. Adorno: Dialektik der Aufklärung. Philosophische Fragmente. Frankfurt am Main 1969. [1944].

27 Vgl. Richard Sennett: Verfall und Ende des öffentlichen Lebens. Die Tyrannei der Intimität. Frankfurt am Main 1986.

28 Vgl. Robert D. Putnam: Bowling Alone: The Collapse and Revival of American Community. New York 2000.

29 Vgl. Robert D. Putnam: Schlussfolgerungen. In: ders. (Hrsg.): Gesellschaft und Gemeinsinn. Sozialkapital im internationalen Vergleich. Gütersloh 2001, S. 751 ff.

30 Nils Minkmar: Endlich ist nichts mehr so, wie es war. In: Der Spiegel, Nr. 12/2020 vom 14. 3. 2020, S. 79.

31 Igor Levit / Florian Zinnecker: Hauskonzert. Berlin 2021, S. 217.

32 Kübra Gümüşay: Sprache und Sein. Berlin 2020, S. 159.

KAPITEL 7

1 OECD: PISA 2018 Results (Volume VI): Are Students Ready to Thrive in an Interconnected World? Paris 2020, S. 141 ff. [abgerufen unter: doi.org/10.1787/d5f68679-en]

2 Anna Schneider: Freiheit beginnt beim Ich. Liebeserklärung an den Liberalismus. München 2022, S. 10.

3 Ebd., S. 9f.

4 Ebd., S. 18f.

5 Carolin Amlinger / Oliver Nachtwey: Gekränkte Freiheit. Aspekte des libertären Autoritarismus. Berlin 2022, S. 200.

6 Ebd., S. 292.

7 Ebd., S. 174.

8 Peter Thiel: The Education of a Libertarian. Cato Unbound. A Journal of Debate 2009. [abgerufen unter: www.cato-unbound.org/2009/04/13/peter-thiel/education-libertarian/] [eigene Übersetzung]

9 Theresia Enzensberger: Auf See. Berlin 2022, S. 59.

10 Carolin Amlinger / Oliver Nachtwey, a. a. O., S. 297.

11 Édouard Glissant: Kultur und Identität. Ansätze zu einer Poetik der Vielheit. Heidelberg 2005, S. 34.

12 Wolfgang Merkel: Neue Krisen. Wissenschaft, Moralisierung und die Demokratie im 21. Jahrhundert. In: Aus Politik und Zeitgeschichte, 71. Jg., Nr. 26-27/2021 vom 28. Juni 2021, S. 9.

13 Ebd., S. 10.

14 Alena Buyx: »Bei aller Gereiztheit werden wir etwas für die Zukunft mitnehmen«. In: Frankfurter Hefte/Neue Gesellschaft, Nr. 5/2022. [abgerufen unter: www.frankfurter-hefte.de/artikel/bei-aller-gereiztheit-werden-wir-etwas-fuer-die-zukunft-mitnehmen-3404/]

15 Vgl. Carsten Brosda: Hier geht mehr verloren als eine Art der Freizeitgestaltung. 2020. [abgerufen unter: www.zeit.de/kultur/2020-11/kultur-corona-krise-beschluesse-lockdown-kunst-pandemie-beschraenkung]

16 Vgl. Jürgen Habermas: Ein Plädoyer für Verhandlungen. In: Süddeutsche Zeitung, Nr. 38 vom 15. Februar 2023, S. 10–11.

17 Kurt Kister: Du hältst es nicht aus. In: Süddeutsche Zeitung, Nr. 41 vom 18./19. Februar 2023, S. 15.

18 Ebd., S. 15.

19 Armin Nassehi: Montagsblock 207 vom 6. Februar 2023. [abgerufen unter: kursbuch.online/montagsblock-207/]

20 Thomas Bauer: Die Vereindeutigung der Welt. Über den Verlust an Mehrdeutigkeit und Vielfalt. Stuttgart 2018, S. 70.

21 Ebd., S. 95.

22 Benjamin R. Barber: Coca-Cola und Heiliger Krieg. Wie Kapitalismus und Fundamentalismus Freiheit und Demokratie abschaffen. Bern 1996.

23 Samuel P. Huntington: Kampf der Kulturen. Die Neugestaltung der Weltpolitik im 21. Jahrhundert. München / Wien 1996.

24 Armin Nassehi, Montagsblock, a. a. O.

25 Carolin Amlinger / Oliver Nachtwey, a. a. O., S. 17.

26 Philipp Blom: Das große Welttheater. Von der Macht der Vorstellungskraft in Zeiten des Umbruchs. Wien 2020, S. 40.

27 Ebd., S. 80.

28 Philipp Staab: Anpassung. Leitmotiv der nächsten Gesellschaft. Berlin 2022, S. 178. Ähnlich auch Andreas Reckwitz: Die neue Politik des Negativen. In: Der Spiegel, Nr. 10/2021, S. 42–44.

29 Ebd., S. 191.

30 Mariana Mazzucato: Mission. Auf dem Weg zu einer neuen Wirtschaft. Frankfurt am Main / New York 2021, S. 13.

31 Ebd., S. 46 f.

32 Ebd., S. 24.

33 Zit. n.: Theodore C. Sorensen (Ed.): »Let The Word Go Forth«. The Speeches, Statements, And Writings Of John F. Kennedy 1947–1963. New York 1988, S. 176–180. *[eigene Übersetzung]*

34 Zit. n.: Brian MacArthur (Ed.): The Penguin Book of Twentieth-Century Speeches. New York 1999, S. 330. *[eigene Übersetzung]*

35 Vgl. Clayton M. Christensen: The Innovator's Dilemma. Warum etablierte Unternehmen den Wettbewerb um bahnbrechende Innovationen verlieren. Aus dem Amerikanischen übersetzt und überarbeitet von Kurt Matzler und Stephan Friedrich von den Eichen. München 2011. [US-Erstausgabe 1997]

36 Maja Göpel, a. a. O., 2022, S. 232.

37 Vgl. ebd., S. 235.

38 Ebd., S. 98.

39 Jan Philipp Reemtsma: Vertrauen und Gewalt. Versuch über eine besondere Konstellation der Moderne. Hamburg 2008, S. 538.

40 Jürgen Habermas: Überlegungen und Hypothesen zu einem erneuten Strukturwandel der politischen Öffentlichkeit. In: Martin Seeliger / Sebastian Sevignani (Hrsg.): Ein neuer Strukturwandel der Öffentlichkeit [= Leviathan, Sonderbd. 37 (2021)], Baden-Baden 2021, S. 486.

41 Vgl. dazu ausführlich Carsten Brosda: »Dass Naphta mitdiskutierte, gab Settembrini recht«. Über den Gedanken der Aufklärung im Gespräch. In: Susanne Fischer u. a.

(Hrsg.): Die Gegenwart der Gewalt und die Macht der Aufklärung. Festschrift für Jan Philipp Reemtsma. Band 1. Springe, S. 19-38.

42 Gustav Horn: Contra: Die Schuldenbremse schadet Europa. o. O. 2015. [abgerufen unter: www.bpb.de/themen/medien-journalismus/netzdebatte/208859/contra-die-schuldenbremse-schadet-europa/]

43 Robert Misik: Das große Beginnergefühl. Moderne, Zeitgeist, Revolution. Berlin 2022, S. 241.

44 Michael Kleeberg: Ein Garten im Norden. Berlin 1998.

45 Igor Levit / Carsten Brosda: »Wir könnten, wenn wir denn wollten.« Ein E-Mail-Wechsel. In: Marion Ackermann u. a. (Hrsg.): Kann das wirklich weg? 57 Interventionen für die Kultur. Berlin 2021, S. 125 f.

46 Peter Rühmkorf: Haltbar bis Ende 1999: Gedichte. Reinbek bei Hamburg 1987, S. 108.

47 Ernst Bloch: Das Prinzip Hoffnung. Berlin 1954, S. 1242.

48 Ebd., S. 1279.

49 Vgl. Kae Tempest: Verbundensein. Berlin 2021, S. 58.

50 Vgl. Olaf Scholz / Carsten Brosda: Für den Schulterschluss von Geist und Macht. In: Die Zeit, Nr. 37/2021 vom 9. September 2021, S. 62.

51 Karin Nink: Buchholz und Brosda: Kunst hat eine politische Relevanz. [abgerufen unter: vorwaerts.de/artikel/buchholz-brosda-kunst-hat-politische-relevanz]

52 Robert Misik, a. a. O., S. 246.

SCHLUSS

1 Alicia Garza: Die Kraft des Handelns. Wie wir Bewegungen für das 21. Jahrhundert bilden. Stuttgart 2020, S. 215 f.

2 Ebd., S. 325. Garza fasst dieses inklusive Element demonstrativ weit und will sogar jene inkludieren, die sich durch ein abgrenzendes und ausschließendes Weltbild auszeichnen. Selbst wenn man so weit nicht mitgehen will, der Hinweis auf das Aushalten der Komplexität ist für eine moderne soziale Bewegung gleichermaßen bemerkenswert wie essenziell.

3 Vgl. Steven Levitsky / Daniel Ziblatt, a. a. O., S. 269 f.

4 Alicia Garza, a. a. O., S. 392.

5 Christof Gertsch / Mikael Krogerus: Dieser Gletscher bestimmt die Zukunft der Menschheit. In: Süddeutsche Zeitung vom 6. Januar 2023. [online abgerufen unter: www.sueddeutsche.de/projekte/artikel/wissen/thwaites-gletscher-antarktis-glaziologie-meeresspiegelanstieg-klimawandel-e317022]

6 Vgl. Maja Göpel, a. a. O., 2022, S. 70.

7 Édouard Glissant, a. a. O., S. 64.

8 Vgl. Nicholas Negroponte: Total digital. Die Welt zwischen 0 und 1 oder die Zukunft der Kommunikation. München 1997.

9 Philipp Blom, a. a. O., S. 111.

10 Ernst Bloch, a. a. O., S. 1.

Carsten Brosda
Ausnahme / Zustand
Notwendige Debatten nach Corona

128 Seiten, gebunden
ISBN 978-3-455-01046-6
Hoffmann und Campe

Das Coronavirus hat unsere Welt ins Wanken gebracht. Wir stehen vor wichtigen Debatten über die Verletzlichkeit unseres Seins, den Wert gesellschaftlicher Solidarität, den öffentlichen Raum, den Wert wissenschaftlichen Denkens, die Logik des Kapitalismus und die Rolle des Staates. Kultursenator Carsten Brosda beschreibt, wie wir unsere Gesellschaft sozial und demokratisch weiterentwickeln können, wenn wir uns diesen Fragen offensiv stellen. Vor uns liegt eine Zeit, die nach politischer Gestaltungslust verlangt. So können wir sie angehen.

»Rhetorisch bestens konstruiert und wasserdicht.«
Hamburger Abendblatt

Carsten Brosda
Die Kunst der Demokratie
Die Bedeutung der Kultur für eine offene Gesellschaft

256 Seiten, gebunden
ISBN 978-3-455-00840-1
Hoffmann und Campe

Carsten Brosda skizziert die zentrale Rolle von Kunst und Kultur, wenn es darum geht, Freiheiten zu sichern und als Gesellschaft ins Gespräch zu kommen. Kunst irritiert und inspiriert. Sie ist Motor unserer Demokratie und Grundlage von Kreativität und Innovation. Sie stiftet Sinn und begründet gesellschaftlichen Zusammenhang – auch wenn sie ihn in Frage stellt und gerade weil sie sich jeder konkreten Erwartung widersetzt. In diesem Paradox liegt eine Kraft, die wir unbedingt schützen müssen. Eine scharfe Analyse der kulturellen und politischen Aufgaben unserer Zeit und ein grundsätzliches und visionäres Buch über die Voraussetzungen für den Erhalt einer freien und diversen Gesellschaft.

»Ein unaufgeregtes und verblüffend optimistisches Buch über die kulturelle Gegenwart und zwischen den Zeilen eine Liebeserklärung an Kulturschaffende jedweder Provenienz.«
Der Spiegel

Carsten Brosda
Die Zerstörung
Warum wir für den gesellschaftlichen Zusammenhalt streiten müssen

176 Seiten, gebunden
ISBN 978-3-455-00879-1
Hoffmann und Campe

Klar wie kaum jemand zuvor analysiert Carsten Brosda die Ursachen für das aktuelle Abrutschen der großen Volksparteien in der Wählergunst. Er skizziert die neue, oft kompromisslose politische Landschaft und den wachsenden Einfluss der sozialen Medien, in denen zur Zerstörung der Volksparteien aufgerufen wird. Zerstörung bedeutet aber auch, dass der Blick frei wird auf die Fundamente unserer Demokratie. Kann demokratische Politik ohne Kompromisse und Ausgleich auf Dauer überhaupt erfolgreich sein? Wie können wir der Komplexität der Aufgaben, die vor uns liegen, gerecht werden? Und wie kann die Zukunft der SPD erfolgreich gestaltet werden?

»Hier schreibt jemand, der sich mit der Zerstörung der Gesellschaft nicht abfinden will. Es wäre ein Segen, mehr Politiker von der intellektuellen Brillanz Brosdas auf der Bühne zu haben.«
DIE ZEIT

»Gnadenlos pragmatisch.«
taz